LUDGER SCHWARTE

DENKEN IN FARBE
Zur Epistemologie des Malens

August Verlag

INHALT

I.	Einleitung: Von der Höhle ins Labor	7
II.	Form und Farbe	25
III.	Grundieren / Scheinen	173
IV.	Färben / Negieren	223
V.	Farbliche Assoziation (Malerei und Gesellschaft)	267
VI.	Taktilität, Medialität und Intelligenz des Gemäldes	309
VII.	Farbe und Zeit	325
VIII.	Denken in Farbe	373
	Literaturverzeichnis	408

I. EINLEITUNG
VON DER HÖHLE INS LABOR

Wann auch immer Lebewesen mit dem Gebrauch von Farbe bzw. der Benutzung von Objekten aufgrund ihrer Farblichkeit begonnen haben, gesichert scheint heute, dass unsere Vorfahren vor über 77.000 Jahren erste zaghafte Versuche angestellt haben, Farbe zur Erstellung von Symbolen zu verwenden und so das Malen als Kulturtechnik zu entwickeln.[1] In der Blombos-Höhle in Südafrika direkt am Indischen Ozean fanden Anthropologen handtellergrosse, eigens geglättete Steine mit feinen, geometrischen Schraffuren und bestimmten sie als 73.000 Jahre alt.[2] Rotes Ockerpigment wurde in kreuzschraffierten Mustern mit Kreide auf eine Steinscheibe aufgetragen. Es sind erste Objekte, gemacht, um angeschaut zu werden, vielleicht mit einer zusätzlichen Bedeutung versehen; erste graphische Symbole. Die frühesten uns bekannten Malereien wurden vor Kurzem in einer Höhle auf Borneo gefunden. Sie sollen bis zu 52.000 Jahre alt sein. Besser erforscht sind die Höhlen in Mitteleuropa. Man spricht von einer regelrechten Explosion der Kunst vor etwa 40.000 Jahren. In der Schwäbischen Alb tauchten geschnitzte Skulpturen auf, Frauenfiguren (Venus von Willendorf, Venus vom Hohle Fels), Löwenmenschen – und parallel die ersten Musikinstrumente, Flöten aus Schwanenknochen und Mammutelfenbein. Mit dem Einsatz verschiedener Farben im Prozess der Symbolisierung entstanden neue, komplexere, ästhetisch differenzierte Bild- und Formensprachen.

---

[1] Die vorliegende Studie geht aus dem von der Gerda Henkel Stiftung von 2015–2017 geförderten Forschungsprojekt „Kulturtechnik Malen" hervor.

[2] Christopher S. Henshilwood u.a., „An abstract drawing from the 73,000-year-old levels at Blombos Cave, South Africa", *Nature* 562 (2018), S. 115–118. Alle Zitate wurden vom Autor ins Deutsche übertragen, wenn keine deutsche Übersetzung vorliegt. [Anm.d.A.]

Nach verzierten Faustkeilen, den Petroglyphen und den Statuetten zählen die Höhlenmalereien aus dem Paläolithikum, die weltweit aufgefunden werden konnten, zu den ältesten Spuren menschlicher Kultur überhaupt. Und doch wäre es verfrüht zu behaupten, das Färben von Wänden kennzeichne den Homo Sapiens. Jüngst hat man ornamentale gemalte Strukturen, Punkte, Zeichnungsfragmente und Handumrisse aufgrund von Analysen des auf dem Pigment angelagerten Calcits in drei im heutigen Spanien gelegenen Höhlen (La Pasiega, Maltravieso, Ardales) auf ein Alter von ca. 65.000 Jahren datiert und damit dem Homo Neanderthalensis zugeschrieben.[3] Zu den ältesten figurativ bemalten Höhlen zählen die El Castillo- und die Chauvet-Höhle, die zuerst vor ca. 40.000 respektive 35.000 Jahren bemalt wurden. Wie es scheint, wurden sie 6000 Jahre lang von vielen Generationen nacheinander immer weiter ausgemalt, vor allem mit eindrucksvollen Tierdarstellungen (Mammuts, Nashörner, Löwen, Bären, Wisente, Auerochsen, Hirsche, eine Eule etc.), aber auch mit Mischwesen, stilisierten Zeichen, Sexualsymbolen und Händen, die sowohl positiv (als Abdruck) wie negativ (umsprüht) an den Wänden verewigt sind.[4] Auch in Altamira, Lascaux oder Les Eyzies de Tayac finden sich derartige figurative Malereien, aber immer wieder auch einander durchaus ähnliche symbolische Farbaufträge, die fast wie technische Zeichnungen wirken und keinen erkennbaren Gegenstand wiedergeben.

Zunächst wurde Holzkohle als Malfarbe verwendet, dann aber auch roter und hellerer Ocker sowie Lehm, als Bindemittel Harze. Die verwendeten Stilmittel reichen vom Umriss über die perspektivische Konturierung bis zur Darstellung von Bewe-

---

[3] Dirk L. Hoffmann u.a., „U-Th dating of carbonate crusts reveals Neandertal origin of Iberian cave art", *Science* 359/6378 (2018), S. 912–915.
[4] Marc Groenen, *L'art des grottes ornées du Paléolithique supérieur. Voyages dans les espaces-limites*, Brüssel: Académie royale des Sciences, des Lettres et des Beaux-Arts de Belgique 2016.

gung; ausgedehnte Bildwände wurden zusammenhängend komponiert. Mit erstaunlichem Geschick nutzte man das Relief der Felswände, um Abbildungen mit Volumen zu versehen und wirkungsvoll zu präsentieren. Die Malereien von Chauvet oder Altamira können als Beleg gewertet werden für die Fähigkeit der Menschen, über sich hinauszudenken, sich Szenen vorzustellen, sich in Tiere hineinzuversetzen oder sich sogar Mischwesen vorzustellen, für die es kein reales Vorbild gab. Nicht wenige Tiere werden in realistischer Bewegung und voll lebendigem Ausdruck dargestellt – oft meint man, Wut, Erschöpfung, Erstaunen oder Angst erkennen zu können. In der Höhle von Lascaux ragen stolze Auerochsen aus den Wänden heraus, darunter sieht man Pferde im Galopp, mit wehenden Mähnen, offenen Mäulern und aufgerissenen Augen. Pablo Picasso soll 1940 beim Besuch der kurz zuvor entdeckten Höhlen gesagt haben: „Wir haben nichts dazugelernt!"[5] Georges Bataille stellte, nachdem er sich eingehend mit Lascaux beschäftigt hatte, fest: „Wir haben nichts gemacht, das besser wäre."[6]

In seinem Text „Homo Pictor" äußert Hans Jonas die Vermutung, dass man durch nichts anderes so eindeutig auf die Präsenz menschlicher Kultur (auf einem Planeten) schließen könne wie durch das Auffinden einer Bilderproduktion.[7] Die oft eindrucksvoll naturnahe Darstellung der Tiere in den Höhlenmalereien, aber auch die abstrakten Symbole auf den Felswänden, die Handspuren und Bearbeitungen der Felsen (behauen, geglättet, graviert, geschabt, gepickt, flächig koloriert), die Parcours der Bildwände, die Performanz des Auftra-

---

[5] Der Ausspruch wird in verschiedenen Varianten kolportiert. Es existiert kein Beleg dafür. Es wird sogar bezweifelt, dass Picasso je eine prähistorische Höhle besucht hat. Vgl. Paul G. Bahn, *Prehistoric Rock Art, Polemics and Regress*, Cambridge: Cambridge University Press 2010, S. 9.
[6] Zitiert nach: Daniel Fabre, „Le Poète dans la Caverne, Georges Bataille à Lascaux", in: Claudie Voisenat (Hg.), *Imaginaires Archéologiques*, Paris: Éditions de la Maison des sciences de l'homme, Ministère de la Culture 2008, S. 127–182, hier S. 153.
[7] Hans Jonas, „Homo Pictor: Von der Freiheit des Bildens", in: Gottfried Boehm (Hg.), *Was ist ein Bild?*, München: Fink 1995, S. 105–124.

gens dieser Bilder (vermutlich kontinuierlich über Wochen hinweg, unterstützt und begleitet von einer sozialen Gruppe) weisen darauf hin, dass hier eine Intelligenz am Werk ist, der es nicht um vorwiegend praktische Zwecke geht. Die Anordnungen und Überlappungen legen außerdem nahe, dass es nicht das Anliegen der frühen Maler_innen war, Bilder herzustellen, um diese dann anderen Menschen zu zeigen.

Nicht alle Farbaufträge, nicht alle Höhlenmalereien sind als Bilder anzusehen; sie alle belegen jedoch ein fundamentales Interesse der Menschheit am Malen. Die anthropologische Hypothese kann jedoch einstweilen zurückgestellt werden. Es mag offen bleiben, ob sich das Malen kategorisch von natürlichen Prozessen des Färbens und der Morphogenese unterscheidet; ob Malerei also tatsächlich nur bei humanoiden Lebensformen anzutreffen ist. Um diese Frage beantworten zu können, muss zuerst eine genauere Sondierung erfolgen, welche der menschlichen Praktiken überhaupt als Malen zu bezeichnen sind; erst anschließend könnte eine komparative Perspektive klären, ob Galaxien, Bienen oder Neutronen in einem modifizierten, erweiterten oder lediglich übertragenen Verständnis auch malen. Die folgenden Überlegungen wollen – unabhängig von anthropozentrischen Vorannahmen – zu einem genaueren Verständnis dessen beitragen, worin sich intergalaktische Strahlung, Spinnennetze, Farbfallen, Körperfärbungen, pflanzliche Farbkommunikation und Malerei ähneln und worin die Spezifik des Malens liegt.

Denn ebenso, wie nicht ausgemacht ist, ob sich die Intentionen einer Spinne beim Weben ihres Netzes grundsätzlich von den ästhetischen Erwägungen eines Malers ‚devant sa toile' unterscheiden, wird niemand zu einer funktionalen Erklärung des Malens gezwungen. Leicht erkennt man die vorschnellen Projektionen, wenn etwa davon die Rede ist, die paläontologische Malerei habe rituellen oder gar religiösen Zwecken gedient; eine ähnliche Verblendung begegnet in biologischen

Untersuchungen zur Färbung, wo stets nur die darwinistischen Grundmuster (Fressen, Paarung) zur Erklärung dessen herhalten müssen, was Beobachtern als vielfältiges Spiel mit Farben erscheint.

Angesichts der kulturhistorischen Vielfalt malerischer Praktiken wird es auch nicht ausreichen, Malerei als Medium, als Dispositiv oder als Formation zu analysieren. Wenn in diesem Sinne von Malerei die Rede ist, wird ein eingeschränkteres Verständnis vorausgesetzt, nämlich im Sinne der künstlerischen Malerei, wie sie sich mit der Erfindung des Gemäldes im Sinne des mobilen Leinwandbildes seit der europäischen Renaissance ausgebildet und im 17. und 18. Jahrhundert als künstlerische Praxis institutionalisiert hat.[8] Noch enger gesteckt sind die Vorannahmen dort, wo unter malerischer Medienspezifik die Verwendung von Ölfarbe und Leinwand, die essenziellen Normen und Konventionen selbstreferentieller pigmentierter Markierungen auf einer planen Oberfläche oder die künstlerische Auseinandersetzung mit diesem Greenbergschen Topos propagiert wird.[9] An dieser Stelle wendet Isabelle Graw zu Recht

---

[8] Vgl. Helmut Draxler, „Malerei als Dispositiv. Zwölf Thesen", *Texte zur Kunst* 77 (2010), S. 39–45. Den Foucault entlehnten Begriff der Formation entfaltet Isabelle Graw in ihrem jüngsten Buch auf durchaus überzeugende Weise. Nun ist mit ihrer genealogischen Betrachtung der Formierung von Fresko und Altarbild bis zu Network Painting, von Leon Battista Albertis und Leonardo da Vincis Traktaten bis zu David Joselits „Painting beside itself" nicht Malerei überhaupt, keine anthropologische Formation also, gemeint, sondern die Geschichte der europäischen Kunstmalerei. (Siehe Isabelle Graw, *Die Liebe zur Malerei. Genealogie einer Sonderstellung*, Zürich: Diaphanes 2017, S. 14–19.) Daraus folgt nicht schon, dass der theoretische Ansatz, den Graw verfolgt, lediglich lokalhistorische Valenz hätte. Eine detailliertere Auseinandersetzung damit erfolgt deshalb im Rahmen dieses Buches durchaus. Dass Gemälde im 15. Jahrhundert eine neue Erscheinungsform darstellen, zeigen u.a. Hans Belting u. Christiane Kruse, *Die Erfindung des Gemäldes. Das erste Jahrhundert der niederländischen Malerei*, München: Hirmer 1994. Die Institutionalisierung beschreiben u.a. Martin Warnke, *Hofkünstler. Zur Vorgeschichte des modernen Künstlers*, Köln: DuMont 1985, und Nathalie Heinich, *Du peintre à l'artiste. Artisans et académiciens à l'age classique*, Paris: Les Éditions de Minuit 1993, insb. Kap. III.

[9] Vgl. Clement Greenberg, „Modernist Painting" (1960) in: John O'Brian (Hg.), *Clement Greenberg. The collected Essays and Criticism: Modernism with a Vengeance 1957–1969*, Chicago: University of Chicago Press 1993, S. 85–93.

ein, dass es zwar zeitgenössische Malerinnen gibt, die „im Produktionsprozess auf Probleme stoßen, die sie den Besonderheiten ihres Mediums zuschreiben", dass es aber verfehlt wäre, „wenn man aus individuellen Produktionserfahrungen mit einem Medium eine allgemeine Norm der Medienspezifik ableitet."[10] Noch ein heterogener Medienbegriff, wie ihn Rosalind Krauss vorgelegt habe, arbeite mit substantialistischen Prämissen wie derjenigen, dass jedes Medium bestimmte Konventionen aufweise und dass auch die interne Pluralität eines Mediums immer noch von substantiellen Konventionen in den verschiedenen Schichten des Medium gesteuert werde. Graws eigener Vorschlag ist zwar, was die verwendeten Techniken und medialen Komponenten angeht, grundsätzlich offen, sie unterstellt aber ebenfalls eine differenzierende Konvention, hier eine semiotische. Malerei ist aus ihrer Sicht die Produktion und Verwendung eines bestimmten Zeichentyps, die auf den mechanisch hergestellten Siebdruckbildern von Andy Warhol ebenso anzutreffen seien wie auf den schwarzen, mit dem Laserdrucker gedruckten Bildern von Wade Guyton. „Mein Vorschlag lautet, daß wir den tendenziell substantialistischen Begriff des Mediums hinter uns lassen und Malerei stattdessen als eine Form der Zeichenproduktion begreifen, die als ausgesprochen personalisiert erlebt wird. Es liegt an der Indexikalität ihrer Zeichen, daß sie das Band zwischen dem Produkt und der abwesenden Person der Künstlerin besonders reißfest zu schnüren vermag."[11] Mit Indexikalität ist nicht, wie bei Peirce, die physische Berührung, die Selbsteinschreibung eines Objektes (oder einer Person) in eine Spur gemeint, sondern die bloße Evokation einer solchen real existierenden Verbindung, mit der die „Suggestion der Anwesenheit des abwe-

---

[10] Isabelle Graw, „Das Versprechen der Malerei. Anmerkungen zu Medienunspezifik, Indexikalität und Wert", in: dies. u. Peter Geimer, *Über Malerei. Eine Diskussion*, Berlin: August Verlag 2012, S. 15–38, hier S. 27.
[11] Ebd., S. 28.

senden Künstlers" erzeugt wird.[12] Damit will sie auch den ökonomischen Erfolg der Malerei innerhalb der zeitgenössischen Kunst erklären: Gemälde präsentierten sich als symbolisch aufgeladene Wertdinge, die in ihrer ökonomischen Dimension nicht aufgingen.[13] In dieser Diskussion werden nun bestimmte Probleme und Strategien der Bildproduktion in der zeitgenössischen Kunst auf die Malerei insgesamt übertragen; doch ist nicht ausgemacht, ob die gemeinte Indexikalität nicht vielmehr eine qualifizierende Eigenschaft zeitgenössischer Kunstwerke ist, in denen auch malerische Verfahren bzw. eine Auseinandersetzung mit der Geschichte künstlerischer Malerei eine Rolle spielen, oder ob dieser Indexikalitätsbegriff wirklich in der Lage ist zu erklären, warum ein Siebdruckbild oder ein Laserprint als Spielarten von Malerei zu gelten haben. Wie Peter Geimer zu Recht gegen Graw einwendet, kann auch die Photographie Autorschaft und persönlichen Stil zum Ausdruck bringen. Ebenso werden Kameraführung und Schnitt beim Film und beim Video als sichtbare Markierungen des Produzenten aufgefasst.[14] Für Graw ist es Eigenart der Malerei, eine kontinuierliche Signatur der Produzentin aufzuweisen, die sich auch dort erhält, wo anti-subjektiv gerade die Handschrift negiert und das Künstlersubjekt ausgestrichen wird, wie in Gerhard Richters abstrakten Arbeiten mit dem Rakel. Diese Auffassung ist geschult an Hegel. Dieser hat Malerei als eine künstlerische Darstellungsweise definiert, in der sich das, was prinzipiell zu einem Subjekt gehört, Bahn bricht, wobei hier mit Subjektivität nicht diejenige des Künstlers gemeint ist, sondern das allgemeine Vermögen überhaupt, „das Prinzip unseres eigenen Daseins und Lebens", „das, was in uns wirkt und

---

[12] Ebd., S. 30.
[13] Graw, *Die Liebe zur Malerei*, S. 29.
[14] Siehe Peter Geimer u. Isabelle Graw, „Diskussion" zu „Das Versprechen der Malerei. Anmerkungen zu Medienunspezifik, Indexikalität und Wert", in: dies., *Über Malerei*, S. 39–46, hier S. 40.

tätig ist."[15] Im Hintergrund steht hier die Überzeugung, dass im Prozess der Menschwerdung nicht nur praktische Instrumente, sondern auch Objekte der Betrachtung, Sinneswerkzeuge, Denkmäler, Plastiken, Malereien, Ornamente, eine wichtige Funktion übernehmen. Mit Hegel lässt sich ergänzend unterstreichen, dass die Malerei einen großen Anteil an der Ausbildung neuzeitlicher Subjektivität hat – aufgrund der dem Malen eigenen materiellen Ungebundenheit und aufgrund seines prozessualen Reflexionsvermögens. Auf diese Idee der sich in Malerei ausprägenden, wenn nicht emanzipierenden Subjektivität werden wir später zurückkommen.

Jedoch darf nicht übersehen werden, dass auch bei Hegel eine Definition visiert ist, die Malerei als Kunstform gegenüber der Plastik und der Musik auszeichnet, d.h. auch hier steht, wie bei Graw, die Frage, was Kunstwerke sind und inwiefern Gemälde als Bilder mit künstlerischen Eigenschaften zu betrachten sind, im Vordergrund. Dass sich in der Malerei die subjektive Fähigkeit zur Ausbildung eines eigenständigen geistigen Lebens objektiv ausbildet, wird im „zentralen Topos der Malereitheorie des 20. Jahrhunderts" zu der Auffassung gesteigert, dass die Malerei selbst zum Denken in der Lage sei; „Kunsthistoriker wie Louis Marin und Hubert Damisch haben gemalten Bildern regelmäßig ein Denken unterstellt."[16] Marin und Damisch zufolge gilt es, zum Diskurs der Malerei selbst vorzudringen, womit das, was ein Gemälde über seinen Inhalt, über seinen Status als Kunstwerk oder über Kunst überhaupt vorträgt ebenso wie ein Diskurs der Bilder untereinander gemeint ist, oder ein metapikturales Denken, das zugleich Bild und Interpretation, Darstellung von etwas und Thematisierung

---

[15] G.W.F. Hegel, *Vorlesungen über die Ästhetik*, Bd. 3, in: *Werke*, Bd. 15, Frankfurt/M.: Suhrkamp 1970, S. 17; vgl. Graw, „Das Versprechen der Malerei", S. 33.
[16] Ebd., S. 34.

der Bedingungen dieses Zeigens ist.[17] In Anlehnung an Lyotard könnte man auch vermuten, dass es gerade kein Diskurs ist, den die Bilder entfalten, sondern eine Formation von Figuren.[18] Jedoch scheint mir, dass zur Definition dessen, was Malerei als solche auszeichnet, pikturale Zeichen ebenso wie eine Fokussierung auf Figuration oder Darstellung nicht taugen. Wären Gemälde lediglich Äußerungsinstanzen, blieben sie affirmativ oder negativ auf eine Konvention bzw. ein Symbolsystem bezogen.

Wenn in Graws Konzeption kein physisches Verhältnis, wie bei der Sonnenuhr, beim Wetterhahn oder beim Abdruck das indexikalische Zeichen begründet, muss eine Konvention bzw. kulturelle Institution als Grundbedingung des Evokations- bzw. Suggestionspotentials pikturaler Zeichen fungieren, die in Gemälden (im erweiterten, postmedialen Sinne) Verwendung finden können. Graphische Signaturen finden sich aber nicht nur in Malereien, sondern auch in Zeichnungen, in Schriften oder in Photographien. Graphische Symbole unterscheiden sich von pikturalen Zeichen ebenso, wie diese von vielleicht „typisch malerischen Markierungen" (die auch in der Photographie oder im Film zitiert werden können).

Wir sollten der Malerei folglich nicht umstandslos Eigenschaften künstlerischer Bilder zuschreiben. Denn ebenso, wie nicht alle Bilder etwas repräsentieren, sind nicht alle Gemälde Bilder. Sollte es genuin malerische Spuren bzw. indexikalische Zeichen geben, die nur aus der Interrelation einer Praxis des

---

[17] Vgl. Louis Marin, *Die Malerei zerstören*, Berlin: Diaphanes 2003, S. 54. Hubert Damisch, *Im Zugzwang. Delacroix, Malerei, Photographie*, Berlin: Diaphanes 2005, S. 61. Peter Geimer verweist zu Recht darauf, dass eine solche Reflexivität innerhalb der Malerei nur punktuell aufgenommen werden kann, etwa mit Victor Stoichita im Übergang vom Altarbild zum mobilen Tafelbild seit dem 14. Jahrhundert. Siehe Peter Geimer, „Diskussion" zu „Malerei und Tiefsinn, Die Tuymans-Methode", in: ders. u. Graw, *Über Malerei*, S. 72–78, hier S. 75. Vgl. Victor Stoichita, *L'instauration du tableau, Métapeinture à l'aube des temps modernes*, Paris: Méridiens Klincksieck 1993.

[18] Vgl. Jean-François Lyotard, *Discours, figure*, Paris: Klincksieck 2002, S. 19ff.

Malens und einer „unkontrollierbaren Materialität"[19] rühren, so sind diese zu unterscheiden von künstlerischer Bildproduktion. Denn ebenso, wie Referentialität und Reflexivität, Stil und Signatur medienübergreifende Eigenschaften (Kennzeichen?) von Kunstwerken sind, gibt es ‚medienunspezifisches' Malen, das keine künstlerische Darstellungsform ist bzw. kein Bild sein will. Kunsttheorie, Bildsemiotik und die Analyse der Malerei sind auseinander zu halten.

Sind Bilder Übungsplätze, die uns mit einem visuellen Äquivalent dessen konfrontieren, was außerhalb des Bildes gesehen werden kann oder konnte? Schaffen die Malereien einen Gedächtnisraum, mit dem Erlebnisse verarbeitet oder bewahrt werden? Ähnlich wie beim verzierten Faustkeil und bei den Statuetten wird man in Malereien weniger eine Tendenz zum Nachbilden oder Abbilden erblicken dürfen, sondern, selbst bei oftmals verblüffend realistischem Eindruck, ein Feld externalisierten, kollektiven Imaginierens. Dieses ist jeder Zeichenverwendung und Kommunikationsmöglichkeit vorgeordnet. Anders als das Bilden, das, wenngleich es auch in der Abbildung Anteile der Bilderfindung enthält, stets an wiedererkennbare vorausliegende Ansichten gekoppelt bleibt, ist das Imaginieren gewissermaßen ohne Anker in der Erfahrungswelt, verabschiedet sich mittels der Malerei geradezu von dieser.

Platon lehnte bekanntlich die realistische Mimesis ab – die Nachbildung dessen, was die Sinne erfassen – und favorisierte demgegenüber, so scheint es jedenfalls an einigen Stellen, einen idealistischen Kunstbegriff, der die Konzeption und Figuration der idealen Form einer Idee gleichsetzt. Beim Nachdenken über das, was beim Malen geschieht, muss demzufolge genau erwogen werden, inwiefern der Bildbegriff zur Bestimmung dieses Prozesses beiträgt. Ebenso ist deutlich, dass nicht jedwedes Malen Kunst ist und das selbst der elastischste Kunstbegriff

---

[19] Georges Didi-Huberman, *Die leibhaftige Malerei*, München: Fink 2002, S. 39.

nicht zuträglich ist, um Höhlenmalereien, Malereien im Inneren sakraler oder politischer Gebäude, Historienmalereien, Kindermalereien, flüchtige Skizzen, Graffitis, Wandmalereien oder therapeutisches Malen zu umfassen. Im Folgenden soll deshalb von Malerei die Rede sein, ohne damit schon zu unterstellen, dass Malereien Bilder geschweige denn Kunst sind.

Malerei resultiert für gewöhnlich in Gemälden, aber erzeugt nicht notwendigerweise Bilder, wenn Bilder dadurch gekennzeichnet sind, dass sie, der geläufigen Vorstellung gemäß, rein sichtbare Bild-Objekte enthalten, etwas Abgebildetes, das sich nur einem „Sehen-in"[20] zu sehen gibt. Das Malen ist nicht nur von der Bildproduktion abzugrenzen, sondern auch von der Figuration und dem Zeichnen. Selbstverständlich gibt es hier eine Vielzahl von Berührungen, Überlappungen, Übergängen; und vielleicht basieren die meisten Gemälde der europäischen Kunstmalerei auf Zeichnungen und die meisten farbigen Figuren auf Konturlinien. Hier interessiert mich aber keine messerscharfe Definition, keine kunsthistorisch unterfütterte Statistik und kein Sortieren in Begriffsschubladen, sondern eine Verschiebung der Aufmerksamkeit, aus der erst die philosophische Aufgabe deutlich wird, die aus einer Beschäftigung mit Malerei erwächst. Zeichnungen sind vor allem durch eine Linienführung gekennzeichnet, deren Farbigkeit relativ unbedeutend ist. Wird diese Linie so über den kontrastierenden Grund geführt, dass eine Gestalt sichtbar wird, sei es durch Umrisse, sei es durch Abschattungen, Eingrenzungen oder Umrandungen, so kann sich allmählich eine Ähnlichkeit mit etwas, das wir schon einmal gesehen haben, einstellen. Die Zeichnung bleibt das Hauptverfahren zur Produktion von Erkennbarkeit, von Konturen und damit von gegenständlicher Ähnlichkeit.

---

[20] Richard Wollheim, „Sehen-als, Sehen-in und bildliche Darstellung", in: ders., *Objekte der Kunst*, Frankfurt/M.: Suhrkamp 1983, S. 192–211.

Jeder Punkt, jede Linie enthält das ganze Potential der Malerei. In Malereien können zeichnerische Techniken verwendet werden, aber sie kommen auch ganz ohne Zeichnung (Linien, Umrisslinien, Zeichen) aus. Unterhalb ihres Gestaltungsanspruchs liegt das bloße Färben (von Haut, Stoffen, Haaren etc.), oberhalb rührt sie an die Grenze des Symbolisch-Konventionellen, jenseits derer sich der Zeichengebrauch und die graphisch-technischen Operationen wie das Schreiben entfalten.

Die Arbeit an passender oder originärer Gestaltung, durch den sich das Malen vom bloßen Färben abhebt, bildet ein visuelles Denken aus, ein „Operieren im Sinnlichen, Denken in Materialien, mit Medien".[21] Es gibt viele unterschiedliche Praktiken, in denen ein visuelles Denken am Werke ist; und es gibt sehr unterschiedliche Weisen, dieses Denken zu analysieren. Mit den heute vorherrschenden Ansätzen, die Rudolf Arnheims Buch *Visual Thinking*[22] folgen, lässt sich das visuelle Denken der Malerei nicht adäquat erfassen, zumindest dann nicht, wenn man dabei nicht scharf zwischen wahrgenommenen Gestalten, geistigen Bildern und Gemälden unterscheidet und hinsichtlich des sich in letzteren verkörpernden Denkens die vorliegenden Philosophien der Malerei berücksichtigt. Das „Denken der Malerei", von dem Maurice Merleau-Ponty, Louis Marin, Jean-François Lyotard, Gilles Deleuze und Georges Didi-Huberman sprechen, besteht in einem genuinen Erfassen der Welt bzw. des Seins. Damit ist weder die Theoretisierung der malerischen Praxis noch die Rezeption von Gemälden gemeint. Folglich greifen alle Ansätze zu kurz, die dieses Denken lediglich als praxisgeleitete Kognition, als verkörpertes Wissen der Malerin oder als Reflexion medialer Vollzüge zu interpretieren in der Lage sind. Ein angemessenes philosophisches Verständ-

---

[21] Vgl. Dieter Mersch, *Epistemologien des Ästhetischen*, Zürich: Diaphanes 2015, S. 10 u. S. 19.
[22] Rudolf Arnheim, *Visual Thinking*, Berkeley: University of California Press 1969, bes. S. 135–152.

nis jener meist recht knappen Reflexionen über das „Denken der Malerei" führt zu einem anderen Ausgangspunkt. Schon bei einem reflexiven Gebrauch von Farben und von Instrumenten zum Farbauftrag wie auch aufgrund der Technifizierung bei der Herstellung von Farben kann man von einer Proto-Kulturtechnik sprechen. Diese Proto-Kulturtechnik ist dafür verantwortlich, (markierbare) Oberflächen herzustellen. Die Malerei geht einen Schritt weiter: Ohne Malerei gäbe es keine Simultanitätsflächen, auf denen systematische graphische und diagrammatische Operationen durchgeführt werden könnten. Der Malerei verdanken zahlreiche Kulturtechniken die Herstellung von Fläche, aber auch die Herstellung farblicher Tiefe, denn auch diese setzt das Graphische voraus.[23] Von dieser Einsicht geht meine Analyse des *Denkens der Malerei* aus. Malerei ist nämlich nicht nur eine Weise der Bearbeitung begrenzter Oberflächen, sondern diejenige Technik, mit der überhaupt Flächen hergestellt werden. Diese Flächen sind begrenzte, gestaltbare Einheiten von Raum und Zeit, Felder intersubjektiver gedanklicher Operationen, Möglichkeiten symbolischer Inskriptionen. Als solche Felder können sie nur dann funktionieren, wenn sie zugleich Vertiefungen des Sehens hin ins Imaginäre herstellen, denn die zweidimensionale Fläche ist nichts, was ich rein optisch sehen kann. Die Ordnung der Malerei, die Synthese des Nebeneinander und des Zugleich, die die Fläche herstellt, ist kein Effekt einer optischen Täuschung, sondern eine kulturelle Erfindung.

Deshalb zählt die Malerei zu den ältesten und grundlegenden Kulturtechniken. In unterschiedlichsten Facetten ist sie in den meisten kulturellen Formationen präsent (Bemalen von Gesichtern, Körpern, Gegenständen, Wohnräumen). In ihr haben sich die Grundlagen graphischer Systeme herausgebil-

---

[23] Vgl. Sybille Krämer, *Figuration, Anschauung, Erkenntnis*, Berlin: Suhrkamp 2016, S. 14f.

det, aus ihr gehen die farbliche Symbolisierung und die visuelle Identifikation ebenso hervor wie die perspektivische Weltsicht.

Durch artifizielle Farbflächen schafft, verdeutlicht und symbolisiert Malerei ein Raum-Bewusstsein, artikuliert Weisen räumlichen Sehens, wie das perspektivische, und generiert (eher als dass es dieses abbildet) ein Verhältnis des Menschen zur Landschaft als der äußeren, kulturgeprägten Grenze des Lebenswelt.[24] Nur in Abhängigkeit von einem – grundlegenden malerischen Verfahren abgewonnenen – Raumbewusstsein lässt sich die Entstehung einer zweiten Landschaft innerhalb der Landschaft, einer Landschaft aus farblichen Strukturen und Tiefenstaffelungen, erklären. Die Farb-Signaletik beispielsweise erschafft eine räumliche Orientierung in gebauten Umwelten und ermöglicht in Landschaften, die von salienten artifiziellen Farben durchzogen sind, raumbezogene Erfahrungen, Antizipationen und Handlungen. Auch die kulturelle Symbolik der Farben baut darauf auf, wie Festes und Flüssiges, Orientierungspunkte und Bewegung, soziale Ordnungen und Körper aufeinander bezogen werden. Die Malerei erschafft deshalb, je kulturspezifisch und doch nicht ohne vielfältige Übergänge und universalisierbare Muster, einen externalisierten intersubjektiven Imaginationsraum. Durch die Malerei können Imaginationen, im Unterschied zu direkten Perzeptionen, intersubjektiv wahrgenommen und bearbeitet werden. Die Externalisierung von Imaginationen ebenso wie die Fixierung und Objektivierung von Wahrnehmungen bildet dann einen Raum kollektiver visueller Erinnerung. An diesem Stoff der Imagination kann die Genese visueller Symbolisierungen und Figurationen studiert werden. Doch zunächst muss dieser Stoff überhaupt erst gewonnen werden. Denn Malereien sind

---

[24] Dies zeigt François Jullien überzeugend für die chinesische Malerei des 7. bis 14. Jahrhunderts, in: François Jullien, *Von Landschaft leben oder das Ungedachte der Vernunft*, Berlin: Matthes & Seitz 2016, u.a. Kap. III, „Von einer Landschaft zum Leben", S. 55–77.

nicht einfach Externalisierungen eines schon bestehenden Imaginären, sondern sie sind an der Ausbildung einer kollektiven Einbildungskraft beteiligt.

Was erfassen wir nicht durch Formen sondern durch Farben? Was erkennen wir durch das Färben besser als durch das Messen und Zählen? Wenn wir die epistemische Bedeutung des Färbens verstehen wollen, können wir von der Hypothese ausgehen, dass Malerei dem auf der Spur ist, was wir nur aufgrund gestalteter Farbigkeit sehen, imaginieren, denken können. Um die Farben aus ihrem traditionell der Form untergeordneten Status herauslösen zu können und nicht länger bloß als sekundäre Eigenschaft oder ästhetische Qualität aufzufassen, sollten wir ihre Plastizität und Interaktivität analysieren.

In dem, was folgt, soll deshalb erstens die Aufmerksamkeit der Bedeutung der Farben als solcher gelten, anstatt sie weiterhin als Beiwerk, Zierrat oder Träger der Formen zu werten. Darüber hinaus soll aber erörtert werden, was sich über die Farben, mehr noch, was sich über die Welt erfahren lässt, wenn wir sie färben.

In einem ersten Kapitel wird deshalb verdeutlicht, dass unser Verständnis des Denkens zu sehr auf farblos gedachte Formen fixiert war, und dass die Leistung der Farbe beim Erkenntnisgewinn nur dann zureichend in den Blick kommt, wenn einerseits die Bedeutung der Farbe im Unterschied zur Form eruiert und andererseits verdeutlicht wird, dass die Erkennbarkeit von Formen Färbung zur Grundlage hat. Das zweite Kapitel zeigt Weisen dieser Grundlegung durch Farbe. Doch ist die damit etablierte Form/Grund-Unterscheidung real oder etwas, das wir halluzinieren? Was ist Farbe – wirklich? Das Kapitel diskutiert diese Frage einerseits mit Bezug auf philosophische (subjektivistische und objektivistische) Farbtheorien und andererseits mit Bezug auf wahrnehmungspsychologische Experimente, in denen die Wirkmächtigkeit und Interaktion der Farben (in der Regel unabhängig von dem Gegenstand, an dem sie haften) exploriert wird. Im Ergebnis zeigt sich, dass (und warum) alle Farben scheinen, dass aber nur ein bestimmter Umgang mit Farbe diese Scheinhaftigkeit operabel macht – der malerische. Im vierten Kapitel wird sodann auf das Ineinander von Wahrnehmungs- und Denkereignis im malerischen Umgang mit Farbe fokussiert, und zwar auf der Basis einer Theorie des Färbens. Dabei werden die Erkenntnisse aus der Theorie der Farben, die diese meist als relativ statische sekundäre Eigenschaft von Dingen aufgefasst hat, mit Einsichten aus den Philosophien der Malerei konterkariert, die ausgehend von Denis Diderots „Essai sur la peinture" (1766) entstanden sind. Ohne dabei eigens auf die Vielzahl wissenschaftlicher Erkenntnispraktiken eingehen zu können, die auf dem Färben basieren, wird die epistemische Leistung des Färbens bereits auf der Ebene der Figur/Grund-Unterscheidung in der Malerei verdeutlicht. Dabei fällt auf, dass kennzeichnend für die Malerei nicht nur das Grundieren und das darauf aufbauende Konstruieren von Figurationen, Symbolisierungen und Formrelationen (und damit alle Arten graphischer Verfahren) ist, sondern, noch ‚darunter', die perzeptive Negation, das Ausstreichen und Verwandeln mit Mitteln der Farbe. Damit ist aber nicht nur eine individuelle Möglichkeit der Negation gegeben, sondern, weil es sich um externalisierte Artefakte handelt, eben auch eine Möglichkeit intersubjektiver Assoziations-, Identifikations- und Transformationsprozesse. Diese untersucht das fünfte Kapitel. Die soziale und politische Bedeutung der Malerei wird auf ihre Vermögen zur Subjektivierung, zur Einbettung in weitere Produktionszusammenhänge, aber auch zur Durchbrechung von Denkmustern und Klischees zurückgeführt. Das sechste Kapitel vertieft dies, insofern hier eine möglichst genaue Bestimmung der Leistungsfähigkeit und Wirkmacht, der Agentialität des Gemäldes versucht wird. Es gilt sich zu versichern, ob das, was nun als Denken in Farbe bestimmt wurde, nicht (oder nicht nur) einen Diskurs meint, ein institutionelles Gefüge, eine ästhetische Praxis oder Weise der Rezeption, sondern (vor allem) ein Vermögen des für die Malerei spezifischen materiellen Gefüges. Dieses Denken *der* Farbe führt im siebten Kapitel sodann zu der Beobachtung, dass Malerei als Raumkunst unzureichend verstanden ist, weil gerade die sie kennzeichnende Farbpraxis die Zeitlichkeit der Farbe – Präsenzen, Farbstrukturen, Diskontinuitäten, Rhythmen, Synthesen – zur Geltung bringt. *Malen ist ein Denken der Zeit in Farbe.* Das Schlusskapitel resümiert die anhand des Färbens für die Farbe gewonnenen Einsichten und versucht, den traditionellen Begriff des Denkens als Repräsentation kritisch zu wenden, um zu einem anderen Begriff des Denkens zu gelangen: Zum Denken *in* Farbe.

II. FORM UND FARBE

Schon 1989 hat Vilém Flusser[1] die Farbvergessenheit der europäischen Philosophie angeklagt:

> In der westlichen Tradition ist „Form" gleichbedeutend mit „Behälter" (*morphe*), und dieser Behälter wird dort für leer gehalten. Andererseits wird angenommen, daß die Erscheinungen formlos (a-morph) sind und daß sie aus der Vergangenheit in die Zukunft fließen. Die menschliche Vernunft wird als jener Akt verstanden, dank dessen die Erscheinungen in die Formen hineingegossen werden. Durch dieses Auffüllen der Formen mit Erscheinungen gewinnen die Formen einen Inhalt (Bedeutung), und die Erscheinungen werden geordnet und können behandelt werden. Der Akt des Füllens von Formen mit Erscheinungen heißt „Formulieren", „Formalisieren", und sein Resultat heißt „Informieren".[2]

Die Dominanz dieser Deutung führt Flusser auf eine erste Kulturtechnik zurück: Die frühe Kartographie der ersten „Erdbeschreiber" macht die Imagination farbloser Figuren kollektiv verfügbar und operabel. Denn ursprünglich habe man diese Formen mit einem „inneren Auge", theoretisch erschaut, und zwar als klare, deutliche und farblose Figuren, als Kreise und Dreiecke oder dreidimensional als Kugeln, Pyramiden und Kegel. Seither bedeute „Formalisieren" nichts anderes als das Auffüllen dieser Grundformen mit Erscheinungen, genauso,

---

[1] Vilém Flusser, „Farben statt Formen", in: ders., *Lob der Oberflächlichkeit. Für eine Phänomenologie der Medien*, Mannheim: Bollmann 1993, S. 118–133. Vgl. Sybille Krämer, „Kann Malen überhaupt eine Kulturtechnik sein?", in: Meret Kupczyk, Ludger Schwarte u. Charlotte Warsen (Hg.), *Kulturtechnik Malen. Die Welt aus Farbe erschaffen*, Paderborn: Wilhelm Fink 2019, S. 9–20. Ich bin Sybille Krämer für den Hinweis auf Flusser zu großem Dank verpflichtet.

[2] Flusser, „Farben statt Formen", S. 122.

wie man Kanäle mit Wasser füllt. Flusser meint, das Formalisieren lasse sich auf erste Bewässerungstechniken zurückführen. Um den Nil und den Euphrat zur Berieselung der Felder zu kanalisieren, habe man begonnen, Linien auf Tafeloberflächen zu zeichnen und sich so einen Überblick über die Kanalisationswege verschafft. Diese „Geometer" seien die ersten Formalisten gewesen. Und in der Nachfolge dieser Planung und Vermessung von Kanälen wurde es (bei Descartes) schließlich möglich, geometrische Figuren in Zahlen umzukodieren („analytische Geometrie") und ‚Formeln' auszuarbeiten, arithmetische Ausdrücke, Algorithmen. „Daher bedeutet gegenwärtig ‚formulieren' vor allem, Erscheinungen in Algorithmen auszudrücken. Das ist die eigentliche Grundlage des modernen wissenschaftlichen und technischen Denkens."[3]

Diese Prädominanz der Form führt nicht nur zu einer epistemischen Schlagseite, sondern auch zu einer problematischen Weltbeherrschung: Nach Flusser handelt es sich um eine gewaltige Strategie zum Begreifen und Behandeln der Welt. Die Umgestaltung der Welt im Zuge der Industrierevolution sei der beste Beweis für den Erfolg dieser Epistemologie. Doch werde gegenwärtig, schreibt Flusser 1993, ein grundlegender Irrtum dieser Tradition ersichtlich: „Tatsächlich nämlich sehen wir nie farblose Formen – nicht einmal mit dem ‚inneren Auge', theoretisch. Wir sehen ausschließlich Farben in verschiedenen Gestalten, und was wir ‚Form' nennen, ist die Grenze zwischen einzelnen Farben. Wir sehen keine leeren Behälter, nicht einmal als Abstraktionen, sondern Farbinhalte, welche oft ineinander übergehen, aber manchmal unterschieden werden können."[4]

Gegen diese epistemische Sackgasse, in der sich alles Physische in Formelschwärme ohne Konsistenz auflöst, und gegen

---

[3] Ebd.
[4] Ebd., S. 123.

das Entgleiten der Erfahrungswelt durch funktionale numerische Entfremdung setzt Flusser die Wiedergewinnung eines *Denkens in Farben*.

„Angesichts dessen scheint es geboten zu sein, in Farben statt in Formen zu denken und derart den Kontakt mit der konkreten Erfahrung – mit der sogenannten ‚Wirklichkeit' – wiederzugewinnen."[5] Um zu diesem Denken in Farben zurückzugelangen, muss, so Flusser, eine alte Aufteilung aufgehoben werden, diejenige zwischen Wissenschaft und Kunst: Denn das Denken in Farben sei nie aufgegeben worden. Während die einen begannen, geometrische Linien auf Tafeln zu zeichnen, fuhren die anderen fort, Farbbilder zu malen. Die eine Ausdrucksform war fortan „epistemologisch", die andere „ästhetisch". Beide, Geometrie wie Malerei, waren, so Flusser weiter, Verhaltensmodelle und deshalb eben auch „politische Modelle". Wenn auch unbestreitbar sekundäre Verbindungen zwischen diesen beiden Ausdrucksformen hergestellt wurden und man einerseits versuchte, geometrische Zeichnungen nachträglich zu färben, um sie erlebbarer, ‚ästhetischer' zu gestalten und andererseits geometrische Zeichnungen in Gestalt der Perspektive in Malereien einfügte, um diese ‚erkennbarer' zu gestalten, so seien doch die künstlerischen und die wissenschaftlichen Ausdrucksformen getrennt geblieben: Die eine sage Erkenntnisse aus, die andere Erlebnisse. Flussers Lösung wäre nun, Farben an Zahlen, Farbdenken mit formalem Denken zu koppeln. Um folglich „den Unterschied zwischen Wissenschaft und Kunst aufzugeben,"[6] schlägt Flusser eine Bearbeitung von Farbcodes vor. Die Koppelung des Farbdenkens mit dem formalen Denken führt ihn deshalb zu Formen und Zahlen zurück – und damit, wie ich zeigen möchte, wieder am Wesentlichen der Farben vorbei. Denn bevor man

---

[5] Ebd.
[6] Ebd., S. 124.

die Farbwelt in diskrete, systematische Einheiten unterteilen kann, muss zuerst verstanden werden, was an der Grenze zwischen zwei Farben geschieht und unter welchen Voraussetzungen Farben überhaupt begrenzbar sind. Flusser unterstellt eine vorgängige Unterteiltheit der Farben und meint anstatt der Farbe einen Zahlenwert, einen Code angeben zu können. Wäre dies möglich, müsste man den konstatierten Gegensatz von Form und Farbe tatsächlich aufgeben und eine apriorische Farbsystematik, eine Form der Farbe, unterstellen.

Mir erscheint es, Flussers ursprünglichen Impuls aufgreifend, plausibler, in den Farben gerade zugleich die Grundlage und den Exzess der Form zu sehen. Die zentrale Frage, die auf ein solches Verständnis hinführt, lautet: Was geschieht, wenn wir mit der Farbe/in der Farbe agieren? Welche weiteren geistigen, kulturellen, sozialen Operationen werden durch das Malen ermöglicht? Das Ziel wäre eine Theorie, die Erfahrungen, Erkenntnisse und Einsichten auf den Begriff bringt, zu denen das Operieren in Farbe, das Färben der Welt verhilft: eine *Theorie des Denkens in Farbe*.

Gerade diese Perspektive auf die Farbe impliziert auch eine Kritik am Schwarz-Weiß-Denken, das letztlich noch Flussers Farbcodes unterliegt: Farbe ist weder auf ein Lichtwellenmuster oder einen Reiz, noch auf einen Zahlenwert oder gar eine Farbsystematik zu reduzieren. Denken in Farbe bedeutet deshalb gerade auch eine Kritik nicht nur der Farbvergessenheit der Philosophie, sondern auch kultureller und politischer Farbstereotype und erst recht eine Kritik des Hautfarbenbasierten Rassismus.

Dem Denken in Farbe inhärent ist die Einsicht in die Farbigkeit von Unterscheidungen, von Linien, von Umrissen, von Formen, von denen die klassische Epistemologie bis zu Kant die Identifizierbarkeit und Erkennbarkeit abgeleitet hat, wobei sie stets die farblose Idealität der Linie unterstellt hat. Das Ziehen einer Linie entspricht hier der Formierung einer Idee: dass dem

Disegno, der Zeichenkunst, mit der die Renaissance die Wissenschaftlichkeit der Kunst zu begründen suchte, die platonische Ideenlehre unterliegt, hat schon Erwin Panofsky herausgestellt.[7] Das Erkennen der Form, eines Geistigen, basiert auf der Bestimmung von Linien. Diesen Linien liegt jedoch mit Notwendigkeit eine konkrete Materialität zugrunde, in der Helligkeitsgegensätze bzw. Farbpolaritäten eine konstitutive Rolle spielen.

Das Denken in Farbe löst sich von der Form, von der distanzierenden gedanklichen Einschließung, zugunsten eines Prozesses der Berührung, der sich der Gegenwart, Beschaffenheit und Körperlichkeit versichert. Das griechische Wort Chroma bedeutet Farbe, auch Hautfarbe, Teint und Schminke. Es ist verwandt mit dem Wort Chros, das Haut, Leib, Körper, Hautfarbe, auch nächste Nähe bedeutet. Diese Substantive basieren auf dem Verb „chrozein" (χρώζειν): berühren, bestreichen, färben. Im Folgenden kann es also nicht, oder nicht allein, um eine *Farblogik* gehen. Im Gegensatz zur Logik, die sich den Begriffen auf der Basis der Formen nähert, entwickelt das Denken in Farbe folglich eine *Chromik*, welche die Wirklichkeit durch Prozesse des Berührens und Färbens begreift.

Diese *Chromik*, dieses Denken in Farbe, soll mit Blick auf die Praktiken des Färbens entwickelt werden, unter Bezugnahme auf die vorliegenden Philosophien der Malerei. Wenn nun die Frage aufkommt, was eine Philosophie der Malerei kennzeichnet, seit wann es dergleichen gibt und worin sie sich von ästhetischen oder kunsttheoretischen Schriften unterscheidet, in denen von Malerei die Rede ist – wie in Cennino Cenninis *Libro dell'Arte* (um 1400), in Leon Battista Albertis *Della Pittura* (1435/1436) oder in Giovanni Battista Casanovas *Theorie der Malerei* (1782–1784) –, so kann zunächst festgehalten werden,

---

[7] Erwin Panofsky, *IDEA. Ein Beitrag zur Begriffsgeschichte der älteren Kunsttheorie*, Berlin: Spiess 1993, S. 45ff.

dass die Malereitheorie eine andere Genese und eine andere Ausrichtung aufweist und doch einen wichtigen Referenzpunkt des hier angestrebten Unterfangens bildet. Bekanntlich ist die Malereitheorie historisch gesehen Ausdruck des Versuchs der Nobilitierung der Malerei: diese wollte kein bloßes Handwerk mehr sein, sondern eine Wissenschaft. Schematisierend und ohne einzelne Autoren oder Texte in Schubladen zu sortieren lässt sich, wie auch in anderen Feldern, an denen sich eine etablierte, professionelle Theoriebildung mit philosophischer Reflexion berührt, folgende Distinktion stipulieren: Malereitheorie besteht in dem Versuch, Vorsätze, Maximen und Regeln zu formulieren, die die Praxis des Malens leiten sollen. Das setzt voraus, dass die Vorsätze und Zwecke nicht wie Sachzwänge oder praktische Notwendigkeiten vorliegen, sondern als solche überhaupt erst erfunden und in die Welt gesetzt werden wollen, dass, mit anderen Worten, die Malerei eine theoriegeleitete Praxis ist. Um überhaupt theoriefähig zu sein, muss die Malerei sich als eine „geistige" bzw. „kulturelle" Ausdrucksform gerieren. In den Malereitheorien geht es um Stile und Techniken der Farbgebung, um Prinzipien des Entwerfens, der Komposition und Gruppierung und um die Begründung des Malens. Folglich haben die meisten Malereitheorien vorwiegend universelle Ansprüche formuliert, um ihre bevorzugte Art des Malens zu legitimieren. Nichtsdestotrotz verdankt auch eine Epistemologie des Färbens derartigen Theorien viel; Hans Albers beispielsweise die großartige Einsicht in die Gesetze der Interaktivität der Farben.[8]

Die Malereiphilosophie hingegen geht von einem empirisch erweiterten und theoretisch ungewisseren Malereibegriff aus; sie zielt nicht darauf ab, die Malerei auf eine Ebene mit den Wissenschaften zu stellen, weil sie diese ohnehin nicht als Maßstab anerkennt. Sie spricht sich für keinen Malstil und für

---

[8] Siehe Hans Albers, *Interaction of Color*, New Haven: Yale University Press 1963.

keine Standards einer professionellen Praxis aus. Sie unterstellt nicht ohne Weiteres, dass das Wesentliche an der Malerei das berechnende Herstellen figurativer Ähnlichkeit durch Formen und Gestalten auf einer Fläche ist. Auch dort, wo sie Malerei als Kunstform untersucht, diskutiert sie sie als andere Weise des Philosophierens, des Denkens, der Welterschaffung. Um die Gestaltung der Lebenswelt durch die Malerei begreifen zu können, muss sie nicht nur die Grundlagen des Färbenkönnens und der Interaktion der Farben, sondern auch die Negation der Färbung, wenn nicht gar negative Malerei in den Blick nehmen, worin nicht zuletzt eine Beseitigung von Denkblockaden liegt.

Merleau-Ponty

Maurice Merleau-Ponty hat seinen philosophischen Ansatz mit Blick auf die Höhlenmalerei und die Malerei Paul Cézannes zugleich formuliert. In einigen Bemerkungen geht er so weit zu behaupten, dass eine kommende Revolution im Bereich der Philosophie von der Malerei ausgehen werde. Nur durch diese könne das Sein im Entstehen begreiflich werden. Merleau-Ponty zieht die Malerei also nicht als Objekt oder Beispiel, sondern als Weise des Wahrnehmens und Denkens heran, um über das herrschende cartesianische Paradigma hinauszukommen und eine neue Philosophie zu entwerfen. Descartes' *Dioptrique* sei der wirkmächtige Versuch, die Welt des Sichtbaren nach dem Modell berechenbarer Sichtlinien zu rekonstruieren. Die Malerei aber bringe Essenz und Existenz, Imaginäres und Wirkliches, Sichtbares und Unsichtbares durcheinander, indem sie ihre Traumwelt leiblicher Wesen (*essences charnelles*), wirksamer Ähnlichkeiten und stummer Bedeutungen entfalte. Die cartesische Philosophie bestehe in dem Versuch, der Philosophie jene Gespenster der Malerei auszutreiben, sie zu Sinnestäuschungen oder gegenstandslosen Wahrnehmungen am Rande einer unzweideutigen Welt zu machen.

Descartes will klare Einsichten zum Ausgangspunkt der Erkenntnis nehmen. Nicht zufällig gelangt er zu seinen unbezweifelbaren Wahrheiten vor allem durch eine Elimination alles Farblichen, durch die Reduktion des Ausgedehnten auf Linien und die Umwandlung derselben in Zahlen. In seinen Texten finden sich deshalb zur Verdeutlichung dessen, wie es sich in Wahrheit verhält, Zeichnungen bzw. Gravuren. Der Weg zur Wahrheit gleicht bei Descartes der Reduktion eines Gemäldes auf geometrische Strukturen. In einem zentralen Passus erklärt Merleau-Ponty im Gegenzug die Bedeutung des Malens zur Überwindung der mit Descartes einsetzenden Fehlstellung der neuzeitlichen Philosophie insbesondere im Bereich der Ontologie:

> Das Malen ist für [Descartes] keine zentrale Tätigkeit, die dazu beiträgt, unseren Zugang zum Sein zu bestimmen; es handelt sich um einen Modus oder eine Variante des Denkens, das kanonisch durch das intellektuelle Besitzergreifen und die Evidenz bestimmt wird. In dem wenigen, was Descartes darüber sagt, kommt diese Einstellung zum Ausdruck, doch bei einem aufmerksameren Studium der Malerei würde sich eine andere Philosophie abzeichnen [...]. Kennzeichnend ist auch, daß er bei der Behandlung der ‚Bilder‘ die Zeichnung zum Vorbild nimmt. Zwar ist, wie wir sehen werden, die ganze Malerei in jedem ihrer Ausdrucksmittel gegenwärtig: Es gibt eine Zeichnung, einen Linienzug, die alle ihre Kühnheiten in sich fassen. Was jedoch Descartes an den Kupferstichen gefällt, besteht darin, daß sie die Form der Gegenstände bewahren oder uns davon zumindest ausreichende Zeichen darbieten. Sie führen einen Gegenstand durch sein Äußeres oder seine Hülle vor. Hätte er jene andere und tiefere Offenheit zu den Dingen untersucht, die uns die sekundären Qualitäten, namentlich die Farbe, ermöglichen,

so hätte er [...] herausfinden müssen, wie das unbestimmte Raunen der Farben uns Dinge, Wälder, Stürme, schließlich die Welt vergegenwärtigen kann. Und er hätte vielleicht die Perspektive als einen Einzelfall in ein umfassenderes, ontologisches Vermögen integrieren müssen.[9]

Merleau-Ponty unternimmt keinen systematischen Versuch, dieses unbestimmte Raunen der Farben kulturhistorisch differenziert zu begreifen. Doch seine pauschale Bemerkung bezieht sich sicher nicht nur auf Cézanne. Meines Erachtens postuliert er, dass in Gemälden stets mehr zu sehen ist als das, was reine Formen oder ungetrübte Perspektiven vermitteln könnten. Wir erfahren mehr und anderes, wenn wir auf einem Gemälde eine Welt in Farbe erblicken, als wenn diese Welt auf das reduziert wird, was in Kupferstichen oder durch Umrisszeichnungen erkannt werden kann. Für Descartes aber wird das Wesentliche an Körpern erfasst, wenn seine Abmessungen bestimmt sind. Für Descartes „ist es selbstverständlich, daß die Farbe Schmuck und Kolorit ist, daß alle Macht der Malerei auf der Zeichnung beruht, und die Zeichnung in dem geregelten Verhältnis zwischen ihr und dem Raum an sich [...]. Für Descartes ist evident, daß man nur existierende Dinge malen kann, daß deren Existenz darin besteht, ausgedehnt zu sein, und daß die Zeichnung die Malerei möglich macht, indem sie die Darstellung der Ausdehnung ermöglicht."[10]

Aber auch in der Erforschung der Res Extensa und der Reduktion alles Körperlichen auf Zahlenverhältnisse darf nicht übersehen werden, dass Ausdehnungen und Volumina nur von den konkreten Eigenschaften von Linien – die in Zeichnungen auf Papier bekanntlich anders ausfallen als bei Kupferstichen – und vor dem Hintergrund eines lichten Tiefenraums erfasst

---

[9] Maurice Merleau-Ponty, „Das Auge und der Geist", in: ders., *Das Auge und der Geist. Philosophische Essays*, Hamburg: Meiner 2003, S. 275–317, hier S. 292.
[10] Ebd.

werden können, innerhalb dessen sich Körper besondern und differenzieren lassen. Ontologie und Epistemologie müssen deshalb durch ein genaueres Verständnis der Praxis des Wahrnehmens korrigiert werden, die einen solchen Tiefenraum voraussetzt. Die Aufmerksamkeit dafür hat Merleau-Ponty wie kein Zweiter geschärft, etwa, wenn er schreibt:

> Was ist die räumliche Tiefe, was ist das Licht, τί τo ὄν – was sind sie, nicht für den Geist, der sich vom Körper trennt, sondern für den, von dem Descartes gesagt hat, daß er im Körper ausgebreitet sei – und schließlich nicht nur für den Geist, sondern für sie selbst, da sie uns durchqueren, uns umfassen. Diese Philosophie, die noch zu schaffen ist, beseelt den Maler – nicht, wenn er Ansichten über die Welt äußert, sondern in dem Augenblick, in dem sein Sehen zur Geste wird, wenn er, wie Cézanne sagt, „im Malen denkt".[11]

Die moderne Malerei, insbesondere die Cézannes, stilisiert Maurice Merleau-Ponty zum Vorläufer seiner Phänomenologie der Wahrnehmung. Durch die Art, wie er die perzeptuellen und ontologischen Implikationen der Malerei zur Sprache bringt, gelingt es ihm, die dem Dispositiv des Abbildes unterworfenen Phänomenologien des Bildes von Edmund Husserl, Eugen Fink, Roman Ingarden und anderen zu revidieren. Merleau-Ponty will die (implizite) Philosophie der Malerei ausbuchstabieren. Denn aller Abbildung im Gemälde geht eine Ontologie des Sichtbaren voraus, die ein Sehen des Sichtbaren im Unsichtbaren bzw. aus dem Unsichtbaren heraus zu verdeutlichen versucht. Dadurch, dass dieses Sehen zur Geste wird, gelingt es der Malerei, Merleau-Ponty zufolge, die übersehenen oder verdrängten Voraussetzungen des alltäglichen Sehens und der wissenschaftlichen Optik sichtbar zu machen:

---

[11] Ebd., S. 301.

das „Unsichtbare", das die Möglichkeit des Sehens bildet und sich auf der Schwelle zum Nichtgesehenen befindet. Das Unsichtbare ist kein Noch-nicht-Gesehenes oder potentiell Sichtbares, sondern der Grund des Sichtbaren. Doch ist seine Rede vom Sichtbaren selbst nicht unproblematisch: dieses setzt sich für Merleau-Ponty aus Körpern im Licht zusammen, die aus dem unsichtbaren Tiefenraum hervortreten. Von Farben ist hier merkwürdigerweise kaum die Rede. Das Sichtbare scheint für Merleau-Ponty immer in gleicher Weise sichtbar zu sein. Konkrete Differenzierungen nach Arten, Modalitäten, Übergangszonen, Veränderungen der Sichtbarkeit erwägt er nicht. Darin ähnelt seine Sicht der Kupferstichwelt Descartes'.

Gegenüber Descartes insistiert Merleau-Ponty darauf, dass zwei ontologische Entitäten, das Sichtbare und das Unsichtbare, dem Menschen entgegenstehen und das Körperapriori seiner Phänomenologie fundieren (gegenüber dem Bewusstseinsapriori, das mit Descartes' „res cogitans" beginnt und sich bis hin zu Husserl zieht). Als Bedingung der Sichtbarkeit kann das Unsichtbare nur in der Malerei sichtbar gemacht werden, denn andere Abbildungstechniken, wie die Photographie, bleiben auf sichtbare Oberflächen, auf die Existenz der Dinge verpflichtet. Warum sie das Unsichtbare auf je unterschiedliche Weise und immer erneut sichtbar machen muss, warum es also nicht ausreicht, wenn Cézanne das ein für alle Mal klar stellt und warum diesem Vordenker der künftigen Philosophie dafür nicht eine einzige „Montagne Sainte-Victoire" ausreicht, erfährt der Leser dieser anti-cartesianischen Phänomenologie nicht. Die Kraft der Malerei jedenfalls besteht Merleau-Ponty gemäß darin, die Geburt des Sichtbaren hervorzubringen, die Grundschichten des Existierens, das Werden der Welt zu restituieren. Sie zeigt die Dinge im Augenblick ihrer Entstehung. Sie versucht also nicht, wie oft theologisierend behauptet wird, hinter der Existenz der Dinge ihre Essenz wahrnehmbar zu machen – in dieser Weise ist Heideggers Behauptung, Van Goghs Malerei bringe das Wesen der Bauernschuhe zum Vorschein, oft gelesen worden. Vielmehr gelingt es ihr, die Parameter der physischen Existenz, die Messlatten der Faktizität, der Essenz und der Geltung als oberflächlich und unzureichend auszuweisen, indem sie die Konturen der Dinge auflöst und auf ihre Potenz hin befragt. *Die moderne Malerei leitet zu einer Tiefenwahrnehmung an: sie zerstört die äußere Hülle der Dinge, um ihren Zusammenhang zu artikulieren und ein ungegenständliches und unbestimmtes Sein zum Ausdruck zu bringen.*

Die frontale Präsenz der Dinge, ihre Oberfläche, Hülle und Ausdehnung, ist Merleau-Ponty zufolge sekundär gegenüber der aus unsichtbaren Hintergründen gebildeten Sichtbarkeit. Ein Maler wie Cézanne hat die Abhängigkeit der Erfahrung räumlicher Tiefe von den Zwischenräumen und Verbindungen der Dinge sichtbar gemacht. Im Tiefenraum koexistieren sie als Farbe und nehmen Dichte, Fülle und Fleisch (*chair*) an. Die Tiefe nennt Merleau-Ponty deshalb auch ein „primordiales Sein". Sie ist die Dimension des Latenten und des Simultanen bzw. einer globalen Lokalität (*localité globale*), an der sich alles zugleich befindet.

Merleau-Ponty stellt die distanzierte Souveränität des Wahrnehmungs- und Bildbewusstseins, wie sie die traditionelle Phänomenologie entwickelt hatte, in Frage und verlangt nach einem neuen *Begriff des Denkens*: Als der exponierte Ort, an dem das Sichtbare dank seines „Selbstbezuges" und kraft eines Logos der Linien, Lichter und Farben zu sich kommt, „sieht sich das Bild als Sichtbares durch den Blick des Malers und läßt sich, realisiert durch die Hand des Malers, sehen. In diesem Sinne ist das Bild ebenso sichtbar wie sehend. Das Bild sieht uns an und betrifft uns, weil es die Kraft hat, unser Sehen zu überschreiten, in Frage zu stellen und neu zu gestalten."[12] Die

---

[12] Nach Iris Därmann, „Maurice Merleau-Ponty", in: Monika Betzler u. Julian Nida-Rümelin (Hg.), *Ästhetik und Kunstphilosophie. Von der Antike bis zur Gegenwart in Einzeldarstellungen*, Stuttgart: Kröner 1998, S. 557–565.

Realisierung eines neuen Bildes, einer neuen Art Bild aus den Voraussetzungen der Sichtbarkeit lässt sich mit Merleau-Ponty als ein Denken des Werdens, des entstehenden Seins begreifen.

Viele Leser hat Merleau-Pontys Leibphänomenologie vor allem wegen seiner Analyse der Raumtiefe überzeugt. Merleau-Ponty führt darin aus, dass die Gliederung des Raumes nicht allein aus einer Seh-Erfahrung von dreidimensionalen Dingen herrühren kann. Wir erfassen die Höhe, Breite und Tiefe eines Volumens nur vor dem Hintergrund eines Tiefenraums. Ohne diesen Tiefenraum könnte das (stereoskopische) Sehen nur die Höhe und Breite und den Abstand zu einem Objekt und den Abstand zwischen diesen Objekten erfassen.

Die Wahrnehmung dieses Tiefenraums erschließt sich nur, wenn man ihn in Beziehung setzt zu seiner Verflochtenheit mit dem wahrnehmenden und in diesen Raum hinein sich bewegenden und handelnden Leib. Die Tiefe des Raumes steht dem Standpunkt, von dem aus der Mensch wahrnimmt, entgegen und ist deshalb kein Äquivalent der Breite, sondern das, was die Ausdehnung umfängt und einräumt. Es ist Grundlage simultanen Erfassens möglicher Sequenzen. Wenn wir beispielsweise einen Würfel sehen, dann sehen wir die Seite des Würfels als quadratisch und nicht als längliche Raute. Wir vereinigen bei der Sicht von einem Blickpunkt Ansichten des Objekts aus möglichen anderen Blickpunkten: „Diese simultane Gegenwart einander gleichwohl ausschließender Erfahrungen, diese ihre wechselseitige Implikation, diese Kontraktion eines ganzen möglichen Prozesses in einem einzigen Wahrnehmungsakt macht die ursprüngliche Eigenart der Tiefe aus."[13]

Es gilt also, in der alltäglichen Raumwahrnehmung eine Notwendigkeit, eine „Grundlegung", ähnlich dem Grundieren der Leinwand als Gründung des Farbraums zu begreifen. Und

---

[13] Maurice Merleau-Ponty, *Phänomenologie der Wahrnehmung*, Berlin: De Gruyter 1965, S. 308.

doch unterscheidet sich das Grundieren in der Malerei hinsichtlich der dadurch erfahrbaren Zeitlichkeit. Vielleicht könnte man dies als den *Unterschied zwischen Synchronizität und Simultanität* fassen. Denn das Simultanitätsfeld der Malerei unterscheidet sich deutlich vom raumzeitlichen „Präsenzfeld" Husserls, dem eine Korrespondenz von Protentionen und Retentionen ebenso implizit ist wie eine zeitliche Interpretation räumlicher Entfernungen, so dass eine synchrone Präsenz des Davor und Danach erfahren werden kann. Die Simultanität wird jedoch nicht vom Zeitbewusstsein aus konzipiert, sondern von der Auftrittsfläche farblicher Vibrationen. Sie unterscheidet sich von der „verstreuten Sichtbarkeit" der um Aufmerksamkeit konkurrierenden Dinge, die uns in der alltäglichen Wahrnehmung aus der räumlichen Tiefe kontinuierlich begegnen und denen Synchronizität als eine Zeitgestalt unterstellt wird.[14] Die Simultanität, die uns spezifisch in der Malerei entgegen tritt, ist vielmehr eine *zeitliche Tiefe*, die den Augenblick und die Körperlogik des gleichzeitigen Auftretens sprengt, mag sie nun multiperspektivisch angelegt sein oder nicht. Gegenüber Merleau-Ponty wäre also darauf zu insistieren, dass die Malerei eine *Tiefenzeit* freilegt.

Simultanität entspricht einer Grundierung, einem objektiven zeitlichen Feld, einer Farbschicht, die die (räumlichen und zeitlichen) Dimensionen der Erscheinung vorbereitet und strukturiert. Merleau-Ponty spricht von der „primordialen Tiefe", in der das Sichtbare gründet. Man kann ihn so verstehen, dass Malerei die unsichtbaren bzw. unbedachten Voraussetzungen menschlicher Wahrnehmungsprozesse ins Zentrum stellt, die Simultanität, in der das Synchronizitätsbewusstsein sich bildet. Entlang einiger Arbeiten Cézannes erläutert Merleau-Ponty in seinem letzten Essay die Vorstellung vom

---

[14] Vgl. Bernhard Waldenfels, „Das Zerspringen des Seins", in: Alexandre Métraux u. ders. (Hg.), *Leibhaftige Vernunft. Spuren von Merleau-Pontys Denken*, München: Fink 1986, S. 144–161, hier S. 152ff.

Raum als dem ‚Fleisch der Welt' anhand dessen, was sich dem Auge ‚zu sehen gibt'. Vor allem Cézannes spätere Werke lassen sich als Darstellungen einer Polyperspektivität entschlüsseln: jeder einzelne Bildausschnitt ist so ausgearbeitet, als ob er im Zentrum des Sehfeldes läge, jedes Objekt erscheint dadurch gleichsam umfassender gesehen.

Cézanne verdanke es den Impressionisten, insbesondere Pissaro, dass die Malerei für ihn keine Verkörperung von Träumen oder Phantasieszenen mehr war, sondern ein präzises Studium nach der Natur. „An die Stelle der barocken Faktur, die zuerst die Bewegung wiedergeben will, tritt das Nebeneinander kleiner Pinselstriche und die geduldige Schraffur."[15] *Dieses Nebeneinander entspricht keiner räumlichen Anordnung, sondern einer mit virtueller Bewegung geladenen zeitlichen Tiefe.* Der Farbgebrauch der Impressionisten war, Merleau-Ponty zufolge, darauf gerichtet nachzubilden, wie die Gegenstände sich dem Auge in einer *stillstellenden* Wahrnehmung als Atmosphäre darbieten, als konturlose Verbindung von Luft und Licht.

> Um diese Lichthülle wiederzugeben, mußte man alle Erd-, Ocker- und Schwarztöne verbannen und sich auf die sieben Farben des Prismas beschränken. Um die Farbe der Gegenstände darzustellen, genügte es nicht, ihren lokalen Farbton auf die Leinwand zu übertragen, das heißt jene Farbe, die sie annehmen, wenn man sie von ihrer Umgebung isoliert, man mußte auch die Kontrastphänomene berücksichtigen, die die Lokalfarben in der Natur modifizieren. Außerdem ruft jede Farbe, die wir in der Natur sehen, durch eine Art Gegenschlag das Erscheinen ihrer Komplementärfarbe hervor, das die Intensität des Eindrucks steigert. Um auf einem Bild, das im schwachen Licht eines Zimmers gesehen wird, die Farben

---

[15] Maurice Merleau-Ponty, „Der Zweifel Cézannes", in: ders., *Sinn und Nicht-Sinn*, München: Fink 2000, S. 11–33, hier S. 14.

so leuchten zu lassen wie in der Sonne, muss man also für eine Wiese nicht nur ein Grün auftragen, sondern auch das komplementäre Rot, das das Grün vibrieren läßt. Schließlich wird bei den Impressionisten auch noch der lokale Farbton selber zerlegt."[16]

Dies geschah dadurch, dass die Impressionisten die Farben nicht auf der Palette mischten, sondern die Farbentöne aus dem Nebeneinandersetzen der Farbkomponenten erzeugten, was die Lokalfarben stärker vibrieren lässt.

Wie Merleau-Ponty weiter ausführt, restituiert dies zwar „eine allgemeine Wahrheit der Impression", bringt jedoch „den Gegenstand und seine eigentümliche Schwere zum Verschwinden. Schon die Zusammensetzung von Cézannes Palette läßt ahnen, daß er ein anderes Ziel verfolgt: Nicht die sieben Farben des Prismas findet man dort, sondern achtzehn Farben, sechs Rot, fünf Gelb, drei Blau, drei Grün, ein Schwarz. Der Gebrauch der warmen Farben und des Schwarz zeigt, daß Cézanne den Gegenstand darstellen, ihn hinter der Atmosphäre wiederfinden will."[17] Anstatt der Farbzerlegung setzt Cézanne abgestufte Mischungen, chromatische Nuancen und Farbmodulationen ein, die der Form des dargestellten Gegenstandes und ihrer Lichtabsorption folgen. Merleau-Ponty resümiert: „Die Beseitigung präziser Konturen, der Vorrang der Farbe vor der Zeichnung haben bei Cézanne und im Impressionismus ganz offensichtlich nicht dieselbe Bedeutung. Der Gegenstand wird nicht mehr von Reflexen überlagert, verliert sich nicht mehr in seinen Beziehungen zur Luft und zu anderen Gegenständen, sondern wirkt wie dumpf von innen heraus beleuchtet, das Licht strömt aus ihm aus, und daraus resultiert ein Eindruck der Festigkeit und Materialität."[18] Wenn Cézanne trotzdem die Farben

[16] Ebd., S. 15.
[17] Ebd.
[18] Ebd.

vibrieren lässt, anstatt durch klare Konturen einen realistischen Eindruck zu erzeugen, so deshalb, weil er mit malerischen Mitteln zeigen will, wie flüchtige Wahrnehmung und stabile Dinglichkeit aus einander hervorgehen, er will die Realität, die Festes und Flüchtiges gleichermaßen umfasst, durchdringen: „Er will die festen Dinge, die in unserem Sehfeld erscheinen, nicht von der flüchtigen Weise ihres Erscheinens trennen, er will die Materie malen, wie sie im Begriff ist, sich eine Form zu geben, will die durch eine spontane Organisation entstehende Ordnung malen."[19] Im Unterschied zu dieser Darstellung der primordialen Welt, eines sich zusammenballenden Gegenstandes, einer Landschaft im Entstehen, eine spontane Organisation, lasse eine Photographie derselben Landschaft stets an den Menschen denken, der diese Photographie angefertigt habe und die Landschaft bald bearbeiten werde. Doch wie denkt sich Merleau-Ponty den Beitrag der Farben unterhalb der Gegenstandsdarstellung?

Die Konturen, die den Gegenständen ihre Identität verleihen, zieht Cézanne nicht geometrisch mit der Linie, sondern baut sie aus der Tiefe auf. Anstatt mit der Linie operiert er mit Farbstrichen. „Deshalb folgt Cézanne dem sich wölbenden Rand des Gegenstands mit einer Farbmodulation und markiert mit blauen Strichen mehrere Konturen. Dem zwischen ihnen hin und her pendelnden Blick bietet sich dann eine Kontur in statu nascendi dar, ganz so wie es in der Wahrnehmung geschieht."[20] Die Farbmodulation, die aus mehreren farbigen Strichen die Latenz einer Kontur aufbaut, operiert im Bereich einer von Merleau-Ponty (trotz seiner Überlegungen zum Chiasmus) weiterhin merkwürdig farblos aus dem Körper-Apriori konzipierten Raumtiefe.

---

[19] Ebd., S. 17.
[20] Ebd., S. 19.

Doch die Realität, in der sich die Dinge vereinzeln, ist zunächst Farbe, ein Ineinander von Gegenstand und Wahrnehmung. Cézanne gibt die Welt in ihrer Dichte wieder, „denn sie ist eine einzige lückenlose Masse, ein Organismus von Farben, durch die hindurch sich die Flucht der Perspektive, die Konturen, Graden und Kurven als Kraftlinien in einem vibrierenden Raum konstituieren."[21] Die Malerei ist hier nicht optisch, sondern stellt, noch vor jeglicher organischer Differenzierung und Modularisierung der Sinne, die Präsenz der Dinge ins Zentrum; sie operiert gewissermaßen auf der Ebene der Dingsynthese bzw. des Gemeinsinns: „Wir sehen die Tiefe, das Samtene, die Weichheit, die Härte der Gegenstände – Cézanne meinte sogar: ihren Duft. Wenn der Maler die Welt ausdrücken will, muss die Anordnung der Farben dieses unteilbare Ganze in sich bergen; sonst bleibt seine Malerei eine bloße Anspielung auf die Dinge und gibt sie uns nie in der gebieterischen Einheit, in der Präsenz und unüberbietbaren Fülle, die für uns alle das Reale definiert."[22]

Ist nun eine solche Malerei eine Nachahmung, eine Darstellung oder ein Ausdruck? Merleau-Ponty unterstreicht, ganz Phänomenologe, die Malerei dürfe keine Interpretation sein, sondern „intuitive Wissenschaft", die das Noch-Nicht erfasst, das, woraus die Dinge sind, ihre Wiege, ihre beginnende Existenz.[23]

Nach Merleau-Ponty gibt es „zwei Arten von räumlicher Darstellung: In der einen Art wird der Raum von außen her gesehen, wobei der Künstler dann selbst den Raum zu überfliegen scheint. Die Mittel der Darstellung (Linie, Farbe, Kontur) werden positiv aufgefasst und nach und nach auf die leere Leinwand gebracht [...]. Doch wird dann vorausgesetzt, daß sich der bildende Künstler nicht selbst in diesem Raum befindet. Er schwebt über ihm wie ein ‚Geist'. Demgegenüber ist der

---

[21] Ebd.
[22] Ebd., S. 20.
[23] Ebd., S. 22f.

II. Form und Farbe

Raum in der anderen Art [...] zum größten Teil bloß angedeutet. Das Latente ist hier ebenso wichtig wie das positiv Dargestellte. Somit wird der Raum zum bloßen Attribut des Gemalten. In diesem Fall steht der Künstler mitten im Raume oder in der Landschaft. Vor unseren Augen kommt der Raum gleichsam zur Entstehung [...]. Genauer besehen [...] schließt sich der Raum hinter uns zu, er umschließt uns."[24] Cézanne nun will beide Varianten vereinen, ideales und reales Sehen: Er verankert in seinen Bildern zwei antinomische Arten der Raumbehandlung ineinander. Einerseits realisiert er ein direktes Schauen auf ein Zentrum an jeder Stelle des Bildes, anstatt die Farbintensität an der Peripherie abzuschwächen. In manchen Stillleben werden entgegen der Einheitsperspektive Objekte aus dem jeweils direkten Blickwinkel eines leicht variierten Beobachterstandpunktes gezeigt, zum Teil in dunklen, intensiven Farben, anstatt, wie es die Tradition forderte, die zentrale Stelle des Bildfeldes durch die Helligkeit zu markieren.

Cézanne malt deshalb eine Welt ohne den Menschen, souveräne Dinge: „Das Sichtbare um uns scheint in sich selbst zu ruhen. Es ist so, als bildete sich unser Sehen inmitten des Sichtbaren, oder so, als gäbe es zwischen ihm und uns eine so enge Verbindung wie zwischen Meer und dem Strand [...]. Gegeben ist etwas, dem wir uns nur annähern können, indem wir es mit dem Blick abtasten, Dinge, die wir niemals ‚ganz nackt' zu sehen vermöchten, weil der Blick selbst sie umhüllt und sie mit seinem Fleisch bekleidet [...]. Worin besteht jene magische Kraft der Farbe, jenes einzigartige Vermögen des Sichtbaren, das bewirkt, daß es [...] mir mein Sehen aufdrängt als Wirkung seiner souveränen Existenz?"[25] So verschränken sich in Cézannes Landschaftsdarstellungen Natur und Bild, Vorstellung und Darstel-

---

[24] Maurice Merleau-Ponty, „Cartesianische und zeitgenössische Ontologie", in: ders., *Vorlesungen I*, Berlin: De Gruyter 1973, S. 229–236, hier S. 229f.
[25] Maurice Merleau-Ponty, *Die Natur. Aufzeichnungen von Vorlesungen am Collège de France 1956–1960*, München: Fink 2000, S. 172f.

lung, Existenz und Erscheinung. Hier wird eine vom Menschen wahrgenommene, aber gerade um diesen reduzierte Natur im Gemälde erschaffen. Darin erkennt Merleau-Ponty ein „rohes" und „wildes" Sein; ein „stummes Denken".[26] Der Blick wird in der Malerei nicht auf das Dasein der Dinge gelenkt, sondern auf das, was sie trägt und überhaupt fassbar werden lässt: „Die Tiefe ist das Mittel, das die Dinge haben, fasslich zu bleiben, Dinge zu bleiben, auch wenn sie nicht das sind, was ich aktuell sehe. Sie ist die eigentliche Dimension des Simultanen. Ohne sie gäbe es keine Welt und kein Sein [...]."[27] Die Tiefe ist folglich kein Effekt binokularer Wahrnehmung, keine Halluzination bei sich widersprechenden Lichtinformationen, kein projiziertes Bewegungsschema, sondern die Kraft der Dinge, ins Sichtbare zu rücken, eine Kraft, die aus ihrer Simultanität rührt. Diese Simultanität ist keine physische messbare Lagebeziehung, sondern Ergebnis malerischen Denkens und Darstellens. Eine malerische Präsentation der Farben kann eine *Tiefenzeit* erwirken, in der sich Phänomene als zeitliche Struktur herauskristallisieren, sodass sie als unverbunden und doch in einem Zeitraum liegend wahrgenommen werden können. Simultanität ist strictu sensu kein räumliches Phänomen. Denn das Sichtbare entspricht, wie Merleau-Ponty unterstreicht, der Textur einer Tiefe und jedes Sichtbare zeigt sich (vor allem oder nur?) in der Malerei als Effekt einer nicht zugleich sichtbaren Tiefe, vielleicht vergleichbar der spiegelnden und flimmernden Oberfläche eines Schwimmbeckens oder eines Sees. „Das sogenannte Sichtbare ist, wie wir sagten, eine Qualität, die einer Textur trächtig ist, die Oberfläche einer Tiefe, eine Abhebung von einem massiven Sein, ein Körnchen oder Körperchen, getragen von eine Welle des Seins. Da das totale Sichtbare sich immer hinter, nach oder zwischen seinen Aspekten

---

[26] Merleau-Ponty, „Das Auge und der Geist", S. 316.
[27] Maurice Merleau-Ponty, *Das Sichtbare und das Unsichtbare. Gefolgt von Arbeitsnotizen*, München: Fink 1986, S. 279.

aufhält, ist es nur einer Erfahrung zugänglich, die genauso wie dieses selbst ganz außer sich ist [...]."[28] Während die cartesische Geometrie vom Raum nur die abtastbare Ausdehnung gelten ließ, gelingt es Cézanne, Merleau-Ponty zufolge, die jedweder Existenz vorgängige Tiefe des Raumes auszuloten und manipulierbar zu machen; es gelingt ihm, die Körper nicht nur als Ausdehnung, als Umriss, sondern als Textur zu denken und ihnen ihre Tiefe zu restituieren. Ist das, was Merleau-Ponty hier Textur nennt, nicht die simultane Fläche oberhalb der zeitlichen Tiefe?

Im Gegensatz zu dem in Analogie zum Tasten gedachten Sehstrahlenmodell Descartes', das nur die Begrenzung von Vorderflächen erfasst, ist es dem lebendigen Sehen nach Merleau-Ponty vielmehr möglich, zugleich Vordergrund wie Hintergrund wahrzunehmen; es ergänzt die Ausdehnung der Dinge um die verdeckte Stellen und Abwesendes. Descartes' Dioptrik wirft auf den absoluten Raum die Metrisierung perspektivischer Repräsentation. Er ist deshalb im Grunde blind. Descartes' Raum ist „jenseits jedes Gesichtspunktes, jeder Verborgenheit und aller Tiefe, ohne jede wirkliche Dichte."[29] Ihre Tiefe ist deshalb die Dimension des Simultanen, weil es ein Feld bildet, in dem sich die Dinge zusammen fügen, obschon meine beiden Augen zwei inkompossible Ansichten davon haben mögen.[30] Malerei lotet die Voraussetzung des bewegungsbasierten Tiefensehens aus. Streng zentralperspektivische Gemälde wirken leblos, weil sie die kinästhetische Fundierung räumlichen Sehens ebenso ausklammern wie die zeitliche Tiefe auffälliger Farbschichtung.

In der Malerei Cézannes sehen wir also kein Kunsthandwerk, keine Reproduktionstechnik visueller Eindrücke, sondern ein Denken am Werk, dem es um eine Ergründung der

---

[28] Ebd., S.179f.
[29] Merleau-Ponty, „Das Auge und der Geist", S. 295.
[30] Vgl. Merleau-Ponty, *Das Sichtbare und das Unsichtbare*, S. 280.

Sichtbarkeit geht. Dieses Denken operiert mit Hilfe einer (polyperspektivischen) Darstellungsweise, erschließt aber vor allem durch eine spezifisch künstliche Farbgebung und die farbliche Modulierung dinglicher Konturen die primordiale Tiefe. Diese Tiefe, in der die Dinge mit der menschlichen Wahrnehmung verschränkt sind, wird von Merleau-Ponty auch Fleisch genannt: „[...] Eine Farbe und allgemein etwas Sichtbares [ist] kein absolut hartes und unteilbares Stück Sein [...], sondern eher [...] eine bestimmte Differenzierung, eine ephemere Modulation dieser Welt, weniger also Farbe oder Ding als Differenz zwischen Dingen und Farbe, augenblickliche Kristallisation des Farbigseins oder der Sichtbarkeit. Zwischen den vorgeblichen Farben und dem vorgeblich Sichtbaren würde man auf das Gewebe stoßen, das sie unterfüttert, sie trägt, sie nährt und das selbst nicht Ding ist, sondern Möglichkeit, Latenz und Fleisch der Dinge."[31] Wie aber kristalliert sich das Farbigsein in der Differenz zur Körperlichkeit der Dinge? Auf welche anderen Weisen neben der Malerei sinnt Merleau-Ponty hier? Im Falle der Malerei jedenfalls entgehen die farblichen Latenzen jedes Dinges einer Wahrnehmung ihrer Modulationen und

---

[31] Ebd., S. 175. Cornelius Castoriadis unterstreicht, dass es sich hier um keine anonyme Sichtbarkeit handeln könne, die dem intersubjektiven Wahrnehmen und Sich-Beziehen unterlegt ist, keine transhistorische Präsenz der Dinge und kein transkulturelles Vorstellen oder Wahrnehmen, sondern um Emergenzen, ein historisches Werden: „[...] das natürliche Rot – jenes Rot, dessen physikalische Eigenschaften man heutzutage genau bestimmen kann nach Wellenlänge, Helligkeitsgrad, Sättigungsgrad usw. – ist auch hier nur eine Stütze, das Rot, auf das es ankommt, ist ein historisches Rot, und als solches entsteht es unaufhörlich als Teil der Konkretion der Sichtbarkeit [...]. Da die Kultur uns keine mechanischen Vorrichtungen eingebaut [hat] für die Transformation sensorischer Gegebenheiten und auch keine Minicomputer für die Ausarbeitung dieser Gegebenheiten [...] ,so kann diese Institution sich nur auf die Vorstellung selber richten, auf die allgemeine Art des Vorstellens; sie besteht also in einer Institutierung von Schemata und Gestalten, die eine perzipierbare Vorstellung ermöglichen und ihr eine kollektive Verbreitung sichern. Diese Schemata müssen jeweils die ‚Wahrnehmung' dessen, was ist und was jeweils als ‚Ding' gesetzt wird, ermöglichen; doch das ist nicht alles, denn sie müssen die Gesamtheit des tatsächlichen Sozialen ermöglichen und ebenso die Gesamtheit dessen, was jeweils denkbar ist." Cornelius Castoriadis, „Merleau-Ponty und die Last des ontologischen Erbes", in: Métraux u. Waldenfels (Hg.), *Leibhaftige Vernunft*, S. 111–143, hier S. 130f.

Differenzierungen nicht. Sie macht das Gewebe sichtbar, in dem jedes Farbigsein steht.

Farbe entschlüsselt der aufmerksamen Betrachterin der Malerei das leibliche Eingelassensein in die Welt. Das, was Merleau-Ponty Fleisch nennt, zeigt sich als Farbe und nicht nur als Strahlung.[32] Oft hat der Leser Merleau-Pontys den Eindruck, die Malerei wiederhole und mache dasjenige bewusst, was sich in jeder visuellen Wahrnehmung vollzieht, weshalb der Blick auf den Boden eines Schwimmbeckens für ihn auch ein Äquivalent zur „Strahlung des Sichtbaren" darstellt, „die der Maler unter den Namen ‚Tiefe', ‚Raum', ‚Farbe' sucht."[33]

Ist das Gemälde die Spur oder das Resultat jenes Denkens? Oder enthüllt sich die Verflechtung von Sichtbarem und Unsichtbarem nur der Betrachterin und nicht der Malerin selbst? Was trägt das Malen (Auge/Hand) zur Erschließung des Raumes bei, das nicht das (sehende) Sehen leistet? Gibt es eventuell ganz unterschiedliche „primordiale Tiefen", abhängig von der farblichen Grundierung? Macht Cézanne nicht, im Kontrast zum impressionistischen Tiefenraum, auf eine *zeitliche Farbtiefe* aufmerksam? Immerhin können wir mit Merleau-Ponty festhalten (der hier auf Einsichten Rodins rekurriert), dass der Film wie auch die Photographie starre Körper zeigen. „Was die Bewegung vermittelt, sagt Rodin, ist ein Bild, in dem die Arme, die Beine, der Rumpf und der Kopf je zu einem anderen Augenblick erfasst sind, das also den Körper in einer Haltung darstellt, die er zu keinem Zeitpunkt eingenommen hat, und das zwischen seinen Teilen fiktive Verbindungen herstellt, als wenn allein dieses Zusammentreffen von Unzusammengehörigem in der Bronze und auf der Leinwand den Übergang und die Dauer hervorbringen könnte [...]. Die Photographie hält die Augenblicke offen, die das Vorwärtstreiben der Zeit sofort wie-

---

[32] Merleau-Ponty, *Das Sichtbare und das Unsichtbare*, S. 313f.
[33] Ebd., S. 306.

der schließt, sie zerstört das Überschreiten, das Ineinandergreifen, die ‚Metamorphose' der Zeit, die die Malerei dagegen sichtbar macht […]."[34]

Die Malerei erfasst Bewegung, dieser wichtigen Einsicht nach, durch eine Synthese der Zeitfragmente, durch eine Metamorphose ephemerer Bewegungen zu einer räumlichen und zeitlichen Einheit. Dies gelingt ihr dadurch, dass die sichtbaren Körper und die sich wandelnden Formen aus einer Tiefe erfasst werden, in der sich ihr Differenzierungen und Kristallisationen bilden.

Jacques Derrida

Diese Farbtiefe wäre vielleicht der Spur vergleichbar, die, wie Jacques Derrida gezeigt hat, basierend auf der „Archi-Trace", der Ur-Spur, sprachlichen Differenzierungen immer schon vorausgeht.[35] Aus ihr wäre eine jeweilige Kristallisation des Farbigseins fassbar, das die Möglichkeit einer Farbkonkretion oder eines farblichen Ausdrucks enthält.

Auf der Suche nach einer Entsprechung zu Austins Theorie der Sprechakte in der Malerei unterscheidet Derrida vier Möglichkeiten, den Ausdruck „Wahrheit in der Malerei" zu verstehen:

Erstens, Malerei ist Präsentation der Wahrheit selbst: „die Wahrheit, die selbst, persönlich, ohne Vermittlung, unverblümt, ohne Maske noch Schleier restituiert wird."[36] Zweitens Malerei als nackte Wahrheit: Malerei ist hier Repräsentation der Wahrheit. Die Wahrheit steht Modell für die Malerei, diese gibt sie wieder, als Widerspiegelung oder als Allegorie; drittens die Wahrheit, insofern sie ausschließlich im pikturalen Modus erscheinen kann. Und viertens: Die Wahrheit über die Malerei.

---

[34] Ebd., S. 311.
[35] Vgl. Jacques Derrida, *Grammatologie*, Frankfurt/M.: Suhrkamp 1974, S. 107.
[36] Jacques Derrida, *Die Wahrheit in der Malerei*, Wien: Passagen 1992, S. 20.

„Um den Ausspruch Cézannes zu verstehen, muss die Wahrheit (Präsentation oder Repräsentation, Enthüllung oder Adäquation) ‚in der Malerei' wiedergegeben werden, sei es durch Präsentation, sei es durch Repräsentation, entsprechend den beiden Modellen der Wahrheit."[37] Leider belässt es Derrida bei der bloßen Forderung, diese vier Aspekte aus der Malerei heraus zu entwickeln. In seinen Ausführungen beschränkt er sich weitgehend auf eine Relektüre (und kritische Verteidigung) von Heideggers Kunstwerkaufsatz. So bleibt die Frage einstweilen offen. Wenn es Bemühungen, auch von mir, gegeben hat, den „pikturale Modus" der Wahrheit als eine Wahrheit zu analysieren, die nur von Zeichnungen und Gemälden, von Photographien, Skizzen, Standbildern, Filmen, Photos und Videos artikuliert werden kann, so bleibt es die Aufgabe der vorliegenden Studie, der „Wahrheit über die Malerei" näher zu kommen.

Derrida hat in seinen Ausführungen zur Zeichnung, recht analog zu Merleau-Ponty, hervorgehoben, dass jede Zeichnung etwas bislang *Ungesehenes* zur Darstellung bringt. Jeder Zeichenvorgang *schreibe* sein Nicht-Sehen, eine Figur der Unmöglichkeit und der Latenz, bzw. mit Merleau-Ponty gesprochen, ein Unsichtbares. Die Zeichnung entsteht Derrida zufolge aus Berührungen, denn nicht das Auge, sondern die Hand zeichnet. Der Stift tastet sich auf der Wand oder dem Papier vor wie ein Blinder im Raum. Wenn das Optische in den Spuren des Zeichenstiftes haptisch wird, so erhält es zwar aufgrund seiner räumlichen und zeitlichen Differenzierung wie die Schrift Bedeutung im Verhältnis zu anderen graphischen Markierungen, gewinnt jedoch erst in dem Moment bildliche Kohärenz, wie es an eine optisch nicht mehr einzufangende Alterität heranreicht und diese berührt. Derrida führt zur Erläuterung dieses Gedankens die Ursprungslegende der Zeichnung bei

[37] Ebd.

Butades an. Dieser erste Schattenriss habe sich nicht auf das schwindende Begehrte bzw. dessen Gedächtnisspur gerichtet, sondern auf etwas, das nie so gewesen ist und nie durch seine Anwesenheit das Begehren erfüllen könnte. Butades Tochter musste ihren Blick vom Vorbild oder Modell, ihrem Geliebten, abwenden. Nur so konnte sie dessen schwindende Gestalt auf der Bildfläche bannen. Das sichtbar Gegebene muss suspendiert werden zugunsten einer anderen, aus Strichen bestehenden Sichtbarkeit.

Merkwürdigerweise taucht dieser Topos in der Kunstgeschichte bei Gemälden auf, die dann meist mit „Ursprung der Malerei" betitelt werden, obwohl es sich doch um den Ursprung der Zeichnung handelt.

Der Blick des Malers oder Zeichners ist abgewendet und gleichsam blind, wenn die Hand das, was zu sehen sein wird, auf dem Papier oder der Leinwand erkundet. Der erste Akt ist dabei noch kein farblicher, sondern ein plastischer, eine Durchlöcherung, eine Defiguration von Darstellungsfläche und Oberfläche zugleich. Deshalb interessiert Derrida an der Zeichnung, und insbesondere an den Zeichnungen Artauds, der Übergang zwischen Einkerbung, Einzeichnung und Einschreibung. Aus dieser plastischen Einkerbung folgt die Bildlichkeit von Inskriptionen, wobei die Geste der Einkerbung, als Inskription, bereits einer dem gezeichneten Strich vorgängigen differentiellen Spur folgt. Derridas Aufmerksamkeit entgeht an dieser Stelle, dass die Darstellungsfläche in der plastischen Defiguration zugleich vorausgesetzt wie konstituiert wird.

In den Zeichnungen Antonin Artauds bewirkt die Einkerbung der Darstellungsfläche die Gerinnung darstellender Kräfte zur bildlichen Form und zugleich eine Opposition gegenüber repräsentativen Strukturen. Artaud will nicht nur das ‚Subjektil', den Bildträger, durch diese Art des Zeichnens flüssig halten und den Akt des Hervorbringens selbst in Szene setzen, sondern verdeutlicht, dass die Darstellungsoberfläche ein Äquivalent des Subjekts ist. Mit dieser sich permanent destabilisierenden Geste soll im Bild zugleich auf dasjenige verwiesen werden, was sich der bildlichen Darstellung widersetzt. Derrida nennt diese Geste eine *Figuration des Anderen*: Artaud markiere das Andere des Seins, das Jenseits des Seins bildlich. Wenn die gewaltsame Einwirkung auf den Bildträger die Störung der bildlichen Repräsentation bewirkt und darin eine Figuration des Anderen auslöst, so gelingt es der gleichzeitigen Defiguration von Darstellung und Oberfläche, im Bild eine andere Seinsordnung aufscheinen zu lassen. Zumindest partiell scheinen diese Resultate über die Zeichnungen Artauds hinauszuweisen und verallgemeinerbar zu sein.[38] Doch bewegt sich Derrida hier in der farblosen Welt der Punktierungen und der Zeichnung, zwischen Blindheit und Schwarzweiß.

Wenn ein Vogel sich jedoch mit seinem bunten Federkleid schmückt, wenn Polarlichter irisierend am dunklen Himmel aufscheinen oder wenn eine Blutspur durch den Schnee führt, wie in manchem Film, dann sind dies Farbereignisse, die sich von der Malerei nicht nur durch die Natürlichkeit bzw. Zufälligkeit unterscheiden. Bei der Malerei tritt die Farbe in eigentümlicher Weise neben die Gestalt.

---

[38] Jacques Derrida, „Das Subjektil ent-sinnen", in: Paule Thévenin u. ders., *Antonin Artaud. Zeichnungen und Portraits*, München: Schirmer-Mosel 1986, S. 49–110, hier S. 55, S. 62 u.S. 96. Vgl. Jacques Derrida, *Artaud Moma. Ausrufe, Zwischenrufe und Berufungen*, Wien: Passagen 2003; Jacques Derrida, *Mémoires d'aveugle. L'autoportrait et autres ruines*, Paris: Réunion des Musées Nationaux 1990, S. 12 u. S. 50. Jacques Derrida, *Berühren. Jean-Luc Nancy*, Berlin: Brinkmann & Bose 2007, S. 160. Jacques Derrida, „Kraft der Trauer. Die Macht des Bildes bei Louis Marin", in: Michael Wetzel u. Herta Wolf (Hg.), *Der Entzug der Bilder. Visuelle Realitäten*, München: Fink 1994, S. 13–35. Vgl. hierzu ausführlich: Kathrin Busch, „Derrida", in: dies u. Iris Därmann (Hg.), *Bildtheorien aus Frankreich*, München: Fink 2011, S. 125–138.

Jason Gaiger

Jason Gaiger hat eine Ästhetik der Malerei vorgelegt, die auf die nicht-diskursive Bedeutung von Farbgestalten fokussiert. Gaiger definiert die Malerei folgendermaßen: „Painting is a non-discursive art form whose effects are realized through the arrangement of shapes and colours on a material support."[39] Ein solches Arrangement von Gestalten und Farben darf nicht einfach vorliegen, wie bei Flecken auf einer Wand oder bei Wolken, sondern sollte das Ergebnis einer Modifikation der Oberfläche durch Markierungen sein, die direkten körperlichen Kontakt involvieren.[40] Das Muster von Markierungen muss ein bedeutsames visuelles Bild ergeben (für Gaiger identisch mit dem perzeptuellen Äquivalent einer sichtbaren Szene, die es repräsentiert) und sich darin von der Schrift unterscheiden. Daraus ergibt sich für Gaiger ein Malereibegriff, der über eine mediale Bestimmung, die etwa Pinsel, viskose Farbstoffe (Öl, Lack Acryl, Wasserfarbe, Gouache, Tinte) und Bildträger wie Papier, Holz, Gips oder Leinwand für wesentlich erachtete, hinausgeht: „Ich schlage daher vor, dem konventionellen Sprachgebrauch zu widersprechen, indem ich den Begriff Malerei verwende, um eine breite Palette verschiedener Methoden zur Herstellung von Bildern und abstrakten Designs zu beschreiben, darunter nicht nur Zeichnung, Radierung, Gravur, Lithographie und andere Formen der Druckgrafik, sondern auch Mosaik, Intarsie (eingelegtes Holz), Stickerei, Tapisserie und Collage."[41] Gaiger gesteht ein, dass der Ausschluss von Photographie, Film, digitalen Medien und anderen For-

---

[39] Jason Gaiger, *Aesthetics and Painting*, London: Continuum 2008, S. 1.
[40] Ebd., S. 1 u. S. 10.
[41] „I therefore propose to go against conventional linguistic usage by employing the term ‚painting' to describe a wide range of different methods of making images and abstract designs, including not only drawing, etching, engraving, lithography and other forms of printmaking, but also mosaic, intarsia (inlaid wood), embroidery, tapestry and collage." Ebd., S. 12f.

men apparativen Bildermachens auf keinen systematischen Kriterien – wie etwa der konstitutiven körperlichen Bewegung – beruhe, sondern letztlich pragmatisch („convenience") eine unnötige Komplizierung durch Fragen nach der Technologie vermeiden wolle.

Dieser Definitionsvorschlag übersieht, dass, wenn die Farbe der Linie (oder ihr farblicher Kontrast zum Untergrund) der (repräsentierenden) Gestalt untergeordnet bleibt, der Unterschied zu Ornamenten und Piktogrammen verloren geht. Wenn Malerei aber Gestalt und Farbe ist, dann ist sie, zumindest partiell, auch von einer ungestalteten bzw. gestaltlosen Farbe gekennzeichnet.

Damit in Farbflecken eine bedeutsame Komposition gesehen werden kann, müssen Betrachter die richtige Position einnehmen. Die Bedeutungsproduktion wäre demzufolge eher ein Akt der Rezeption, auf die Beweglichkeit des Blicks bezogen, die Roger de Piles zufolge die Malerei eines Rubens erfordert oder die Diderot an Chardin ausmacht: „Treten Sie näher: alles verschwimmt, verflacht und verschwindet. Entfernen Sie sich: alles erschafft und erzeugt sich wieder neu."[42] Eine farbliche Markierung kann stets auf zwei Weisen betrachtet werden: was aus der Ferne eine Gestalt ist, das Tableau eines historischen Ereignisses, besteht aus der Nähe betrachtet nur aus Tupfern und Klecksen.

Was aus der Ferne ein Gemälde ist, kann in der Nähe eine Schriftseite sein, wie **Jacqueline Lichtenstein** (mit Diderot und Huysmans) unterstreicht: „Aus der Ferne – Gestalten, Formen, die auftauchen und sich abzeichnen; aus der Nähe – Malmasse, Kleckse und Farbstriche. Und diese Farbe wird in einer doppelten Lexik gekennzeichnet: als materielle Substanz und als graphische Form. Aus der Nähe nimmt man einerseits Geplät-

---

[42] Denis Diderot, „Aus dem ,Salon von 1763'", in: ders., *Ästhetische Schriften*, Berlin: Das Europäische Buch 1984, S. 432–472, hier S. 454.

tetes, Gekleckstes, Aufgetragenes, erkittete, aufgeriebene, hingewischte Farbflecken wahr, andererseits Kommata, Tremata, Anführungszeichen und Punkte. ‚Eine ganze Farbpunktierung' auf einer ‚fahlrosa Seite' [...]. Im Gegensatz zu den Farbflecken, Klecksen, Magmata gehören die Farbzeichen der Ordnung der Markierung, der Inschrift an, [...] oder einer Zeichnung, aber einer Zeichnung, die ihrerseits auch aus Farbe bestünde."[43] Hängt dies nun von den Techniken des Blickens ab oder von den Konventionen graphischer Systeme?

Eine andere, ähnlich anspruchslos wirkende, aber doch konträre Kennzeichnung erfährt die Malerei in der Definition von **Andrea Pinotti**. Dem Anspruch der Malerei, an dem sie bereits Platon misst, nämlich eine Kunst zu sein, die fähig ist, die Realität nachzuahmen, stellt Pinotti die Auffassung entgegen, sie sei vielmehr „Kunst der zwei Dimensionen, die konstitutiv mit der Oberfläche der Wand, des Brettes oder der Leinwand verbunden ist."[44] Weil diese künstliche Zweidimensionalität an die Oberfläche des Gemäldes gebunden bleibt, kann sie nicht auf psychische, physiologische oder kognitive Faktoren der Betrachter reduziert werden; es müsste also erklärt werden können, welche ästhetischen Eigenschaften von Oberflächen den Eindruck der Zweidimensionalität erzeugen. Dies kann nicht nur mit Verweis auf etwas Dargestelltes geleistet werden, denn dann bleibt immer noch die Frage, wie ich von den Volumen des Gemäldes zur zweidimensionalen Darstellungsfläche gelange, schließlich ist das Gemälde selbst, und auch seine Oberfläche, nie im strikten Sinne zweidimensional. Das Postulat eines projektiven Gemäldebewusstseins, analog zum Husserlschen Bildbewusstsein, hilft zur Erklärung der Konstitution nicht weiter, denn warum sollte ein solches Bewusstsein nicht

---

[43] Jaqueline Lichtenstein, „Hölle und Paradies der modernen Farbe", in: Éric Alliez u. Elisabeth von Samsonow (Hg.), *Chroma Drama. Widerstand der Farbe*, Wien: Turia und Kant 2001, S. 11–33, hier S. 14f.
[44] Andrea Pinotti, *Estetica della pittura*, Bologna: Il Mulino 2007, S. 34.

auch eine zweidimensionale Darstellungsfläche in einem Tisch oder einem See erblicken? Geeigneter scheint mir deshalb die Auffassung, dass malerische Flächen sich von anderen relativ flachen und ausgedehnten Oberflächen dadurch unterscheiden, dass sie mit Mitteln der Farbe die Möglichkeit graphischer Inskriptionen herstellt.

Die Spannung zwischen Zeichnung und Farbe ist schon **Aristoteles** nicht entgangen: „Ähnlich verhält es sich ja auch bei der Malerei (*graphikés*). Denn wenn jemand blindlings Farben aufträgt, und seien sie noch so schön, dann vermag er nicht ebenso zu gefallen, wie wenn er klare Umrißzeichnungen herstellt." Während es die Farbe vermöge, Charaktere zu treffen, könne die Zeichnung „Geschehnisse zusammenfügen".[45] Wenn diese Unterscheidung zwischen Charakter und Geschehnis keine Komplexitätsgrade der Darstellung visiert, dann könnte man Aristoteles hier so interpretieren, dass Malerei mit Mitteln der Farbe eine reale Disposition darstellt, während die Zeichnung als Assemblage von Umrissen einen Schritt über die Geschehnisse hinaus, von diesen abstrahierend und sie auf allgemeinerer Ebene rekombinierend, geht.

So liegt in der farblichen Komposition, die eine Malerei bewerkstelligt, unter Einschluss eines farblich Ungestalteten eine andere Gegenstandserkenntnis als in der zeichnerisch konstruierten Linearperspektive, durch die die Gegenstände in derselben Malerei gegebenenfalls in den Blick gerückt werden. **Hubert Damisch** unterscheidet deshalb eine durch konturierte Flächen generierte Perspektive von einer Perspektive aus Farbe: „Jede Perspektive unterhält einen Bezug zur Fläche, auf der sie sich einschreibt. Aber die Linearperspektive impliziert zusätzlich die Reduzierung des Sehvermögens auf einen Punkt – von dem ausgehend sich die Reihe ihrer Elemente erzeugt: Punkt/Linie/Fläche, die, auch wenn sie einer rationalen Konstruktion

---

[45] Aristoteles, *Poetik*, Stuttgart: Reclam 1982, S. 23 (1450b).

dienen, keinerlei Realitätswert haben. Die geometrische Perspektive abstrahiert vom Element des Sehens selbst, der Atmosphäre, die die Bilder transportiert, den Farben etc.; sie reduziert die Körper auf die Flächen, die vom Kontur repräsentiert werden, von dem sie sich ausgehend von einem bestimmten Blickpunkt darstellen lassen, ohne Rücksicht darauf, daß ‚Punkt‘, ‚Linie‘ und ‚Oberfläche‘ nur nominale Existenz haben."[46] Die Realität der Körper wird in der Perspektive auf ihre abstrakten geometrischen Eigenschaften reduziert. Sie treten in der rationalen Rekonstruktion lediglich als Oberflächen in Erscheinung. Doch dies ist lediglich ein mögliches Darstellungssystem unter anderen. Die Malerei kann über die Zeichnung hinaus gehen, wie Damisch klarstellt:

> Die Oberfläche ist *Grenze*: Sie ist kein Teil der Körper, sondern ihre gemeinsame Grenze, der Berührungspunkt (*contigenzia*) ihrer Extremitäten [...]. Wenn die Malerei eine andere als bloß nominale Existenz beansprucht [...] muss sie also auf andere Mittel als die Linearperspektive zurückgreifen: auf die Perspektive der Farbe, die sich auf die distanzbedingte Entfärbung bezieht, sowie auf die Perspektive der Verkleinerung (die das Verschwimmen der Konturen berücksichtigt) [...]. Die Form, die der Kontur definiert, hat weniger Kraft als die Farbe, die selbst wieder hinter der Substanz [...] zurücksteht [...].[47]

Anders gesagt: Die Malerei geht über die Zeichnung dadurch hinaus, dass sie es vermag, anderes als nur die Grenzen der Körper zu erfassen und darzustellen. Ihre Darstellungsmittel überschreiten daher auch Punkte und Linien und die daraus

---

[46] Hubert Damisch, *Theorie der Wolke*, Zürich: Diaphanes 2013, S. 186ff. Damisch schreibt dies mit Bezug auf Leonardo Da Vinci, *Les Carnets de Léonard de Vinci*, Bd. I, Paris: Gallimard 1987, S. 336 u. S. 542.
[47] Damisch, *Theorie der Wolke*, S. 186ff.

aufgebaute Linearperspektive: Die Perspektive der Farbe, von der Damisch hier spricht, vermittelt Seherfahrungen und ein Erfassen räumlicher Tiefe, das sich anhand einer (die Linearperspektive apparativ reproduzierenden) Photographie nicht vermitteln lässt. Mit Damisch ließe sich also festhalten, dass die Farbe die Substanz des Körperlichen treffender vermittelt, weil sie Teil des Körperlichen ist, als die Form, die lediglich die Grenze, den Berührungspunkt im Zwischenraum zweier Körper markiert.

Wie lässt sich aber diese „Kraft der Farbe" theoretisch adäquat erfassen? Eine große Schwierigkeit der Farbtheorien ist es, dass sie meist von „Farben überhaupt" handeln wollen, obgleich es nicht ausgemacht ist, dass sich gemeinsame Eigenschaften von Farben bestimmen lassen. In Ermangelung derartiger Kennzeichen wurde in der Frühen Neuzeit das Universum der Farben auf eine Kombination der Primärfarben zurückgeführt.

Jakob Christoph Le Blon, Erfinder des Drei- und Vierfarbdrucks, stellte in *Coloritto: Or the Harmony of Colouring in Painting* (1725), die These auf, dass alle Farben der Farbpalette inklusive Schwarz aus drei primären Farben – Rot, Gelb und Blau – gemischt werden können. Sekundärfarben sind entsprechend eine Mischung aus je zwei Primärfarben; Tertiärfarben („unklare", „gebrochene" Farben wie Braun oder Ocker oder Oliv), entstehen aus je dreien. Rudolf Arnheim unterscheidet in *Kunst und Sehen* zwischen den „generativen" Komplementärfarben – solchen, die gemischt ein einfarbiges Weiß oder Grau ergeben, – und den vier „fundamentalen" Primärfarben (rot, gelb, blau, grün), die zur Beschreibung von Mischungsverhältnissen gebraucht werden können.[48] Der physikalisch-physiologischen Drei-Farben-Theorie von Hermann von Helmholtz und James

---

[48] Siehe Rudolf Arnheim, *Kunst und Sehen. Eine Psychologie des schöpferischen Auges*, Berlin: De Gruyter 2000, S. 339.

Clerk Maxwell, auf die die Rede von den drei primären Spektralfarben zurück geht, steht die Tradition der Malerei gegenüber, in der von Grundfarben die Rede ist, und damit meist die vier Grundfarben Rot, Blau, Gelb und Grün gemeint sind, die sich nicht, oder nur schlecht, aus anderen Farben mischen lassen.

Ist der Unterschied zwischen den Grundfarben logischer oder perzeptueller Natur? Als Grundfarben werden elementare Farben bezeichnet, aus denen sich andere Farben mischen lassen und die deshalb den Ausgangspunkt der Herstellung eines Farbsystems bilden, weil sie selbst nicht aus der Mischung anderer Farben gewonnen werden können. So bestimmt etwa die Farblehre von Johannes Itten die Farbstoffe Rot, Gelb und Blau.[49] Technische Grundfarben sind bei Monitoren Rot, Grün und Blau, beim Mehrfarbendruck wird heute jedweder Farbausdruck auf der Basis von Gelb, Magenta (Rotblau/Fuchsia) und Cyan (Blaugrün) zusammengemischt. Spektralfarben sind leuchtstarke, ›reine‹ Farben, die, nach Newton, aus der Zerlegung des weißen Lichts durch Beugung und Interferenzeffekte, beispielsweise des Prismas, gewonnen werden und sich in die ›bunten‹ Farben des Spektrums aufspalten: Violett, Indigo, Blau, Grün, Gelb, Gelbrot, Rot. Sie wirken rein und strahlend, sind aber Übergänge im Kontinuum des Farbspektrums. Im Unterschied zu diesen „bunten" werden Schwarz, Weiß und Grau auch als Unbuntfarben bezeichnet. Das „Unbunteste" ist das Neutralgrau, das (in der Photographie) einen Grauton bezeichnet, in dem alle Farben des Spektrums gleich enthalten sind, sodass Neutralgrau im Gegensatz zu anderen Grauvalenzen ohne Farbnuance bzw. ohne Farbstich wahrgenommen wird. Es gibt viele Schattierungen des Grau, in denen Farbnuancen mitschwingen. So ist das Grau der Grisaille ein gänzlich anderes als das Neutralgrau, eines, dem oft die Latenz anderer

---

[49] Johannes Itten, *Kunst der Farbe. Subjektives Erleben und objektives Erkennen als Wege zur Kunst*, Ravensburg: Otto Maier 1961, S. 19ff.

II. Form und Farbe

Farben anzumerken ist, wie dem Aschgrau, dem Titangrau oder dem Taubengrau. Der Ausdruck „Neutralgrau" verweist vor allem auf eine technische Differenzierung, nicht auf einen grauen Gegenstand und auch nicht notwendigerweise auf ein Farbmittel (z.B. grauer Industrielack).

Es ist nicht falsch davon auszugehen, dass die Wahrnehmung der Wirkung einer Farbe Rückschlüsse auf den Stoff ziehen kann, der diesen Farbeindruck erzeugt. Aber es geht dabei um mehr als eine Korrelation zwischen dem Farbeindruck und den Brechungseigenschaften der zugehörigen Oberfläche oder die Möglichkeit, mittels der Farbe auf den Zustand des Objektes (wie bspw. die Reife einer Frucht) zu schließen. Das Orange einer Orange in unseren Händen und das Orange einer reifen Orange, abgebildet auf der bestmöglichen Photographie, in unseren Händen, werden kaum je von uns als identisch beurteilt werden. Ein weißes Ei und ein in identischem Weiß bemaltes Ei wirken anders. Die Wahrnehmung kann im Allgemeinen zwischen „gewachsenen" und künstlich hinzugefügten Farben unterscheiden. Artifizielle Farben tragen gewissermaßen einen technischen Index.

In der Farbwirkung wird man technische (zum Beispiel aus Pigmenten hergestellte) im Unterschied zu technologischen differenzieren müssen. Bei den technologischen bieten physikalische (Strukturveränderungen), chemische und biologische je andere Optionen des Färbens. Ansatzweise sieht man Farben ihre Stofflichkeit und die Art ihrer Herstellung an. Eine Verfahrensweise, die Farbe zur Darstellung bringen kann, und die dafür erforderlichen Geräte und Materialien, bilden eine farbgebende Methode. Jede Methode ist beschränkt hinsichtlich der von ihr herstellbaren Farben.

Wenn ich eine sehr spezifische Farbe herstellen will, Kobaltblau, Yves Kleins leuchtendes Blau, ein spezifisches Lindgrün, Schneeweiß oder Tiefschwarz, so ist das nicht mit jeder Farbproduktionstechnik, nicht mit jeder beliebigen *Farbpalette* zu haben. Die farbgebende Methode verwendet bestimmte Parameter, die die virtuelle Anzahl und Art der Farben festlegen. Alle Farben, die eine farbgebende Methode tatsächlich realisieren kann, bilden zusammen ein Farbmodell, das als Farbraum dargestellt werden kann. Jede Farbe hat in diesem Farbraum ihren Ort. Dabei kommt es vor, dass die Parameter eine Farbvalenz numerisch enthalten, die keiner sichtbaren Farbe entspricht. In der Farbmetrik werden solche nicht-wahrnehmbaren Farborte auch als Nicht-Farben oder imaginäre Farben bezeichnet. Imaginäre Farben sind „unreale", d.h. nicht wahrnehmbare aber berechenbare Farbvalenzen. Nichtexistent bzw. unreal sind sie, weil es in der physikalischen Welt der elektromagnetischen Wellen entweder keine Farbreize gibt, die ihnen entsprechen oder weil die (normalen) Sehnerven sie nicht erfassen können oder weil sie von den bekannten farbgebenden Methoden nicht erzeugt werden können. In den Normfarbtafeln (z.B. CIE-Normfarbtafel) sind es graue Flächen, die dort als „theoretische Farben" bezeichnet werden. Im Farbraum der retinalen Zapfen sind diese Farben nicht messbar. Objektiv können reale Farben nur in Abhängigkeit von der Sensibilität und dem Spektrum der Zapfen bestimmt werden, aber das bedeutet nicht, dass es die auf diese Weise nicht erfassbaren Farben lediglich „theoretisch" oder „imaginär" gäbe. Es ist zumindest denkbar, dass derartige Farben in der Interrelation mit „realen" Farben Wirkungen auf das Farbsehen ausüben. Grundsätzlich können im dreidimensionalen Farbraum beliebige Valenzen als Koordinaten genutzt werden, was eine Vielzahl an denkbaren Farbräumen impliziert. Solch ein mathematisch-realistischer Farbraum kann größer sein als es einer Transformation des retinalen Zapfenraumes entspricht.

So scheint es, dass sich das Spektrum der prinzipiell wahrnehmbaren Farben weder auf Mischungsverhältnisse von Grund- oder Spektralfarben reduzieren lässt, noch auf Farbpartikel, denn wie auch immer man diese bestimmt, sie sind ihrerseits bereits Materialisierungen noch feinerer und noch umfassenderer chemisch-physikalischer Prozesse (die bspw. Energie und Licht plötzlich entstehen lassen oder zum Verschwinden bringen), ohne dass jene auf diese Prozesse reduziert oder aus diesen abgeleitet werden könnten.

Neben den biologisch-chemisch-physikalischen haben Farben a) technische, b) soziale, c) kulturelle und d) epistemische Eigenschaften. Jede Farbe trägt gewissermaßen einen ökonomischen, technischen, sozialen, kulturellen und epistemischen Index. Daran lässt sich ablesen, wie sie hergestellt worden sind und was sich mit ihnen herstellen lässt. An ihnen lässt sich entsprechend auch der Stand der Produktivkraftentwicklung ablesen. Ihr Auftreten gibt Hinweise auf die ihnen beigelegte Bedeutung. Wo sie auftreten, zeigt an, welche Farben öffentliche Geltung beanspruchen können und welche nicht. Die epistemischen Eigenschaften der Farben lassen sich womöglich dadurch bestimmen, dass ich frage: *Was weiß ich, wenn ich etwas als Farbe F (z.B. Weiß) wahrnehme? Wie verändert das Auftreten von F das, was ich (jetzt) sehe? Was erfahre ich von der Welt, wenn ich sie in F (weiß) färbe?*

Malerei rührt aus dem Experimentieren mit Farbe, und zwar mit der gesehenen Farbe (colour) ebenso wie mit der Malfarbe (paint). Die meisten in der Malerei verwendeten Farbstoffe weisen eine hohe *Pastosität, Plastizität* und *Flüssigkeit* auf. Die Techniken der Bearbeitung begleiten einen kaum beherrschbaren Prozess der Trocknung, der ebenso charakteristisch für malerisches Färben ist.[50] Jede Farbe auf einer Leinwand ändert die

---

[50] Dieter Mersch unterstreicht diese chemische bzw. alchemische Dimension der Malerei: „Die Farbmaterien und ihre Mischungen [kommen] nur flüssig vor, während der Farbauftrag gerinnen und sich zeitaufwendig verhärten muss, wobei zuweilen etwas geschieht, was sich der Beherrschbarkeit verweigert. Dabei wahrt zugleich die Farbe im Vorgang der Erstarrung die Spuren des Werkzeugs, des Pinselstrichs, des Spachtels, der Rakel und damit der menschlichen Hand, die der Einschreibung einer Alterität ins Bild gleicht: Die Malerei der Avantgarden hat dies in den unterschiedlichsten Variationen aufgerufen. Alle Topoi, die darauf abheben, daß uns das Bild gleichsam anblickt, daß es sich selbst zeigt und – gemäß Louis Marin oder Hubert

dort erscheinende Welt insgesamt – ändert sie als zeitliche Entwicklung, als Dauer, von der liquiden Vorform über das getrocknete Leuchten bis zum Verblassen, Abbröckeln und Pulverisieren. *Jede Art zu malen entwirft eine andere Welt und entwirft andere Zeitmuster der Farbwirklichkeit.* Doch auch jenseits der Leinwände und Bilder lässt sich feststellen: Jedwede Praxis des Färbens verändert die Welt und nicht nur ihre Erscheinung, ihren Schein oder Anschein. Woher weiß ich, wenn ich eine Farbe sehe, welche Farbe ich sehe und dass dort diese Farbe ist? Ist die Farbe ein subjektiver Eindruck oder eine objektive Größe?[51]

Wer davon ausgeht, Farben seien physikalische Phänomene, die aus den Dispositionen von Dingen im Licht herrühren, wird mit dem Umstand konfrontiert, dass wir Farben sehen und kein gefärbtes Licht, keine Lichtwellen oder elektromagnetische Strahlung. Wer im Gegenteil Farben als Qualitäten von Wahrnehmungen begreift, abhängig von organischen Voraussetzungen und angelernten Organisations- und Gebrauchsmustern des Auges, des Gehirns, wird kaum die Tatsache aus der Welt argumentieren können, dass Kohle schwarz ist, unabhängig davon, ob sie jemand sieht oder nicht und wie dessen Auge gebaut ist. Sind Farben Eigenschaften der Dinge so wie Anzahl und Größe, sind sie Perzeptionen oder Projektionen bzw. Illusi-

---

Damisch – ‚ein Denken' verkörpert […], bilden Ableitungen dieser Einschreibung. Die außerordentliche Bedeutung der Malerei, ja ihre Fetischisierung, rührt ebenfalls daher." Dieter Mersch, „Malen als Alchemie", in: Kupczyk u.a., *Kulturtechnik Malen*, S. 103–116, hier S. 111f. Zu diesem Topos und speziell der Frage, wie Substanzen den Geist okkupieren, siehe James Elkins, *What Painting Is. How to think about Oil Painting, Using the Language of Alchemy*, New York/London: Routledge 2000, S. 98.

[51] Vgl. hierzu: Ludwig Wittgenstein, *Bemerkungen über die Farben*, Werke, Bd. 8, Frankfurt/M.: Suhrkamp 1984; Clyde Laurence Hardin, *Color for Philosophers: Unweaving the Rainbow*, Indianapolis: Hackett 1988; Jonathan Westphal, *Color: A Philosophical Introduction*, Oxford: Blackwell 1991; Evan Thompson, *Color Vision*, London: Routledge 1995; Jonathan Cohen, *The Red and The Real*, Oxford: Oxford University Press 2009; Fabian Dorsch, *Die Natur der Farben*, Frankfurt/M.: Ontos 2009; Claude Romano, *De La Couleur*, Chatou: Les Éditions de la Transparence 2010.

onen? Gibt es die Farben so, wie wir sie sehen? Könnte es andere Farbsysteme mit anderen Farbbegriffsrelationen geben?

Zwischen Eigenschaften des Lichts und Eigenschaften der Farbe kann unterschieden werden, insofern Farbe immer die Reflektion von Licht durch einen Körper (= Nicht-Licht) ist. Eigenschaften von Farbe müssten also solche sein, die über die Eigenschaften von Licht (visuelle Erkennbarkeit etc.) hinausgehen und das Auftreten von Körpern (= Nicht-Licht) im Licht betreffen. Farben wären allerdings nur insoweit wahrnehmbare Eigenschaften von Körpern, als das Licht Körper sichtbar macht und nicht selbst gesehen wird. Dass in aller Regel Farben an einem Farbträger als Eigenschaft von Gegenständen gesehen werden, bedeutet nicht, dass diese Überschneidung notwendig ist; denn die Auffassung ist nicht ohne Weiteres abzuweisen, dass es möglich ist, gefärbtes Licht ohne gefärbte Objekte oder Oberflächen darin wahrzunehmen, wie es möglich sein könnte, Farbe als solche und nicht als Eigenschaft der Oberfläche eines Körpers wahrzunehmen.

Fabian Dorsch vertritt die Auffassung, dass Farben meist im Verbund mit Gegenständen in der Außenwelt wahrgenommen werden: „[W]ir sehen Farben üblicherweise an einem Farbträger. Für uns sind Farben nichts anderes als Eigenschaften von Gegenständen."[52] Jede andere Wahrnehmung könnte, dies sei dieser Position zugestanden, lediglich in übertragenem Sinne farblich sein: Bei Farbeindrücken mit geschlossenem Augenlid können wir von „Farbillusionen" sprechen. Das Hören einer Klangfarbe ist keine genuine Farbwahrnehmung. Und doch gibt es Farbeindrücke, die sich durch die Komposition verschieden gefärbter Gegenstände als Interferenzphänomen ergeben. Und es gibt „Farbe" (paint), die zunächst weder durch Körperlichkeit noch durch eine spezifische Oberfläche gekennzeichnet scheint.

---

[52] Dorsch, *Die Natur der Farben*, S. 55.

Farben zählen zu den Hauptmerkmalen, mit denen Objekte in einer Umgebung einfach und sicher unterschieden werden können. Wenn Wahrnehmung intentional ist und den Bezug auf einen externen Gegenstand impliziert, so gibt es keinen Grund, die wahrgenommene Farbe nicht ebenso als „extern instantiiert" anzusetzen wie die Distanz, die Ausdehnung/ Gestalt, das Gewicht des wahrgenommenen Gegenstandes – Farbe ist nichts, was unsere Augen dazu dichten, sondern eine reale Eigenschaft eines extern von uns mittels der Sinne erfassten Gegenstandes.

Während die Distanz und die relative Größe sich durch die Position des wahrnehmenden Subjekts kontinuierlich ändern, bleibt die Farbe meist (trotz gradueller Differenzen) konstant, sodass davon auszugehen ist, dass die Dinge so (gefärbt) sind, wie sie wahrgenommen werden, dass Farbe also keine subjektrelative Eigenschaft oder Erscheinungsform ist (wenn wir auch Nachbilder, Halluzinationen etc. kennen).

Farben sind basal und einfach in dem Sinne, dass sie Informationen liefern, die nicht aus anderen Eigenschaften zusammengesetzt sind (keine wesentlichen mikrophysikalischen Eigenschaften wie bspw. Strahlung). Unterschiedliche Materialien, Texturen und Konsistenzen können von uns als (tendenziell) gleichfarbig wahrgenommen werden – wenn es auch, wie Wittgenstein betont, kein Kriterium für Gleichfarbigkeit gibt. Farben zählen zu den unmittelbar wahrnehmbaren Eigenschaften wie Formen, Texturen, Klängen, Geschmäcker oder Düfte. Dabei sind Farben visuell in dem Sinne, dass ihr Auftreten abhängig ist von Licht und von der Erfahrung des Sehens. Ohne ausreichende Beleuchtung werden Farben nur noch ungenau wahrnehmbar, und zunehmend „von Graustufen überdeckt".[53] Auch wenn ich durch andere Daten oder Sinneserfahrungen wüsste, welche Farbe ein beliebiger Gegenstand

---

[53] Ebd., S. 60.

hat, so könnte ich nicht sagen: ich habe seine Farbe gehört, ertastet oder errechnet. Prinzipiell kann die Differenz zwischen der Beleuchtungsfarbe und der Oberflächenfarbe gesehen werden: Eine grün bestrahlte weiße Wand, die dem Auge tendenziell als grün erscheint, wird doch als weiß gesehen und erkannt. Formen können nie ohne Farben gesehen werden (umgekehrt gilt das nicht immer, es gibt amorphe Farben).

Für Formeigenschaften sind Größen wie Länge, Dicke, Richtung, Abstand, Lage und andere geometrische Merkmale wichtig. Die Farbeigenschaften einer Form sind aber ebenso genau bestimmbar. Nur für diese gilt, was Fabian Dorsch von allen Farben behauptet, nämlich: „Jede wahrgenommene Farbe weist also genau einen Farbton, einen Sättigungs- und einen Helligkeitsgrad auf und läßt sich so von uns vollständig charakterisieren."[54] Denn es gibt Farbeigenschaften, die sich nicht in der eindeutigen farblichen Bestimmung (einer gegenständlichen Form) erschöpfen. Beispielsweise Glanz, Transparenz und Chromatizität. Farben resultieren auch nicht nur aus gleichfarbigen Punktfarben und entsprechend monochromen Flächen (wie klein auch immer diese sein mögen), viele Farbeindrücke entstehen aus der Komposition oder Interferenz, was die Möglichkeit einer Farbbestimmung hinsichtlich *Ton, Sättigung und Helligkeit* oft verunmöglicht. Genau deshalb erscheinen uns Farben als hochgradig nuancierte Differenzmarkierungen. Farbmodelle wie der Farbtonkreis stellen eine Verbildlichung farblicher Relationen hinsichtlich evidenter Ähnlichkeiten, Gegensätze und Übergänge dar. Farben scheinen in einem gegebenen Farbraum eine eindeutige Identität zu haben: Bananengelb oder Marineblau „erscheinen uns demgemäß niemals als exakt zur gleichen Zeit am gleichen Ort instantiiert."[55] Doch wenn in derartigen Farbräumen alle Farben

---

[54] Ebd., S. 61. Vgl. Hardin, *Color for Philosophers*, S. 25f.
[55] Dorsch, *Die Natur der Farben*, S. 67.

aus den vier „reinen chromatischen Farbtönen" Gelb, Rot, Blau, Grün gemischt sind, dann bedeutet dies, dass die eindeutige Position, die eine Farbe einnimmt, stets auch ein Mischungsverhältnis und eine Uneindeutigkeit impliziert. Auch die Chromatizität der reinen Farbtöne ist relational und insofern gemischt.

Dennoch gibt es logische Farboppositionen: Deshalb gibt es kein gelbliches Blau und kein grünliches Rot.[56] Dass es hinsichtlich des Farbtoncharakters vier reine Farben gibt, bedeutet gleichwohl nicht, dass man nicht praktisch aus gelb und blau grün mischen kann. Aber etwas kann nicht zugleich schwarz und weiß sein. Der Begriff des Schwarzen impliziert, dass es die dunkelste, derjenige des Weißen, dass es die hellste Farbe ist. Dass Weiß jedenfalls heller ist als Schwarz, weiß ich auch als Blinder; ich weiß es, wenn ich mit einer Sprache die Farbbegriffe lerne, und nicht durch Hinschauen.

Will man nicht annehmen, dass Farben ohne Fehlermöglichkeit direkt wahrgenommen werden,[57] so muss man davon ausgehen, dass Wahrnehmungen (im Gegensatz zu bestimmten Empfindungen wie Schmerz) einen intentionalen Gehalt haben: sie repräsentieren den wahrgenommenen Sachverhalt; ihr Gehalt gibt an, was wahrgenommen wird. Mit dieser Rede von Farben als Repräsentationen geht immer noch die Möglichkeit eines direkten Realismus einher: Farbwahrnehmungen informieren uns über Tatsachen in der Welt. Wir gehen nicht davon aus, dass wir etwas sehen, das lediglich blau und quadratisch scheint, sondern dass wir etwas Blauquadratisches tatsächlich sehen. Wir können uns dabei natürlich irren oder täuschen. Würden wir unsere Wahrnehmung allerdings grundsätzlich für verfälschend

---

[56] Evan Thompson, *Colour vision: a study in cognitive science and the philosophy of perception*, London: Routledge 1995, S. 46.
[57] Vgl. Edward W. Averill, „Color and the anthropocentric problem", *Journal of Philosophy* 82/6 (1982), S. 281–303. Joseph T. Tolliver, „Interior Colors", *Philosophical Topics* 22 (1994), S. 411–441.

halten, hätten wir keinen Grund, ihnen zu vertrauen und uns bei jeder Bewegung und jeder Handlung darauf zu verlassen.

Ob unsere Wahrnehmung veridisch ist, hängt davon ab, ob der wahrgenommene Sachverhalt tatsächlich besteht. Farbwahrnehmungen sind dann externale Detektionen. Eine Farbwahrnehmung liegt nur dann vor, wenn tatsächlich etwas (so Gefärbtes) wahrgenommen (aufgefasst, entdeckt) wurde. Wenn eine blinde Person mit Hilfe von Elektrodenstimulation und Lichtsensoren dazu gebracht würde, richtige Informationen über Licht und Farbe verarbeiten zu können (beispielsweise eine Landschaft zu erkennen),[58] so entspräche der Eindruck der Realität, aber man würde von einer veridischen Halluzination sprechen, nicht von einer Wahrnehmung. Die Farbwahrnehmung unterstellt eine nomologische Korrelation: Ich sehe genau diese Farbe im Gegensatz zum apparativ gestützten Sehen des Blinden, der eine Ähnliche mit demselben Muster wahrnimmt.

Formeigenschaften können nicht ohne Farbe, aber doch ohne spezifische Farbeigenschaften vollständig visuell repräsentiert werden. Ein Quadrat kann blau, rot oder schwarz sein, dies ändert an den wesentlichen Eigenschaften des Quadrates zunächst nichts; es kann als Quadrat erkannt werden. Die Form bleibt gleich: Was aber ändert sich? Sind es lediglich „die Wahrnehmungszustände"[59] oder sind verschieden farbige Quadrate doch auch als Quadrate verschieden? Farben könnten, diese These ist vielfach artikuliert worden, eine Art Quale sein: Farben sind womöglich nicht nur Eigenschaften von Wahrgenommenem, sondern Eigenschaften der Wahrnehmung, eine Gegebenheitsweise oder ein Sinn, eine rein phänomenale oder

---

[58] Einem Gedankenexperiment von David Lewis zufolge: David Lewis, „Veridical Hallucination and Prosthetic Vision", *Australasian Journal of Philosophy* 58/3 (1980), S. 239–249, hier S. 242ff.
[59] Dorsch, *Die Natur der Farbe*, S. 85.

sinnliche Eigenschaft. Eine Qualität der Wahrnehmung, nicht dessen, was ich wahrnehme, ein mentaler Zustand.

Richtig ist: Eine Farbwahrnehmung gibt es nur dort, wo es Lebensformen gibt, die für diese Farbwahrnehmungen ausgestattet sind und auf sie in irgendeiner Weise reagieren. Diese Abhängigkeit lässt mindestens zwei Interpretationen zu, nämlich (a) subjektivistisch: Farben sind Konstruktionen/Projektionen/Illusionen von Subjekten. Und (b) dispositionalistisch: Für subjektive Farbtatsachen muss es möglich sein, mittels Farbwahrnehmungen gesehen zu werden; sie rühren jedoch aus einer objektiven Disposition. Subjektive Farbtatsachen haben demnach auch dann Bestand, wenn sie gerade nicht wahrgenommen werden.

Die Geschichte des Farbsubjektivismus beginnt nicht mit **René Descartes**, findet aber in ihm eine bewundernswert klare Artikulation. Bekanntlich ließ sich Descartes methodisch von dem Gedanken leiten, dass Subjekte nur dasjenige wirklich wissen, was sie einfach, klar und bestimmt erkennen können. Aus seiner Sicht reduzierten sich damit die physikalisch klar bestimmbaren Eigenschaften von Körpern auf die räumlichen Abmessungen und die Bewegungen nach mechanischen Gesetzen. Um also zu klaren und distinkten Wahrnehmungen zu kommen, muss man, so Descartes, die Farben eliminieren oder herausfiltern, bis das Schwarz/Weiß der geometrischzeichnerischen Perspektive übrigbleibt. Farben sind für Descartes Nebeneffekte von Nervenbewegungen: „[...] [Insgesamt] muss gefolgert – und nicht etwa beobachtet – werden, daß das, was wir an den äußeren Gegenständen durch Bezeichnung als Licht, als Farbe, als Geruch, als Geschmack, als Geräusch, als Wärme, als Kälte, als andere, aus der Berührung mit dem Objekt entspringende Qualitäten, und auch als substantielle Formen ansprechen, nichts anderes ist als die verschiedenen Anordnungen dieser Gegenstände, die bewirken, daß sie unsere Nerven auf verschiedene Weisen bewegen können."[60]

Descartes' Intuition gemäß ist nur alles das wahr, was ich klar und deutlich erfasse.[61] Entsprechend kann in der Körperwelt nur das Ausgedehnte klar und deutlich erkannt werden, wenn es in seinem inneren Aufbau verstanden ist. Die Gestalt ergibt sich aus der Ausdehnungsbegrenzung und aus der Lageveränderung, (Substanz, Dauer und Zahl), während Farben, Töne, Gerüche, Geschmäcker und Tastqualitäten nur verworren, dunkel und womöglich Vorstellungen von „Nicht-Dingen" sind. Die *perceptio clara et distincta* ist folglich eine Konstruktion, stets bezogen auf den Kontrast zur durchschauten Illusion.

Nach **John Locke** gibt es primäre und sekundäre Qualitäten. Primäre sind messbare Qualitäten, in die sich keine Eigenschaften der Wahrnehmungsapparate einmischen. Sekundäre Qualitäten sind hingegen direkte sinnlich wahrnehmbare Eigenschaften wie Farben, Klänge, Gerüche und Geschmäcker, die als nicht messbare sensible Qualitäten subjektive Anteile enthalten.

David Hume macht aus diesen subjektiven Anteilen geistige Vorgänge: „[...] Farben [...] sind [...] nichts als Eindrücke des Geistes, herrührend aus der Einwirkung äußerer Gegenstände, ohne irgendwelche Ähnlichkeit mit den wirklichen Eigenschaften dieser Gegenstände."[62] Die subjektivistische Position erlaubt, hinsichtlich der Farben zwischen Ideen (*ideas*) und Empfindungen (*sensations*) von Farben zu unterscheiden. Es gibt verschiedene Interpretationen dessen, was Descartes und Locke mit „Empfindungen der Farbe" oder von „(sensorischen) Ideen von Farbe" gemeint haben könnten. Eine plausible Auf-

---

[60] René Descartes, *Die Prinzipien der Philosophie*, Hamburg: Felix Meiner 2005, S. 619.
[61] Descartes, *Discours de la Méthode*, IV/3, Hamburg: Felix Meiner 2011, S. 59.
[62] „Sounds, colors, heat and cold, according to modern philosophy are not qualities in objects, but perceptions in the mind." David Hume, *Ein Traktat über die menschliche Natur*, Hamburg: Meiner 2013, S. 279f.

fassung ist, dass ein Gefühl von Rot eine sinnliche Erfahrung ist, in der eine gewisse subjektive Qualität präsentiert wird. Man kann die subjektiven Qualitäten als Qualia bezeichnen oder als Qualitäten der Sinnes, und das, was empfunden wird, als Sinnesdaten oder als sensationelle Eigenschaften. Es gibt jedoch eine alternative Interpretation: ein Gefühl von Farbe wäre diesem Ansatz entsprechend eine Sinneserfahrung, die etwas als mit einer bestimmten Qualität versehen darstellt. Die Erfahrung hat dann einen gewissen intentionalen Gehalt. Nach dieser zweiten Auslegung wäre es Descartes' Ansicht, dass die entsprechende Qualität eines Farberlebnisses reine Wahrnehmungsobjekte darstellt, die mit Eigenschaften ausgestattet sind, die kein (intentionales) Objekt besitzt.

Thomas Reid hielt die Philosophien Descartes' und Humes an diesem Punkt für absurd. Reid schrieb, dass philosophisch unverdorbene Menschen unter Farbe eine Körperqualität verstünden: „Alle Menschen, die nicht von der modernen Philosophie angeleitet wurden, verstehen unter Farbe nicht ein Gefühl des Geistes, das keine Existenz haben kann, wenn es nicht wahrgenommen wird, sondern eine Qualität oder Veränderung der Körper, die immer noch dieselbe ist, unabhängig davon, ob sie gesehen werden oder nicht."[63]

Für Reid ist der gesunde Menschenverstand in dieser Sache die höchste Autorität. Strittig ist, ob seine Erklärung, wie wir die Farbe eines Körpers wahrnehmen, sich ebenso auf den gesunden Menschenverstand berufen kann: „Die Idee, die wir das Erscheinen von Farbe genannt haben, suggeriert die Vorstellung und den Glauben an eine unbekannte Qualität im Körper, die die Idee hervorruft, und es ist dieser Qualität, der wir den Namen der Farbe geben, und nicht der Idee."[64]

---

[63] Ebd., Thomas Reid, *An Inquiry into the Human Mind* (1822), Chicago: Chicago University Press, 1970, S. 99.
[64] Ebd., S. 100.

Von John Lockes Wahrnehmungstheorie heißt es, sie habe Isaac Newtons Prismenexperimente beeinflusst. **Arthur Schopenhauer** kritisiert Newton dafür, die Zusammensetzbarkeit des weißen Lichts aus zwei Komplementärfarben nicht beachtet und die innere Struktur der Farben übersehen zu haben. Diese innere Strukturierung der Farbe stellt Schopenhauer (in Anlehnung an Goethe etc.) entlang folgender Prinzipien dar: Helligkeit, Sättigung, Farbton, sowie logische Inkompatibilitäten (von Rot und Grün, von Gelb und Blau, von Blau und Gelb).

Zudem beobachtet Schopenhauer, dass, wenn zwei Farben nebeneinander gestellt werden, in den Übergangszonen eine dritte Farbe wahrnehmbar wird. Analoge Beobachtungen hat **Michèle Eugène Chevreul** 1839 zu den berühmten Experimenten mit Farbkontrasten systematisiert:[65] Grau erscheint vor einem roten Hintergrund grün. Vor einem orangen Hintergrund erscheint es blau. Vor einem gelben Hintergrund erscheint das Grau violett etc.

Diese innere Struktur von Inkompatibilitäten und Kontrasten zwischen den Farben lässt sich kaum aus einer einfachen Relation von Oberflächeneigenschafen oder Wellen im elektromagnetischen Spektrum ableiten. Schopenhauer folgert: „Es ergiebt sich aus unserer bisherigen Betrachtung, daß Helle, Finsterniß und Farbe, im engsten Sinn genommen, Zustände, Modifikationen des Auges sind, die vom Subjekt des Erkennens unmittelbar wahrgenommen werden. Eine philosophische Betrachtung der Farbe muss von diesem Begriff derselben aus-

---

[65] Michel Eugène Chevreul, *De la loi du contraste simultané des couleurs et de l'assortiment des objets colorés considérés d'après cette loi dans ses rapports avec la peinture, les tapisseries*, Paris: Pitois-Levrault 1839. Seinen ersten Vortrag hierzu hielt Chevreul, wie er im Vorwort schreibt, 1810. Er bittet den Leser, die beobachtbaren Wechselwirkung nie den materiellen Objekten zuzuschreiben, die uns diese präsentieren: „elle ne s'applique réellement qu'à la modification qui se passe en nous, lorsque nous percevons la sensation simultanée de ces deux couleurs." S. XIV. Zu Chevreuls Einfluß auf die Malerei, siehe: Georges Roque, *Art et science de la couleur. Chevreul et les peintres, de Delacroix à l'abstraction*, Paris: Gallimard 2009.

gehen und demnach damit anfangen, sie als physiologische Erscheinung darzustellen. Erst nach dieser Betrachtung ist, als eine von ihr völlig verschiedene, die der äusseren Ursachen jener Modifikationen des Auges anzustellen, d.h. die Betrachtung derjenigen Farben, welche Göthe sehr richtig in physische und chemische eingeteilt hat. Es ist unbezweifelbare Lehre der Physiologie, daß Sensibilität nie reine Passivität sei, sondern Reaktion auf empfangenen Reiz. Die dem Auge eigenthümliche Reaktion auf äussern Reiz nenne ich seine Thätigkeit."[66] Die Farben sind gerade in ihrer Struktur für Schopenhauer Effekte der „qualitativ getheilte[n] Thätigkeit der Retina."[67] Vom Irrtum sei der Schein deshalb zu unterschieden, weil er nicht auf einem unbegründeten Urteil der Vernunft beruhe und deshalb nicht der Wahrheit entgegenstehe, sondern der Realität: „Schein entsteht allemal entweder dadurch, daß der stets gesetzmäßigen und unveränderlichen Apprehension des Verstandes ein ungewöhnlicher (d.h. von dem, auf welchen er seine Funktionen anzuwenden gelernt hat, verschiedener) Zustand der Sinnesorgane untergelegt wird; oder dadurch, daß eine Wirkung, welche die Sinne sonst [...] erhalten, einmal durch eine ganz andre Ursache hervorgebracht wird, so z.B. wenn man eine Malerei für ein Rilievo ansieht [...]."[68] Der Schein lasse sich nicht tilgen, der Irrtum schon, etwa, indem der Schein als solcher ausgesagt werde. Tiefe philosophische Gräben trennen die verschiedenen subjektivistischen Überzeugungen; sie betreffen zumeist den Ort, an dem die Farben konstituiert werden: Entstehen die Farben durch die Reizung der Zäpfchen und Stäbchen auf der Retina, durch die Verknüpfung der Nervenzellen im Auge, oder durch die Repräsentation der

---

[66] Arthur Schopenhauer, *Über das Sehn und die Farben* (1816), München: Piper 1923, S. 20.
[67] Ebd., S. 156. „Auf dieser wesentlich subjektiven Natur der Farbe beruht zuletzt auch die überaus leichte Veränderlichkeit der chemischen Farben [...]." Arthur Schopenhauer, „Zur Farbenlehre", in: ders., *Parerga und Paralipomena*, Zürich: Haffmans 1981, S. 157–181, hier S. 167.
[68] Schopenhauer, *Über das Sehn und die Farben*, S. 140.

von diesen übermittelten Signale im visuellen Cortex? Oder sind Farbphänomene ähnlich wie Gestaltphänomene Resultate emergenter geistiger Gesetze, abhängig womöglich von Subjektivierungsprozessen? Es ist für die mögliche Konsistenz eine Farbtheorie erheblich, ob die Retina, das Gehirn oder der Geist als konstitutiv für das Farbsehen angesetzt werden. Es wird oft fälschlich angenommen, dass der Ort der Illusion identisch mit dem Ort der Konstitution sein müsse.

In der zeitgenössischen Debatte um den Subjektivismus ist angeführt worden, dass weder die physikalischen noch die physiologischen Bedingungen entscheidend wären: Wenn alle Menschen farbenblind wären und die Beleuchtungsbedingungen auf der Erde alles in „Sepia"-Farben tauchten, so wären doch, Crispin Wright zufolge, die Extensionen von „rot" und „grün" die selben: „Die Farbe eines Objektes überstimmt die intrinsischen physikalischen Eigenschaften".[69] In diesem Fall hat die Identifikation einer Farbe mit einem spezifischen Arrangement von Eigenschaften einen apriorischen Charakter, und wäre nicht von der Physik, wohl aber von einer Farbgrammatik oder dem subjektivem Erkenntnisapparat abhängig. Im Kausalnexus der Dinge wird Farben meist keine physische Erklärungskraft zugesprochen. Sie sind weder physikalische Kräfte, noch Eigenschaften von Partikeln oder eine Klasse von Molekülen und insofern nicht-seiend. Kann man dennoch sagen, und wenn ja, in welchem Sinne, dass Farben existieren? Hier wäre man geneigt, die Differenzierung zwischen Schall, Geräusch, Ton und Klang zum Vergleich heranzuziehen. Schallwellen kann man wie Lichtwellen messen, man kann reine Sinuswellen von sich überlagernden Wellen unterscheiden, aber nur Ohren können aus Geräuschen Töne herausfiltern und auf Klänge reagieren. Nur für Ohren sind Klänge bedeutsam

---

[69] Crispin Wright, *Truth and Objectivity*, Cambridge/Mass.: Harvard University Press 1992, S. 113.

und sind Töne etwas anderes als Luftdruckwellen: Schallwellen sind Druck- und Dichteschwankungen der Luft bzw. des Wassers ähnlich wie Licht aus elektromagnetischen Wellen besteht. Verglichen mit Wind sind Töne Ergebnisse einer Interaktion zwischen Schallwelle und Ohr. Dort, wo wir absolut nichts hören, fühlen wir uns bis ins Gedärm unwohl. Ähnlich verhält es sich bei Farben. Fledermäuse nutzen Schallwellen zur Orientierung im Raum; sie verfügen über ein Ultraschallsonarsystem, das sie dort navigieren lässt, wo Licht fehlt. Aufklärung hieß, für Helligkeit und Klarheit zu sorgen, um besser sehen zu können. Nicht nur Schall und Licht lassen uns als Sinnesreize Dinge erkennen (auf je andere Weise als taktile, olfaktorische, gustatorische und propriozeptische Reize). Doch auch höhere Organisationsstufen enthalten eigene Erkenntnisse. Nicht nur Schallwellen, auch Klänge informieren über Umwelten, über Ereignisse in naher und mittlerer Distanz, sie sind oft ein Kommunikationsmittel. Und das trifft auch für Farben zu. Allerdings erfährt jemand, der die Welt nur sieht, sie anders als jemand, der sie nur hört. Die Ausweitung eines jeweils verfügbaren klanglichen Spektrums generiert eine andere Welt als die Ausweitung des farblichen Spektrums. Genauer müsste die Frage also lauten: Was bewirken Farben?

Farben sind Reize und Impulse, die Emotionen und Affekte verursachen. Zugleich haben sie eine spezifische epistemische Funktion: sie informieren über uns umgebende Oberflächen aus der Distanz. Sie zeigen diese Oberflächen in einer Situation, singularisieren sie im Verhältnis zueinander. Nur weil eine solche prinzipielle Zuverlässigkeit unterstellt werden kann, besteht die Möglichkeit des Scheins. Die Tätigkeit des Sehens besteht oft darin, Scheineffekte zu verhindern, um externe objektive Zustände über Lichtverhältnisse zu erfassen:

> Das Reflektanzprofil einer (homogen gefärbten) Oberfläche bestimmt sich durch die proportionalen Werte, die für jede

> einzelne Wellenlänge des (maximal wahrnehmbaren) Spektrums das Verhältnis von einfallendem und reflektiertem Licht angeben. Aufgrund dieses Reflektanzprofils rufen undurchsichtige Körper in uns kausal Farbwahrnehmungen hervor. Reflektanztypen sind dagegen spezies-relative Klassifikationen von solchen Profilen, die mit unseren phänomenal individuierten Farbwahrnehmungstypen unter (den hier zu bestimmenden) Normalbedingungen nomologisch korreliert sind [...]. Darüberhinaus sehen wir auch durchsichtige Körper und Lichtquellen als farbig. Erstere zeigen statt einem Reflektanzvermögen ein Transmittenzvermögen (das Verhältnis zwischen einfallendem und durchgelassenem Licht pro Wellenlänge) [...]. Alles nicht-absorbierte Licht wird entweder reflektiert oder durchgelassen [...].[70]

Dass Farbwahrnehmungen Reflektanz- bzw. Transmittenzprofile aufdeckt und entsprechenden Typengruppen zuordnet, bedeutet zwar nicht, dass Farbe in Wahrheit nichts anderes wäre als die Relation von einfallendem und reflektiertem Licht. Wohl aber lässt sich unterstreichen, dass wichtige Eigenschaften der Umwelt für Lebewesen vor allem durch Farbwahrnehmung ermittelt werden können.

Die biologische Funktion von Wahrnehmungen ist es, Informationen über Gegenstände in der Welt aufgrund bestimmter Merkmale zu erhalten, die es gestatten, sie aufzufassen, abzugrenzen und zu individuieren. Damit dies gelingt und auf die Existenz von numerisch verschiedenen Objekten geschlossen werden kann, müssen deren Gemeinsamkeiten und Unterschiede so erfasst werden, dass ein Bezugnehmen auf und Wiedererkennen von Einzeldingen in einem Wahrnehmungsfeld

---

[70] Dorsch, *Die Natur der Farbe*, S. 169f. Dorsch fährt fort: „Werden dagegen Lichtquellen als farbig gesehen, liegt ein Fall von Farbillusion vor." Diese Behauptung würde ich bestreiten: Auch hier wird Farbe, oft sogar zusammen mit Oberflächenprofileigenschaften, wie Dorsch sagen würde, „detektiert".

möglich ist. *Nur die Wahrnehmung von Farbeigenschaften ermöglicht es, Objekte gegen ihre Umgebung abzusetzen oder von einem Hintergrund zu unterscheiden – und zwar unter wechselnden Lichtbedingungen.* Dies ist besonders für Subjekte in Bewegung erheblich.

Wenn unsere Sinne richtig funktionieren, übermitteln sie die Farbinformation, die auf die Retina fällt, an das Gehirn. Auf der Basis des bereits Gesehenen und Gelernten konfiguriert das Gehirn die Information zu einem Wahrnehmungsbild, einer Farbsemantik, wenn man so will. Die Farbinformation muss jedoch ihrerseits bereits strukturiert sein, damit sie konfiguriert und interpretiert sein kann. Die Farbinformationen entsprechen reellen Konfigurationen, die zur Erzeugung auch von Illusionen vorhanden sein müssen; sie basieren auf einer situativen Farbarchitektur ebenso wie auf medialen Eigenschaften der Umwelt. Auch darf die Leistung der Sinne nicht übergangen werden, denn die Strukturierung geschieht nicht erst im Gehirn, sondern bereits auf der Ebene des Filters, der Feinfühligkeit, der Auflösungsbreite, vor allem aber durch Aufmerksamkeit und Fokussierung.

Daraus erhellt, dass die systematische Erkenntnis der elektromagnetischen Strahlung, die Sortierung der Lichtwellen und das Ausmessen von Reflektanzprofilen allein nichts über Farben aussagen können. Auch die Analyse der Auffassungsweise durch Sinnesorgane erklärt noch keine Farbwahrnehmung. Aber Farben gibt es nur dort, wo potentiell farbige oder gefärbte Lichtstrahlen als Farbe wahrgenommen werden und wo Subjekte sich aufgrund von Farbwahrnehmungen in spezifischer Weise bewegen und verhalten können. Ob und wie Strahlen überhaupt wahrgenommen werden können, ist vor allem eine Frage des Mediums, in dem das geschieht, beispielsweise, ob das Licht in der Luft, im Wasser oder in einem fast opaken Medium strahlt. Wir sehen gewissermaßen das Medium immer mit, auch dort, wo es völlig lichtdurchlässig erscheint. Die Aufmerksamkeit für das Milieu, in dem Farben eine Rolle spielen, führt zu einer Wahrnehmungstheorie, die nicht von einer zweistelligen Relation, Subjekt-Objekt, ausgeht, sondern die Umwelt, in der diese Relation sich entfaltet, als konstitutiv für dieses Verhältnis ansieht.

Die ökologische Wahrnehmungstheorie unterstreicht, dass Farbwahrnehmung nicht so sehr zur Identifikation von Einzelobjekten relevant ist als vielmehr zur Kennzeichnung der räumlichen Lage eines oder mehrerer Objekte. Die Farbwahrnehmung analysiert nicht die Wellenlängenzusammensetzung des von einem Objekt reflektierten Lichts, sondern stellt ein Objekt gegenüber einem Hintergrund heraus. Das Farbsehen hat sich deshalb vor allem dort stark entwickelt, wo es aufgrund der minimalen Lichtenergie der Umgebung kaum möglich ist, Wellenlängenunterschiede zwischen dem Reflexionsvermögen eines Objekts und seinem Hintergrund auszumachen. Die Farbwahrnehmung richtet sich nicht nur auf die Analyse der Wellenlängenzusammensetzung des Lichts, das von der Oberfläche eines Objekts reflektiert wird, sondern zielt vor allem darauf, ein Objekt von seinem Hintergrund abzuheben und von anderen Objekten im Raum zu differenzieren. Die Farben, die wir in Objekten sehen, sind diejenigen, die sie am besten von ihren Hintergründen unter den vorherrschenden Lichtbedingungen absetzen. Farben zeigen also, der ökologischen Theorie zufolge, primär diejenigen Eigenschaften von Objekten an, die weitestgehend diese Beleuchtungsunabhängigkeit aufweisen und als sichtbares Unterscheidungskriterium für die Individuation von Gegenständen auch in Bewegung genutzt werden können. Gerade die Farbkonstanz ermöglicht erst verlässliche Wahrnehmungen von Reflektanzeigenschaften. Daraus folgt, dass diejenigen Reflektanzeigenschaften von lichtsensitiven Subjekten wahrgenommen werden, die es gestatten, auch bewegte Objekte im Unterschied zu Hintergrund und Umgebung zu individuieren.

Hier kommen erneut physiologische Argumente ins Spiel, die geeignet wären, Theorien der Farbsubjektivität zu stützen. Meist werden zwei Arten photorezeptiver Zellen untersucht: Stäbchen und Zäpfchen auf der Netzhaut (Retina). Es gibt aber eventuell weitere Zellentypen, die für das Sehen relevant sind. Die Stäbchen sind auf das Sehen bei schwacher Beleuchtung spezialisiert, die Zapfen sind vor allem für das Farbsehen verantwortlich. Ein dritter Typ von Fotorezeptorzellen sind die photosensitiven Ganglienzellen, die an der Synchronisation der inneren Uhr mit dem Tag-Nacht-Rhythmus mitwirken. Menschen verfügen über drei Typen von Zapfenzellen, die jeweils eine eigene Licht-Absorptionskurve haben.[71] Nur zusammen bilden diese drei Zellenarten, deren Responsmuster sich überschneiden, die Basis der chromatischen Wahrnehmung.

Die Zellenarten müssen, um in der für Menschen typischen Weise fungieren zu können, auf unterschiedliche Rezeptortypen verteilt sein: auf einen Kurzwellenrezeptor kommen durchschnittlich 20 Mittel- und 40 Langwellenrezeptoren. Sie sind unterschiedlich intensiv und sensibel und ihre Verteilung ist am Zweck der Wahrnehmung ausgerichtet. Photosensible Zellen haben sich evolutiv spät entwickelt. Die ersten Säugetiere hatten offenbar nur eine Schwarzweiß-Sicht (Stäbchen). Danach ist das Kurzwellen-Zäpfchen entstanden, mit dem die Lebewesen vermochten, kalte (blaue) von warmen (gelben) Farben zu unterscheiden. Erst anschließend sind die anderen beiden Zäpfchenarten entstanden; vor allem bei höheren Affenarten haben sich diese ausgeprägt. Mit ihnen können Rot/Grün-Polaritäten ausgemacht werden, was offenbar für das Erkennen reifer Früchte einen Vorteil bietet. Die sich an die

---

[71] Die erste erreicht das Maximum der Absorption des Lichtspektrums bei 419 Nanometern, die zweite bei 531 nm, die dritte bei 559 nm. Es ist falsch, diese Zäpfen den Farben Blau, Grün und Rot zuzuordnen, was zuweilen geschieht, denn während 419 nm mit Blau korrespondiert und 531 mit Grün, ist die Wellenlänge von 559 nm nicht rot, sondern grün-gelb. Man unterscheidet diese Zapfenzellenarten auch als Kurzwelle (S); Mittelwelle (M) und Langwelle (L).

komplexe neurologische Struktur der Retina anschließenden Ganglienzellen sind mit ihren Aktivitätskurven wiederum der Verarbeitung der Informationen im visuellen Kortex vorgelagert. Erst auf diesem Niveau wird man vermutlich Korrelate für eine Erklärung des Phänomens der „Farbkonstanz" finden, das in den Eigenschaften des Stimulus, der Physik des Gegenstandes, im Zusammenspiel mit dem Umgebungslicht nicht begründet sein kann. Nicht nur, weil die physischen Grundlagen des Farbsehens so vielfältig sind und nicht allein auf die Refraktion zurückgeführt werden können, erscheint es deshalb aussichtslos, das Sehen einer jeweiligen Farbe auf eine identische physische Qualität zurückführen zu wollen.

Es gibt Farben aufgrund von Inkandeszenz (Glut, Rot der Flamme), Farben durch die Dispersion von Licht (Blau des Himmels), Farben aufgrund der Refraktion und Dispersion (Regenbogen), organische Farben (Hautpigmente), Farben aufgrund von Interferenzen (Seifenblasen), Farben, die von der Durchschnittstemperatur von Atomen und Ionen abhängen (das Blau des Sterns Sirius), Farben, die vom Transfer von Ionen abhängen (Blau des Saphirs) etc. Umgekehrt können sehr unterschiedliche Farben durch identische physische Vorgänge entstehen: Das Grün des Smaragdes und das Rot des Rubins entstehen beide durch eine Unreinheit des Kristalls, das Chrom. Nur ein kleiner Unterschied in der Kraft des kristallinen Feldes erklärt die spektakulären visuellen Unterschiede zwischen Smaragd und Rubin.[72]

Und schließlich sieht jeder anders. Es gibt keine „Standardbedingungen" und keinen „Normalsichtigen", unterstreicht **Clyde Laurence Hardin**. Dies zeigt ein Experiment, die „chromatic cancellation procedure", bei dem ein Testsubjekt vor einem Apparat namens Dual Monochromator Platz nimmt, der die Wellenlängen im Lichtspektrum auswählt und die Kombi-

---

[72] Nach Romano, *De La Couleur*, S. 67.

nation zweier exakt bestimmbarer Wellenlängen erlaubt. Beobachter sehen identische Stimuli leicht anders. Die individuellen Abweichungen in Experimenten können bis zu 13% betragen. Hardin folgert: Farben können auf individuelle neuronale Prozesse reduziert werden. Hier spielen auch kulturabhängige Farbbegriffe und Farbnamen eine Rolle.[73] Anders gesagt: Wir sehen nicht dieselben Farben. Das Farbsehen ist subjektiv, kulturabhängig und individuell.

Farb-Objektivismus

Aus der Fehleranfälligkeit und kulturellen Prägung von Akten der Wahrnehmung ist keinesfalls darauf zu schließen, dass sie keinen objektiven Gehalt hätten. Sonst wäre es sinnlos, unseren Sinnen im Alltag zu trauen und unsere Wahrnehmungen zu kommunizieren. Wenn wir nur dann von Wahrnehmungen (im Unterschied zu bloßen Vorstellungen, Träumen oder Halluzinationen) sprechen können, wenn diese sich auf externe Gegenstände beziehen, und wenn diese Gegenstände im Raum vor allem durch Farbdifferenzen individuiert sind, so lässt sich die Überzeugung vertreten, dass Farbbezeichnungen – rot, blau, lila, orange, gelb, grün, braun, usw. – sich auf reale externe Eigenschaften von Dingen beziehen, was sich auch daran zeigen ließe, dass es paradigmatische Objektivierungen dieser Farben gibt: reife Zitronen sind gelb, Tomaten und Rubine sind rot, und so weiter. Auch gibt es keine prinzipiellen Probleme, im Großen und Ganzen, diese Begriffe zu lernen und sie in hinweisenden Praktiken Kindern und anderen beizubringen. Die meisten realen Ereignisse und natürlichen Eigenschaften sind in der einen oder anderen Weise wahrnehmungsbezogen und ihre Erkennt-

---

[73] Hardin, *Color for Philosophers*, S. 39ff.; vgl. die objektivistische Antwort: Paul Churchland, „On the Reality (and Diversity) of Objective Colors: How Color-Qualia Space Is a Map of Reflectance-Profile Space", *Philosophy of Science* 74/2 (2007), S. 119–149.

nis ist durch subjektive Kategorien bedingt; aber daraus folgt nicht, dass sie dadurch wesentlich bestimmt werden. Wir sehen, dass die Sonne scheint. Wenn wir auch die Explosionen der Sonne nur aus Beobachtungen und abhängig von unseren Instrumenten kennen, folgt daraus nicht, dass ihre wesentlichen Eigenschaften darauf zurückzuführen wären. Weder sind Farben ausschließlich Eigenschaften von Empfindungen oder psychologische Epiphänomene noch sind sie lediglich Eigenschaften oder Kennzeichen von Objekten und Lichtquellen – Farben von Wein, Pfirsichen und Smaragden, des Himmels, des Regenbogen, von Scheinwerfern und so weiter.

Warum aber sollten die Farben, die wir wahrnehmen, anders sein als alle Eigenschaften, die physische Objekte besitzen, wie Größe, Form, Gewicht? Kann man nicht die Farbwerte eines Objektes ebenso messen wie seine Größe? Während es leicht ist zu messen, ob zwei Kisten jeweils 1m x 1m x 1m groß sind, ist es nicht zweifelsfrei möglich zu messen, ob sie beide rot sind. Zwar könnte es sein, dass beide rot aussehen, aber es wäre unmöglich zu messen, d.h. objektiv festzustellen, dass beide (gleich) rot sind. Denn einerseits (i) besitzen die Farben, die an Objekten wahrgenommen werden, distinkte, differenzierte Eigenschaften, die hinsichtlich der Farbwirkung über das farbphysikalisch Messbare hinausgehen; andererseits können (ii) die physikalischen Eigenschaften eines Gegenstandes allein niemals die Wahrnehmung einer spezifischen Farbe erzwingen. Daraus könnte nun im Gegenzug geschlossen werden, dass weder Gegenstände noch Lichter in der Art und Weise gefärbt sind, wie wir sie erleben. Sind Farben also Eigenschaften, die visuelle Objekte nur anscheinend besitzen?[74] Sind sie nur Spiegelungen oder Effekte unserer Physiologie und/oder unseres subjektiven Erkenntnisapparates? Anders gefragt: Gibt es eine

---

[74] Vgl. Alex Byrne u. David R. Hilbert, „Introduction", in: dies. (Hg.), *Readings on Color, Vol. 1: The Philosophy of Color*, Cambridge/Mass.: MIT Press 1997, S. XI–XXVIII, hier S. XVIII.

unverwechselbare Eigenschaft, die Tomaten, Erdbeeren, Kirschen und Radieschen gleichermaßen besitzen? Was ist diese Eigenschaft?[75]

Realistische Ansätze in der Farbtheorie gehen davon aus,[76] dass Farben entweder (a) „primitive" qualitative Eigenschaften sind, die physische Körper besitzen (Primitivismus), oder (b) komplexe physikalische Eigenschaften, die Körper blau, rosa, gelb, etc. aussehen lassen (reduktiver Physikalismus), oder aber (c) subjekt-abhängige, dispositionale Eigenschaften bzw. Kräfte, die auf unterschiedliche Weise versuchen, entsprechende Wahrnehmungen unter angemessenen Umständen zu erzeugen (Dispositionalismus). Für alle diese Realismen gilt: Farben sind für sie nichts anderes als die von Farbwahrnehmungen repräsentierten Eigenschaften. Sie gehen also davon aus, dass menschliche Farbwahrnehmungen prinzipiell wahr sind: Farben als repräsentierte Eigenschaften zeigen wirklich die entsprechenden Merkmale der Objekte. Damit fügt sich die objektivistische Konzeption der Farben leicht in ein realistisch physikalistisches Weltbild ein, da sie Farben nicht anders als Formen – das heißt also: die sekundären nicht anders als die primären Qualitäten – behandelt. Der Farbphysikalismus geht deshalb davon aus, dass alle Wahrnehmungs- wie alle Messvorgänge abhängig vom wahrnehmenden bzw. messenden Körper wie auch von der Konstruktion von Wahrnehmungstypen (Farbtypen) und Instrumenten sind, dass dabei aber objektive physikalische Eigenschaften bestimmt werden und nicht nur Effekte des Messvorgangs: „Physikalisten behaupten,

---

[75] „If someone with normal color vision looks at a tomato in good light, the tomato will appear to have a distinctive property – a property that strawberries and cherries also appear to have, and which we call ‚red' in English. The problem of color realism is posed by the following two questions. First, do objects like tomatoes, strawberries and radishes really have the distinctive property that they do appear to have? Second, what is this property?" Alex Byrne u. David R. Hilbert, „Color Realism and Color Science", *Behavioral and Brain Sciences* 26 (2003), S. 1–44, hier S. 3f.
[76] Vgl. zum folgenden ausführlicher Dorsch, *Die Natur der Farben*, S. 191ff.

daß Farben physikalische Eigenschaften sind (z.B. daß Grün eine bestimmte Eigenschaft der selektiven Reflexion einfallenden Lichts ist)."[77] Eine realistische Farbtheorie wäre also eine solche, für die Farben bestimmbare Eigenschaften der natürlichen Welt sind, die in den Koordinaten von Raum, Zeit, Materie und Energie ebenso eine Konkretion benennen wie Form, Temperatur, Textur, Geschwindigkeit, Gewicht usw.[78]

Für die Messbarkeit physikalischer Größen ist die Sphäre entscheidend, in der eine bestimmte Größe Wirkungen zeitigt. Das Geheimnis der Farben wird nicht auf der Ebene physikalischer Partikel gelöst werden. Farben sind keine Eigenschaften von Atomen oder Quanten. Zwar lassen sich Wechselwirkungen zwischen Körpern mittlerer Größe und Lichtwellen durch die Messung der Wechselwirkungen zwischen den einzelnen Materie- und Lichtteilchen erklären, doch der Aufweis einer solchen Korrelation ist nicht identisch mit einer hinreichenden Bestimmung. Für die Farberkennung durch Lebewesen ist es überdies unwichtig, wie weit sich Farbeigenschaften theoretisch innerhalb des atomaren Bereiches analysieren lassen, da ihre sinnlich differenzierenden Operationen ohnehin auf der Mesosphäre ansetzen. Die Behauptung der Physikalität der Farben als objektiver Eigenschaften muss nun jedoch nicht unbedingt implizieren, dass sie Teil der von der Physik behandelten Eigenschaften sind. Vielmehr genügt es, wenn sie als prinzipiell physikalisch beschreibbar angesetzt werden. Farbobjektivisten wollen allerdings nicht bei einem reinen Postulat bleiben und streben die physikalische Identifizierung der einzelnen Farbeigenschaften an wie auch, allgemeiner, die Bestimmung des ihnen gemeinsamen Merkmales, also des *Farbeseins*

---

[77] Alex Byrne u. David R. Hilbert, „Introduction", S. XII.
[78] Auch colorimetrische Experimente haben gezeigt, dass es keine einfache Korrelation zwischen Farben (oder Farbempfindungen) und der physikalischen Beschaffenheit von Lichtwellen gibt. Vgl. Semir Zeki, *A Vision of the Brain*, Oxford: Blackwell Scientific Publications 1993, S. 227ff.

als solchem. Aber was könnte ein alle Farben – und nur diese – auszeichnendes Charakteristikum sein?

Alle Varianten des Farbobjektivismus unterstellen, dass ein Farbtyp letztlich dem Aufdecken eines Typs von lichtbrechender bzw. lichtdurchlässiger Körperoberfläche entspricht. Eine *strikte Variante des Objektivismus* sucht ein allen Farben gemeinsames Charakteristikum im Sinne eines Äquivalentes (komplexer) physikalischer Größen oder Art. Eine Bestimmung der Farben durch Licht- oder Refraktionseigenschaften oder ein umfassendes instrumentelles Farbbestimmungssystem würde Farben als wesentlich physik-immanente Eigenschaften ausweisen und alle Subjektrelativität als unwesentlich eliminieren. Im Gegensatz dazu wird eine schwache *Variante des Objektivismus* ein subjektrelatives, gemeinsames Merkmal für die Farben ansetzen, welches sich lediglich prinzipiell physikalisch beschreiben ließe. Farben wären demnach subjektrelative Eigenschaften externer Gegenstände; ihre konkrete, physikalische Konstitution, die die Farbigkeit realisiert, kommt ihnen nur akzidentiell, als objektive Disposition zu und kann entsprechend davon abgetrennt und also vernachlässigt werden (Disjunktivismus).

Alle diese Ansätze unterstellen eine Art universeller visueller Begrifflichkeit bzw. „alltägliche Intuitionen" (Dorsch): Die Klasse der Farben entspricht der Klasse der Reflektanzprofile. Diesen Ansätzen entsprechend ist für Farbausdrücke ein Bezug auf *Reflektanzprofile* (einschließlich des Transmittanzverhaltens, welches bestimmt, wieviel Licht ein Körper durchlässt) kennzeichnend; Farben bestimmen das Vermögen beliebiger Gegenstände, hinsichtlich jeder einzelnen Wellenlänge des Lichtspektrums einen bestimmten Anteil des einfallenden Lichtes zu reflektieren (oder durchzulassen) und den Rest zu absorbieren. Die Szenerie, der Hintergrund und das Umgebungslicht spielen diesen Theorien zufolge keine Rolle bzw. werden als „Normalbedingungen" justiert. Die Intensitätsverteilung von Lichtwellen ergäbe mithilfe der Absorptionsgesetze das System der Reflektanzprofile beliebiger Gegenstände und dies wäre identisch mit „unseren" Farbbegriffen. Aus realistisch-ontologischer Sicht hat jeder normalerweise einfarbig erscheinende Gegenstand auch nur genau eine Farbe. Daraus würde folgen, dass die Reflektanzprofile von allem, was blau erscheint (Himmel, Meer, Jeans-Hose), sich von den Reflektanzprofilen aller gelben Dinge (Blumen, Bananen, Sonne) trennscharf unterscheiden.

Dagegen spricht nicht nur die Existenz von gleich aussehenden Dingen mit unterschiedlichen messbaren Reflektanzprofilen (sogenannten Metameren). Zudem werden nicht alle Farbtatsachen und Farbunterschiede von uns oder anderen Lebewesen wahrgenommen oder „repräsentiert". Viele Farben, die wir sehen könnten, sehen wir nicht; andere lernen wir erst mühsam zu erkennen. Zudem erfasst die Farbwahrnehmung neben den Reflektanzprofilen eine Reihe weiterer Faktoren. Hierzu zählen weitere reale physische Bedingungen, die in einer theoretischen Bestimmung der Farbe nicht übergangen werden dürfen; vor allem das Medium, in dem etwas gesehen wird, der Hintergrund, vor dem etwas gesehen wird, die Farbumgebung, das Arrangement der Farben, von denen sich eine Oberfläche individualisiert. Die Objektivistin wird mit dem Einwand leben müssen, eine Theorie der Reflektanzprofile, aber nicht der Farben, zu vertreten.

Phänomenologie

Wie etwas farblich erscheint, ist vor allem dort relevant, wo diese Farblichkeit absichtlich erzeugt wurde, wo sich also etwas nicht nur farblich präsentiert, sondern wo etwas mit farblichen Mitteln repräsentiert wird. Alle Arten visueller Repräsentationen werden zunächst aus Farben aufgebaut. Die Modi und Formate unterscheiden sich in diesem Sinne als „Weisen farblicher Welterzeugung".[79] Die Art der Farbverwendung und geringe farbliche Differenzierungen genügen oft, um etwas als bloße visuelle Repräsentation zu kennzeichnen. Zu den typischen Ähnlichkeitsrelationen, die Bilder und Statuen, aber auch Puppen, Miniaturen und andere Nachbildungen auszeichnet, gehört neben dem Umriss, der Gestalt, der Form, das heißt all denjenigen Aspekten, die traditionell das Disegno erfasst, immer auch die Farbe.[80]

Nicht nur zur Herstellung visueller Symbole oder Ähnlichkeiten ist jedoch Farbe vonnöten, sondern schon unterhalb der Repräsentation, wo sich etwas als Darstellungsfläche oder Darstellung zu erkennen geben soll. Farbe stellt Darstellungsflächen her und stellt darin etwas als Darstellung aus. Farbe kann sowohl die Form der Abbildung betreffen (die Farbe im Bild ist

---

[79] Was Nelson Goodman, von einigen Bemerkungen zu Abbildungsstilen abgesehen, nicht diskutiert. Nelson Goodman, *Weisen der Welterzeugung*, Frankfurt/M.: Suhrkamp 1993, S. 43ff. u. S. 166ff.

[80] Caravaggio hat der Legende nach eine unsichtbare Vorzeichnung mit dem Pinselstiel bzw. dem Palettenmesser auf der feuchten Grundierung der Leinwand eingetragen, um die Zeichnung zu überspringen und frei aus der Hand die Figuren zu entwerfen. Für Giorgione, auf den Vasari zufolge die Alla-Prima-Malerei zurückgeht, muss die lebendige Anschauung die Hand leiten. Er hielt es für sicher, „dass das Malen mit den Farben allein, ohne ein anderes Studium wie das Zeichnen auf Papier, die beste Praxis und die wahre Zeichnung sei. ‚Il vero disegno' zeige sich für Giogione im vorzeichnungslosen Malen: ‚senza far disegno'. Die Vorbildfunktion Caravaggios für die Entwicklung der alla-prima-Malerei beruht jedoch [...] auch auf einem malerischen Phänomen [...]. Die Sichtbarkeit des Rotgrundes ist ein künstlerisches Mittel, das in der Folge breite Anwendung findet." Nicola Suthor, *Bravura. Virtuosität und Mutwilligkeit in der Malerei der Frühen Neuzeit*, München: Fink 2010, S. 42f. unter Bezugnahme auf Vasari, *Le Vite*, Bd. 6, Florenz: Sansoni 19XX, S. 155.

dann identisch mit der Farbe dessen, was gezeigt werden soll) oder auch die Form der Darstellung – in diesem Fall wäre die Farbe im Bild von dem, was sie abbildet, verschieden und würde genau dadurch das Bild als Bild ausweisen. Das, was Husserl ein Bildobjekt nennt, ist zunächst eine Konfiguration von Farben. Und damit etwas ein Bild ist, wird es immer eine Farbe des Darstellenden geben, die nicht in der Darstellung aufgeht.[81] Gerade bei Bildern ist Farbe oft keine Eigenschaft eines lokalisierbaren Objektes (z. B. eines dargestellten Gegenstandes), sondern Grund, Hintergrund oder Ausdrucksvaleur. Einige Farbwirkungen treten erst mit der Dauer der Betrachtung hervor. Alle farbliche Erzeugung von Ähnlichkeit oder Ausdruck basiert auf den zeitlichen Eigenschaften der spezifischen Farbdisposition, die ein Bild als solches auszeichnet.

Das Färben ist Grundlage vieler Bildpraktiken. Punkt, Linie, Grund oder Schraffur in Zeichnung und Gravur, das Herausarbeiten von Flächen, Profilen, Kanten und Löchern in der Bildhauerei lassen sich als farblich-haptische Prozesse beschreiben. Selbst der Schattenwurf, die Silhouette und der Scherenschnitt sind zunächst durch ihre Farblichkeit und dann erst durch die von ihnen produzierten Konturen als Bilder gekennzeichnet. Puzzle und Kaleidoskope zeigen, wie Bilder aus Farbfeldern aufgebaut werden. Bei der Malerei ist die Bedeutung dieses Umgangs mit Farbe offensichtlich; ebenso

---

[81] Schon Husserl unterstreicht, dass die gesehene Farbe des Bilddinges nicht mit der wahrgenommenen Farbe des Bildobjektes deckungsgleich sein muss: „Z. B. diese Photographie stellt mein Kind vor. Zunächst entwirft es aber ein Bild, das dem Kinde zwar im ganzen gleicht, aber in Ansehung der erscheinenden Grösse, der Färbung u. dgl. gar merklich von ihm abweicht. Dieses hier erscheinende Miniaturkind in widerwärtig grau-violetter Färbung meine ich nicht, wenn ich ‚in' diesem Bilde mir mein Kind vorstelle. Es ist eben nicht das Kind, sondern nur sein Bild. Und wenn ich so vom Bilde spreche, oder auch sage, das Bild sei misslungen, oder gleich dem Original, so meine ich natürlich nicht das physische Bild, das Ding, das da an der Wand hängt [...]. Das Scheinding ist ein dreidimensionaler Körper mit körperlicher Farbenverteilung, es ist nicht identisch mit der Papierfläche und ihren Farbenabschattungen." Edmund Husserl, *Phantasie, Bildbewusstsein, Erinnerung. Zur Phänomenologie der anschaulichen Vergegenwärtigung.* Husserliana Bd. 23, Den Haag: Nijhoff 1980, S. 109f.

bei der Photographie und beim Film, ob sie nun mit Körnung oder Pixeln arbeiten. Video ist, bevor es ein Zeitstrom ist, wie Lazzarato sagt,[82] auch eine Sequenz von Farbmodulationen. Und wenngleich die Farben hier im alltäglichen Gebrauch meist weniger eigenständig oder gar explosiv auftreten, sondern als Objektkennzeichen, Lichtblitze und Reflexe, Übergangszonen, Diaphanes oder Konturmarkierungen gelten können, gibt die typische Farbgebung von Photos und Videos durchaus Aufschluss über mediale Effekte und die verwendete Technik wie auch über Ort und Zeit der Aufnahme.

Bilder heben sich vor allem durch farbliche Kontraste von ihrer Umgebung ab. Wenn sie, wie Didi-Huberman sagt, eine visuelle Tiefe kennzeichen, oder, wie Boehm sagt, eine ikonische Differenz, so sind diese perzeptiven Auszeichnungen vor allem farblicher Natur. Die besondere Farblichkeit, die Bilder kennzeichnet, baut auf der *Chromik* auf. Farbe wird in Bildern von mindestens zwei sehr verschiedenen Grundverhältnissen ins Spiel gebracht. Einerseits von Farbwertverhältnissen: Diese bauen auf dem Kontrast von Schwarz und Weiß auf und definieren den jeweiligen Farbton als hell oder dunkel, dünn oder satt. Andererseits werden sie von Färbungsverhältnissen ins Spiel gebracht, aufbauend auf den Spektralfarben, in deren Komplementarität jeder Ton einen Raum zwischen Gelb und Blau, zwischen Grün und Rot einnimmt, welcher ihn als warm oder kalt definiert. Der erste Raum, der durch Farbwertverhältnisse erschaffen wird, basiert auf optischen Gesetzen. Er überträgt dem Auge die optische Funktion, farbliche Oppositionen zu erfassen. Dementgegen lässt die Färbung die Kontraste schwinden. Der zweite, haptische Raum bringt Volumina durch verschiedene Farbdispositionen hervor und rechnet mit der Bewegung des Auges.[83] Jedes Bild, auch das schwarz-weiße, ist

---

[82] Maurizio Lazzarato, *Videophilosophie. Zeitwahrnehmung im Postfordismus*, Berlin: b_books 1998, S. 66.
[83] Vgl. Gilles Deleuze, *Francis Bacon. Logik der Sensation*, München: Fink 1995, S. 77f.

aus der Überlagerung dieser beiden Farbräume aufgebaut. Neben Färbung und Kontrast spielt das jeweilige Leuchten der Farben bei der Konstitution von Bildlichkeit im Prozess des Sehens eine tragende Rolle. Dieses Leuchten ergibt sich nicht nur aus Helligkeit, Sättigung oder Temperatur, sondern vor allem aus der speziellen Lokalisierung, in die die umgebenden Farben ebenso mit hineinspielen wie die plastischen Eigenschaften des gewählten Farbmaterials.

Die Bildoberfläche wird aus Farbnuancen, auf aufscheinenden Übergängen, aus amorphen Vibrationen, aus leuchtenden Impulsen aufgebaut. Aus diesem Leuchten der Farbmaterie lassen sich Variationsmuster sequenzialisieren. Das Gesehene ist die Interferenz dieser Übergänge zu einer stehenden Fläche. Die Sequenzen, Serien und Übergänge zwischen den Farben scheinen sich auf einen Zeitzustand hinzubewegen, wenn sie als Volumina eines Bildinnenraums gesehen werden.

Das Leuchten der Farbe generiert das, was sich uns als homogene Fläche entgegenstellt – ein Scheinen. Die Fläche fasst die Impulse der Farbmaterie, zum Beispiel die technischen Mittel der Malerei (Wand, Grundierung, Farbspiel, Schatten, Übergänge, Formen, Tiefe, Figuration, Rahmung etc.), nur dann als Gesamtbewegung zusammen, wenn sie durch ein einheitliches Leuchten quasi eine Spiegelfläche im Wahrnehmungsfeld hervorbringt. Zugleich muss sie eine gewisse Kompaktheit, Homogenität oder Gliederung aufweisen. Sie prägt die Wahrnehmung als Modalität des Erscheinens. Was auch immer auf der Fläche erscheint, wird nicht mehr als Oberfläche eines Körpers gesehen, sondern als Farbereignis.

Die Gestaltung von Farbgebilden bringt Eigenschaften von Farben und damit Aspekte der Realität hervor, die durch visuelle Begriffe bzw. Gestaltgesetze nicht adäquat eingefangen werden, sondern auf eigene Weise wirken. Dies setzt voraus, dass ich Farben überhaupt als solche sehe, und nicht einfach nur so oder so gefärbte Dinge. Die Bestimmbarkeit der Farben hängt deshalb immer auch vom konkreten Ort und der Praxis des Sehens ab. Etwas auf einer Fläche als Farbereignis zu sehen, erfordert keine Schulung, aber doch eine bestimmte Gestaltung und eine spezifische Art visueller Begegnung. Ich kann mich bemühen, eine platt gefahrene Tomate auf der Straßenkreuzung oder einen Regenbogen auf der CD-Hülle als reine Farbereignisse zu sehen, aber es wäre keine wechselseitige Bezugnahme von Gestaltung und Wahrnehmung. *Anders als Farbproben oder Farbmuster kalkulieren Bilder diese Kontextgebundenheit der Farbwirkung ein und versuchen, die relevanten Bedingungen aus sich selbst heraus zu generieren.* Bildliche Darstellungen unterscheiden sich oft durch farbliche Verschiebungen von dem, was sie darstellen; ohne diese Verschiebung oder Differenzierungen wären sie keine Bilder, sondern Reproduktionen bzw. Imitate. Es gibt viele Fälle, in denen die Ähnlichkeit zu einem konkreten Objekt allein durch Farbe hergestellt wird: Gold, Silber, Violett, Pflaumenblau, Erdbeerrot. Bilder können durch die bloße Verwendung von Sonnengelb, Tomatenrot, Blutrot, Himmelsblau, Grasgrün die im Farbbegriff genannten und kulturell determinierten Objekte abbilden. Bildgebung beginnt jedoch insbesondere dort, wo eine Farbgebung, obschon von der natürlichen abweichend, Objekte evoziert.

Im Gegensatz zur Linie geht aus der Farbe nicht notwendigerweise eine Figur hervor. Die Farbe ähnelt zunächst nichts; noch bevor sie ornamental wirken kann, ist sie Fleck, ein Aufblitzen des Zufalls.[84] Farbe kann eine Eigenschaft von etwas anderem, aber eben auch von sich selbst, auf Bildern zu erkennen geben. Gerade in Bildern emanzipiert sie sich oft von Gegenständen, ordnet sie sich unter, lässt sie zweitrangig erscheinen oder verschwinden. Sie kann auch Ähnlichkeiten

---

[84] Vgl. Jacqueline Lichtenstein, *La Couleur éloquente. Rhétorique et Peinture à l'âge classique*, Paris: Flammarion 1989, S. 59.

evozieren, die durch keine Formgebung eingefangen werden. Die intensive Röte, das strahlende Gelb, die dräuende Schwärze in Gemälden von Mark Rothko besitzen beispielsweise diese Fähigkeit. Abgebildet wird hier offenkundig keine konkrete, außerbildliche Situation. Auch angesichts der fast abstrakt wirkenden Wand-, Himmels- oder Wolkendarstellungen, die man in Werken von Francisco de Goya, William Turner oder Caspar David Friedrich findet, kann man von Abbildungen sprechen, obschon keine individuierende Gestaltung, sondern nur eine farbliche Evokation vorfindlich ist.

Exploration der Farbe

Das Explorieren und Rekonfigurieren von Farbimpulsen bildet eine wesentliche Grundlage für das Erkennen einer visuellen Darstellung. Doch ist dieses Erkennenkönnen, das Entziffern von Darstellungen, ein nachgeordneter Aspekt der Bildproduktion. Der Prozess der Bildherstellung ist ganz wesentlich eine Arbeit an Farben und bildet ein je eigenes Bewusstsein für das Potential der Farben aus, das sich nicht in Darstellungsproblemen erschöpft.

Weil die bildliche Exploration, auf Wahrnehmbares und Ähnlichkeiten eher als auf Zeichen abzielend, originäre Welten aus Farben hervorbringt und an ihnen ästhetische Qualitäten aufzeigt, fördert sie visuelle Unterscheidungs- und Ausdrucksmöglichkeiten,[85] die es ansonsten wohl nicht gäbe. Besonders das Malen entwickelt ein Bewusstsein für die Möglichkeit, etwas mit und durch Farbe zu erfassen. Farbe ist der Grundbaustein visueller Wahrnehmbarkeit und daher eine eigene Wahrheitsdimension.[86] Die Anordnung von Farben auf einer begrenzten

---

[85] Vgl. Goodman, *Sprachen der Kunst*, S. 232.
[86] Für Jocelyn Benoist ist Farbe-Haben identisch mit Wahr-Sein: „Pour prendre la mesure de ce que signifie que la perception ait une portée ontologique, considérons

Fläche schult ein *visuelles Denken,* auch ohne auf das Abbilden oder pikturale Ausdrucksgesten Bezug zu nehmen.

Entscheidend bei der bildnerischen Praxis scheint zu sein, dass durch das Widerspiel von Auge und Hand, von optischem Reflex und taktilen Impulsen, ein rein visuelles Feld aufgebaut oder freigelegt wird, das sich durch Kontraste oder Differenzen von seiner Umgebung abhebt und die Aufmerksamkeit immer wieder bannt, lenkt und dann erneut abstößt und zerstreut. Das Malen unterscheidet sich vom Anmalen einer Fläche dadurch, dass es weder von Umwelterfordernissen noch von visueller Symbolik angeleitet wird. Weder soll dadurch ein Farbeffekt zum Zwecke des Schmucks oder der Tarnung erreicht werden noch werden Bilder produziert wie Zeichen, um etwas zu kommunizieren; denn es ist, ähnlich wie beim Musikspielen, davon auszugehen, dass sich die primäre Intention vollständig im Prozess des Arbeitens mit der Farbe erfüllt. Ähnliches gilt für das Spielen mit dem Stift auf dem Papier, für das Kritzeln, für das Skizzieren, auch für kreative Entwurfsprozesse in anderen Bildpraktiken.

Bilder sind Farbgebilde, in denen Subjektives und Objektives eine einzigartige Verbindung eingehen.[87] Das bildliche Experiment mit der Farbe kann verdeutlichen, dass Farbe weder einem Objekt noch der Relation des Betrachters zu diesem zugeschrieben werden muss, sondern aus einem gestaltbaren Milieu, aus einer Wahrnehmungssituation heraus zu erklären ist. Die Farbgestaltung ermittelt Erkenntnisse, die bei der Wahrnehmung von etwas über dessen Raum und Zeit, Figur und Grenze etc. hinausgehen, und den *Tiefenraum, die Intensität, das Erscheinen, die*

---

par exemple le statut de ce que nous appelons ‚couleurs'. Celles-ci ne sont pas des propriétés extrinsèques de l'être [...]. La vérité, c'est que, ce que nous disons être, c'est d'abord, en premier lieu, ce qui a une couleur." Jocelyn Benoist, *Le bruit du sensible*, Paris: Les Éditions du Cerf 2013, S. 124.

[87] So wie Merleau-Ponty von den gemalten Tieren in Lascaux sagt, sie seien nicht auf dieselbe Weise dort wie der Kalkstein, ebenso wenig aber seien sie anderswo. Merleau-Ponty, „Das Auge und der Geist", S. 282.

Orientierung, das Milieu, die Atmosphäre, die Art und Weise der Gegenwärtigkeit betreffen.

Louis Marin

In einem Brief an Emile Bernard (vom 15. April 1904) hat Paul Cézanne behauptet, die Natur liege für uns Menschen mehr in der Tiefe als an der Oberfläche. Daher rühre die Notwendigkeit, in die durch rote und gelbe Farbtöne wiedergegebenen Lichtvibrationen eine genügende Menge von bläulichen Tönen hineinzugeben, um die Luft fühlbar zu machen. Nach Louis Marin, der sich auf diese Briefstelle bezieht, hat sich Cézanne nie mit dem Abmalen von Oberflächen zufrieden gegeben. Ein Gemälde Cézannes erschließt die Natur eher als dass es sie wiedergibt, und zwar durch klug realisierte Farbsequenzen:[88] „Die Synthese des Übereinanderschiebens von Oberfläche und Tiefe ist die Kontinuität einer Krümmung, die Cézanne [...] durch logische Farbsequenzen verwirklichen wird [...]. Die Natur durch Krümmungen behandeln [...], eine Oberfläche, die sich als Über-Antlitz [sur-face] der Leinwand erhalten wird und dabei doch wie das Gemälde der Natur Tiefe gewinnt, wobei die Vibrationen des Lichts die Breite der wahrgenommenen Dinge konstituieren und die Luft die Tiefe, welche die Dinge auf Distanz zum sehenden Körper bringt."[89] Die Krümmung, die Lichtvibrationen und die Spürbarkeit der Luft basieren nicht nur auf logischen Farbsequenzen, auf einer bestimmten Anordnung der Farben, sondern auf bestimmten Farbstoffen und einer speziellen Weise des Auftrags: „Es werden die roten und gelben Pinselstriche sein, die auf der Oberfläche der Lein-

---

[88] Vgl. Edmund Husserl, *Erfahrung und Urteil*, Hamburg: Meiner 1999, S. 128ff.
[89] Louis Marin, *Texturen des Bildlichen*, Zürich/Berlin: Diaphanes 2006, S. 34–36, unter Verweis auf Lawrence Gowing, „Cézanne. La logique des sensations organisées", *Macula* ¾ (1978), S. 80–101, hier S. 85.

wand und als Oberfläche die vibrierende Breite der Welt im göttlichen Licht repräsentieren werden, und es wird die maßvolle Hinzugabe von bläulichen Tönen sein, die die Luft spürbar macht, das heißt die Tiefe auf der Oberfläche und im Gemälde [...]. Das Werk der Malerei ist eine Repräsentation der Natur, der Dinge in der Luft und im Licht."[90]

Marin beobachtet also, wie es Farben, genauer: bestimmten Farben in klug angelegten Sequenzen gelingt, einen Wahrnehmungsraum zu evozieren, der die dargestellten Dinge auf Distanz bringt. Dass die Herstellung von Tiefe im Bild hier nicht durch eine realistisch berechnete oder durch einer „atmosphärische" Perspektive gelingt, sondern schon durch die klugen Verwendung logischer Farbsequenzen, verweist zugleich auf die „vibrierende Breite der Welt", womit Marin vermutlich etwas anderes als die Ausdehnung, das Volumen oder die Kontur der Dinge meint, sondern die Varianz und Vielfalt ihrer jeweiligen Präsenz, die sich ausbreitende Strahlkraft der Nuancen. Im Nachvollzug derartiger Bildkompositionen lernt der Betrachter deshalb unter anderem auch die farbliche Bedingtheit der übrigen visuellen Wahrnehmungsvollzüge besser einschätzen. Die Disposition der Farben im Bild schärft den Blick für die Bedeutung und die Möglichkeiten der Farben in der Konstitution von Gegenständen der Erfahrung.

Ästhetik der Farbe

Wenn die Wahrnehmung (Aisthesis) für die Phänomenologie „die Weise des Daseins eines Lebenden in seiner Welt" definiert,[91] dann sollte nicht nur beschrieben werden, welchen

---

[90] Marin, *Texturen des Bildlichen*, S. 34–36.
[91] Martin Heidegger, *Einführung in die phänomenologische Forschung*, Gesamtausgabe II. Abteilung: Vorlesungen 1919–1944, Bd 17, Frankfurt am Main: Vittorio Klostermann 1994, S. 8.

Anteil die Farben an der Wahrnehmung zum Zwecke der Wissensproduktion haben, sondern auch, inwiefern die Farbproduktion und -wahrnehmung zu den Kennzeichen der Daseinsweise von Lebendigem zählt. „Farbe ist das, was als solches [Mitsichtbares] über ein Sichtbares ausgebreitet ist [...]. Die jeweilige Färbung eines Daseienden wird jedes Mal vernommen ἐν φωτί, Farbe ist nicht vernehmbar ohne Licht [...]. Die ganze Aufklärung dessen, was wir unter Farbe, Vernehmbarem, Sichtbarem zu verstehen haben, hängt davon ab, was wir unter Helle, Licht verstehen müssen [...]. Das Licht ist das eigentlich Sehenlassende und das, was die Helle ausmacht."[92] Wenn zutrifft, was Heidegger hier in Anschluss an Aristoteles (*De Anima*) ausführt, so wird das Sichtbare wahrgenommen in der über es ausgebreiteten Farbe, die jedoch weder mit dem jeweiligen Sichtbaren identisch noch mit ihm notwendig verbunden ist. Farbe ist das Medium, dessen Vernehmbarkeit vom Licht und der Helle (dem Diaphanen) als dem Sehenlassenden abhängt, was wiederum bedeutet, dass Farbe nicht nur ein Sichtbares oder „Mitsichtbares" ist, sondern unabhängig von der Sichtbarkeit bzw. Vernehmbarkeit als Färbung zu denken ist.

Malerei kann verstanden werden als ein Produzieren von Farbe, ein Ausprobieren von Farben, eine Gestaltung mit Farben, als ein Farbmetabolismus: ein Leben in Farben. Sie bestimmt und vollzieht die Lebendigkeit innerhalb der menschlichen Lebensform aus der Farbe. Malen ist selbstverständlich nicht die einzige Praxis, die sich dem Anwenden von Farben auf Oberflächen, Texturen, Objekte widmet: Vom Schminken des Gesichts, dem Anmalen des ganzen Körpers oder dem Haarefärben über das Färben der Kleidung, dem dekorativen Bemalen von Haushaltsgegenständen oder Hauswänden bis zur farblichen Identifikation großer sozialer Komplexe (Stadtviertel, Firmen, Nationen): Es gibt eine Vielzahl von

---

[92] Ebd., S. 293.

Praktiken, die im Wesentlichen in der Farbapplikation bestehen und kennzeichnend für menschliche Lebenswelten sind. Nicht wenige davon dienen keinen ästhetischen oder dekorativen Zwecken, beispielsweise die Techniken des Färbens in den Wissenschaften.

Der für das Malen charakteristische Gebrauch von Farbe stellt einen Sinn für Präsenz her, eine Konfiguration dessen, was sichtbar gemacht und was übermalt wird, was gegenwärtig und was abwesend ist; er stiftet Ausdehnungen, Simultanitäten und disperse Zusammenhänge. Im Malen artikulieren sich ein räumlicher und ein zeitlicher Sinn der Farben. Nicht erst mit der Abbildung oder mit der Darstellung von Abwesendem oder Vergangenem bereitet Malerei spezifischen graphischen und repräsentativen Operationen den Boden, sondern bereits in ihrem reflexiven Zugang. Malen impliziert eine Ästhetik der Farbe. In dem, was folgt, soll deshalb die Aufmerksamkeit dieser grundlegenden Funktion des Färbens gelten; damit wird auch der herrschenden Auffassung in der Farbtheorie[93] entgegen getreten, die ihren Gegenstand, die Farben, oft nur als Instanziierung der Formen, als Oberflächenprofil oder als Accessoire voluminöser Gegenstände in den Blick nimmt.

Diese auch in der Farbtheorie zu konstatierende Prädominanz der Form führt nicht nur zu einer epistemischen und politischen Schlagseite. Sie übersieht die ontologische Bedeutung der Farben. In der klassischen Dingontologie liegt der entscheidende Punkt darin, dass Eigenschaften eines Dinges wie die Farbe als Bestimmungen gedacht werden, die es von anderem nach außen hin abgrenzt. Es wäre aber auch verzerrend, die Farbe als lediglich subjektive Auffassungsweise zu konzipieren. Wie **Gernot Böhme** betont hat, gibt es eine dritte Möglichkeit:

---

[93] Beispielsweise bei Dorsch, *Die Natur der Farben* oder David R. Hilbert, *Color and Color Perception: A Study in Anthropocentric Realism*, Menlo Park, CA: CSLI 1987.

II. Form und Farbe

Wenn wir etwa sagen: eine Tasse sei blau, dann denken wir an ein Ding, das durch die Farbe Blau bestimmt ist, also von anderen unterschieden. Diese Farbe ist etwas, was ein Ding *hat* [...] Das Blausein der Tasse kann aber auch ganz anders gedacht werden, nämlich als [...] eine Weise, in der die Tasse im Raum anwesend ist, ihre Präsenz spürbar macht. Das Blausein der Tasse wird dann nicht als etwas gedacht, was auf die Tasse in irgendeiner Weise beschränkt ist und an ihr haftet, sondern gerade umgekehrt als etwas, das auf die Umgebung der Tasse ausstrahlt, diese Umgebung in gewisser Weise tönt oder ‚tingiert', wie Jakob Böhme sagen würde. Die Existenz der Tasse ist in dieser Auffassung der Eigenschaft blau bereits mit enthalten, denn das Blausein ist ja eine Weise der Tasse, dazusein, eine Artikulation ihrer Präsenz, der Weise ihrer Anwesenheit. Das Ding wird so nicht mehr durch seine Unterscheidung gegen anderes, seine Abgrenzung und Einheit gedacht, sondern durch die Weisen, wie es aus sich heraustritt. Ich habe für diese Weisen, aus sich herauszutreten, den Ausdruck ‚die Ekstasen des Dings' eingeführt. Es dürfte nicht schwer fallen, Farben, Gerüche, und *wie ein Ding tönt*, als Ekstasen zu denken.[94]

Farben sind in diesem Sinne Ausstrahlungen: Ekstasen der Dinge. Sie artikulieren die Präsenz der Dinge über die Begrenzung ihrer Form hinaus, sie gliedern sie in eine Umgebung ein und heben sie daraus hervor. Wie ein Ding da ist, hängt von seinem Farbigsein ab. Dass die Farbe das Ding hervorhebt und artikuliert und in diesem Sinne etwas mit dem Ding macht, zeigt, dass sie nicht einfach eine Augenreizung und auch kein unwesentlicher Aspekt unterhalb der Form der Dinge ist.

---

[94] Gernot Böhme, „Atmosphäre als Grundbegriff einer neuen Ästhetik", in: ders., *Atmosphäre. Essays zur neuen Ästhetik*, Frankfurt/M.: Suhrkamp 1995, S. 21–48, hier S. 32f.

> Farbe wurde meist gesehen als eine Eigenschaft, die das Ding hat und die insofern auch auf es beschränkt ist, – oder als eine bloße Auffassungsweise des Subjekts, eine subjektive Reaktion auf bestimmte objektive Eigenschaften, die das Ding hat, auf primäre Qualitäten. Diese Dichotomisierung übersieht die dritte Möglichkeit, daß nämlich Farbig-sein eine Ekstase der Dinge sein könnte [...]. Farbigkeit ist die sichtbare Anwesenheit eines Dinges [...]. Farbig behauptet das Ding seine Anwesenheit im Raum und stahlt in den Raum hinaus. Durch seine Farbigkeit organisiert das einzelne Ding den Raum im Ganzen, d.h. tritt in Konstellationen zu anderen Dingen [...], tönt oder tingiert zugleich alle anderen Dinge. Das farbige Ding ist als anwesendes zwar lokalisierbar, seine Farbigkeit als solche ist in gewisser Weise aber überall.[95]

Kurioserweise spricht Böhme immer noch von farbigen Dingen, ganz so, als sei die Weise der Anwesenheit einer Farbe, ihre „Ekstase", weiterhin an die gegenwärtige Gestalt eines Dinges geknüpft, anstatt andersherum die Möglichkeit einer Ekstase der Dinge aus der Atmosphäre eines Farbigseins zu schöpfen, die sich unabhängig von Dinggrenzen und Dingkonstellationen ausbreitet. Zudem spricht Böhme diese ekstatische Kraft allem Farbigsein zu, anstatt sie an konkrete Weisen der Gestaltung und des Einsatzes von Farbe, an konkrete farbliche Operationen zu binden.

Genau diese zweite Option verfolgt die Analyse des Malens als Kulturtechnik. Sie beobachtet, was geschieht, wenn wir mit der Farbe und in der Farbe agieren; sie versucht, die Erkenntnisse und Einsichten auf den Begriff bringen, zu denen die Erfahrung der Farbe ebenso wie das Färben der Welt verhilft.

---

[95] Gernot Böhme, „Das Ding und seine Ekstasen. Ontologie und Ästhetik der Dinghaftigkeit", in: ders., *Atmosphäre, Essays zur neuen Ästhetik*, S. 155–176, hier S. 171.

Kulturtechnik Malen

Kulturtechniken sind elementare Praktiken und Verfahren der Erzeugung von Kultur. Ihre Genealogie und operative Logik geben Hinweise auf die gemeinsame Herkunft von technischen Apparaten, Instrumenten, Artefakten, Kenntnissen und Institutionen.[96] Die Kulturtechnikforschung hat bislang die kulturellen Basisoperationen Lesen, Schreiben, Zeichnen, Rechnen und Musizieren in den Blick genommen. Auch das Bilderproduzieren ist ins Feld ihrer Aufmerksamkeit geraten, sie hat dabei aber das Malen, diese vielleicht älteste Kulturtechnik, vernachlässigt. Dabei findet sich ein Muster für diese kulturtechnische Betrachtung der Malerei bereits in der Beschreibung Leroi-Gourhans der Ko-Evolution von Hand, Wort und Gedächtnis, bei der sich das Werkzeug von der Hand, das Wort vom Gegenstand und das Gedächtnis vom Organismus löst. Der Ort, an dem dies geschah, war jedoch die Malerei.

Kulturgeschichte und Medientheorie fokussieren mit dem Begriff Kulturtechnik auf konkrete Praktiken und symbolische Operationen[97] – in der Regel eher geleitet von einem Vorverständnis als von einer Begriffsanalyse, eher mit Blick auf ein kulturelles Feld und generalisierte Praktiken (das Schreiben, das Rechnen) als auf singuläre Verfahren.

Weil nach Horst Bredekamp und Sybille Krämer unter Kulturtechniken jedoch vor allem operative Verfahren im Umgang mit Dingen und Symbolen verstanden werden sollten, welche durch Medieninnovationen neue Spielräume für Wahrnehmung, Kommunikation und Kognition eröffnen,[98] kann hier

---

[96] Harun Maye, „Was ist eine Kulturtechnik?", *Zeitschrift für Medien- und Kulturforschung* 1/10 (2010), Sonderheft „Kulturtechnik", S. 121–135, hier S. 121.
[97] Bernhard Siegert, „Kulturtechnik", in: Harun Maye u. Leander Scholz (Hg.), *Einführung in die Kulturwissenschaft*, München: Fink 2011, S. 95–119, hier S. 99.
[98] „Kulturtechniken sind (1) operative Verfahren zum Umgang mit Dingen und Symbolen, welche (2) auf einer Dissoziierung des impliziten ‚Wissen wie' vom expliziten ‚Wissen dass' beruhen, somit (3) als ein körperlich habitualisiertes und routinisiertes

eine solche Innovation ins Zentrum der Analyse rücken. Wichtig ist bei dieser Auffassung, dass Kulturtechniken nicht nur in ihrer fundierenden Funktion in den Blick genommen werden, nicht nur als ursprüngliche und grundlegende, sondern auch in ihrer Abhängigkeit von Medieninnovationen und als Elemente, die sich wandeln, die eine dynamische Funktion innerhalb kultureller Gefüge ins Spiel bringen und die neue kulturelle Aufmerksamkeiten, Werte, Instrumente und Ausdrucksmöglichkeiten produzieren können.

Die Rede von Medieninnovationen in der Malerei löst sofort die Assoziation großer technischer Umbrüche aus: die Erfindung der Ölfarbe, die Perspektive, das Tafelbild, die Camera Obscura oder ähnliches. Es geht im Folgenden jedoch weniger um eine solche medientechnische Bestimmung, als vielmehr um die These, dass erst innerhalb einer bestimmten malerischen Praxis die Farbe sich davon emanzipiert, Attribut zu sein und reines (diaphanes) Phänomen bzw. Ausdrucksmedium wird. Welche (künstlerische) Bedeutung singulären Innovationen im weiteren kulturellen Räumen zukommt, kann hierbei nur angedeutet werden. Wichtig ist zunächst, dass ausgewiesen werden kann, worin die entscheidende Veränderung innerhalb der Malerei wirklich liegt. Der Aufweis soll nicht im Abgleich mit der Geschichte der Malerei erfolgen – durch den ohnehin nicht aufzubringenden Nachweis etwa, dass es dergleichen nie zuvor gegeben hätte oder nichts Vergleichbares existiert habe –

Können aufzufassen sind, das in alltäglichen, fluiden Praktiken wirksam wird, zugleich (4) aber auch die aisthetische, material-technische Basis wissenschaftlicher Innovationen und neuartiger, theoretischer Gegenstände abgeben kann. Die (5) mit dem Wandel von Kulturtechniken verbundenen Medieninnovationen sind situiert in einem Wechselverhältnis von Schrift, Bild, Ton und Zahl, das (6) neue Spielräume für Wahrnehmung, Kommunikation und Kognition eröffnet. Spielräume (7), die in Erscheinung treten, wo die Ränder von Disziplinen durchlässig werden und den Blick freigeben auf Phänomene und Sachverhalte, deren Profil mit den Grenzen von Fachwissenschaften gerade nicht zusammenfällt." Sybille Krämer u. Horst Bredekamp, „Kultur, Technik; Kulturtechnik. Wider die Diskursivierung der Kultur", in: dies. (Hg.), *Bild, Schrift, Zahl*, München: Fink 2003, S. 11–22, hier S. 18.

sondern durch die Bestimmung der kategorialen Veränderung, die eine neue Praxis erzwingt. Die singuläre Medieninnovation bewirkt, dass nun anders über Malerei gedacht werden muss als bisher.

Malen, in welcher Form auch immer, eröffnet einen Zugang zur Welt, der sich vom Schreiben, Zeichnen und anderen graphisch-technischen Abbildungssystemen unter anderem darin unterscheidet, dass er – als autographisches im Gegensatz zu diesen allographischen Verfahren, mit Goodman gesprochen[99] – einen Autorschaftsindex enthält und einen Möglichkeitsraum entwirft, der nicht durch ein Notationssystem, sondern durch die feinen Nuancen farblicher Differenzierungen gekennzeichnet ist.

Malen färbt nicht nur Oberflächen, sondern führt farblich eine erste Differenzierung ein zwischen Oberfläche und Grund. Sie liefert dadurch ein Erfordernis graphischer Operationen, auf das **Sybille Krämer** aufmerksam gemacht hat, nämlich die Fläche: „Durch Flächigkeit wird ein artifizieller Sonderraum geschaffen, welcher auf der Annullierung eines uneinsehbaren Dahinter/Darunter beruht und einen synoptischen Überblick stiftet, der uns im dreidimensionalen Umgebungsraum – gewöhnlich – versagt ist [...]. Bilder und Texte aller Art machen also aus einer Oberfläche mit Tiefe eine Oberfläche ohne Tiefe. Es ist die Praxis der Inskription, die einen Körper in eine Fläche, genauer: in eine hypothetische Fläche verwandelt [...]. Flächigkeit ist eine Tendenzbeschreibung, von deren tentativer Realisierung die Tätigkeiten des Zeichnens und Schreibens zehren."[100] Auf einer Felswand, im Sand, in die Luft kann ich schreiben und dadurch zwischen den Zeichen eine Fläche andeuten. Hier produzieren die Inskriptionen einen flächigen, nur innerhalb des Notationssys-

---

[99] Siehe Goodman, *Sprachen der Kunst*, S. 184f.
[100] Sybille Krämer, *Figuration, Anschauung, Erkenntnis, Grundlinien einer Diagrammatologie*, Berlin: Suhrkamp 2016, S. 65ff.

tems verständlichen Zusammenhang, der realiter nicht zu bestehen braucht. Und dennoch: Eine Fläche kann nicht zugleich die Voraussetzung des Schreibenkönnens sein und durch Inskriptionen geschaffen werden. Unter Umständen wird die Fläche nicht durch einen primären Akt hergestellt, sondern erst mit der Inskription sichtbar. Dennoch geht die Malerei hier logisch der Inskription voraus. Erst auf der Basis der Malerei kann die Schrift als graphisch-visuelles System beschrieben werden, das nicht nur die gesprochene Sprache abbildet, sondern eigene Realitäten zur Darstellung bringt, wie sie in der Schriftbildlichkeit, in Karten, Katalogen und Kalkülen greifbar werden. Schrift und Zeichen können dazu dienen, Daten zu sichern; doch diesen „Verfahren der Aufzeichnung"[101] ist die Fähigkeit vorgelagert, Flächen der Markierung und farblichen Differenzierung herzustellen. Krämer betont, dass das Schreiben unter dem Strukturaspekt als Medium betrachtet werden kann, unter dem Referenzaspekt als Symbolsystem und unter dem Performanzaspekt als Kulturtechnik, wobei in diesem Fall der Referenzaspekt zugunsten einer aus der Schriftbildlichkeit abgeleiteten Operativität neutralisiert wird. Noch vor dem „Graphismus", der aus Strichen, Linien und Punkten aufgebaut wird,[102] geht aus dem Wechselspiel von Auge, Hand und Werkzeug jedoch die Fähigkeit des Färbens und die Herstellung operationaler Flächen hervor.

Unterscheidet man in dieser Hinsicht das Malen vom graphischen Aufzeichnen oder vom Markieren, fallen ganz andere Aspekte ins Gewicht als solche des Sagens, des Notierens oder des Zeigens. Insbesondere fällt auf, dass die Dinge uns nicht nur

---

[101] Christoph Hofmann, „Festhalten, Bereitstellen. Verfahren der Aufzeichnung", in: ders. (Hg.), *Daten Sichern. Schreiben und Zeichnen als Verfahren der Aufzeichnung*, Zürich/Berlin: Diaphanes 2008, S. 7–20, hier S. 7ff.
[102] Sybille Krämer u. Rainer Totzke, „Was bedeutet Schriftbildlichkeit?" in: Sybille Krämer, Eva Cincik-Kirschbaum u. Rainer Totzke (Hg.), *Schriftbildlichkeit. Wahrnehmbarkeit, Materialität und Operativität von Notationen*, Berlin: Akademie Verlag 2012, S. 13–38, hier S. 18.

II. Form und Farbe

als gegenständliche und abstrakte Formen in Raum und Zeit, sondern unabhängig von ihrer Verweiskraft, *in* und *als* Farbe begegnen. Die Farbgebung dient nicht nur der Form, der Differenzmarkierung, sie ist nicht nur eine statische Eigenschaft von Dingen, sondern eröffnet eigene Wahrnehmungs- und Erkenntnisqualitäten – solche *der Reflexion, Emotionsäußerung und -differenzierung, solche der Intensität, des Kontrastes, des Durchscheinens, der Überlagerung*, etc. –, deren Eigenart, Dynamik und Manipulierbarkeit oft allzu rasch und unbedacht übergangen wird. Erst aus diesen „Ekstasen der Farbe" rührt die Möglichkeit der Fläche.

Das Malen schafft die Grundlage der Visualisierung. Visualisierungen bauen auf Flächen auf, in die sie Gestaltdifferenzen und Farbunterschiede eintragen, sie bieten deshalb andere Darstellungsmöglichkeiten als das Schreiben. „Visuelle Darstellungen eröffnen den Zugriff auf Anordnungen, Muster oder Relationen, sie ermöglichen die Herstellung von Verbindungen und Zusammenhängen und damit auch die Entdeckung von Neuem ‚auf einen Blick' [...]."[103] Weil sich das Verhältnis zwischen Betrachter und Gemälde von der symbolbasierten Rezeption eines Textes, einer Zeichnung etc. deshalb grundsätzlich unterscheidet, ist es so schwierig zu verstehen, wie genau es möglich ist, nur durch das Komponieren, Übertragen und Erfinden von Farben etwas sichtbar zu machen, zu artikulieren und zu erkennen. Das Malen muss analog, aber im Kontrast zum Schreiben, Zeichnen, Rechnen und Musizieren analysiert werden.

Sieht man Kindern beim ersten „Spurschmieren" oder „Hiebkritzeln" zu, versteht man, dass der Sinn des Malens nicht darin aufgeht, etwas darzustellen; man sieht Explorationen von Farben, Figuren und Formen. Verglichen mit dem Zeichnen oder dem Photographieren fällt auf, dass die Rolle, die hier

---

[103] Martina Heßler u. Dieter Mersch, „Einleitung. Bildlogik oder Was heißt visuelles Denken?", in: dies. (Hg.), *Logik des Bildlichen. Zur Kritik der ikonischen Vernunft*, Bielefeld: Transcript 2009, S. 8–61, hier S. 26.

dem Aufzeichnen von Erregungen, Impulsen oder Gegenständen mithilfe von Linie bzw. Licht zukommt, bei der Malerei aus einem modulierenden Umgang mit Farbe herrührt. Die Akte des Farbmodulierens umfassen nicht nur das Markieren und Färben von Flächen, Objekten und Stoffen, sie betreffen nicht nur die Arbeit am Farbkörper eines Gemäldes, an seinen Schichten, Farbkontrasten und Oberflächenbeschaffenheiten, sondern auch die Veränderung der Parameter des Farblichen (Farbsystematik, Farbwirkung, Farbkomposition), mit denen erzeugt wird, was gesehen werden soll.

Das Schmieren, Kritzeln, Klecksen und Sprühen sind Vorformen des Malens. Sie zielen weder auf biologische Funktionen wie Attraktion oder Tarnung, noch werden sie ausschließlich dazu produziert, um etwas zu kommunizieren. Es geht um das Arbeiten mit Farbe.

Es ist offensichtlich, dass diesem Prozess keine stabilen Entitäten vorausliegen: was ein Gemälde ausmacht, was Pinsel, Spachtel, Rakel, was jeweils Farbe, Grundierung, Untergrund, Träger, was eine Tätigkeit ist, die zum Malen gehört: all dies stellt sich erst in der Farbexploration heraus und stabilisiert sich in Rekursionen, die eine chronologisch vorhergehende Unterscheidung quasi logisch erst als solche hervorbringen. Die faszinierende Vielfalt der sozialen Situierungen, der Untergründe, Oberflächen und Medien, der Farbstoffe, Instrumente und ästhetischen Systeme, die malerische Verfahren beispielsweise in prähistorischen Grotten, im alten Ägypten, in Ostasien, bei den Maya, bei den Ureinwohnern Australiens oder in der afrikanischen Tradition ausgebildet haben, zeigt einerseits eine hinreichende Einheitlichkeit, um in allen diesen Fällen den Begriff „Malen" zu verwenden,[104] und andererseits eine so große Differenz zur europäischen Tradition der Kunstmalerei, dass es falsch wäre, diesen Begriff einfach aus dieser Tradi-

---

[104] Siehe hierzu die Beiträge in dem Band: Kupczyk u.a. (Hg.), *Kulturtechnik Malen*.

tion abzuleiten. Es ist kaum eine Kultur vorstellbar ohne eigene Techniken des Färbens und des Malens.

Wenn Malen in diesem Sinne als Kulturtechnik beschrieben wird, die nicht nur die Materialien, Instrumente, Verfahren und Zwecke, sondern sogar die ontologischen Unterscheidungen auf vielfältige Weise erst hervorbringt, die ihr als Praxis zugrunde liegen, so eröffnet diese Perspektive eine Chance, die Entstehung von Kulturtechniken auch unterhalb von Zeichengebrauch und Symbolisierungen, quasi bei der Substantialisierung des Akzidentellen zu beobachten, mit der es der Malerei in verschiedensten Etappen und auf unterschiedlichsten Wegen gelungen ist, die reflektierende Oberfläche zur grundlegenden Fläche avancieren zu lassen. Nur mit Blick auf die vielen, im Einzelfall kontingenten und zum Teil abseitigen, vorausliegenden oder hinzugezogenen Praktiken kann der Fehler vermieden werden, das Malen als einheitliche, transhistorische und ihrer selbst bewusste Handlung zu hypostasieren. Diesen Fehler kreidet Bernhard Siegert zu Recht der Latourschen Akteur-Netzwerk-Theorie an: „Denn aus Sicht der Kulturtechniktheorie limitiert diese Theorieansätze, daß sie sich oftmals darin erschöpfen, Dinge als Handlungen aufzufassen, die durch Netzwerke aus humanen und nichthumanen Akteuren prozessiert werden. [...] Die Gefahr besteht jedoch, daß damit bloß an die Stelle des sich selbst gegenwärtigen Seins die sich selbst gegenwärtige Handlung tritt."[105] Entsprechend plädiert Siegert für eine an operativen Ontologien ausgerichtete kulturtechnische Forschungsperspektive: „Nach ‚operativen Ontologien' zu fragen bedeutet, nach den konkreten ontischen Operationen zu fragen, die allererst ontologische Unterscheidungen hervorbringen – unter anderem die zwischen Form und Materie oder die zwischen Bild und Gegenstand, Ding und Prozess,

---

[105] Bernhard Siegert, „Öffnen, Schließen, Zerstreuen, Verdichten: Die *operativen Ontologien* der Kulturtechnik", *Zeitschrift für Medien- und Kulturforschung* 8/2 (2017), Sonderheft „Operative Ontologien", S. 95–114, hier S. 101.

Figur und Grund, aktiv und passiv, Botschaft und Medium, Subjekt und Objekt, Mensch und Tier usw."[106] Die ontische Operation, aus der die ontologische Unterscheidung zwischen Figur und Grund hervorgeht, ist das Malen. Worin Malen besteht, auf welchen Bewegungen, Materialien, Instrumenten und Konzepten es beruht, wozu es dient, welche Stellung es einnimmt und welche Anschlüsse es bereithält, dies stellt sich erst heraus, wenn es wiederholt stattfindet, sich verschiebt und wieder stabilisiert. Genau so, wie die Unterscheidungen Subjekt und Objekt, Ding und Prozess, Figur und Grund aus wiederholten Handlungen rühren, muss das, was eine Handlung wie das Malen ausmacht, jedes Mal im Übergang von der Bewegung des Körpers in die Geste, in die Verursachung, herausgebracht werden.

Diese ontischen Operationen bilden den Kern dessen, was man Kulturtechniken nennt. Kulturtechniken sind nicht nur solche Praktiken, die symbolische Ordnungen herstellen, indem sie den Begriffen vorausgehen, die von ihnen abgeleitet werden (wie Schrift, Bild und Zahl). Auf einer Ebene, die unterhalb solch komplexer Praktiken wie Schreiben, Rechnen, Zeichnen etc. liegt, betrifft das Konzept der Kulturtechniken den Primärvorgang der Artikulation als solchen. Wenn es auch zweifellos zutrifft, daß Lesen, Schreiben, Rechnen und Zeichnen elementare Kulturtechniken sind, und diese Kulturtechniken in rekursiven Operationsketten bestehen, die Hominisierungsprozesse mit höheren Medienfunktionen wie Speichern, Übertragen, Berechnen verbinden, so ist es gleichwohl ebenso unbezweifelbar, daß diese Praktiken als Zeichenpraktiken auf einem primären kulturtechnischen Prozess der Artikulation aufruhen, der Signal und Rauschen, Botschaft und Medium, Form und

---

[106] Ebd., S. 100.

Materie, Kommunikation und Kakographie, Figur und Grund unterscheidet.[107]

Wenn es nicht die Erschaffung von Bildern ist, die etwas abbilden, und die aus dem Abgebildeten ihre Identität beziehen, könnte man versucht sein anzunehmen, dass entweder eine äußere Begrenzung oder eine innere Kompositionsregel die Einheit eines Gemäldes definieren und damit das bestimmbar zu machen, was das Malen etwa vom Schmieren, Kritzeln oder Kolorieren unterscheidet.

Noch Immanuel Kant war der Auffassung, nur in der Reinheit der Zeichnung und der Komposition komme die Schönheit der Malerei zur Geltung. Der Rahmen sei ein Accessoire, *Zugang* und Schmuck zugleich, zwar zur ganzen Vorstellung gehörig wie die Farbe, aber doch letztlich schädlich. Vor ihm hatte jedoch bereits Roger de Piles gegenüber dieser Prädominanz des Disegno betont, dass die Farbe das Wesentliche der Malerei ist, ihre künstlerische Perfektion,[108] ähnlich wie der sich vom Geräusch abhebende Klang die Musik ausmacht, und nicht das Tonsignal. Die artikulierte Farbe bringt sich, im Unterschied zur Zeichnung, die man entziffern muss und die sich auf ein Bedeutungsvorbild bezieht, als bloßer Impuls zur Aufführung, sie richtet sich dabei an die (nicht notwendigerweise vorgebildete) Öffentlichkeit. Zugleich ist die Farbe schon die *Disposition* zur Zeichnung, ein *Potential der Morphogenese*. Dass die farblich-materielle Beschaffenheit der Zeichen auch das eigentlich Formgebende an der Zeichnung ausmacht, wird dann deutlich, wenn sie als Technik (technische Zeichnung), in ihrer Beschaffenheit schon vorausgesetzt, zur reinen Abstraktion wird. Die künstlerische Zeichnung verschwindet als bloßes Gerüst, als Antizipation unter der Dauer der Farbe, als Vision, d.h. wenn

---

[107] Ebd.
[108] Roger de Piles, *Dialogue sur le coloris*, Paris: Nicolas Langlois 1699, S. 4ff.

sie ‚als Wirklichkeit' gesehen wird. Die Farbe ahmt nichts nach, sie ist Stimmung, „rhythmische Gleichzeitigkeit" (Delaunay). Sie identifiziert keine Gegenstände, sondern leitet Prozesse des Sehens an. Dies beschreibt Max Imdahl an der Geschichte der neueren französischen Malerei: „Das Bild als das faktisch Gemalte ist eine Partitur des Sehens, nicht aber das zu Sehende selbst. Initiiert ist die Entwicklung zu solcher Prozeßästhetik weniger durch die Zeichnung als vielmehr durch die Farbe. [...] Ein *mouvement perpétuel* und auch ein *cinétisme optique* lassen sich [...] in einem Bilde nicht darstellen, wohl aber durch ein Bild im Auge herstellen [...]. Die faktische Ruhepräsenz des Bildes kann diesem Anschauungserlebnis [...] nur hinzugewußt, nicht aber als solche erfahren werden."[109]

Sobald dieses prozessuale Farbsehen fokussiert, stillgestellt und faktisch abgebrochen wird, kristallisiert sich das Bildobjekt heraus und erst diese Zäsur führt zum Sehen der inneren Kohäsion eines Bildaufbaus, einer Zeichnung[110], zum Wiedererkennen von Zeichen, zum Lesen eines Bildinhalts oder einer Schrift.

Ähnlich wie man sich oft auch angesichts von Fragmenten und Andeutungen kaum dagegen wehren kann, eine integrale Form als Gestaltphänomen zu erblicken und wie man das, was ein Bild zu sehen gibt, meist mühelos aus divergenten Farbinformationen herauszieht, gibt es eine dominante Farbe bzw. Farbgestalt, die sich gewissermaßen wie eine Struktur über alle Impulse und Nuancen legt. Das Sehen einer Farbe ergibt sich als ganzheitlicher Eindruck aus einem Konzert vieler chromatischer Töne in einem Farbraum.

---

[109] Max Imdahl, *Farbe. Kunsttheoretische Reflexionen in Frankreich*, München: Fink 1987, S. 152f.
[110] Siehe Jacqueline Lichtenstein (Hg.), *La peinture*, Paris: Larousse 1995. Vgl. Yves Bonnefoy, *Dessin, couleur et lumière*, Paris: Mercure de France 1995 (Kap. „La couleur sous le manteau d'encre"), S. 219.

Claude Romano

Claude Romano, der diese Einsicht auf Eugène Chevreul zurückführt, leitet daraus Forderungen an eine neue Phänomenologie der Farben ab: „Die Wahrnehmung von Farben ist ein grundsätzlich ganzheitliches Phänomen, wie es die Formpsychologie nach Chevreul und den Malern gefordert hat. In gewisser Weise nehmen wir nie eine Farbe allein wahr, wir nehmen ein Spiel von Farben wahr, die vor dem Hintergrund der räumlichen Koexistenz resonieren und kontrastieren: Die Wahrnehmung jeder Farbe hängt von der aller anderen ab."[111]

Weil die Gestaltpsychologie bereits nachgewiesen hat, dass wir keine positiven, invariablen Sensationen empfinden, sondern ein System der Differenzen, muss eine Phänomenologie der Farben das Spiel der externen Faktoren beachten, die den Eindruck einer bestimmten Farbe erzeugen. Während Hering noch behauptet hatte, dass es ein fixes Verhältnis zwischen zwei Farben gäbe, sodass ein graues Papier, vor einem gelben Hintergrund fixiert, eine bläuliche Färbung annimmt, hat im Anschluss an Koffka bereits Merleau-Ponty betont, dass es sich beim Farbsehen um ein differentielles System handelt. Denn das Blau wird nicht intensiver, wenn das Gelb intensiver wird. Vielmehr verschwindet es, wenn das Gelb saturierter wird.[112] Deshalb weist bereits Merleau-Ponty Theorien zurück, die das Farbsehen aus einer lokalen Reizung der Netzhaut bzw. der Hirnrinde erklären: „Raum- und Farbwahrnehmung sind nicht nur, jede für sich, Strukturphänomene, sondern außerdem sind sie, wie wir an Hand der Untersuchung von Kontrast und Durchsichtigkeit gezeigt haben, zwei abstrakte Aspekte eines Gesamtgeschehens [...]. Die Hypothese einer Farbklaviatur [...] [hätte] nur dann ihre Berechtigung, wenn allein die topogra-

---

[111] Claude Romano, *De la Couleur*, Chatou: Les Éditions de la Transparence 2010, S. 157f.
[112] Maurice Merleau-Ponty, *Die Struktur des Verhaltens*, Berlin: De Gruyter 1976, S. 96. Vgl. Romano, *De la Couleur*, S. 158.

phisch umgrenzten Einrichtungen [...] den afferenten Erregungen eine bestimmte farbliche und räumliche Bedeutung verleihen könnten. Doch da jedenfalls nicht mehr der physikalische Reiz und seine eigentümliche Einwirkung auf das Nervensystem darüber entscheiden, welche Farbe und welche räumliche Lage wahrgenommen wird, besteht kein Grund mehr, in der Rinde eine Klaviatur für Farben und räumliche Positionen anzunehmen, die einzig dazu bestimmt wäre, qualifizierte äußere Reize aufzunehmen."[113]

Der Ansatz, den Romano unter Rekurs auf Merleau-Ponty entwickelt, setzt deshalb eine perzeptuelle Totalität bzw. ein differentielles System voraus, in dessen komplexem Beziehungsgefüge sich die lokalen Farbtöne erst aus den Konsonanzen und Dissonanzen stabilisieren.

Die Verteilung der Farbwerte im Feld hängt von der Gesamtheit der gleichzeitig vorhandenen Werte ab, aber auch von der Funktion eines bestimmten Wertes, z.B. seiner Funktion als Farbe der Beleuchtung oder der Illumination, oder von seinem Status als Oberflächenfarbe [...]. Es ist der Ausgangspunkt für jedes Bild. Selbst der Sonntagsmaler weiß, dass es nicht ausreicht, den ‚Lokalton' der Objekte zu kombinieren, um eine Szene oder Landschaft auf zufriedenstellende Weise zu malen. Die Malerei beginnt mit der Betrachtung des Farbsystems in seinen komplexen Beziehungen und dem unendlichen Zusammenspiel seiner gegenseitigen Einflüsse und Auswirkungen. Malen bedeutet, diese Farbkraft zu nutzen, um ein Beziehungssystem durch das unendlich erneuerte Zusammenspiel seiner Konsonanzen und Dissonanzen aufzubauen; es ist sozusagen in jeder Farbe die Gesamtheit des Farbkreises zu finden.[114]

---

[113] Merleau-Ponty, *Die Struktur des Verhaltens*, S. 99.
[114] Romano, *De la Couleur*, S. 159.

Es ist nicht ganz klar, ob aus Romanos Sicht das Gemälde dieses Beziehungssystem erst herstellt oder ob es das Produkt einer solchen systematischen Interaktion ist. Wie dem auch sei: Romano macht deutlich, dass es sinnlos wäre, Farbwerte gewissermaßen als Atome oder Partikel zu konzipieren, aus denen ein Bild aufgebaut wird. Werte und Funktionen von Farben bestimmen sich gegenseitig und ändern sich, sobald andere Farben auftreten.

Der Eindruck einer Farbe ist das Resultat einer Interaktion aller vorhandenen Farben. Farben agieren miteinander und reagieren aufeinander entlang der Prinzipien *Simultanität und Sukzession, Kontrast und Harmonie, Komplementarität und Schattierung, Konsonanz und Dissonanz, Opposition und Synthese.* Die Kenntnis dieser und weiterer Prinzipien hat neue Maltechniken inspiriert. Der Impressionismus hat, aus Sicht Romanos, die Farben emanzipiert, indem er sie von der Oberfläche der Dinge löste und auf den Eindruck bezog:

„Die impressionistischen Maler haben durch die Emanzipation der Farbe von ihrer Bezugnahme auf Oberflächenfarben und das Bestreben, ‚den Eindruck' zu malen, ihre Palette erheblich eingeschränkt. Sie ‚malten das Licht' zeitgleich mit dem Eindruck [...] und opferten dafür eine Reihe von unspektralen Farben: die Braun-, Ocker-, Schwarztöne [...]. Der Ton wird durch zusammenhängende Pinselstriche [...] zerlegt. Indem der Impressionismus den Prozess der Übertragung des Lokaltons auf die Leinwand völlig aufgibt, eröffnet er damit eine bildliche Reflexion auf die Farbe, die natürlich in der Abstraktion gipfelt, und entwickelt neue Prozesse, die auf Äquivalenzsystemen basieren."[115]

Doch bereits Cézanne wird nicht mehr die Impression malen, sondern das Auftauchen der Erscheinung, die Weltwerdung. Sobald seine Pinselspitze auf einer Leinwand eine Farb-

---

[115] Ebd., S. 159.

vibration fixiert, geht es ihm nicht um das Nachvollziehen der Sehgesetze; vielmehr bildet sich bei Cézanne, ebenso latent wie prägnant, das Licht in der Tiefe des Feldes mit der ihm eigenen Kraft und Intensität. Er beobachtet, wie in den Farbbewegungen die Luft mit ihren taktilen Qualitäten und ihrem Geruch wahrnehmbar wird.[116] Cézannes Arbeit nimmt ihren Ausgang von der jeder Farbe eigenen Vibration und zielt auf einen Raum rhythmischer Modulation: „In jeder Farbe gibt es einen Rhythmus und eine Bewegung; jede hat ihre eigene Art, zu erstrahlen, auszustrahlen oder sich zu absorbieren, ihre endogene Musik und Rhythmik; und Cézanne multipliziert diese Dynamik mit dem Rhythmus seiner Farbschattierungen. Seine Malerei ist eine rhythmische Modulation der Farbe, die einen eigenen Sichtraum entfaltet. In seiner Pinselführung befindet sich das Äquivalent der Kontrapunkttechnik in der Musik."[117]

Die ortsgebundene, vibrierende Bewegung der Farbe verliert bei Gaugin, so Romano weiter, ihren mimetischen Impuls und nähert sich einem chromatischen Akkord an, die Farbvaleurs treten in einen Dialog, während bei Van Gogh (im „Café de Nuit" 1888) nicht die Bedeutung der einzelnen Farbe oder ihr Beitrag zu einer harmonischen, figurativen Funktion im Vordergrund steht, sondern ihre Fähigkeit zu schockieren.[118] Die Farbe traktiert das Auge.

Diese Fähigkeit zu blenden oder zu schockieren, die Van Gogh ausnutzt, ist nicht allein die Qualität oder Aktanz spezifischer Farbe, die der Maler verwendet, beispielsweise eines schreienden Gelbs oder eines Knallorange. Denn jede Farbe ist zunächst nur eine Verschränkung des Gleichzeitigen und der Abfolge und sie ist Konkretion in einem Feld der Übergänge und Variationen, wie Romano mit Merleau-Ponty betont:

---

[116] Ebd., S. 160.
[117] Ebd., S. 161; mit Hinweis auf Merleau-Ponty, „Der Zweifel Cézannes", in: ders., *Sinn und Nicht-Sinn*, S. 11–33, hier S. 17–20.
[118] Romano, *De la Couleur*, S. 163.

„Die Farbe ist im übrigen Spielart innerhalb einer anderen Dimension des Variierens, nämlich in der Dimension ihrer Beziehungen zur Umgebung [...]. Kurz, es bildet einen gewissen Knoten im Gefädel des Simultanen und des Sukzessiven. Es ist eine Konkretisierung der Sichtbarkeit und kein Atom."[119]

Ein Knotenpunkt, an dem sich Simultantität und Sukzession überschneiden und ineinander verwinden, berührt das Innere und das Äußere der Wahrnehmung gleichermaßen. Das Schreiende oder Schockierende einzelner Farben basiert deshalb auf einem Zusammenspiel von Farbe und Ding, von Sichtbarem und Färbung, die plötzlich auseinander treten können und das Gewebe sichtbar machen, aus dem die Dinge vereinzelt heraustreten und in dem sie ineinander übergehen und mit der Wahrnehmung verbunden sind: „Würde man all diese Partizipationen beachten, so würde man alsbald merken, daß eine bloße Farbe und allgemein etwas Sichtbares kein absolut hartes und unteilbares Stück Sein ist, das sich ganz unverhüllt einem Blick offenbart, der nur total oder nichtig sein könnte, sondern eher eine Art Engführung zwischen stets aufklaffenden äußeren und inneren Horizonten, etwas, das verschiedene Regionen der Farbenwelt und der sichtbaren Welt sanft berührt und sie von weitem anklingen läßt, eine bestimmte Differenzierung, eine ephemere Modulation dieser Welt, weniger also Farbe oder Ding als Differenz zwischen Dingen und Farben, augenblickliche Kristallisation des Farbigseins oder der Sichtbarkeit. Zwischen den vorgeblichen Farben und dem vorgeblich Sichtbaren würde man auf das Gewebe stoßen, das sie unterfüttert, sie trägt, sie nährt und das selbst nicht Ding ist, sondern Möglichkeit, Latenz und Fleisch der Dinge."[120] Daraus folgt nicht, dass die holistische Wahrnehmungskonzeption eine Konstruktion des Geistes oder des Gehirns ist, vielmehr

---

[119] Merleau-Ponty, *Das Sichtbare und das Unsichtbare*, S. 174. Vgl. Romano, *De la Couleur*, S. 167.
[120] Merleau-Ponty, *Das Sichtbare und das Unsichtbare*, S. 175

zeigt die Farbe die Verwobenheit der Wahrnehmung mit der Textur der Dinge; die Empfindung ist weder eine indifferente Materie noch ein der äußeren Welt abstrahiertes Moment, sondern eine Kontaktfläche, eine Membran.[121]

Wie Romano im Anschluss an Merleau-Ponty unterstreicht, ist die Farbe nicht das, mit dem die Welt malend dargestellt wird, sondern das, wodurch die Welt erfahren wird: „Die Farbe hat eine Tiefe, weil sie der Ort einer Erfahrung des Seins als solchem ist, die der Maler zu übersetzen und zu verewigen sucht. Der Maler erlebt nicht auf der einen Seite die Farbe und die Welt auf der anderen; er erlebt die Welt in und durch Farbe."[122]

Doch findet Romano an dieser Stelle auch Anlass zur Kritik an Merleau-Pontys phänomenologischem Ansatz: Die sinnliche Epiphanie der Farbe bleibe besonders in dessen Spätphilosophie an die unterstellte Verbindung des eigenen „Fleisches" zum „Fleisch der Welt" gekoppelt. Der Begriff des Fleisches aber, das heißt das Medium der Empfindungen, das durch die Reziprozität von Empfindendem und Empfundenem gebildet wird, sei nur aus der Warte einer Konstitution durch ein reines Ego denkbar, dessen Appendix er bleibe. Auf der anderen Seite verbleibe die Idee eines „Fleisches der Welt" (*chair du monde*) und mit ihr die Ausdehnung des Reflexivitätsparadigmas über mein eigenes Fleisch hinaus bis zum gesamten Universum im Rahmen eines transzendentalen Subjektivismus der Konstitution. Wenn das Fleisch der Welt aber nur eine Form der Subjektivierung darstelle, so könne die Forschung Merleau-Pontys nicht über den idealistischen Rahmen der Phänomenologie Husserls hinausgelangen.[123]

---

[121] Vgl. Maurice Merleau-Ponty, *Phänomenologie der Wahrnehmung*, Berlin: De Gruyter 1966, S. 259f.
[122] Romano, *De la Couleur*, S. 173.
[123] Siehe ebd., S. 173–174. Siehe auch Claude Romano, *Il y a*, Paris: Presses universitaires de France 2003, S. 177ff.

II. Form und Farbe

Dem stellt Romano die Objektivität, den ästhetischen Eigensinn und die Singularität der Farben entgegen: „Farbe ist eine Welt, weil sie einen unnachahmlichen Rhythmus, Schwingung, Dynamik, Räumlichkeit, emotionale Resonanz hat."[124] Zur Resonanz farbiger Vibrationen zählt der Bewegungsimpuls, den sie affizieren. Romano verweist auf Delaunays Theorie, derzufolge die Komplementärfarben (Grün/Rot) mit langsamen Bewegungen assoziiert sind, die dissonanten Farben hingegen mit schnellen (Rot/Blau). Die Tempodifferenz in der Vibration jedes Tons und in seiner aktiven oder passiven Assoziation löst unterhalb der geometrischen Figuren eine Phrenesie der Bewegung aus.[125] Ein solcher Rückbezug auf die räumlichen und dynamischen Eigenschaften der Farben, ihre affektiven Tonalität, ihre Stimmungen habe nichts Subjektives, Symbolisches oder Arbiträres. Denn wenn Kandinsky schreibe, dass das Zitronengelb das Auge verletze und zum Zwinkern zwinge, so liege dies nicht an der symbolischen Assoziation mit dem Ding (der Zitrone), vielmehr gehe es hier um Synästhesie. Es gebe eine intersensorielle Korrespondenz, die sich von Anfang an in unserer Weise, wahrnehmend auf die Welt zuzugehen, bemerkbar mache. So auch bei den Farben: „[...] Wahrgenommene Farben zeigen motorische Tendenzen, d.h. sie ‚inspirieren', erleichtern oder erschweren bestimmte Verhaltensweisen."[126]

Wenn Farben motorische Tendenzen ausstellen und Bewegungen auslösen oder verhindern, so liegt dies an einer Assoziation der Sinne, die von den Farben selbst jeweils zu leisten ist und die nicht immer schon durch ein konstitutives Fleisch garantiert wird: „Farbe ist eine Welt, sagten wir: Weil sie ihre eigene Tiefe, ihre eigene Schwingung und Ausstrahlung, ihren

---

[124] Romano, *De la Couleur*, S. 174.
[125] Ebd., S. 175.
[126] Ebd., S. 177, mit Hinweis auf Merleau-Ponty, *Phänomenologie der Wahrnehmung*, S. 245–249 sowie auf Kurt Goldstein (Struktur des Organismus) und auf Erwin Straus (Intermodalität).

eigenen Rhythmus, hat, ihre eigene Art, unsere emotionalen Tonalitäten anzusprechen, weil sie mit anderen Wahrnehmungsmodalitäten kommuniziert, ist sie immer eine totale Eigenschaft und, wenn wir das so nennen können, eine Art, das Ganze selbst zu präsentieren."[127]

Malen bedient sich also nicht der Farben, um die Welt abzubilden, ganz so, als seien die Farben nur eine Adresse oder ein Ornament, eine Zutat zur Abbildung oder der peinliche Anhang eines visuellen Begriffs: „Malerei stellt nicht nur mit Farben dar, sie malt Farbe, und indem sie Farbe malt, malt sie unseren Zugang zur Welt, weil sie eine sensorische (oder besser gesagt, eine wahrnehmende) Modalität malt, die mit allen anderen kommuniziert, eine Art der Manifestation des Ganzen, ein pars totalis [...]. So ist die Malerei, wie Merleau-Ponty sehr gut sagt, ‚eine zentrale Operation, die dazu beiträgt, unseren Zugang zum Sein zu definieren'."[128]

Wenn Romano aber den transzendentalen Subjektivismus Husserls und Merleau-Pontys hinter sich lassen will, so stellt sich die Frage, was denn das Ganze ist, die Totalität, was das System der Differenzen abgrenzt und konstituiert, wenn es nicht das reine Ego oder die Struktur des Leibes ist. Denn auch die Leinwand bzw. das Feld, in dem sich die Farbdifferenzen entfalten, stellt sich nicht als objektive Ganzheit dar, sondern lediglich als Disposition und wird erst aktualisiert und komplettiert (wenn auch nicht konstituiert) durch konkrete Wahrnehmungsvollzüge und Interaktionen. Auch stellt sich die Frage, wie genau es der Malerei (im Unterschied zu anderen visuellen Praktiken) gelingt, die Farbe zu malen und dadurch unseren Zugang zum Sein zu definieren. Das System farblicher Differenzen ist ein jeweiliger Zustand, dessen Veränderungen abhängig bleiben von Intensitäten und Bewegungen, externen

---

[127] Ebd., S. 178.
[128] Ebd., S. 291.

Einflüssen und internen Prozessen. Was unterscheidet das Sehen einer gemalten Lichtquelle vom Sehen einer Lichtquelle?

Farb-Ökologie

Elektromagnetische Strahlung und Lichtwellen haben sui generis keine Farbe. Farben gibt es nur dort, wo Lichtstrahlen als Farbe wahrgenommen werden und stärker noch dort, wo von Lebewesen Farben generiert und eingesetzt werden. Dies ist auch eine Frage des Mediums, in dem das geschieht, vor allem Luft und Wasser. Die Aufmerksamkeit für das Milieu, in dem Farben eine Rolle spielen, führt zurück zur ökologischen Wahrnehmungstheorie.

Die Idee einer ökologischen Wahrnehmungstheorie entwickelt **James Jerome Gibson** bekanntlich im Kontext seiner Forschungen zu Wahrnehmungsanforderungen an Piloten (wie erkennen wir Oberflächeneigenschaften nachts, im Flug?), woraufhin er sich zur Klärung der allgemeinen Frage genötigt sah, wie man aus (reduzierten) Lichtinformationen auf Umwelteigenschaften schließen kann.

Für Gibson sind Farbwahrnehmungen deshalb nicht so sehr Interpretamente bzw. „Repräsentationen", sondern direkte, unverfälschte Informationen über die Umwelt. Allgemein geht die ökologische Wahrnehmungstheorie davon aus, dass ausgesendete oder reflektierte Energie strukturiert ist und für Lebewesen wichtige Informationen enthalten kann. In diesem Sinne ist Farbe auch strukturierte Energie, Information, die einem Lebewesen Eigenschaften seines Milieus übermittelt. Diese Information betrifft die physischen und biologischen Eigenschaften, aber auch soziale und kulturelle Aspekte der „gebauten Umwelt". Denn aus Sicht Gibsons dienen Wahrnehmungssysteme hauptsächlich dazu, die Richtung der Fortbewegung zu regulieren, gleichgültig, wie diese Organe aufgebaut sind – ob sie chemisch arbeiten, ob sie auf der Reaktion von Hautorganen oder ob sie auf Geruchs-, Gehörs- oder Gesichtsreizen beruhen. An die Bewegungsfähigkeit gekoppelt fungieren alle Wahrnehmungsorgane zusammen als Orientierungssystem, das die Aufmerksamkeit ausrichtet und einen lebendigen Körper zu Zielen hinführt. Die Hin- oder Abwendung wird dadurch möglich, dass im Geruch, im Kontakt, im Geräusch oder in der visuellen Anordnung Informationen stecken. Die Auffassung der Information erlaubt es, den Wert oder Unwert einer Reizquelle als nützlich oder schädlich zu beurteilen. Die Auffassung der Information ist jedoch keine Interpretation, sondern ein unmittelbarer Kontakt. „Insofern Ziele sinnvoll sind und die zugehörige Information fein genug unterschieden werden kann, ist jedes Individuum fähig, das Vorteilhafte schon aus Distanz zu entdecken und darauf zu reagieren, oder – im Gegenteil – sich rechtzeitig zu entfernen, immer in Übereinstimmung mit dem, was die betreffende Reizquelle zu bieten vermag."[129]

Die Farbe liefert nie nur Information über einen Gegenstand, sondern zugleich auch Informationen über die Situation dieses Gegenstandes im Raum. Die ökologische Optik bezieht sich deshalb mit der Körperlichkeit auch auf die Schwerkraft, auf die Lage und die Interrelation der Wahrnehmungsorgane: „Licht als Umgebungssituation ist nämlich jeweils auf einen Organismus bezogen, Licht als Strahlung dagegen nur auf die Energiequelle. Abstrakt betrachtet gilt, daß das Licht aus der Umgebung als auf einen Punkt (den Ort des Beobachters) konvergierend gedacht wird, während Licht als Strahlung nach allen Raumrichtungen divergiert. Somit wird das umgebende Licht jeweils auf diese Umgebung bezogen; Licht als Strah-

---

[129] James J. Gibson, *Die Sinne und der Prozeß der Wahrnehmung*, Bern: Huber 1973, S. 102f.

lungsenergie dagegen kennt keine Grenzen."[130] Anders als die physikalische Optik geht die ökologische deshalb von der Diffusion der Strahlungseigenschaften aus. „Die wesentliche Charakteristik des Umgebungslichtes – in seiner Eigenschaft als mögliche Reizquelle für einen Organismus – besteht darin, daß Lichtintensitäten nach verschiedenen Richtungen unterschiedlich stark sind. Schon primitivste Organismen scheinen die Fähigkeit zu besitzen, auf Unterschiede der einfallenden Lichtintensität je nach Körperseite unterschiedlich zu reagieren. Genau das ist die Grundlage des Phototropismus. Ein Tier, das sich nach ‚Licht' ausrichtet, beantwortet damit die unsymmetrische Verteilung des Umgebungslichtes auf seiner Haut."[131] Tiere richten sich nicht auf einen Lichtpunkt, sondern orientieren sich an der Intensität der Lichtinformationen auf ihrer Haut. So ist es möglich, Oben und Unten nicht nur aufgrund der empfundenen Schwerkraft, sondern schon aus dem Lichteindruck auf der Haut zu differenzieren. „Die erste und gröbste Lichtdifferenz wird durch den Helligkeitsunterschied zwischen Himmel und Boden erzeugt. Feinere und differenziertere Abstufungen liegen in den vielfachen Musterungen und Texturen der übrigen Lichtverteilung aus der Umgebung."[132]

In schneller Bewegung verschwimmen die Konturen und doch enthält die Verteilung der Lichtintensitäten Informationen, die für die nächsten Handlungen entscheidend sein können. Wie erkennen Vögel im Flug Bäume, auf denen sie landen können? Woran erkenne ich, dass ich den nächsten Schritt tun kann? Ich muss die Bodeneigenschaften richtig einschätzen. Der Boden muss begehbar sein. Solch eine Begehbarkeit kann man mit Gibson „Affordanz" nennen. Gibson entwickelt seine Theorie der Affordanzen in Anlehnung an Begriffe der Gestaltpsychologie wie „Aufforderungscharakter" (Kurt Lewin) oder

[130] Ebd., S. 32.
[131] Ebd., S. 32.
[132] Ebd., S. 32.

„Valenzen" (Kurt Koffka). Eine Affordanz ist eine relationale Eigenschaft in der Umwelt: Sie besteht in einer besonderen Art der Interaktion, die etwas in der Umgebung in Bezug auf ein Lebewesen anbietet. Zum Beispiel bieten Bäume bestimmten Tieren die Möglichkeit zu klettern, sie bieten die Möglichkeit, Früchte zu essen oder der Sauerstoffproduktion. Mit ihren Blüten ziehen sie Insekten an, die sie für die Bestäubung benötigen und mit denen sie ein Ökosystem bilden. Die vorgefundenen oder gebauten Eigenschaften der Umwelt, die sich zu etwas eignen, die etwas zur Verfügung stellen, gewähren oder ermöglichen, werden von Gibson dynamisch gefasst, aktiv. Eine Oberfläche „affordiert Tragfähigkeit".[133]

Umwelten enthalten Affordanzen, sie ermöglichen Handlungen und fordern diese heraus, so wie die Türklinke das Öffnen der Tür oder die Frucht das Pflücken und Essen. Affordanzen werden in Nischen, in Lebensformen, zusammengefasst. „Ökologen haben das Konzept einer Nische. Eine Tierart soll eine bestimmte Nische in der Umwelt nutzen oder besetzen. Das ist nicht ganz dasselbe wie der Lebensraum der Art; eine Nische bezieht sich mehr darauf, wie ein Tier lebt als darauf, wo es lebt. Ich schlage vor, daß eine Nische eine Reihe von Affordanzen ist. Die natürliche Umgebung bietet viele Lebensformen, und verschiedene Tiere haben unterschiedliche Lebensformen. Die Nische impliziert eine Art Tier, und das Tier impliziert eine Art Nische."[134]

Die Umwelt als Ganzes mit ihren unbegrenzten Möglichkeiten existierte vor den Tieren. Auf den physikalischen, chemischen, meteorologischen und geologischen Bedingungen der Erdoberfläche beruht das Wachstum von Pflanzen, ohne die es wiederum kein Tierleben gäbe. Etwas kann sich im Nachhinein als Affordanz herausstellen.

---

[133] James J. Gibson, *The Ecological Approach to Visual Perception*, Hillsdale/NJ u. New York: Lawrence Erlbaum Associates/Psychology Press 1986, S. 127–146.
[134] Ebd., S. 128.

Obschon Gibson selbst Farbe nicht im Detail als Affordanz diskutiert, ist zu extrapolieren, dass zu dem Set an Affordanzen, das die Nische einer Lebensform zur Voraussetzung hat, in vielen Fällen auch die Farbe zählt. Nur wenn Farben mir verlässliche Informationen über meine Umwelt liefern, kann ich mich in ihr mit Hilfe meiner Augen zielgerichtet bewegen.

Eine wichtige Aufgabe des ökologischen Zugangs liegt folglich darin, ein komplexeres Verständnis der Faktoren zu entwickeln, die an der Farbwahrnehmung beteiligt sind und zugleich die Ebene zu bestimmen, auf der es sinnvoll ist, Farben zu diskutieren. Denn wie bereits oben erwiesen sind Farben in der Architektur der Welt nur in der Mesosphäre (nicht Mikro-, nicht Makro-) relevant: weder für Atome oder Moleküle, noch für Galaxien, sondern für Lebewesen. Farbe und Färbungen werden nicht von Steinen wahrgenommen, sondern von Lebewesen. Diese empfinden und bearbeiten die Farbigkeit der Welt. Farbwahrnehmung hängt ab von der wahrgenommenen Gestalt und ihren farbigen Grenzen in einer Umwelt. Farbton und Saturation hängt auch von der Beleuchtung ab (Chrominanz von der Luminanz). Zur perzeptiven Bestimmung der Wellenlängen sind beim Menschen immer zwei Rezeptortypen notwendig. Die Honigbiene und der Mensch sind Trichromaten, aber die Honigbiene nimmt in Richtung Ultraviolett auf (300 Nanometer – 650nm) mit höchster Tonschärfe bei 400-490nm, bei Menschen ist die höchste Schärfe bei 555nm. Goldfischen wird ein zusätzlicher UV-Rezeptor zugeschrieben. Bei Tauben wurden vier oder sogar fünf Rezeptortypen festgestellt. Tauben verhalten sich anders, wenn die nahezu ultravioletten Lichtwellen abgeblendet werden. Vögel können ultraviolettes Licht von Dunkelheit ebenso unterscheiden wie von weißem Licht, dem Wellenlängen unterhalb 400nm fehlen. Experimente zeigen, dass Tauben die Wellenlängen anderen Farbtonmustern zuordnen und anders als der Mensch 600nm nicht als Orange wahrnehmen.

Aquatische Umwelten stellen unterschiedliche Leuchtmedien und Farbumgebungen dar, Licht wird vom Wasser und den Partikeln darin absorbiert und gestreut, sodass das Medium selbst gefärbt ist: fast dunkel in der Tiefsee, dann klarblau, blaugrün, dunkelgrün, rotbraun. Vor diesem Hintergrund und in dieser Umgebung müssen Fische Objekte erkennen, sodass man die Distribution visueller Pigmente und Typen des Farbsehens korrelieren muss mit dem „photischen Charakter der aquatischen Umwelt."[135] Dabei ist entscheidend, ob die Fische ihre Beute eher von unten (als Dunkel vor hellem Hintergrund) oder von oben (als Hell vor dunklem Hintergrund) erfassen. Neben dem Leuchtmedium sind die Blickrichtung und der Fokus entscheidend.

Tiefseefische sind in der Regel Monochromaten, mit Ausnahme der roten biolumineszenten Fische. Diese können Objekte nicht nur durch Unterschiede in der Helligkeit wahrnehmen, sondern auch durch solche des Farbtons. Es gibt auch dichromatische Menschen: farbenblinde. Dichromatische (farbenblinde) Menschen können vor einer leicht chaotischen Oberfläche (1) keine farbigen Objekte ausmachen, (2) die visuelle Szene nicht segmentieren, (3) die Zustände einzelner Objekte nicht beurteilen. Eine erhöhte Fähigkeit zur Farbwahrnehmung ermöglicht, anders formuliert, eine genauere Differenzierung von Umwelten durch die Unterteilung der visuellen Szene, die Individuierung auch unbekannter Objekte und die Beurteilung des inneren Zustandes dieser Objekte.

„Damit Objekte erkannt werden können, muss die visuelle Szene in die zusammengehörigen Elemente unterteilt werden. Es gibt viele Attribute, die diese Aufgabe erleichtern, wie z.B. Farbe, Helligkeit, Form, Textur, etc. Wenn das Umgebungslicht unvorhersehbar variiert, kann der Farbton ein besonders nütz-

---

[135] Evan Thompson, *Colour Vision. A Study in Cognitive Science and the Philosophy of Perception*, London: Routledge 1995, S. 169.

liches Attribut sein, um Elemente zu verbinden, die in einer Szene zusammengehören."[136] Bei Fangschreckenkrebsen haben Forschungen vor wenigen Jahren zwölf Rezeptortypen unterschieden und bei Experimenten festgestellt, dass diese meist in Korallenriffen beheimateten Krebse zwar nicht die Farben differenzierter sehen können als Lebewesen mit vier bis sieben Rezeptortypen (die als ausreichend zur Erfassung des gesamten Farbspektrums gelten), aber wesentlich schneller und energieeffizienter.[137] Viele Tierarten bewegen sich raffinierter als Menschen in der farblichen Welt.

Wenn nun aber nicht nur dem Rezeptionsspektrum, sondern der Erfindung und den Eigenschaften des Farbstoffes eine solch enorme Bedeutung bei verschiedenen tierischen Lebensformen zukommt, gilt es zu prüfen, ob es sich hier wirklich, wie Hans Jonas meinte, um ein Anthropologicum, um einen Baustein des Menschen handelt. Wie gelingt es nicht-menschlichen Lebensformen, die Wahrnehmung auf Präsenz, Fläche, Tiefe und Simultanität mithilfe von Farben zu fokussieren? Welche Erfindungen von Farbstoffen sind hier zu beobachten? Welche Interaktionen von Imaginärem sind hier zu vermuten?

Die biologische Forschung zur Funktion der Farben in der Natur hat in den letzten Jahren an Fahrt aufgenommen: Trotz der unübersehbaren Vielfalt der Farben der Blumen, Früchte, Blätter, Federn und Schuppen, der Haare und Häute gab es bis vor Kurzem an dieser Schnittstelle von Evolutionstheorie, Verhaltensforschung und visueller Ökologie nur wenig Fortschritte, da sie als Zierrat, als bloße Ornamentik, vernachlässigt wurde. Nun erst, so scheint es, nimmt das Interesse an der Frage, warum Lebewesen so vielfältige und außergewöhnliche Färbungen zeigen, sprunghaft zu. Die Visualökologie und die Neuroethologie machen sich daran, die evolutionäre Funktion

---

[136] Ebd., S. 175.
[137] Hanne H. Thoen u.a., „A Different Form of Color Vision in Mantis Shrimp", *Science* 343/6169 (2014), S. 411–413.

der Farben zu untersuchen. Wichtige Impulse liefert Tim Caros Untersuchung zur Frage, warum es Zebrastreifen gibt.[138] Sie führte über den Ausschluss gängiger Hypothesen wie Schutz, Lockung, soziale Anerkennung, zu der Einsicht, dass die Zebrastreifen Fliegen vertreiben. Zebras produzieren also Farbmuster, die sich an andere Lebewesen richten, von denen man gar nicht vermutet hätte, dass sie eine so zentrale Rolle im Leben der Vierbeiner spielen. Neben Abschreckung und Irritation ist eine andere Funktion der Farbproduktion die Verführung. Manche Lurche legen sich in der Paarungszeit ein Farbkleid in leuchtendem Blau, Gelb und Rot zu. Nicht nur bei ihnen ist der Erfolg bei der Partnerwahl von der Färbung abhängig.[139] Wenn die Funktion der Farbgebung erfüllt ist, wird sie hier, anders als bei den Zebras, wieder rückgängig gemacht.

Das leuchtende Rot eines Papageien, die schillernden Augen in der Pfauenfeder, das extravagante Federkleid eines Paradiesvogels: Die Farbenvielfalt bei Vögeln ist gewaltig. Noch übertroffen werden sie von Schmetterlingen, deren „Schmetterlingsstaub" bzw. „Schuppen" – kleine Mosaikpartikel, die die Farbgebung des Flügels bestimmen – feine Rillen aufweisen; einige Schmetterlingsarten können dadurch ultraviolette Muster erzeugen. Wichtigste Grundlage der Farbgebung sind allerdings bei allen Lebewesen die Pigmente. Diese Farbstoffe sind in die Haut, das Haar oder im Fall der Vögel in die Federn eingelagert, die bestimmte Wellenlängen des Lichts absorbieren. Die verbreitetsten Pigmente sind Melanin, Carotin und Porphyrin. Das von Carotinoiden erzeugte Farbspektrum reicht von Rot über Purpur und Orange bis zu Gelb. Carotinoide werden von Pflanzen, Pilzen oder Bakterien erzeugt. Die Vögel neh-

---

[138] Vgl. Tim Caro, „The adaptive significance of coloration in mammals", *BioScience* 55/2 (2005), S. 125–136.
[139] Innes C. Cuthill u.a., „The biology of color", *Science* 357/6350 (2017), S. eaan0221. Vgl. auch Sibylle Anderl u. Joachim Müller-Jung, „Philosophie und Biologie: Zeit für neue Farben," *FAZ* 1.1.2018.

men sie über ihre Nahrung auf und lagern sie in ihren Federn ein. Von Flamingos beispielsweise ist bekannt, dass sie die Carotinoide, die ihr Federklein rosa färben, aus kleinen Krebsen beziehen, die Carotinoide wiederum aus Algen aufnehmen. Schmetterlinge bilden Pigmente für Creme- und Gelbfarben durch die Aufnahme von Flavone, grüne Pigmente durch Chlorophyll.

Die zweite wichtige Klasse von Pigmenten sind die Melanine, die auch der menschlichen Haut, den Haaren und auch dem Fell der meisten Tiere Farbe geben. Melanine werden im Körper selbst von besonderen Zellen, den Melanozyten hergestellt, und sind für Farbtöne von Schwarz bis zum Braun und dunklem Rot verantwortlich. Ist die Produktion des Melanins aufgrund einer Genmutation gestört, so erscheint das Tier weiß. Die Färbung der Federn wird bei den Flügeln der Vögel und der Schmetterlinge jedoch sowohl durch Pigmentfarben als auch durch Strukturfarben, das heißt durch die physikalischen Eigenschaften der Oberfläche, hervorgerufen.

Durch das Zusammenwirken dieser Pigmente mit den lichtreflektierenden Lufteinlagerungen in den Federn entstehen bei der Lichtabsorption verschiedenste Farben. Farbstoffe sind zwar für die Grundfarben der Vogelfedern verantwortlich, doch die lebhaften, mit dem Lichteinfall wechselnden Farben entstehen erst durch jene feinen Strukturen in den Federn. Sie beugen oder brechen das einfallende Licht und erzeugen so die schillernden Oberflächen.

Strukturfarben werden beim Schmetterling durch die dachziegel- oder mosaikartige Anordnung der Schuppen erzielt. Die regelmäßige Anordnung von Vertiefungen bewirkt, dass sich die Wellen des einfallenden und reflektierten Lichts überlagern. Auch Pfauenfedern zeigen unter dem Mikroskop feinste Lamellenmuster. Derartige Interferenzen können bestimmte Wellenlängenbereiche auslöschen, sodass die komplementären Farben stärker hervortreten. Das Zusammenspiel von Auslöschung und Verstärkung ist abhängig vom Einfallswinkel des Lichts und von dem Winkel, in dem der Betrachter auf die Feder schaut. Daher verändert sich die Farbe einer Pfauenfeder stark, wenn sie unter dem Licht gedreht wird.

Auch die tropischen Paradies- oder Nektarvögel erzeugen auf diese Weise eine differenzierte Färbung ihres Federkleids. Bei Kolibris ist der Abstand der Lamellen auf ein zehntausendstel Millimeter genau an die Wellenlängen des Lichts angepasst und so gestaltet, dass abhängig vom Einfallswinkel zwei verschiedene Farben entstehen können. So kann die Färbung des Kolibris zwischen Grün und Rot wechseln.

Die Interferenzen der Feinstrukturen der Federn können gewissermaßen die Pigmentierung übertrumpfen. Das Blau mancher Wellensittiche oder Papageien beispielsweise entsteht auf diese Weise. Auch die Federn dieser Vögel enthalten Melanin – sie müssten also braun oder gar schwarz erscheinen. Die Pigmente in bestimmten Teilen der Federn sind jedoch so klein, dass sie nur kurzwelliges und damit blaues Licht ablenken. Die Vögel erscheinen folglich in Blau.

Die Färbung ändert sich durch Abnutzung oder willentliche Veränderung der Oberflächeneigenschaften, der Haut, der Schuppen oder Federn bei Tieren. Einige Tiere tragen allerdings auch Farbstoffe auf ihre Federn auf, um dadurch andere Farbeindrücke zu erzielen, so beispielsweise das bräunliche Sekret der Bürzeldrüse oder durch Bäder in eisenhaltigem Schlamm.

In seinem Buch *The Evolution of Beauty* greift der Ornithologe und Evolutionsbiologe **Richard O. Prum** auf Darwins vergessene Theorie der Partnerwahl zurück, derzufolge ein ästhetischer Sinn ebenso wie Überlebensfähigkeit die Entwicklung der Tierwelt prägt. Die Macht der ästhetisch motivierten Partnerwahl sei ein ebenso wichtiger unabhängiger Akteur in der Evolution wie die natürliche Auslese. Charles Darwin hat diesen zweiten Motor der Evolution schon in *The Descent of Man* im Jahre 1871 hervorgehoben; in der Folgezeit setzte sich jedoch die Auffassung durch, dass die Partnerwahl ebenso der Fitness folge. Prum beschreibt Vorgänge in der Vogelevolution, in denen die Entwicklung von Merkmalen einer Art der Auswahl der individuellen Fitness zu widersprechen scheinen. So ist die Flügelstruktur der männlichen Exemplare der südamerikanischen Vogelart Keulenpipra zum Geräuschemachen moduliert und weniger gut für den Flug geeignet. Die Ästhetik zeigt sich in der Evolution Prum zufolge also vor allem in Aspekten, in denen Ornamentierung kein Indikator besserer Gesundheit oder überlebensnotwendiger Fähigkeiten ist.[140]

Welche Farben das Farbenkleid von Vögeln ziert, korreliert mit ihrer spezifischen Wahrnehmungsfähigkeit, sodass davon auszugehen ist, dass die Farbgebung eine kommunikative Funktion hat. Das Gefieder vieler Vögel weist eine für das menschliche Auge nicht sichtbare Musterung im ultravioletten Bereich auf; dies gilt insbesondere für solche, die ultraviolettes Licht wahrnehmen können. Nachtaktive Vögel beispielsweise können das nicht. Aber gerade diejenigen Vögel, die im ultravioletten Bereich wahrnehmen können, weisen ein Reflexionsmaximum des Gefieders im ultravioletten Spektrum auf. Auch bei Bienen ist von einer innerartlichen Signalwirkung der Ultraviolettreflexionen auszugehen.

Färbung kann sich, im Fall der Zebras oder auch der Blütenfarben, die sich an die Bienen richten, auf eine andere Spezies richten; oder es ist eine Kommunikation innerhalb einer Spezies, für andere fast unsichtbar. Färbung wird eingesetzt, um zu erschrecken und zu vertreiben, kommt in der Natur ebenso vor wie Mimikry oder verführerische Färbung. Mit Schreckfärbung ist die auffällige Färbung und Zeichnung (z.B. bei Insekten) gemeint, die feindliche Tiere abschrecken sollen. Dies

---

[140] Siehe Richard Prum, *The Evolution of Beauty: How Darwin's Forgotten Theory of Mate Choice Shapes the Animal World – and Us*, New York: Anchor Books 2017, S. 280.

geschieht oft durch die Nachahmung, z.B. bei Schwebfliegen, die ähnliche Zeichnungen wie Wespen an den Tag legen, bei Hornissenglasflüglern, die Hornissen nachempfinden etc. Auch plötzliches Vorzeigen einer auffälligen Zeichnung kann erschrecken und vom Fressen abhalten. Hierzu präsentieren viele Insekten mehr oder weniger auffällige, gelegentlich auch sehr große Augenzeichnungen. Das Abendpfauenauge beispielsweise ist ein recht großer Schmetterling, dessen rötliche Hinterflügel oben einen auffälligen schwarz-blauen Fleck tragen, der wie ein Auge aussieht. In Ruhestellung ist dieses Auge durch die braunen Vorderflügel verdeckt. Das plötzliche Vorzeigen der Augenmuster schreckt potentielle Feinde des Abendpfauenauges ab.

Rot fluoreszierende Korallenfische oder schwefelgelb fluoreszierende Papageienfedern sind weniger ein Signal als Veränderungen der Licht- und Farbverhältnisse in der Umwelt. Die Funktion der Biolumineszenz, beispielsweise von Pilzen, von Glühwürmchen oder von Tiefseefischen wie der „Wunderlampe", ist vielfältiger; oft wird farbiges Licht zur Kommunikation eingesetzt, zum Anlocken, Warnen, Drohen oder Abschrecken, zuweilen aber auch zur Tarnung oder zum Herausstechen aus der farblichen Zusammensetzung der Umwelt.

Der Farbstoff bei nichtmenschlichen Lebewesen wird folglich generell auf drei Ebenen generiert, durch Pigmente (körpereigene oder aufgenommene), durch Strukturfarben oder durch die Einfärbung des Körpers. Manche Struktureigenschaften können plötzliche Farbveränderungen hervorrufen, manche Färbungen werden nur temporär produziert. Allgemein scheint es so zu sein, dass die Strukturfarben genetisch oder epigenetisch für ein Individuum festgelegt werden und dann lediglich verblassen (darin Tätowierungen und Schminke vergleichbar). Die Farbstoffe werden durch die Strukturierungen in ihrer Wirkung stark verändert, sind stark auf ihre jeweilige Umwelt bezogen und Gestalten oder Verändern die Erscheinung des Körpers.

Im Unterschied dazu arbeitet menschliche Malerei, in relativer Unabhängigkeit von den konkreten Umständen, mit einem modulierbaren, flüssigen Farbstoff, den sie extern strukturiert und fixiert, wobei die Strukturierung nicht in derselben Weise von biologischen Funktionen determiniert ist; sie ist hinsichtlich der Farberzeugung, der Strukturierung und der Art der Wirkung tendenziell frei. Nichtsdestotrotz impliziert, konstitutiv, das Malen den Körper der Malenden, und womöglich auch biologische Zwecke: locken, tarnen, schmücken, schockieren.

Zu den epistemischen Funktionen der Farbe in der Biologie zählt also nicht nur die Lagebestimmung und die Differenz von Objekt und Umgebung: Die Farbe identifiziert den Zustand eines Objektes. Besonders *hinsichtlich des Inneren, der Temperatur und des Zustandes* eines Objektes liefert Farbe Informationen, als Indikator für Gesundheit, Emotion, Ähnlichkeit, Reife, Alter und dergleichen.

Die Bedeutung der Farben für die Fähigkeit, perzeptuell gewissermaßen *unter und hinter die Oberfläche* zu gelangen, streicht **Evan Thompson** heraus:

> [...] Farben können helfen, den Zustand eines Objekts zu erkennen, indem sie Bedingungen unter seiner Oberfläche anzeigen. So gibt beispielsweise die Farbe einen Hinweis auf den Reifegrad der Früchte; und Schwankungen in der Farbe der Bodenvegetation können auf das Vorhandensein von Wasser hinweisen. Farben dienen auch dazu, bereits segmentierte Elemente in den Szenen Kategorien zuzuordnen, die eine wahrnehmungsbezogene Bedeutung haben. Eine wahrnehmbare Farbkategorie kann das Verhalten auf verschiedene Weise leiten, je nachdem, welche Dinge es veranschaulichen und welche Bedeutung sie für das Tier haben. Bei Früchten kann es die Fütterung steuern; bei der Färbung

von Tieren kann es verwendet werden, um Artgenossen, ihr Geschlecht und ihren sexuellen Zustand zu identifizieren und so verschiedene soziale Interaktionen wie die Paarung zu steuern. Farbe als Kategorie und als Hinweis auf den Objektzustand kann so verbunden werden; sicherlich scheinen sie beim Menschen so zu sein.[141]

Mithilfe der Farben erfassen wir demzufolge nicht nur Distanzen, Konturen und Volumina, sondern auch die Zustände der Dinge und die Atmosphäre, in der sie auftreten. Die höhere Bedeutung der Farbe bei Vögeln könnte auf eine affektive Dimension hindeuten, als ein biologisches Signal, das in soziales Verhalten, Kolorierung und Farbsehen eingreift und mit hormonalen und motivationalen Zuständen des Lebewesens verknüpft ist. Und obwohl Bienen durchaus simultane und sukzessive Farbkontraste wie auch Farbkonstanz wahrnehmen können, haben diese bei ihnen offenbar eine wesentlich geringere affektive Bedeutung. Emotionale Effekte der Polarität von warmen und kalten Farben, die in der Malerei eine große Rolle spielen, werden jedoch von Affen empfunden: Rhesusaffen werden agitiert, sobald sie gezwungen werden, lange Perioden in einer roten Umgebung zu verbringen und zeigen eine Vorliebe für blaugrüne Umgebungen. Die Gegensätze von Rot und Blaugrün bei der Färbung spielen im Alltag vieler Primaten als Sexualsignale eine Rolle. Die farbliche Umwelt, das sensomotorische System und die Wahrnehmungsfähigkeit eines Lebewesens bilden eine dynamische Einheit. Unter Umwelt wird hier die Welt verstanden, insofern sie die sensomotorischen Fähigkeiten und die Evolutionsgeschichte des tierischen Lebens impliziert. Im Unterschied zur Welt der Physik enthält dieser Begriff „Umwelt" stets einen Bezug auf die Tiere und ihre Wahrnehmungs- und

---

[141] Thompson, *Colour Vision*, S. 176.

Bewegungsaktivitäten.[142] Eine Theorie der Farben muss deshalb von der Architektur der Umwelt ausgehen, um Objekte, Bewegung und Wahrnehmung korrelieren zu können.

Farben sind nicht einfach da, in der Welt, als Eigenschaften externer Objekte, sondern sie bilden sich als Teil einer Lebenswelt, sie werden produziert, in Bewegung umgesetzt und verändert. Wenn die Umwelt und der Organismus einander aktiv kodeterminieren, so gilt dies vor allem für die Farben, die eine Umwelt spezifiziert. Ein Organismus wäre missverstanden als genetisch determiniertes, passives Objekt, das inneren und äußeren Kräften unterworfen ist, vielmehr ist es das Kennzeichen eines Organismus, spontan zu agieren und die eigene Evolution zu beeinflussen. In fast architekturphilosophischer Weise haben Levins und Lewontin fünf Weisen ausgemacht, in denen eine Spezies ihre Umwelt konstruiert: Organismen bestimmen, was innerhalb der physischen Welt ihre Umwelt ausmacht. Sie legen fest, was für sie relevant ist. Dadurch, dass sie mit ihr interagieren, ändern Organismen die externe Welt. Sie fassen physikalische Signale, die sie von der äußeren Welt erhalten, auf und verarbeiten diese so, dass die Bedeutung, die diese Signale haben, von der Struktur der Organismen abhängt. So transformieren sie das statistische Muster der Umweltvariation in der externen Welt.

Die Relation von Organismus und Umwelt wählt Kennzeichen aus und definiert ihre Funktion (als Begehrensobjekt, als Signal, als Merkzeichen etc.). Die Struktur der Umwelt beschränkt und lenkt die Aktivität des Organismus, doch die Aktivität des Organismus gestaltet wiederum die Umwelt um und verändert die umweltbedingten Hemmnisse und Affordanzen.[143] Dies geschieht auf evolutionärer Zeitebene und (phylogenetisch), mit Bezug auf eine Art oder Lebensform. Auf onto-

---

[142] Vgl. ebd., S. 218.
[143] Richard Levins u. Richard Lewontin, *The Dialectical Biologist*, Cambridge/Mass.: Harvard University Press 1985, S. 99–102. Siehe Thompson, *Colour Vision*, S. 219.

genetischer (d.h. individueller) Ebene sind diese Dinge meist konstant und stabil. Aber selbst individuelles Verhalten ist entscheidend, denn nur das motorische und sensitive Verhalten eines Lebewesens stattet die physische Welt mit ökologischer Bedeutung aus. Von ähnlichen allgemeinen Überlegungen ausgehend führen Gibson und Thompson einen Angriff auf den Repräsentationalismus: Farben sind keine Interpretationen. Die physikalische Ebene scheidet für eine kausale Erklärung des Farbsehens aus. Die Kausalordnung: „physische Welt – Stimulus – sensorische Transduktion – neurales Prozessieren – Wahrnehmung/Erfahrung – Handlung" ist falsch.[144]

Im klassischen Repräsentationalismus von Newton und Locke ist, so Thompson, ein internes Medium der Repräsentationen postuliert worden, das aus mentalen Elementen namens Ideen besteht, die unmittelbare Objekte der Wahrnehmung sind. Dem Repräsentationalismus gemäß ist dasjenige, was gesehen wird, das heißt das unmittelbare Objekt eines visuellen Zustandes, nichts anderes als eine Sammlung von Sinnesdaten bzw. Ideen; und diese Sammlung steht für etwas bzw. repräsentiert ein externes physikalisches Objekt. Bereits Gibson hatte eingewendet, die Wahrnehmung verarbeite keine kausalen Stimuli, sondern bedeutsame Signale: Nicht irgendwelche Wellen, sondern selektierte Informationen werden von der Wahrnehmung empfangen und verarbeitet. Dem entspricht eine Mutualität von Umwelt und Wahrnehmung. Wahrnehmung und Handlung haben sich gemeinsam entwickelt, sind miteinander gekoppelt: Wahrnehmungssysteme dienen der Steuerung von Aktivität und motorische Systeme der direkten Wahrnehmung.

Wenn Wahrnehmung Informationen direkt auffasst, und keine Repräsentationen aufbaut, die dann interpretiert werden, ist die Frage, wie man innerhalb des ökologischen Ansatzes von

[144] Ebd., S. 220.

verarmten körperlichen Reizen zu sinnvollen und subjektiv reichen Wahrnehmungen gelangt. Mit Gibson ist Thompson der Auffassung, dass Bedeutungen nicht hergestellt werden, sondern dass die Umwelt auf ökologischer Ebene bereits für das Tier von Bedeutung ist. „Die Umgebung [...] impliziert dieses Tier und ist keine gleichgültige physische Welt. Sie besteht aus ‚strukturierten Oberflächen, die selbst in ein Medium (Luft) eingetaucht sind' und dient als Boden, auf dem und in dem sich ein Tier bewegt. Da sie das Tier mit einbezieht, unterstützt die Umwelt bestimmte Arten von tierrelevanten Eigenschaften, die in einer neutralen physikalischen Beschreibung nicht offenbart würden. In Gibsons Terminologie ergeben sich diese Eigenschaften aus der ‚Gemeinsamkeit von Tier und Umwelt' und erfordern daher ein ökologisches Niveau für ihre Spezifikation."[145] Die Subjektivität der Wahrnehmung antwortet einer spezifisch eingerichteten Nische.

Farbaffordanzen können folglich als ökologische Eigenschaften aufgefasst werden, die auf Wahrnehmung und Bewegung treffen und von diesen beantwortet werden. Sie sind mehr als Dispositionen, denn sie sind relational, sie basieren auf der mutualen Interaktion von Organismus und Umwelt und messen sich an deren Effektivität. Effektivitäten sind Handlungsformen, die von verschiedenen Lebewesen ausgeführt werden können und Affordanzen beantworten oder auslösen.[146] Wahrnehmung ist intentional, direkt und korrelativ. Die visuelle Wahrnehmung entnimmt physischen Eigenschaften des Wahrgenommenen direkte Hinweise auf Affordanzen der Umwelt. Die topologische Struktur des Umgebungslichtes oder eines optischen Feldes, in dem die Muster der Lichtintensität fluktuieren, spezifiziert die Affordanzen seiner Quelle in der Umwelt.[147]

---

[145] Ebd., S. 223.
[146] Vgl. Thompson, *Colour Vision*, S. 224, mit Verweis auf Gibson, *The Ecological Approach*, S. 127–143.
[147] Vgl. Thompson, *Colour Vision*, S. 225.

Hierzu zählt zum Beispiel für Tauchervögel die Möglichkeit, die Zeit zum Kontakt mit der Wasseroberfläche in der vollen Flugbewegung aus dem Farbverlauf zu bestimmen. Gibson zufolge bilden Bewegung, Wahrnehmung und Ökologie ein Integral: Wir sehen keine Sequenzen von Einzelbildern, sondern einen dynamischen visuellen Fluss. „In einem ökologischen Kontext ist die visuelle Wahrnehmung in Gibsons Worten sowohl ‚ambient' als auch ‚ambulant': Der Wahrnehmende bewegt seinen Kopf, um das Layout visuell zu scannen und sich gleichzeitig durch die Umgebung zu bewegen. So erfolgt die visuelle Wahrnehmung nicht als eine Reihe von Schnappschüssen oder Bildern an einem Punkt, sondern als dynamischer visueller Fluss. Innerhalb der Strömung hängen die wahrnehmbaren informativen Parameter in der optischen Anordnung und im optischen Strömungsfeld sowohl vom distalen Layout als auch vom sich bewegenden Empfänger ab."[148] Für Evan Thompson, der dem ökologischen Ansatz bis hierhin folgt, liegt das Problem aber darin, dass Gibson die Umwelt statisch darstellt und die Ausprägung der Wahrnehmung kausal auf Umwelteigenschaften zurückführt; er vernachlässigt, Thompson zufolge, deren Genese und die mentalen Prozesse der Steuerung: „[Gibsonianer] legen nach wie vor fast ausschließlich Wert darauf, wie sich das distale Layout skulpturiert und durch das Umgebungslicht spezifiziert wird. So versuchen sie, die Wahrnehmungstheorie vollständig von der Seite der Umwelt aus aufzubauen und vernachlässigen sowohl die neuroethologischen und evolutionären Prozesse, die diese Umgebung aus der physischen Welt hervorgebracht haben, als auch die komplexen internen Prozesse, die für die visuelle Führung der Aktivität in dieser Umgebung erfor-

---

[148] „Within an ecological context, visual perception is in Gibson's words both ‚ambient' and ‚ambulatory': the perceiver moves his or her head to scan the layout visually while simultaneously moving through the environment. Thus visual perception occurs not as a series of snapshots or images at a point, but as a dynamic visual flow. Within the flow the perceptually informative parameters in the optic array and optic flow field depend on both the distal layout and the moving perceiver." Thompson, *Colour Vision*, S. 231.

derlich sind."¹⁴⁹ Um diese neuroethologischen und evolutionären Prozesse zu verstehen, die auf der kognitiven (inneren) Seite der Wahrnehmung maßgeblich sind, müsse man auf Computermodelle der Wahrnehmung zurückgreifen. Denn dann verstehe man, dass die dynamische Blick-Kontrolle (bei Tieren ebenso wie bei Robotern) das entscheidende Problem sei:

„Das zentrale Gestaltungsmerkmal des lebendigen Sehens („animate vision") ist die Blickkontrolle – eine Sammlung von Prozessen, die die Fovea des Auges auf ein bestimmtes räumliches Ziel fixieren, während sich der Betrachter und/oder die Dinge in der Umgebung bewegen. So werden die Freiheitsgrade der Augen (oder Kameras) vom Tier (oder Roboter) selbst gesteuert, wenn es mit seiner Umgebung interagiert [...]. Eine der interessantesten Implikationen der Blickkontrolle ist, dass sie es dem visuellen System durch die visuelle Fixierung auf ein räumliches Ziel ermöglicht, einen Koordinatenrahmen zu wählen, der betrachterorientiert, aber weltzentriert ist. Ein solcher Koordinatenrahmen wird als ‚Fixierungsrahmen' bezeichnet, weil er sich auf den Punkt der Zuschauerfixierung in der Umgebung konzentriert."¹⁵⁰ Bei Vögeln („[t]he most visual of animals") gibt es zwei Foveas und zwei visuelle Felder: Die Frontalfixierung wird für statische und langsame Stimuli benötigt. Die laterale Fixierung für schnell bewegte Reize. Es gibt auch Unterschiede in der Anpassungsgeschwindigkeit, der Tiefe des Fokus, der spektralen Sensitivität und auch des Farbensehens zwischen diesen beiden Sehsystemen. Visuelles

---

[149] Ebd., Thompson, *Colour Vision*, S. 231f.
[150] „The central design feature in animate vision is ‚gaze control' – a collection of processes that keep the fovea of the eye fixed on a given spatial target while the perceiver and/or things in the environment move. Thus the degrees of freedom of the eyes (or cameras) are controlled by the animal (or robot) itself as it interacts with its environment [...]. One of the most interesting implications of gaze control is that by enabling visual fixation on a spatial target, it also enables the visual system to choose a coordinate frame that is viewer-orientated but world-centred. Such a coordinate frame is called ‚the frame of fixation' because it is centred on the point of viewer-fixation in the environment." Thompson, *Colour Vision*, S. 237.

Aussortieren und Erkennen („visual discrimination") ist für Vögel keine zyklopische Bildrekonstruktion, sondern eine kontextuelle Spezifizierung, abhängig von der sensomotorischen Flugaktivität, so führt Thompson aus.[151]

Die Steuerung des Blickes hängt, so könnte man Thompsons Argument zusammen fassen, vom kognitiven Schema ab, nach dem die Umwelt abgetastet wird. Von dieser kognitiven Aufgabenstellung und den Möglichkeiten neuronaler Verarbeitung ist im Falle der Vögel die Entwicklung zweier Foveas bzw. Sehsysteme angestoßen worden. Der Ausbildung von Organen entspricht das Sich-Färben der Pflanzen. Schon Friedrich Günther Barth hat die Mutualität von Insekten und Blumen herausgestrichen und damit die *Farbproduktion als wichtige biologische Kommunikation* beschrieben. Seine Forschungen zeigen, dass das farbige Blumenfeld eine Insektenumgebung ist, die die Insekten selbst widerspiegelt. Die Pflanzen und ihre Bestäuber bilden eine Umwelt und reflektieren einander. Diversifizierung, Sinnesleistungen und Kognition, funktionelle Morphologie und Biomechanik, Zellbiologie und Färbung, Anlockung und Täuschung, Nahrung und Bestäubung spielen in einander:[152] *Farben sind eine Art, wie sich die Welt als Umwelt artikuliert.*

Thompson kontrastiert die traditionelle (physikalisch-physiologische) und die ökologische Sicht auf Farben folgendermaßen: „In der überlieferten Ansicht wird die Farbe als Dispositionseigenschaft auf physischer Ebene betrachtet, während sie in der ökologischen Sicht als Dispositionseigenschaft auf ökologischer Ebene betrachtet werden kann. Auf ökologischer Ebene sind Farben – insbesondere in ihrer Rolle als biologische Signale und als Wahrnehmungskategorien, die den adaptiven ökologischen Bedürfnissen des Betrachters entsprechen – an

---

[151] Vgl. ebd., 239f.
[152] Friedrich Günther Barth, *Biologie einer Begegnung. Die Partnerschaft der Insekten und Blumen*, Stuttgart: Deutsche Verlags-Anstalt 1982. Vgl. ders., *Sinne und Verhalten. Aus dem Leben einer Spinne*, Berlin: Springer 2001 und Thompson, *Colour Vision*, S. 266.

Affordanzen und Effektivitäten gebunden: Sie zeigen an, was die Umwelt für das Tier leistet und was das Tier in seiner Umwelt bewirken kann [...]. Zweitens werden in der traditionellen Sichtweise der Wahrnehmende und die Welt nur als extrinsisch und zufällig miteinander verbunden wahrgenommen, während in der ökologischen Sicht sie als inhärent voneinander abhängig wahrgenommen werden."[153]

Gefärbt zu sein ist demzufolge eine relationale Eigenschaft der Umwelt und hängt mit dem zusammen, was die Umwelt bietet bzw. anbietet. Als eine Eigenschaft der Oberflächen, auf, um und über die sich Tiere bewegen, einschließlich insbesondere der organischen Oberflächen von Pflanzen und Tieren (Färbung), entspricht das Gefärbtsein der Oberflächen-Spektralreflexion, wie sie visuell von den Tieren wahrgenommen wird; als eine Eigenschaft des Umgebungslichtes in den Luft- und Wassermedien, in denen Tiere leben und durch die sie sich bewegen, entspricht es den spektralen Eigenschaften der Beleuchtung, mit deren Hilfe die Tiere ihre Bewegungen visuell steuern können. Und als eine Eigenschaft ökologisch relevanter Lichtquellen wie der Sonne und der Biolumineszenzorgane entspricht es der spektralen Ausstrahlung, nach der Lebewesen sich ausrichten.

Gibsons und Thompsons Argumenten gelingt es somit nachzuweisen, dass es völlig unzureichend wäre, Farbe als eine Dispositionseigenschaft allein oder vor allem auf physikalischer Ebene zu betrachten. Erst auf ökologischer Ebene sind Farben bedeutsam mit der Wahrnehmung verknüpft; hier lässt sich die überwältigende Produktion von Buntheit erklären, durch die das Biologische aus dem Physischen und Chemischen heraustritt. Hier können Farben in ihrer Rolle als Informationen, als biologische Signale und als Wahrnehmungskategorien, die die adaptiven ökologischen Bedürfnisse des

---

[153] Ebd., S. 245.

Betrachters befriedigen, analysiert werden. Der ökologische Ansatz erklärt, dass der Unterschied zwischen der Wirkung von Lichtwellen und dem Sehen von Farben die Bindung derselben an Affordanzen und Wirkungen aufdeckt: Farben zeigen an, was die Umwelt dem Tier bietet und was das Tier in ihm bewirken kann. Zweitens läuft der dispositionale Ansatz Gefahr, die Wahrnehmenden und die Welt nur als extrinsisch und zufällig zusammenhängend zu betrachten, während sie in der ökologischen Sichtweise als inhärent voneinander abhängig angesehen werden.[154]

Dabei ist es richtig, mit Thompson zu betonen, dass sich die Relation zwischen Lebewesen und Umwelt auch in Abhängigkeit von der Organisierung und Steuerung der Wahrnehmung entfaltet. Obgleich er die Dynamik der Interaktion zwischen Lebewesen und Umwelt betont, so argumentiert Thompson doch ähnlich wie Gibson auf der Basis bestehender Ökosysteme und Funktionalitäten. Die Färbung („Colouration") beispielsweise von Pflanzen ist innerhalb des evolutionstheoretischen Paradigmas, das auch Thompson übernimmt, nur als Signal bzw. Information für bestimmte Insekten, aber noch nicht in ihrem Eigenwert erfasst. Die Farbe der Pflanzen ist aber nicht nur abzuleiten aus den vorausgesetzten Funktionen, sie wirkt nicht nur appetitiv für sexuelle Reproduktion oder den Metabolismus. Farbe ist nicht nur Information über Anderes (Zustände von Objekten oder Artgenossen) – an sich selbst ist Farbe Vibration, Tiefe, Rhythmus, Objektkonfiguration, Bewegungssuggestion; sie ist, wie Romano betont hat, intermodal, synästhetisch. Farbe ist Ergebnis einer Interaktion der Sinne mit den sie umgebenden materiellen Verhältnissen. Eine Farberfahrung ist immer die Erfahrung einer Materialänderung, anders als die Änderung des Lichts, wie **Mazviita Chirimuuta**

---

[154] „[Colour] is equivalent to having a spectral reflectance, illuminance or emittance that is perceived." Ebd., S. 245.

betont: „Chromatische Ränder sind mit materiellen Veränderungen verbunden, unbunte Ränder nicht [...]. Das Farbmuster wird aufgrund einer Materialoberfläche angenommen, und das schwarz-weiß überlagerte Gitter wird dann aufgrund von Tiefenänderungen [...] als Schattierungsmuster angenommen. Eine Farbänderung wird wahrscheinlich von einer Materialänderung begleitet [...]. Eine Leuchtdichteänderung ohne Farbänderung ist wahrscheinlich keine Materialänderung."[155]

Chirimuuta kritisiert Thompson dafür, dass er zwar die Relationalität von Farbe, die gegenseitige Abhängigkeit von Subjekt, Objekt und Umgebung im Auftreten der Farbe mit ökologischen Argumenten herausgestellt hat[156], in seiner Definition der Farbe aber hinter diese Einsichten zurückfalle, auf eine dispositionalistische Position, derzufolge Farben nichts anderes sind als Dispositionen von Objekten, die bestimmte Sensationen in Menschen auslösen können – ein Farbton ist für Thompson ein „Äquivalent zu einer bestimmten spektralen Reflexion, Beleuchtungsstärke oder Emittanz, die für einen bestimmten Empfänger unter bestimmten Betrachtungsbedingungen, wie diese Farbe aussieht."[157] Dem stellt Chirimuuta eine Einsicht entgegen, die auch in den Naturwissenschaften sehr verbreitet sei, nämlich dass Farbe als Resultat komplexer Interaktionen zwischen dem physikalischen Licht in der Umwelt und dem visuellen Nervensystem aufzufassen sei. Interaktionen seien Wahrnehmungsprozesse und Farben seien Eigenschaften derartiger Prozesse. Diesen theoretischen Zugang nennt Chirimuuta Farbadverbialismus: „Nach Davidson (1970) gehe ich von einer Ereignisprädikat-Theorie der Adverbien aus, sodass Adverbien Adjektive sind, die für Ereignisse

---

[155] Mazviita Chirimuuta, *Outside Color, Perceptual Science and the Puzzle of Color in Philosophy*, Cambridge/Mass.: MIT Press 2015, S. 94f.
[156] Zum Beispiel in Sätzen wie „Being coloured is a relational property because something is coloured only in relation to a perceiver." Thompson, *Colour Vision*, S. 243.
[157] Ebd., S. 245.

gelten. In der aktuellen Analyse sind Farben keine Eigenschaften von Dingen (Verstand oder extra-dermale Objekte), sondern von bestimmten Arten von Ereignissen, nämlich perzeptuellen Interaktionen. Farben sind Eigenschaften von Wahrnehmungsinteraktionen, an denen ein Wahrnehmender (P) beteiligt ist, der mit einem spektral diskriminierenden visuellen System (V) und einem Stimulus (S) mit spektralem Kontrast der Art ausgestattet ist, die von V genutzt werden kann."[158] Dies muss nicht notwendigerweise bewusst vor sich gehen, und kann durchaus für einfachere Lebewesen wie Insekten gelten. Es gelte jedoch nicht für bloße Lichtreflexe, sondern nur für differenzierte Antworten auf einen spektralen Kontrast, führt Chirimuuta aus. Entsprechend sind Farben Arten, wie Reize für bestimmte Arten von Individuen erscheinen und zugleich Möglichkeiten, wie Individuen bestimmte Arten von Reizen wahrnehmen. Sie sind das Ineinanderfallen von Erscheinen und Wahrnehmen, das sich ereignishaft herstellt: „[...] Letztendlich ist das Wahrnehmen und Erscheinen als eine wechselseitige Abhängigkeit von Aktivitäten zu betrachten, die zusammen die wahrnehmbare Interaktion ausmachen. So können Farben als Modi des Erscheinens und Empfindens behandelt werden."[159]

Im Unterschied zum Farbrelationismus unterstellt dieser Farbadverbialismus nicht, dass Farben relationale Eigenschaften der Triade aus Wahrnehmung, Stimulus und Umweltbedingungen sind, denn diese Relation ist nicht gegeben. Nur die Interaktion, die sich zwischen Wahrnehmenden, Objekten und ähnlichem ereignet, trägt chromatische Eigenschaften. Farben sind Eigenschaften von Prozessen eher als von Objekten. Entsprechend sollte nicht von Substanz und Stasis als ontologi-

---

[158] Chirimuuta, *Outside Color*, S. 140.
[159] Ebd., S. 142.

schen Grundkategorien ausgegangen werden, sondern vielmehr von Aktivitäten, Ereignissen, Prozessen, Performanzen.[160]

Wie kann der Aufbau einer farbigen Welt allgemein aus der Interrelation der Ökosysteme reformuliert werden, sodass Farben weder als Funktionen der Wahrnehmungssysteme noch als gegebene dispositionale Eigenschaften oder vorliegende, funktionale Affordanzen der Dinge vorausgesetzt werden? Wie lassen sich Farben als Eigenschaften von Ereignissen der Interaktion von Wahrnehmenden und Objekten denken? Oder sind sie nicht vielmehr selbst Ereignisse, aus denen farbige Wahrnehmungen ebenso wie gefärbte Objekte hervorgehen?

Feministische Epistemologie der Farbe

Die Farbe ist also nicht im Gehirn, und auch nicht auf dem Gegenstand: Schon Aristoteles in *De Anima* III.2 hat die Auffassung nahegelegt, dass Objektfarbe eine Okkurrenz sei, die zusammen aktualisiert werde von einer Kapazität im Objekt und einer Kapazität im Subjekt. Die Potentialität des Gefärbten mag zwar subjektunabhängig konzipiert werden. Ihre Aktualisierung setzt jedoch eine Beziehung voraus. Wie das Sauersein oder Bittersein beruht das Farbigsein einer Frucht auf Mutualität. Das farbige Objekt entwickelt sich zusammen mit dem wahrnehmenden Subjekt. Aber von was für einem Subjekt ist hier die Rede? Hat nicht auch Aristoteles erheblichen Anteil an der epistemologischen Bevorzugung der Form gegenüber der Farbe? Wie lässt sich diese epistemologische Vernachlässigung der Kapazität zur Generierung farblichen Wissens, und damit eine Vernachlässigung des Vermögens, auf Distanz etwas über den (inneren) Zustand eines Gegenstandes zu

---

[160] Siehe ebd., S. 143f. Chirimuuta beruft sich hier auf „reine Prozessontologien" sowie auf Peter Machamer u.a., „Thinking about Mechanisms", *Philosophy of Science* 67/1 (2000), S. 1–25, und John Dupré, *Processes of Life*, Oxford: Oxford University Press 2012.

erkennen, angesichts ihrer enormen ökologischen Bedeutung erklären?

Die „Farbvergessenheit" wäre ein wichtiges Terrain für eine feministische Dekonstruktion der dominanten Epistemologien der Farbe. Sie hätte die Möglichkeit zu zeigen, welche Geschlechtervorstellungen die Produktion von Wissen über die Farben beeinflussen. Farbe als sekundär und bloß sinnlich abzutun hat stets bedeutet, ein Bild von der Realität durchzusetzen, das die Beherrschung von Körpern durch Formen und Formeln ermöglicht.

In dieser Richtung ist bereits festgestellt worden, dass die Farbe in der traditionellen Ontologie als das zu Vernachlässigende weil Weibliche, zugunsten von Linie und Form als vermeintlich Männlichem, abgeurteilt wurde. Gerade die Farbe wäre nun ein Feld, in dem die Situiertheit des Wissens und die Praxisbezogenheit nicht nur hinsichtlich einer Kritik bestehender wissenschaftlicher Praktiken vorgeführt, sondern als spezifisches feministisches Wissenschaftsprogramm verstanden werden kann. Dies setzt keineswegs die Unterstellung einer grundsätzlich biologisch determinierten Biparität des Menschengeschlechts voraus, sondern impliziert eine Destruktion dieser Biparität, beispielsweise durch den Nachweis, dass Formgebung immer Farbgebung voraussetzt. Mit dem Konzept der „Gendered Skills" wurde vielfach untersucht, inwiefern es für Frauen schwieriger ist, als männlich symbolisch beschriftete Tätigkeiten auszuüben und ob es symbolisch feminine Tätigkeiten gibt, die das wissenschaftliche Wissen voranbringen.

Ein solches Beispiel wäre die seit Aristoteles' Zeiten als weiblich konnotierte Fähigkeit, Farben anzubringen und zu unterscheiden. Es scheint eine wenig umstrittene Tatsache zu sein, dass Männer häufiger farbenblind sind als Frauen. Zehn von hundert Männern, heißt es, haben eine angeborene Rot-Grün-Sehschwäche, aber nur eine von hundert Frauen. Sie ist damit deutlich häufiger als eine Gelb-Blau-Sehschwäche oder die vollständige Farbenblindheit. In Experimenten mit musterinduzierten Flimmerfarben ist nachgewiesen worden, dass Farbfehlsichtige – von der geringeren Farbunterscheidungsfähigkeit in den Bereichen ihrer Störung abgesehen – im Alltag den gleichen ästhetischen Eindruck von Farben entwickeln wie normalsichtige Personen. Farbfehlsichtige können aber mehr Kakitöne unterscheiden als Normalsichtige. In eine ähnliche Richtung gehen Untersuchungen zu geschlechtsspezifischen Unterschieden im Farbensehen. So wurde in einer Versuchsreihe aus dem Jahr 2013 herausgestellt, dass Männer schwache Kontraste und schnelle Bewegungen besser erkennen als Frauen.[161]

Über fast das gesamte Farbspektrum hinweg hätten die Männer die Farbtöne leicht bläulicher wahrgenommen als die Frauen – ihre Wahrnehmung sei demnach leicht in Richtung kürzerer Wellenlängen verschoben. Frauen nähmen die Welt in wärmeren Tönen wahr. Als Grund dafür wird die Wirkung des Hormons Testosteron angeführt, das die Entwicklung von Neuronen im Sehzentrum anregt. Frauen besitzen im Durchschnitt 20 Prozent weniger Neuronen im Sehzentrum als Männer. Während Männer Bewegungen und Kontraste besser wahrnehmen, sind Frauen offenbar in der Identifikation kleinster Farbnuancen besser; und zwar deutlich besser, wenn sie Tetrachromatinnen sind.

Tetrachromatie ist das Ergebnis einer Mutation, die bei Männern zur Rotgrünschwäche führt, bei Frauen aber (den Müttern oder Töchtern dieser Männer) zu einer Erhöhung des Sehsinns. Viele Vögel wie der Star sind Tetrachromaten: Ihre vier Zapfentypen können Licht noch bis weit in den für Menschen

---

[161] Dies schreiben die Forscher um Israel Abramov von der City University New York. Israel Abramov, James Gordon, Olga Feldman u Alla Chavarga, „Sex and Vision II: Color appearance of monochromatic lights", *Biology of Sex Differences* 3/21 (2012), S. 1–15. Diese Art von Forschungen unterstellt (jedenfalls statistisch) stabile *biologische* Unterschiede von Frau und Mann. Mit Judith Butler, Karen Barad und Anderen teile ich diese Unterstellung nicht.

meist unsichtbaren UV-Bereich wahrnehmen. Die drei verschiedenen Zapfentypen im Auge des Menschen decken zusammen den Wellenlängenbereich von 400 bis 750 Nanometern ab. Ihre spezifische spektrale Empfindlichkeit verdanken die Zapfen ihrem jeweiligen Sehfarbstoff aus der Klasse der Iodopsine. Diese Pigmente verändern unter Lichteinwirkung ihre Molekülstruktur und lösen damit eine Signalkaskade aus, welche die Sinneszelle schließlich als elektrischen Impuls an eine Ganglienzelle des Nervensystems weiterleitet. Die Ganglienzelle erstellt die für das Gehirn relevante Information über die Wellenlänge des einfallenden Lichts und damit über dessen Farbwirkung, indem sie die Signale von unterschiedlichen Zapfentypen empfängt und gegeneinander verrechnet. Entscheidend ist dabei der relative Anteil der drei Zapfentypen am Gesamtsignal. So regt reines Licht mit einer Wellenlänge von 500 Nanometer Zapfen des blauen Typs nur geringfügig an, rotempfindliche Zapfen schon stärker, grünempfindliche Zapfen werden fast maximal angeregt. Erst die Integration dieser drei Signale erlaubt dem Gehirn später, den Farbeindruck „blaugrün" hervorzubringen. Rund eine Million Farbtöne lassen sich mithilfe der drei Zapfentypen unterscheiden, eine Zahl, die bei menschlichen Tetrachromaten mit ihrem vierten, im gelben Bereich absorbierenden Zapfentyp nochmals um den Faktor Hundert erhöht sein könnte.

Jede zehnte Frau – ausschließlich Frauen – ist mit vier Zellentypen auf die Welt gekommen. Aber die wenigsten unter ihnen scheinen diese Sinneszellentypen in besonderer Weise zu nutzen. Gabriele Jordan ist der Frage nachgegangen, ob es Tetrachromatinnen gibt, die die Welt mit anderen Augen wahrnehmen als ein Durchschnittsmensch, ob es also nicht nur retinale, sondern auch funktionale Tetrachromatinnen gibt. Jordan vermutete, dass es Tetrachromatinnen geben müsse, deren neuronalen Verschaltungen die zusätzlichen Informationen des vierten Zapfentyps in sinnvoller Weise zu einem Farbeindruck verarbeiten. In speziellen Tests mit dem Anomaloskop könne zwar auch nicht gemessen werden, wie es sich anfühlt, rotes Licht wahrzunehmen, aber immerhin zeigten die Tests, ob und wie unterschiedlich stark verschiedene Menschen den Unterschied zwischen zwei physikalisch ähnlichen Rottönen wahrnähmen, erklärt Jordan. In der Regel schnitten die ausfindig gemachten Frauen mit einem vierten Zapfentyp beim Differenzieren verschiedener Farbtöne am Anomaloskop und anderen raffinierten Testverfahren nicht viel anders ab als Normalsichtige; eine junge Ärztin aus Nordengland, Mutter zweier farbenblinder Söhne, konnte an Jordans Meßgeräten jedoch noch die feinsten Unterschiede erkennen und machte in den Tests absolut keine Fehler, wie Jordan 2010 im Journal of Vision berichtet.[162] Was daraus zumindest folgt, ist, dass dieses fehlerfreie Farbensehen, anders als die überproportionale Sehschärfe (Visus von über 100%), die über alle Geschlechter gleich verteilt zu sein scheint, aus genetischen Gründen nur bei einer Frau auftreten konnte, wobei selbstverständlich die Eigenarten des Anomaloskops und der Statistik ebenso wie die Unterstellung objektiver Farbdifferenzen bei solchen empirischen Aussagen zumindest im Hinterkopf zu behalten sind.

Ebenso instabil und nicht normiert wie die Fähigkeiten des Subjekts sind auch die Kapazitäten der Objekte, Farbe zu artikulieren. **Karen Barads** agentiellem Realismus zufolge ist die Welt nicht aus stabilen, individuellen Dingen, sondern aus fluktuierenden Phänomenen zusammengesetzt. Diese gehen aus intra-agierenden Agenturen hervor. Solche „Intra-Aktionen", wie Barad sie nennt, setzen anders als Interaktionen keine Akteure oder Objekte voraus, sondern konstituieren diese erst. Apparate, die Phänomene produzieren, sind keine Assemblagen von humanen und nichthumanen Akteuren (wie in der Akteur-Netzwerk-

---

[162] Gabriele Jordan u.a., „The dimensionality of color vision in carriers of anomalous trichromacy", *Journal of Vision* 10(8)/12 (2010), S. 1–19.

Theorie). Sie sind vielmehr die Voraussetzung der Ausbildung von „Menschlichem" und „Nicht-Menschlichem". Apparate sind „materialdiskursiv", sie regeln die Produktion und den Ausschluss möglicher Phänomene.

In Barads „agentiell-realistischer Ontologie" ist Materie ein Agens, das aus Unterscheidungen hervorgeht und sich in Mustern von Unterscheidungen verdichtet. Auch die Raumzeit ist nicht vorgängig, sondern stellt sich selbst als Methode der Verwirklichung von Verschiedenheit her.[163] Es gibt, dieser Vorstellung zufolge, eine Relationalität zwischen Diskurspraktiken und Relevanzmustern, zwischen spezifischen materiellen (Re-)Konfigurationen der Welt, die Grenzen, Eigenschaften und Bedeutungen in Kraft setzen, und spezifischen materiellen Phänomenen.[164] Die Relata existieren nicht schon vor den Relationen; vielmehr entstehen Relata-in-Phänomenen durch spezifische Intraaktionen.[165] Barad plädiert damit für eine feministische (Natur-)Wissenschaftsforschung, offen für alle Wesen und nicht nur, wie die industrielle Großforschung, im Dienste der Reichen und Mächtigen. Ihre Arbeit sei als politisch-ethische Intervention zu betrachten, die in die Konzeption wissenschaftlicher Praxis und damit in die Durchführung, Lehre und Finanzierung von Naturwissenschaften eingreife. Damit soll soziale Gerechtigkeit am Labortisch verwirklicht werden.[166] Dies soll nicht zuletzt dadurch geschehen, dass die Binaritäten aufgesprengt und die „Gesetze der Natur" in Frage gestellt werden, die Abweichendes als Verbrechen ausgrenzen, anstatt das Abweichende als inneres Prinzip natürlicher Prozesse selbst ernst zu nehmen.

Barads Beispiel sind Atome: „Diese ‚ultraqueeren' Kreaturen mit ihren alltäglichen Quanteneigenschaften queeren in ihren

---

[163] Karen Barad, *Agentieller Realismus*, Berlin: Suhrkamp 2012, S. 14.
[164] Ebd., S. 18.
[165] Ebd., S. 19f.
[166] Karen Barad, *Verschränkungen*, Berlin: Merve 2015, S. 197.

radikal dekonstruktiven Seinsweisen Queerness selbst."[167] Ein anderes Beispiel sind Blitze, denn „der sichtbare Blitzschlag [bewegt sich] vom Boden hoch zur Wolke, während die massiven elektrischen Ströme hinunterfließen.' Eine belebende und tatsächlich lebendige Reaktion auf Differenz [...]."[168] Doch selbst riesengroße Gewitterwolken haben, so führt Barad weiter aus, keine elektrischen Felder, die groß genug für den Blitzschlag wären, und es kann auch heute noch nicht erklärt werden, wo die erforderliche Energie eigentlich herkommt:[169] „Veränderung, insofern überhaupt eine generelle Charakterisierung möglich ist, ist eine völlig andere Dynamik, die auf ganz andere Weise funktioniert, als für das Wirken auf – in Raum und in Zeit situierte – Materie angenommen wird. Beispielsweise ist ein wichtiger Unterschied, daß Leben nicht einfach eine Vielfalt des Seins ist, die sich in Raum und Zeit entwickelt; stattdessen beinhaltet das, was entsteht und sofort umgestaltet wird, iterative, intraaktive Werden (*becomings*) von Raumzeitmaterialisierungen. Iterative Intraaktivität konfiguriert und rekonfiguriert Verschränkungen. Verschränkungen sind nicht die Verbundenheiten von in Raum und Zeit getrennten Dingen oder Ereignissen. Verschränkungen sind Einfaltungen von Raumzeitmaterialisierungen."[170] Aus dieser Warte macht es Sinn, Farben ebenso als „ultraqueere Kreaturen" zu bezeichnen.

Wenn wir Barads Ansatz aufgreifend davon ausgehen, dass Farbereignisse aus Intraaktionen hervorgehen und dass es die wesentliche Eigenschaft von Farbe ist, Verschränkung, Veränderung und Übergang zu sein und dadurch u.a. ein Bündel von Informationen über die Oberflächen von Gegenständen und die Lichtverhältnisse in der Umgebung zu liefern, so stellt sich die Frage, von welchen Unterscheidungen, von welchen „Dis-

---

[167] Ebd., S. 123f.
[168] Ebd., S. 136.
[169] Ebd., S. 169.
[170] Ebd., S. 148f.

kursen" und „Apparaten" diese Weise des Agierens hervorgebracht worden sein soll – wenn es weder die Natur, noch die menschliche Physis ist (die Trichromaten und Tetrachromatinnen hervorbringt), noch eine Redeweise oder Farbbegrifflichkeit noch das „Anomaloskop"? Das Auftreten von Farbe ist nicht sozial konstruiert, sie ist jedoch auch nicht unabhängig von kulturellen Zusammenhängen einfach „da draußen." Wie also? Welche „Apparate" führen zu Farben-Intraaktionen?

Eine Akteur-Netzwerk-Theorie der Farben

Was wir bisher ermittelt haben, lässt sich so zusammenfassen: *Farbe ist nie einzeln oder als sekundäre Qualität eines Objektes zu sehen, sondern stets in Relationen (zu anderen Farben). Als Farbe manifestieren sich Relationen, die mindestens dreistellig sind (Objekt, Umgebungsraum, Perzipient).* Farbe existiert in Milieus und liefert Informationen über diese Milieus, sie vermittelt räumliche (oben, unten) und zeitliche (Geschwindigkeit) Orientierung sowie Informationen über Oberflächenbeschaffenheiten. Mit derartigen Farbinformationen kann der Zusammenhang von Objekten aus der Distanz beurteilt werden. Farbigkeit erlaubt Aussagen über den Zustand von Objekten, ihr Inneres. Dies sind nicht unbedingt kulturell kodierte Interpretationen: Farbe wird nicht (nur) repräsentiert/interpretiert, sondern (jedenfalls zum Teil) physiologisch direkt erfahren (grelles Gelb). In ihren Milieus zeigen Farben Handlungsmöglichkeiten (Affordanzen) an. Färbung wiederum ist ein Handeln, das einer Umwelt mit einem (biologischen) Signal antwortet. Dass etwas in einer bestimmten oder als eine bestimmte Farbe gesehen werden kann, hängt von qualitativen Eigenschaften bzw. der situativen Gestaltung der jeweiligen Umwelt ab. Farben sind nicht einfach Eigenschaften eines Dinges, sondern treten über dieses Ding hinaus in Erscheinung, und zwar zuweilen so, dass sie in der sozialen Welt agieren; und nur in dieser haben sie Bedeutung und werden sie als Farben gesehen.

Zieht man die Akteur-Netzwerk-Theorie zu Rate, so ist eine Entscheidung zwischen einem Physikalismus, der Farben als objektive Gegebenheiten auffasst, die durch elektromagnetische Strahlung im Wellenbereich zwischen 400 und 700nm detektiert werden können, und einem sozialen Konstruktivismus, der vor allem unterstreicht, dass Purpur und Neonfarben in der Antike mangels derartiger Farbbegriffe und Herstellungspraktiken nicht gesehen werden konnten, nicht zwingend erforderlich. Es kann offenbleiben, welches die Akteure und welches die möglichen Handlungen sind, was, hinsichtlich der Farben, wichtig und was zu vernachlässigen ist. **Bruno Latour** zufolge sind Natur und Gesellschaft als gemeinsames Resultat des Netzwerkbildens zu begreifen: Die sozialkonstruktivistischen Forscher verwiesen stets auf mit Interessen ausgestattete soziale Gruppen, um zu erklären, wie sich eine Idee verbreitet, eine Theorie akzeptiert wird oder eine Maschine verworfen wird. Ein solcher konstruktivistischer Ansatz übersehe jedoch, so Latour, dass genau diese Gruppen und Ideen, die als *Ursachen* angeführt werden, lediglich die *Folgen* einer künstlichen Extraktion und Reinigung einer Handvoll von Verbindungen aus diesen Ideen, Theorien oder Maschinen seien. Der Sozialdeterminismus kämpfe mutig gegen den Technikdeterminismus, während *keiner von beiden* existiere.[171] Genauso, wie natürliche Fakten in sozial determinierten Forschungszusammenhängen generiert werden, bestimmen Eigenschaften von Dingen die Art, wie Menschen miteinander umgehen. Eines von Latours prägnanten Beispielen ist die Erfindung des gewichtigen Hotelzimmerschlüssels. Zuvor hatten die Hotelgäste allzu oft vergessen, ihren Schlüssel zurückzugeben. Nun aber „bringen [die

---

[171] Bruno Latour, *Science in Action*, Cambridge/Mass.: Harvard University Press 1987, S. 141.

Hotelgäste] nicht mehr ihre Zimmerschlüssel zurück; sie entledigen sich eines lästigen Dings, das ihre Taschen aufbläht. Nicht weil sie das Schild gelesen hätten oder besonders gut erzogen wären, kommen sie dem Wunsch des Hoteliers nach. Sie können nicht mehr anders. [...] Im Übergang vom Zeichen zum Gusseisen ändert sich das Verhalten der Gäste von Grund auf. Sie handelten aus Pflicht; jetzt handeln sie aus Egoismus."[172] Der schwere Schlüssel wird zum Akteur in einem sozialen Netzwerk. Auf ähnliche Weise wirken Signalfarben, die zu übersehen Aufwand erfordert. Eine Farbe, die nicht gesehen wird und gleichwohl wirkt, gleicht einem Objekt. „Objekt kann man den etwas widerständigeren Teil einer Kette von Praktiken nennen, aber nur so lange er noch vergraben, unbekannt, weggeworfen, [...] ‚für sich' ist".[173] Wenn das Wirken von Farben zur Geltung kommt bzw. eingesetzt wird, sind sie Teile eines spezifischen Netzwerkes und abhängig von den wechselnden Allianzen von Akteuren darin.

Was aber ist gewonnen, wenn man die physikalisch objektiven und die psychologisch subjektiven Bedingungen des Farbsehens zu einem Netzwerk zusammenfasst? Wenn man, umgekehrt, Farben einen sowohl von den messbaren Eigenschaften eines Objektes im Raum wie auch von den sozialen Bedingungen lebendiger Wahrnehmung unabhängigen Status zusprechen will, hieße das, sie wie ein „Ding an und für sich" zu bestimmen?

Eine Objektorientierte Epistemologie der Farbe

Quentin Meillassoux zufolge lässt Kants kopernikanische Revolution die (Existenz der) Welt abhängig erscheinen von

---

[172] Bruno Latour, *Der Berliner Schlüssel*, Berlin: Akademie Verlag 1996, S. 55.
[173] Ebd., S. 39.

den Bedingungen, unter denen Menschen sie beobachten. Die Bedingung des Objekts durch das erkennende Subjekt oder auch die Idee, dass die Relation zwischen Subjekt und Objekt diese beiden erst konstituiert, greift Meillassoux an. Er nennt diesen Fehler den „Korrelationismus"; dieser übersehe, dass beispielsweise die Astrophysik oder die Geologie sehr wohl Aussagen über „Fossilzeiten" machen könnten, also über eine Realität vor und unabhängig von menschlichen Subjekten.[174] Auch die Farbigkeit der Welt wird nicht erst durch das menschliche Sehen konstituiert. Aus der Betonung der Umwelt- und Medienabhängigkeit des Farbsehens folgt nicht, dass über Farben nur etwas in Relation zu den sie wahrnehmenden Lebewesen ausgesagt werden könnte. Nicht nur Kants Subjektivismus ist des Korrelationismus deshalb verdächtig, auch der Relationismus, auf den die Akteur-Netzwerk-Theorie hinausläuft, ist es. Der Relationismus verneint zwar, gegen Kant, dass alle Realität auf der Mensch-Welt-Relation beruht, behauptet aber dennoch, dass nichts real ist, wenn es nicht irgendeinen Effekt auf andere Dinge hat.[175] Dies führt zu einer sehr wohl anerkennenden, aber doch grundsätzlichen Kritik an der Akteur-Netzwerk-Theorie, die **Graham Harman** pointiert so zusammenfasst:

> Jede Philosophie ist des Namens unwürdig, wenn sie versucht, Objekte in die Bedingungen zu verwandeln, unter denen sie bekannt oder verifiziert werden können [...]. Was auch immer die praktischen Erfolge in ihren eigenen Bereichen des wissenschaftlichen Realismus und des sozialen Konstruktivismus sind, sie sind beide Misserfolge als Philosophie. Dies wurde anschaulich vor zwei Jahrzehnten von

---

[174] Siehe Quentin Meillassoux, *Nach der Endlichkeit*, Zürich: Diaphanes 2014.
[175] „Diese Position findet sich in den Philosophien Whiteheads, Latours, und einiger amerikanischer Pragmatisten [...]. [Beide Positionen teilen] die Vorstellung, daß die Existenz eines Dinges ausschließlich in seiner Relation mit anderen Dingen besteht." Graham Harman, *Vierfaches Objekt*, Berlin: Merve 2015, S. 20.

Bruno Latour herausgestellt, in seiner berühmten Polemik gegen die moderne Kluft zwischen Natur und Kultur. Es gibt jedoch einen Sinn, in dem Latour Eddingtons ersten Tisch (den alltäglichen) beibehält und lediglich seinen Umfang erweitert, so dass alle Elektronen, Cartoon-Charaktere, realen und fiktiven Tabellen auf die gleiche Stufe gestellt werden. Der Grund dafür ist, dass ein Objekt (oder ‚Akteur') für Latour nur dadurch zu definieren ist, wie es einen anderen Akteur transformiert, modifiziert, stört oder schafft. In dieser Philosophie ist nichts in der Tiefe verborgen, da alles in Duellen und Verhandlungen mit anderen Dingen voll eingesetzt wird. Im Gegensatz dazu ist die Philosophie des Dritten Tisches, die ich befürworte, auf Tische festgelegt, die auf einer tieferen Ebene existieren als alle möglichen Transformationen, Modifikationen, Störungen oder Kreationen.[176]

Meillassouxs Argumente aufgreifend will Graham Harman einen ungeschönten Blick auf die zerklüftete Wirklichkeit richten („weird realism"). Seine Philosophie entwickelt er aus einer Relektüre von Heideggers Begriff der Zuhandenheit und der damit verbundenen Kritik an der Philosophie der Präsenz, wobei er den Akzent auf die andere, von Heidegger vernachlässigte Seite legt. Objekte treten zurück, verbergen sich; sie sind autonom. Aus Harmans Sicht besteht der spekulative Realismus in dem Versuch, über diese Autonomie der Objekte zu spekulieren und Aussagen auch über solche ihrer wesentlichen Eigenschaften zu machen, die unabhängig von menschlichen Beobachtungen sind. Farben wären, diesem Ansatz zufolge, autonome Objekte. Dies impliziert (I) eine Definition der Farbe als radikal irreduzibel. Farben, wie alle anderen Objekte in diesem Sinne, sind nicht reduzierbar auf die Instanzen ihres Aus-

---

[176] Graham Harman, *The Third Table*, Serie DOCUMENTA (13): *100 Notes – 100 Thoughts / 100 Notizen – 100 Gedanken*, Ostfildern: Hatje Cantz Verlag, 2012, S. 12. Vgl. ebd., S. 13.

sehens, ihrer Qualitäten, Beziehungen oder Momente. Dies bringt die Philosophie Harmans in die Nähe einer Substanzontologie. Der objektorientierte Ansatz impliziert desweiteren (II) die Behauptung, dass „Intentionalität kein besonderes Eigentum des Menschen ist, sondern ein ontologisches Merkmal von Objekten im Allgemeinen."[177] Dies bedeutet, dass Objekte, und entsprechend auch Farben, nicht durch die absichtlichen Beziehungen definiert sind. Ein Beispiel aus Harmans Buch *Tool-Being* ist eine Waschmaschine auf einem gefrorenen See. Diese zwei Objekte sind in einer Beziehung zueinander. Während die Maschine auf das Eis drückt, hält das Eis dem Gewicht der Maschine stand. Doch das Eis und die Waschmaschine haben nur diesen einen für sie bedeutungslosen Schnittpunkt gemeinsam. Harman nennt dies eine intentionale Beziehung. Daraus folgt (III) die Behauptung, dass Objekte sich aufeinander nicht direkt beziehen, sondern „vicariously", stellvertretend; das heißt, ein Aspekt (der wesentliche innere Kern) des Objekts entzieht sich der Relation.[178]

Das Wesen einer Farbe geht nicht auf in dem, was sie im Verhältnis zu anderen Farben enthüllt. Objekte interagieren stellvertretend, weil sie dies nur dadurch tun, indem Aspekte des Objekts in die Beziehung eingehen. Entsprechend wäre das Wesen einer Farbe (IV), bzw. der Kern jedes Objekts, der Konflikt zwischen seiner realen Identität (seiner zurückgezogenen und unzugänglichen Natur) und seiner sinnlichen Erscheinung. Entsprechend müsste spekulativ differenziert werden zwischen der Natur einer Farbe und dem Aspekt oder dem Modus, mit dem die Farbe für Wahrnehmende in Relation mit anderen Farbobjekten erscheint. Harman bezieht sich auf diesen Konflikt mit dem Begriff der Allüre. Allüre erklärt die Momente, in denen die Beziehung zwischen den verschiedenen Identitäten

---

[177] Graham Harman, „On Vicarious Causation", in: Robin Mackay (Hg.), *Collapse II. Speculative Realism*, Falmouth: Urbanomic 2007, S. 205.
[178] Harman, *Vierfaches Objekt*, S. 151.

einer Sache deutlich wird. Mit dem Begriff „Allure"[179] stellt Harman eine Art Ästhetik ins Zentrum seines metaphysischen Programms. Vom System der Beziehungen abstrahierend, können wir durch die Reflexion der Allüre das Unterlaufen bzw. Übergehen der Autonomie der Objekte vermeiden:

„Wer verneint, dass Objekte ein Baustein der Philosophie sind, hat letztlich nur zwei Alternativen. Er kann behaupten, dass Objekte ein bloßer Oberflächeneffekt einer tieferen Kraft sind, sodass das Objekt unterlaufen wird. Oder er kann behaupten, dass es sich bei Objekten angesichts ihrer offensichtlicheren Qualitäten oder Relationen um einen überflüssigen Aberglauben handelt, sodass das Objekt übergangen wird."[180] Farben sind weder ein Oberflächeneffekt quantenphysikalisch zu beschreibender Kräfte noch sind sie lediglich Elemente eines gesellschaftlichen Funktionszusammenhanges oder Bündel wahrgenommener Qualitäten.

„Auch wenn alle Nationen der Europäischen Union aus Quarks und Elektronen bestehen, können wir diese Teilchen bis zu einem gewissen Grad hin- und herbewegen, ohne die Union zu verändern. Es gibt zahllose unterschiedliche Mengen und Anordnungen von Teilchen, die man miteinander kombinieren könnte, ohne daß sich die Union selbst ändern würde. Dieses Prinzip wird manchmal als ‚redundante Verursachung' bezeichnet. Zahlreiche unterschiedliche Ursachen können dasselbe Objekt ergeben, was naheliegt, daß das Objekt etwas ist, das über seine fundamentaleren Elemente hinausgeht. Zweitens ist ein reales Objekt genauso wenig aufwärts auf seine augenfälligen Qualitäten reduzierbar."[181] Jede Relation ist eine Wahrnehmung zwischen Objekten. Wie bei anderen Objekten

---

[179] Graham Harman, *Guerrilla Metaphysics*, Chicago: Open Court 2005, S. 143; und Graham Harman, „The Well-Wrought Broken Hammer, Object Oriented Literary Criticism", *New Literary History* 43/2 (2012), S. 183–203, hier S. 187.
[180] Harman, *Vierfaches Objekt*, S. 12.
[181] Ebd., S. 24.

gilt es auch bei jeder spezifischen Farbe zu beschreiben, wie sie sich zu ihren eigenen sichtbaren oder unsichtbaren Qualitäten verhält, gegenüber sich selbst und im Rahmen der Wahrnehmung einer anderen Farbe.[182]

Ist aber Farbe für Harman eine Qualität oder ein Objekt? Das Jeweilige der Farbe ist tatsächlich für Harman noch gebunden an den Ort des Auftretens, an das Ding, dem die Farbe als Qualität verbunden ist: „Selbst wenn der exakte Farbton eines Rots meines Apfels einem daneben liegenden Hemd oder einer Sprühdose gleicht, so werden sich die Farben in jedem dieser Fälle anders anfühlen, da sie mit dem Ding verbunden sind, dem sie angehören."[183] Die Realität einer Farbe wäre jedenfalls nicht auf die Phänomenalität des Objektes, an dem sie auftritt, zu reduzieren: „Ich begegne Schwarz niemals als isolierter Qualität, sondern nur als Schwarz der Tinte oder des Gifts, einem vom Stil dieser Objekte durchdrungenen Schwarz. Insofern dienen sinnliche Objekte als Brücke zwischen ihren verschiedenen sinnlichen Qualitäten. Jedoch dürfen wir nicht vergessen, dass ein anderes reales Objekt meine Aufgabe übernimmt, wenn ich nicht als Brücke zwischen sinnlichen Qualitäten diene. Denn die verschiedenen Qualitäten eines Hammers gehen nicht nur von dem sinnlichen Hammer aus, den ich im Blick habe. Sie gehen ebenso von dem realen Hammer aus, der sich in unterirdische, völlig unzugängliche Tiefen zurückzieht."[184] Warum sollte also die Farbe nicht auch ein Objekt sein? „Ein Objekt ist real, wenn es eine autonome Einheit bildet, die imstande ist, gewissen Veränderungen seiner Teile zu widerstehen."[185] Eine Farbe ist trotz der Veränderung ihrer Teile oder partieller Verschattungen als Einheit zu erkennen, ähnlich wie die Gestalt, die sich auch fragmentiert unter

---

[182] Damit richtet sich Harman auch gegen Deleuze und De Landa: Ebd., S. 16f.
[183] Ebd., S. 18.
[184] Ebd., S. 98.
[185] Ebd., S. 152.

unserem Blick als Einheit wieder erkennen lässt. Jede farbliche Markierung hat ihren Grund, ihre Tiefe: „Anstatt dass explizite Inhalte und sogar ‚Markierungen auf der Leinwand' von Natur aus oberflächlich im Vergleich zu ihrem Hintergrundmedium wären, würde sich das Medium nun im Herzen der einzelnen Bildelemente selbst befinden. [...] Es geht nicht mehr darum, die Autonomie der einzelnen Bildelemente zugunsten eines sie alle überragenden Hintergrunds auszulöschen [...] oder zugunsten eines syntaktischen Verschwindens dieser Elemente in ihren gegenseitigen Wechselwirkungen [...], sondern diese Elemente so weit zu isolieren, dass jedem ein eigener Hintergrund zugeschrieben wird."[186]

Unter welchen Bedingungen nun können sich Farben gegenüber ihren Trägern als Objekte emanzipieren? Oder sind nur Veilchen violett, nur Orangen orange, nur das Sekret der Purpurschnecke purpur? Es scheint, dass aus Harmans Sicht ein Blick oder eine entsprechende Praxis aus einer sinnlichen Qualität ein Objekt machen kann.[187] Die Frage wäre dann, was Farbe als autonomes Objekt von Farbe als relationaler Qualität unterschiede. Tritt ein Rot autonom auf, dann kann es an verschiedenen Orten auftreten aber auch restauriert werden. Das bedeutet,

---

[186] Graham Harman, *Art and Objects*, Cambridge: Polity 2020, S. 104.
[187] Graham Harman schreibt mir: „[...] For me, any quality can be objectified and in this way can become a sensual object. So for instance, the red of an apple is merely encrusted on the sensual apple-object (Husserl's intentional object), but the red can also be objectified in its own right, simply by viewing it as an object. If this happens then it is no longer just a quality, but is conceived as a specific volume or surface area of color. And it also cannot be taken in too *determinate* a sense in that case, since for me an object must be modifiable while still remaining the same object. A colored area that could not withstand any variation in its exact hue or its exact area would not be an object, since for me objects are non-relational, which means that they cannot ever have features that are excessively nailed down. [...] Probably my second book, *Guerrilla Metaphysics* (Chicago: Open Court, 2005) is the best place to look [On page 24], I describe even the minute colored points on a computer screen as objects [...]. [On page 157], Cézanne is invoked, in order to make the claim that flecks of color are objects rather than raw sense data [...]." Graham Harman, Brief an den Verfasser vom 17. Juni 2016.

dass jedenfalls gegenüber einer relationalen Qualität reale objektive und reale sinnliche Eigenschaften hinzukommen.

Kurzum, durch die Perspektive der Objektorientierten Ontologie kommen wir in die Lage zu verstehen, dass Violett, Purpur und Orange, als Objekte verstanden, (1) wesentliche Eigenschaften haben, die sich von ihren sichtbaren Profilen unterscheiden. Und dass (2) weder eine Reduktion auf Partikel, aus denen diese Farbobjekte aufgebaut sind, noch eine Überdetermination durch die menschliche Wahrnehmungspsychologie geeignet sind, den Beitrag dieser Farbobjekte zur Ausprägung der Wirklichkeit zu untersuchen. Aber was genau „macht" ein Farb-Objekt, jenseits der verfälschenden Relationen? Entzieht es sich? Färbt es? Darauf bleibt die Objektorientierte Ontologie eine Antwort noch schuldig. Was, wenn es nicht die Partikel und nicht die Funktionszusammenhänge sind, bringt die Farbobjekte als solche hervor, konstituiert sie? Farben sind nicht einfach so da, sondern werden gemacht oder entstehen innerhalb biologischer, technischer oder sozialer Zusammenhänge. Wenn hinter den relationalen Eigenschaften einer Farbe ein tiefes, sich zurückziehendes Farbobjekt steht, das nicht, oder nur in der Allüre, erfasst werden kann, so wird hier ein Sein des Objektes hinter all seinen Erscheinungen hypostasiert.

Übersieht nicht die (vorindustrielle) Fixierung auf erhabene singuläre Objekte deren reale Produktions- und Existenzzusammenhänge? Hinsichtlich der Farben entsteht mit der strikten Unterscheidung von (wahrem) Sein und (bloßem) Schein der Ideologieverdacht: Sind die Farben, die wir sehen, nur Widerspiegelungen der Produktionsverhältnisse, in denen wir stehen?

Marxistische Epistemologie der Farbe

Gegenüber der idealistischen Auffassung der Farbe als Quale oder Idee ist die marxistische Widerspiegelungsthese ein guter Ausgangspunkt, um die dialektische Struktur der Farbwirkung zu analysieren.

Aus dieser Warte wäre die Farbe (oberhalb ihrer womöglich transhistorischen, physischen Substanz) vor allem ein soziokulturelles Phänomen der Vermittlung zwischen Subjekt und Objekt, zwischen Materie und Zeichen, zwischen Natur und Kultur, zwischen Dingbezug und Absolutheit, zwischen Bewegungsimpuls und Absorption. Die Dialektik der Farbe entfaltet sich auf drei Ebenen: auf einer ersten Ebene zwischen Gruppierung (Milieu), Fläche und singulärem Punkt; dann auf einer höheren Ebene zwischen Raum, Zeit und Dispersion. Und schließlich zwischen System, Einzigartigkeit und Jeweiligkeit. Das, was sich hier entfaltet, kann als Oberfläche, Tiefe, Konfiguration, Durchscheinen, Fläche oder bloße Unterbrechung der Beleuchtung visuelle Bedeutung gewinnen. Diese Bedeutung an den Umständen ihrer Produktion zu messen impliziert nicht notwendig eine Ideologiekritik der Farbe. Gleichwohl ist es auffällig, dass unter den heutigen Produktionsverhältnissen Farbe eine wichtige Fetischfunktion übernimmt und soziale Bedeutungen ähnlich visuell reproduziert wie in früheren Zeiten die Heraldik, der farbkodierte Rassismus oder die Mode.

Farben sind allerdings nicht notwendigerweise reine Überbauphänomene, sondern sie sind unter Umständen Werkzeuge, Teil der Produktivkräfte und ihrer Entfaltung, Teil des allgemeinen Intellekts, und als solche verändern sie die Praxis. Karl Marx gebraucht bekanntlich den Begriff „General Intellect" an einer Stelle im Maschinenfragment des Manuskriptes *Grundrisse der Kritik der politischen Ökonomie* (1857–1859), um die Koppelung von Maschinerie, Handlungswissen und Invention zu thematisieren. Das allgemeine Wissen einer Gesellschaft ist hier nicht mehr Widerspiegelung der materiellen Verhältnisse, sondern unmittelbare Produktivkraft einer bestimmten Entwicklungsphase des Kapitalismus: „Die Natur baut keine Maschinen, keine Lokomotiven, Eisenbahnen [...] etc. Sie sind Produkte der menschlichen Industrie; natürliches Material, verwandelt in Organe des menschlichen Willens über die Natur oder seiner Betätigung in der Natur. Sie sind *von der menschlichen Hand geschaffne Organe des menschlichen Hirns*; vergegenständlichte Wissenskraft. Die Entwicklung des capital fixe zeigt an, bis zu welchem Grade das allgemeine gesellschaftliche Wissen, knowledge, zur unmittelbaren *Produktivkraft* geworden ist und daher die Bedingungen des gesellschaftlichen Lebensprozesses selbst unter die Kontrolle des general intellect gekommen und ihm gemäß umgeschaffen sind. Bis zu welchem Grade die gesellschaftlichen Produktivkräfte produziert sind, nicht nur in der Form des Wissens, sondern als unmittelbare Organe der gesellschaftlichen Praxis; des realen Lebensprozesses."[188] Das Denken, Fühlen und Kommunizieren kann zu einer tragenden Kraft der Produktion werden. Vom Postoperaismus ist deshalb der „general intellect" zur Bezeichnung der postfordistischen Produktionsweise aufgegriffen worden. Auch das Wissen um die Farben, um die farbliche Steuerung der Affekte, Assoziationen und Bewertungen ist Teil dieses General Intellect. Die Produktion der Farben wäre entsprechend ein Wissen um Naturvorgänge, aus dem man Nutzen für die gesellschaftliche Entwicklung ziehen kann.

In der neomarxistischen Tradition wurde Marx' Erkenntnistheorie kritisiert: er habe Erkenntnis mit Naturbeherrschung verwechselt. Marx zufolge ist unsere Erkenntnis der Natur transzendental notwendig an das Interesse an technischer Verfügung über Naturprozesse gebunden. Das invariante Verhält-

---

[188] Karl Marx, *Grundrisse der Kritik der politischen Ökonomie*, in: *Marx Engels Werke*, Bd. 42, Berlin: Karl Dietz Verlag 2014, S. 602.

nis der Gattung zur umgebenden Natur, das durch den Funktionskreis instrumentalen Handelns festgelegt ist, bestimmt aus dieser Warte, fast kantianisch, die Erkenntnis. Habermas wendet ein: „Soweit die Produktion den einzigen Rahmen setzt, in dem Entstehung und Funktion von Erkenntnis interpretiert werden kann, erscheint auch die Wissenschaft vom Menschen unter Kategorien des Verfügungswissens: das Wissen, das die Verfügung über Naturprozesse ermöglicht, geht auf der Stufe des Selbstbewußtseins der gesellschaftlichen Subjekte in ein Wissen über, das die Kontrolle des gesellschaftlichen Lebensprozesses ermöglicht [...]. Die zu Technologien gerinnende Naturerkenntnis drängt das gesellschaftliche Subjekt zu einer immer weitergehenden Erkenntnis seines ‚Stoffwechselprozesses' mit der Natur, welche am Ende in die Steuerung von Gesellschaftsprozessen nicht anders sich umsetzt als Naturwissenschaft in technische Verfügungsgewalt."[189]

Der Glaube an die subjektive Vernunft seit Descartes instrumentalisiert das Denken,[190] einer sozialen Hierarchie entsprechend, so heißt es schon in Max Horkheimers *Kritik der instrumentellen Vernunft*. Horkheimer versteht unter Instrumentalisierung den Prozess der Unterwerfung unter subjektiv-gesellschaftliche Zwecke. Gedanken werden Dinge, Maschinen im Produktionsapparat. Sinn wird grundsätzlich systemkonform gedacht, an menschliche Zwecke gebunden.[191] Andererseits verlieren die Dinge jeden Eigenwert. „Wenn wahre Urteile über Objekte und damit der Begriff des Objekts selbst einzig in ‚Effekten' auf das Handeln des Subjekts bestehen, ist es schwer einzusehen, welche Bedeutung dem Begriff ‚Objekt'

---

[189] Jürgen Habermas, *Erkenntnis und Interesse*, Frankfurt/M.: Suhrkamp 1968, S. 69.
[190] Max Horkheimer geht davon aus, dass der Vernunftglaube seit Descartes eine Brücke zwischen Wissenschaft und Theologie zu schlagen versucht hat. Max Horkheimer, „Zur Kritik der instrumentellen Vernunft", in: *Gesammelte Schriften*, Bd. 6, Frankfurt/M.: S. Fischer 1991, S. 21–188, hier S. 21.
[191] Vgl. ebd., S. 43.

noch zugeschrieben werden könnte."[192] Farben kommen entsprechend nur in ihrer Funktion zur Geltung, nach Maßgabe herstellbarer Effekte. Die Pragmatisten wollen, so Horkheimer weiter, alle Philosophie nach dem Muster der Experimentalphysik ummodeln; ihr Stolz sei es, „alles so zu denken, wie es im Laboratorium gedacht wird, das heißt als eine Frage des Experimentierens."[193] Pragmatisten versuchten, menschliches Handeln an die Resultate produzierender Experimente zu binden, machten den Wert dieser Resultate aber „von der genauen Definition ‚aller denkbaren experimentellen Phänomene'" abhängig, sodass Horkheimer skeptisch fragt: „Wie ist es möglich, das Experimentieren dem Kriterium ‚denkbar zu sein' zu unterwerfen, wenn jeder Begriff – das heißt alles, was denkbar sein könnte – wesentlich vom Experimentieren abhängt?"[194] Die Funktion der pragmatistischen Philosophie sei eine gesellschaftliche: Nur noch das Experiment solle zählen. „Der Prozess, der dazu tendiert, die verschiedenen theoretischen Wege zur objektiven Wahrheit durch die mächtige Maschinerie organisierter Forschung zu ersetzen, wird von der Philosophie sanktioniert oder vielmehr mit Philosophie gleichgesetzt. Alle Dinge in der Natur werden identisch mit den Phänomenen, die sie darstellen, wenn sie den Praktiken unserer Laboratorien unterworfen werden [...]." Dabei bringe das ‚tätige Experimentieren' nur konkrete Antworten auf Fragen hervor, die bestimmten gesellschaftlichen Interessen, einer subjektiven, ökonomischen Vernunft entsprächen. Bei der Reduktion der Vernunft auf ein Instrument wird das Denken nicht mehr am Denken, sondern an Produktionsmaßstäben und sozialer Effektivität gemessen. Auch Farbe wird systematisiert und in diesem Farbsystem nach den Parametern normierter Herstellbarkeit kon-

---

[192] Ebd., S. 63.
[193] Ebd., S. 65, zitiert hier: Charles S. Peirce, *Collected Papers V*, Cambridge/Mass.: The Belknap Press of Harvard University Press 1934, S. 272.
[194] Horkheimer, „Zur Kritik der instrumentellen Vernunft", S. 65f.

zipiert. In dieser Verkoppelung von wissenschaftlicher und industrieller Praxis wird die Vernunft zugleich entkörperlicht und überhöht als System, zugleich wird sie aber auch blind: „Die Neutralisierung der Vernunft [...] überführt sie [...] in einen bloßen stumpfsinnigen Apparat zum Registrieren von Fakten. Die subjektive Vernunft verliert alle Spontaneität, Produktivität, die Kraft, Inhalte neuer Art zu entdecken und geltend zu machen."[195]

Wie könnte dies mit Bezug auf die Farbe geändert werden?

Walter Benjamin

Schon der junge Walter Benjamin entwarf ein alternatives epistemologisches Programm, das Erkenntnis nicht länger auf eine zurecht gestutzte Erfahrung zurückführen will: „Es ist die Aufgabe der kommenden Erkenntnistheorie für die Erkenntnis die Sphäre totaler Neutralität in Bezug auf die Begriffe Objekt und Subjekt zu finden [...]. Mit einem neuen Erkenntnisbegriff wird daher nicht nur der der Erfahrung sondern auch der der Freiheit eine entscheidende Umbildung erfahren."[196]

Erfahrung darf nicht länger Reproduktion gesellschaftlicher Verhältnisse sein, in Abhängigkeit auch der Materialkultur, die diese Verhältnisse hervorbringen. Wie ist eine andere als „erkennungsdienstliche" Erfahrung der Farben möglich? Wie andere Materialien so sind auch die Farben (in der Kunst) Ausdruck der Produktionsverhältnisse. Die Farben der Manufaktur-Ära sind andere als die der Industrie: „Die Griechen kannten nur zwei Verfahren technischer Reproduktion von Kunstwerken: den Guß und die Prägung, Bronzen, Terrakotten und Münzen waren die einzigen Kunstwerke, die von ihnen

---

[195] Ebd., S. 71f.
[196] Walter Benjamin, „Über das Programm der kommenden Philosophie", in: *Gesammelte Schriften* II.1, Frankfurt/M.: Suhrkamp 1977, S. 157–171, hier S. 163f.

massenweise hergestellt werden konnten. Alle übrigen waren einmalig und technisch nicht zu reproduzieren. Mit dem Holzschnitt wurde zum ersten Male die Graphik technisch reproduzierbar [...]. Zum Holzschnitt treten im Laufe des Mittelalters Kupferstich und Radierung, sowie im Anfang des neunzehnten Jahrhunderts die Lithographie."[197] Im Zeitalter der technischen Reproduzierbarkeit verlieren auch die Farbmaterialien ihr Auratisches: Farben werden immer exakter reproduzierbar. Die Bedeutung seltener Farbmaterialien (wie Gold) wird verdrängt von identisch reproduzierbaren Farben. Farben werden nicht länger als seltene Stoffe oder einzigartige Mischungen, sondern vielmehr als avancierte technische Resultate angesehen. Farbwerte sind exakt bestimmbar und beliebig herstellbar. Technik erscheint mit und als Farbe.

Die Lichtspiele verschalten die Wahrnehmung mit der Produktionsmaschinerie, trainieren die Motorik mithilfe visueller Schocks. Aus dieser Tendenz bricht möglicherweise eine neu konzipierte Malerei aus. Benjamin schlägt in dieser Hinsicht in seiner malereitheoretischen Skizze eine Unterscheidung zwischen Zeichen und Mal vor: „Das Zeichen scheint mehr ausgesprochen räumliche Relation und mehr Beziehung auf die Person, das Mal (wie sich ergeben wird) mehr zeitliche und das Personale geradezu ausstoßende Bedeutung zu haben."[198] Den Begriff Mal, bei dem im Deutschen sowohl das Merkmal oder Denkmal anklingt, wie auch das Mal auf der Haut, das jemanden negativ kennzeichnet, lässt Benjamin merkwürdig undiskutiert in der Schwebe – er gibt nur an (siehe unten), ein Mal sei ein singuläres, zeitlich-magisches Zeichen, das die Macht der Vergangenheit mit einer Wirkung aus der Zukunft

---

[197] Walter Benjamin, „Das Kunstwerk im Zeitalter seiner technischen Reproduzierbarkeit", in: *Gesammelte Schriften* I.2, Frankfurt/M.: Suhrkamp 1978, S. 441–508, hier S. 474.
[198] Walter Benjamin, „Über die Malerei oder Zeichen und Mal, Ästhetische Fragmente", in: *Gesammelte Schriften* II.2, Frankfurt/M.: Suhrkamp 1977, S. 603–607, hier S. 604.

zusammenschließt. Ohne Bezug auf Benjamin findet sich bei Henri Maldiney eine Fußnote, in der er behauptet, das deutsche Wort „Mal" leite sich vom Lateinischen „Macula", Fleck, ab,[199] was zumindest als starke Vereindeutigung der verästelten Etymologie des Wortes gelten darf, aber doch auch die Gegenüberstellung von Zeichen und Mal, die Benjamin hier vornimmt, erhellen könnte. Denn Maldiney verweist auf die Theorie des Flecks als Ausgangspunkt der Malerei, die sich beispielsweise in Leonardo da Vincis Theorem der „Macchia" findet.[200]

Das Zeichnen und Bezeichnen denkt Benjamin hier als graphische Operation auf der Fläche; diese wiederum stellt er sich als ein Produkt der Linie vor: „Die graphische Linie ist durch den Gegensatz zur Fläche bestimmt, dieser Gegensatz hat bei ihr nicht etwa nur visuelle sondern metaphysische Bedeutung. Es ist nämlich der graphischen Linie ihr Untergrund zugeordnet. Die graphische Linie bezeichnet die Fläche und bestimmt damit diese, indem sie sie sich selbst als ihrem Untergrund zuordnet. Umgekehrt gibt es auch eine graphische Linie nur auf diesem Untergrunde, sodaß beispielsweise eine Zeichnung, die ihren Untergrund restlos bedecken würde, aufhören würde eine solche zu sein. Damit ist dem Untergrund eine bestimmte, für den Sinn der Zeichnung unerläßliche Stelle angewiesen, sodaß innerhalb der Graphik zwei Linien nur relativ zu ihrem Untergrunde auch ihre Beziehung zueinander bestimmen können [...]. Die graphische Linie verleiht ihrem Untergrunde Identität."[201] Dass die graphische Linie die Fläche bezeichnet,

---

[199] Henri Maldiney, „L'art et le pouvoir du fond", in: ders., *Regard, parole, espace*, Lausanne : L'Age d'Homme 1973, S. 173-207, hier S. 174. Deleuze übernimmt diese Aussage in seinen Vorlesungen über die Malerei und stellt der französischen visuellen Tradition der Peinture (von lat. pingere) die deutsche manuelle des Fleckenmachens entgegen. Siehe Gilles Deleuze, „Sur la peinture", Kurs 16 vom 28.04.1981, http://www2.univ-paris8.fr/deleuze/article.php3?id_article=199 [Letzter Aufruf 12.2.2020].
[200] Leonardo da Vinci, „Trattato della Pittura", in: ders., *Sämtliche Gemälde und die Schriften zur Malerei*, München: Schirmer-Mosel 1990, S. 115-388, hier S. 386.
[201] Benjamin, „Über die Malerei oder Zeichen und Mal", S. 603f.

indem sie sich einem nicht völlig auszuschöpfenden Untergrund zuordnet, bedeutet aber weder, dass die Fläche erst durch die Zeichnung entsteht, noch dass die Fläche identisch ist mit dem Untergrund. In der Zeichnung entsteht eine Identität der Fläche und eine des Untergrundes, auf dem die Zeichnung entsteht. Zuzugestehen ist Benjamin hier, dass die Fläche in der Graphik eine Identität nicht durch die Linienführung, sondern durch die Idealität der Linie erhält. Es könnte aber auch Untergründe und Flächen ohne eine solche Identität geben. Benjamin denkt deshalb die Malerei im Gegensatz zur Graphik. Beide unterscheiden sich in perzeptueller und operationaler Hinsicht.

> Die Malerei. Das Bild hat keinen Untergrund. Auch liegt eine Farbe nie auf der andern auf, sondern erscheint höchstens im Medium derselben. Auch das läßt sich vielleicht oft gar nicht ausmachen, und so könnte man, prinzipiell betrachtet, bei manchen Gemälden gar nicht unterscheiden, ob eine Farbe die untergründigste oder die vordergründigste ist. Diese Frage ist aber sinnlos. Es gibt in der Malerei keinen Untergrund, und es gibt in ihr keine graphische Linie. Die gegenseitige Begrenzung der Farbflächen (Komposition) auf einem Raffaelschen Bilde beruht nicht auf der graphischen Linie. Dieser Irrtum kommt zum Teil aus der ästhetischen Verwertung der rein technischen Tatsache, daß Maler vor dem Malen ihre Bilder zeichnerisch komponieren. Das Wesen solcher Kompositionen hat aber mit Graphik gar nichts zu tun. Der einzige Fall, in dem Linie und Farbe sich zusammenfinden, ist das getuschte Bild, auf dem die Konturen des Stiftes sichtbar und die Farbe durchsichtig aufgetragen ist. Der Untergrund ist dort, wenn auch gefärbt, erhalten.[202]

---

[202] Ebd., S. 605.

Die Schnittmenge zwischen Zeichen und Mal, das getuschte Bild, enthielte also sowohl eine bezeichnete wie eine gefärbte Fläche; sie ist zugleich Untergrund und Komposit aus Farbflächen. Die Farbe des Mals ist in Bewegung und ruht nicht einfach, wie das Zeichen, in gemessener Distanz zum Betrachter auf der Fläche. Das Mal hat, obschon es unterhalb oder jenseits des Symbolischen operiert, dennoch eine andere Produktions- und Wirkungsweise als die Schocks im Film. Das dem Malen eigene Mal ist eine unaustilgbare Spur des Leidens, eine Narbe, ein Zeichen der Erregung oder der Scham, wie ein Erröten: „[Das Mal] ist im Erscheinen nichts anderem ähnlich [...]. [Es ist oft] mahnendes Zeichen der Schuld [...]. Insofern der Zusammenhang von Schuld und Sühne ein zeitlich magischer ist, erscheint vorzüglich diese zeitliche Magie im Mal in dem Sinne, daß der Widerstand der Gegenwart zwischen Vergangenheit und Zukunft ausgeschaltet wird und diese auf magische Weise vereint über den Sünder hereinbrechen [...]. Das Medium der Malerei wird bezeichnet als das Mal im engern Sinne; denn die Malerei ist ein Medium, ein solches Mal, da sie weder Untergrund noch graphische Linie kennt [...]. Nun ist aber das eigentliche Problem der Malerei in dem Satze zu finden, daß das Bild zwar Mal sei, und umgekehrt daß das Mal im engern Sinne nur im Bild sei [...]."[203] Kann eine malerische Verwendung der Farben nicht auch jenseits des Bildlichen auftreten?

Eine ähnliche Konzeption der grundlosen Farbe, die eine Voraussetzung und ein Zusatz der bedeutenden Formgebung darstellt, findet sich auch in einer Bemerkung **Ernst Blochs**. Hier kommt der Farbe etwas Vorausdeutend-Zukünftiges und zugleich Scheinhaft-Unwirkliches zu. Farbe ist der Abgrund und der Horizont der Gegenwart: „Dieses Blau, als Fernfarbe, bezeichnet ebenso anschaulich-symbolisch das Zukunftshaltige, Noch-Nicht-Gewordene in der Wirklichkeit, worauf be-

[203] Ebd., S. 605f.

II. Form und Farbe

deutende Aussagen, eben als vorrückende, letzthin bezogen sind."[204] Deutlicher wird diese zeitliche Auffassung der Farben bei Bloch dort, wo er einer Disposition der Bewusstheit, des Erlebens wie des Erinnerns die Fähigkeit zuspricht, Farbigkeit zu generieren: „Das Vor-uns füllt und färbt sich durch das Erinnern [...]. Der noch nicht bewußte Zustand [...] ist insofern ein buntes Dunkel [...]. Als solches verschattet es die Erlebbarkeit (subjektive Anwesenheit) nicht, sondern tönt sie eigens an [...]. Vor allem macht das noch nicht bewußte Wissen Farbe, gleichsam Dämmerung von Farbe [...]. Dieser noch nicht bewußte Zustand ist ›Disposition‹ [...]. Disposition im Sinn des Noch-Nicht-Bewußten jedoch oder der echten Zukunft (Verhülltheit) ist Beruf zu nie Gewesenem, objektivem Novum."[205]

Bloch meint hier mit Farbe offenkundig etwas Ähnliches wie Stimmung oder Atmosphäre. Dass er allerdings von Färbung und von Dämmerung von Farbe spricht und den vorbewussten Zustand als eine farbliche Disposition beschreibt, könnte den tieferen Sinn von Farben durchaus treffen, nämlich ein Modus zu sein, durch den etwas bewusst wird, das heißt eine Vorbestimmung der Geistesgegenwart, die im Erkenntnisprozess unerlässlich ist, quasi ein Analogon des sich bildenden Selbstbewusstseins, Voraussetzung des Erfahrens und Erkennens. Bloch spricht deshalb vom Schwebenden, Offenen, Ausmalenden des Ahnens.[206] Wenn es Tiefen- und Oberflächenzeit gibt, unterschiedliche Zeitstrukturen, die von den Künsten und innerhalb der von einer jeweiligen Kultur möglichen Modi und Artikulation von Ereignissen variiert und gestaltet, so kann man dies mit Bloch auch als „Zeitfärbung" bezeichnen.[207] Den

---

[204] Ernst Bloch, *Das Prinzip Hoffnung. In fünf Teilen*, Frankfurt/M.: Suhrkamp 1959, S. 144.
[205] Ebd., S. 145f. Das Novum ist für Bloch die spezifische Wiederholung des noch ungewordenen Zielinhalts. Siehe ebd., S. 232f.
[206] Ernst Bloch, *Ästhetik des Vor-Scheins*, Bd. 2, Frankfurt/M.: Suhrkamp 1974, S. 100.
[207] Ernst Bloch, *Tübinger Einleitung in die Philosophie*, Frankfurt/M.: Suhrkamp 1970, S. 135.

utopischen Gehalt des Färbens legt nicht erst die Verschränkung von Perspektive und Interieur oder die „dargestellte Wunschlandschaft" frei, er liegt bereits in allem „farbigen Vorglanz, im „Glimmernden", im Durchscheinen, im Glänzen, im Strahlen; er zeigt sich im chromatisierenden Licht des Dunkelgrunds, im Aufschimmernden, Widerstrahlenden, im „Hohlraum mit Funken" aus Farbe. Dies ist, Bloch gemäß, weder ein irdisches, noch ein überirdisches Licht, sondern ein „Paradox von Endlicht", das aus der „Schwärze rätselhaft hervorbringt" und die „Wahrheit der Hoffnung oder des Glanzes, der gar nicht da ist, in den Dunkelgrundierungen der vorhandenen Welt [malt]."[208] Darin unterscheidet sich das Gemalte von den natürlichen Farben. „Ein Ich muss hinter der aufgetragenen Farbe sein, eine Hand, die aufträgt. Ein Gefühl geht durch die bewegte Hand hindurch, fügt sich in das Gemalte ein [...]. Was der Stift zeichnet, soll klar sein, was der Pinsel ausfüllt, bunt. Licht muss durchscheinen können [...]. Jedes gute Bild hat einen Schimmer von Blumenstück in sich. Und es hat, dem verwandt, einen Teppich in sich, dies Beet voll ausgeglichener Farben. Erst hinter der reinen, bewältigten Feinheit und durch sie hindurch gehen die Dinge als gemalte auf. Sie werden nun aus Farbe wiedergeboren und geformt. [...] Ein sonst oft Zerstreutes [ist] [...] durch einen durchgehenden farbigen Einklang nahe zusammengehalten."[209] Für Bloch ist der Prozess des Malens ein Sinnbild für die Drehung, die Leib, Auge und Hand in die Gegenwart des Werdenden zieht, ohne in einer falsch das Vergangene kontemplierende Haltung zu verharren. Entscheidend ist für Bloch dabei der Vordergrund als der zeitliche Ring, der sich um das Subjekt legt, die Umwelt der Wahrnehmung, die nicht Gegenstand der Wahrnehmung werden kann, der notwendige Abstand zu der Gegenwart des Erlebten

---

[208] Bloch, *Das Prinzip Hoffnung*, S. 937 u. S. 938. Bloch schreibt dies über Rembrandt. Die anderen zitierten Ausdrücke finden sich auf S. 937f. und S. 980f.
[209] Ebd., S. 930f.

und Erkannten, das Unmittelbare. „Der Maler selbst, er hat sich ins Bild eben als allernächster, daher unsichtigster Teil nicht hineingemalt, und auch das ihn weiterhin Umgebende, vor dem eigentlichen Sujet des Bildes Stehende [...] bleibt im Bild gleichgültig, tritt sozusagen nicht in dieses ein, in diesem auf."[210] Die Gleichgültigkeit des Vordergrunds entspricht dem kontemplativen Charakter der Landschaftsmalerei, es zeigt sich auch in der Hilflosigkeit der kontemplativen Geschichtswissenschaft der sie umgebenden Gegenwart gegenüber. „Die Unübersichtlichkeit des Nahen für jeden sie bloß Betrachtenden [...] [besteht] für die Gegenwart des Handelnden und sein Darinsein [...] weit weniger."[211] Der Aberglauben an die Kontemplation unterstützt den bewusst oder unbewusst willfährigen Nebelblick auf den eigenen Standpunkt, das Unterschlagen des Klasseninteresses, das Sinken der Sachlichkeit, sobald sich die Analyse der Gegenwart, dem schädlichen weil nicht objektivierbaren Raum, nähert: „In der nichtkontemplativen Drehung wirkt [...] Anwesenheit im Prozeß, mit Sinn fürs Werdende, für das noch Ungewordene [...]. Gegenwart wird dann das Moment der Vermittlung und weiterverzweigten Entscheidung, das Moment der Geburt des Neuen."[212] Das Malen kann deshalb als Sinnbild, mehr noch, als Übungsterrain dieser nichtkontemplativen Drehung aus dem Dunkel, die Ernst Bloch fordert, verstanden werden, weil es das Aktuelle des Subjekthaft-Unmittelbaren objektivierend mit sich nimmt und „als das in der Bewegung des Prozesses nicht nur Verborgene, sondern Treibende [begreift]. Dieses sogleich dann, wenn mit der Drehung das Denken auf die Füße gestellt wird, also auf die materiell-intensiven Bewegungsgründe des Prozesses."[213] Die-

---

[210] Ernst Bloch, *Experimentum Mundi, Frage, Kategorien des Herausbringens, Praxis*, Frankfurt/M.: Suhrkamp 1975, S. 16.
[211] Ebd., S. 18.
[212] Ebd., S. 20.
[213] Ebd., S. 21.

ses in den Prozess eingelassene, eingreifende Denken lässt den bloß anschauenden Materialismus hinter sich, dessen Hauptmangel, wie Bloch mit Marx feststellt, darin bestand, „daß ‚der Gegenstand, die Wirklichkeit, Sinnlichkeit nur unter der Form des Objekts oder der Anschauung gefasst wird, nicht aber als menschliche, sinnliche Tätigkeit, Praxis, nicht subjektiv' (Marx, 11 Thesen über Feuerbach, I). Es kommt darauf an, das Subjektive nicht idealistisch in der Luft hängen zu lassen, aber auch das Materielle nicht mechanisch auf dem Boden liegen zu lassen [...]. Also muss die Materie selber am Frontabschnitt der Geschichte angesprochen werden, nicht mechanistisch, nicht als caput mortuum. Und Frontabschnitt bedeutet Anwesenheit des subjektiven Faktors nach seiner ganzen bedachten Unruhe, bedachten Tiefe."[214] *Im Malen artikuliert sich demzufolge ein Denken – ein Denken in Farbe –, das die Latenz des subjektiven Wahrnehmungs- und Aktionsraums in die Intensität farblicher Flächenbildung einträgt und Materie als Gegenwärtigung im Moment der Objektivierung zur Manifestation einer Entscheidung werden lässt, um das sich objekthaft Manifestierende als Erkenntnis und als Praxis ebenso abzubilden wie fortzubilden.*[215]

An verschiedenen Stellen thematisiert auch Theodor W. Adorno Farbe als das Widerständige am Phänomenalen: „Kein Licht ist auf den Menschen und Dingen, in dem nicht Transzendenz widerschiene. Untilgbar am Widerstand gegen die fungible Welt des Tauschs ist der des Auges, das nicht will, daß die Farben der Welt zunichte werden. Im Schein verspricht sich das Scheinlose."[216] Man kann, trotz der theologischen Untertöne, in dem, was Adorno hier Transzendenz nennt, die mit dem Widerstand des Auges verknüpft ist, das nicht auf die Farben der Welt zugunsten einer universellen Austauschbarkeit verzichten will, das Prinzip erkennen, von dem aus sich

[214] Ebd., S. 21.
[215] Ebd., S. 28.
[216] Theodor W. Adorno, *Negative Dialektik*, Frankfurt/M.: Suhrkamp 1966, S. 398f.

Singularität bzw. Nicht-Identität erklärt, gewissermaßen die Wahrheit, die sich in der Erfahrung des Scheins zu erkennen gibt.

III. GRUNDIEREN / SCHEINEN

Ist es ein Fehler oder ein Vorzug, Scheinhaftes zu sehen? Angenommen, wir bauen einen Roboter. Wieso sollten wir ihm Farbwahrnehmung einprogrammieren? Die Wahrnehmung von Helligkeitssprüngen oder Kontrasten ist eine Grundlage für die Entdeckung von Kanten und Konturen und damit für die Lösung von komplexeren visuellen Erkennungsaufgaben unumgänglich. Die Leistungsfähigkeit eines visuellen Systems bemisst sich durch die Wahrnehmung solcher Kontraste innerhalb minimaler räumlicher Variationen von Helligkeit. Dies wäre prinzipiell in einem Schwarz-Weiß-Spektrum lösbar (wobei auch dies, selbst wenn Grauschattierungen ausgeschlossen wären, eine – wenn auch extrem reduzierte – Farblichkeit aufwiese). Entscheidend für diese Farbwahrnehmung wäre entsprechend eine mit physikalischen oder physiologischen Methoden bestimmbare, sensorisch detektierte Wellenlängenzusammensetzung des Lichts, das von einer Oberfläche reflektiert wird. Die Reflektanzeigenschaften einer Oberfläche lassen sich, dieser Auffassung zufolge, durch einen technischen Lichtsensor mit der gleichen Genauigkeit messen wie durch Augen, ohne auf Farbwerte oder Farbworte eingehen zu müssen. Und wie bereits gesehen, wird die Farberkennung nur in der Bewegung, und besonders für fliegende Lebewesen, ein vitales Erfordernis.

Aber wir sehen keine elektromagnetischen Wellen, keine Zahlenverhältnisse und auch keine Worte, Signale oder Farbsymbole, sondern Farben. Diese mögen dazu dienen, sich zu orientieren, Einzelheiten in Distanz, reife Früchte oder Feinde zu erkennen, aber diese Funktionalisierungen beschreiben nicht, was es heißt, Farben zu sehen. Farben sind keine Stellvertreter für Dinge, keine visuellen Identitätsmarken und selbst wenn wir sie als solche auswerten, geben sie keine täuschungsfreien Informationen. Ist das ein Nachteil? Objekte unterscheiden sich nicht nur durch Kanten und Konturen, sondern auch durch die Textur ihrer Oberflächen, die wir durch Farbdifferenzen ausmachen. Die Verteilungen der Wellenlängen im reflektierten Licht einer Oberfläche machen den Reiz aus, den unser „Sehapparat" auffängt und zu einer Farbwahrnehmung verarbeitet. Was wahrgenommen und wie verarbeitet wird, ist nicht unabhängig von evolutionsbiologischen, anthropologischen und psychologischen Faktoren. Aber, wie bereits dargelegt, sehen wir nicht „in Wirklichkeit" Lichtwellen, die dann farblich interpretiert würden, sondern wir sehen Farben, und diese gesehenen Farben erlauben nicht notwendigerweise Rückschlüsse auf eine zugrunde liegende Relation elektromagnetischer Wellen oder auf ein Reflektanzprofil. *Lichtwellenverhältnisse sind nicht die Wahrheit der Farben.*

Anders als beim Träumen, bei der Halluzination oder bei farbigen Effekten, die man etwa durch das Drücken der Augenlider bei geschlossenen Augen auslösen kann, spielen nichtsdestotrotz Lichtverhältnisse eine unverzichtbare Rolle bei Sehen von Farben. Physikalische Eigenschaften der Oberflächen bestimmen Wellenlängenverteilungen im reflektierten Licht und Farben informieren uns über derartige Eigenschaften. Aber wir sehen nicht nur die Farbigkeit von Oberflächen, sondern etwa auch diejenige der Beleuchtung und zuweilen auch diejenige des Mediums, in dem sich Lichtwellen ausbreiten. In der Regel sehen wir das von einer Lichtquelle ausgesendete Licht zwar nicht. Die Wellenlängen, die in dem von einer Oberfläche reflektierten Licht vertreten sind, hängen aber von der Wellenlängenzusammensetzung der Lichtquelle, von den Absorptionseigenschaften der reflektieren Oberflächen und vom Strahlungseigenschaften der Umgebung ab: Je mehr Licht absorbiert sind, umso dunkler erscheint eine Oberfläche, im Extremfall erscheint sie uns schwarz. Sie erscheint auch schwarz, wenn die Beleuchtung ausfällt oder ein anderes

Objekt Schatten wirft. In einem völlig abgedunkelten, lichtlosen Raum sehen wir nichts, nicht einmal schwarz. Absorbiert eine Oberfläche nur bestimmte Wellenlängen, so ändert dies die Zusammensetzung im reflektierten Licht im Vergleich zum Licht der Lichtquelle. Und schließlich sehen wir schwarz auch als Widerspiegelung subjektiver Faktoren, wie etwa psychischer Vorgänge oder im Rahmen kulturabhängiger Interpretationen. Es ist richtig, Farbe als Information über Zustände dieser vier Faktoren, *Lichtquelle, Oberfläche Subjekt und Umgebung,* anzusehen. Aber unzureichend. Wir müssen einen Schritt über die ökologische Theorie visueller Wahrnehmung hinausgehen.

Denn die Verteilung der Wellenlängen im reflektierten Licht verschiedener Oberflächen enthält zwar stets Informationen über das Verhältnis von Lichtquelle, Oberfläche, Subjekt und Umgebung, kann uns aber auch als genuine Eigenschaft von Farbpigmenten erscheinen. Sie erscheint uns dann nicht als Relation, Information oder Hinweis auf etwas anderes (Licht Oberfläche, Subjekt, Umgebung), sondern als etwas Eigenes, Genuines. Sie ist dann nicht das, womit wir unsere Lage, die Oberfläche oder den Zustand von etwas erkennen, kein Erkenntnisinstrument also, auch kein Modus der Wahrnehmung (etwas als Farbe oder in seiner Farbigkeit auffassen), sondern selbst der zu erkennende Gegenstand.

In der Farbwahrnehmung können wir in der Regel unterscheiden, ob eine Farbwirkung vor allem aufgrund des einen oder des anderen Faktors zustande kommt. Wenn ich beispielsweise einen weißen Heizungskörper oder einen weißen Lieferwagen sehe, so sehe ich dieses Weiß anders als das Weiß des Schnees oder das gleißende Weiß des Neonlichts. Im einen Fall sehe ich das Weiß als etwas Hinzugefügtes, im anderen Fall als etwas Intrinsisches. In einem Fall als etwas, das mir in dieser Farbe aufgrund der spezifischen Umstände so erscheint, im anderen Fall als etwas, das mir unter allen normalen Umständen in dieser Farbe erscheinen sollte. Das Weiß spricht mich davon abhängig auf je andere Weise an. Farbe ist deshalb keine (wie auch immer subjektiv gefärbte) physikalische Eigenschaft allein der Objekte in unserer Umwelt. Ohne die Lichtwellen findet auch bei geschlossenen Augenlidern keine Farbwahrnehmung statt, wenn diese etwas anderes sein soll als bloße Nervenreizung oder Illusion. Und doch konditioniert die Verteilung der elektromagnetischen Wellen nicht allein die Farbwahrnehmung, denn diese enthält allein schon durch die Spontaneität der Aufmerksamkeit bestimmte subjektive, kulturelle und technische Eigenwerte. Was sich in der Aufmerksamkeit andeutet, muss über körperliche Dispositionen und Bewegungen, Affekte und Emotionen hinaus als dynamisches Gefüge konzipiert werden. *Entsprechend resultiert die Farbwahrnehmung aus einer Bewegung, in der sich ein Subjekt in Beziehung zu seiner Umwelt setzt.* Dabei wird *das Scheinen der Farben* neben dem Verhältnis von Lichtquelle und reflektierender Oberfläche als Verhältnis verschiedener Oberflächen bzw. Farben untereinander zum farbgenerierenden Faktor. Das Scheinen der Farben steht neben dem Informationsgehalt der Farbe, legt sich gerade in der Malerei darüber, legt den Eigenwert und die Eigenzeit der Farbe frei. Dieses Scheinen ist dabei nicht allein ein Produkt der Helligkeit, des Leuchtens oder der Beleuchtung, sondern der Interaktion der Farben untereinander und der Interaktion der Farben mit dem wahrnehmenden Körper. Dieses Scheinen als Resultat der Interaktion zeigt sich am Deutlichsten in der Chamäleonhaftigkeit der Farben, in Effekten und Farbereignissen.

Die Möglichkeit, etwas als etwas Bestimmtes zu sehen, basiert der Fähigkeit, die Figur/Grund-Unterscheidung durchzuführen. Eine Figur hebt sich aus ihre Umgebung ab. Diese wird nicht (länger) als (farbliche) Kontinuität gesehen, sondern als Vorder- oder Hintergrund. Diese grundsätzliche Differenzierung ist farbbasiert. Die Unterscheidung von zumindest zwei Farben setzt voraus, dass wir Farben sehen und (also solche) identifizieren können. Meine Fähigkeit, Figuren zu erkennen und Formen zu sehen, kann also nicht allein diese Unterscheidung begreiflich machen: was auch immer den Grund als solchen auszeichnet, es ist zumindest seine erkennbare Verschiedenheit von der Form und seine diesbezügliche farbliche Konstanz.

Nun ist die Wahrnehmung von konstanten farblichen Eigenschaften sehr labil. Der Abney-Effekt beschreibt das Phänomen, dass wir Menschen einen veränderten Buntton wahrnehmen, wenn einer Spektralfarbe Weiß hinzufügt wird, obwohl sich dann eigentlich nur ihre Helligkeit ändern sollte. Dabei bleibt die Wellenlänge (der farbmetrische Wert des Bunttons) an sich gleich, aber unsere Wahrnehmung weicht davon ab. Wenn weißes Licht zum Licht einer monochromatischen Lichtquelle hinzugefügt wird, nehmen wir eine Farbtonverschiebung wahr. Die Lichtquelle wirkt weniger gesättigt („entsättigt"). Jeder Farbton kann sich durch eine verschiedene Beleuchtung verändern.[1]

Ähnliche Phänomene treten bei dem Bezold-Brücke-Effekt (Verhältnis Farbton–Intensität) auf: Es gibt eine untere und eine obere Schwelle der Beleuchtung, jenseits derer die Fähigkeit zur Farbtonunterscheidung abnimmt. Im Blendbereich sind nur noch ein weißliches Gelb und ein weißliches Blauviolett wahrnehmbar. Beim Helmholtz-Kohlrausch-Effekt zeigt sich das Verhältnis Helligkeit–Sättigung: eine wahrgenommene Helligkeit steigt bei zunehmender Sättigung trotz konstanter Leuchtdichte. Dass auch Helligkeit und Farbigkeit bzw. Helligkeit und Kontrast korrelieren, führen die von Hunt und von Stevens untersuchten Effekte vor: Durch Erhöhung der Leuchtdichte stellt sich eine Erhöhung der wahrgenommenen Sättigung ein.

---

[1] http://jov.arvojournals.org/article.aspx?articleid=2121909, http://wolfweb.unr.edu/~mwebster/assets/pdfs/ONeilJOSA2012.pdf, http://www.pnas.org/content/103/15/6013.full [Letzter Zugriff 12.2.2020].

Helligkeit und Beleuchtung können folglich die Wahrnehmung eines Farbtons beeinflussen; in bestimmten Beleuchtungsumgebungen können wir nur bestimmte Farbtöne und bestimme Übergänge wahrnehmen. Die genannten Effekte sind also sowohl psychologischer als auch physikalisch-technischer Natur und werden unter Rekurs auf farbmetrische Kennzahlen als bloßer Schein im Sinne optischer Fehlleistungen bzw. Fehlinterpretationen beschrieben. Es wird unterstellt, dass wir eigentlich einen bestimmten anderen Farbton sehen müssten. Untersucht man die zugrunde liegenden Farbexperimente genauer, so fällt auf, dass neben dem Drehen an den Parametern der Färbung und der Beleuchtung auch die Komposition entscheidend ist. Ohne eine genau kalkulierte Gestaltung der gezeigten Farbflächen im Unterschied zum anders farblichen Umfeld könnten die Effekte nicht erzeugt werden.

Das gilt auch beim Bezold-Effekt. Wilhelm von Bezold entdeckte, dass eine Farbe anders wirkt, je nachdem, *neben* welcher anderen Farbe sie auftritt. Bezold beobachtete einen Assimilationseffekt: Neben einer helleren Farbe, z.B. weiß, wirkt ein Rot heller als neben einer dunkleren Farbe, z.B. schwarz.[2] Damit dieser Effekt eintritt, müssen die beiden Farbflächen allerdings in einem proportional adäquaten Verhältnis zueinander stehen. Der gegenteilige Effekt ist derjenige, auf den schon Schopenhauer anspielt und dessen Entdeckung Chevreul zugeschrieben wird: der Simultankontrast. Grau vor orangenem Hintergrund wirkt heller als vor weißem Hintergrund. Der Unterschied zwischen dem Bezold- und dem Chevreul-Effekt resultiert vor allem aus der Gestalt und der Größe der Farbflächen: Der Bezold-Effekt entsteht, wenn kleine Flächen neben einander stehen, wohingegen Chevreuls Kontrasteffekt entsteht, wenn große Flächen neben oder umeinander stehen. Typischerweise treten diese Flächen als geometrische

---

[2] http://mesosyn.com/mental8-6.html [Letzter Zugriff 12.2.2020].

III. Grundieren / Scheinen

Formen (meist Rechtecke oder Quadrate) auf. Ohne scharfe Kanten, an amorphen Farbfladen, würde man die Effekte kaum beobachten können. Die Gestaltung bestimmt hier die Arten, wie die Farben miteinander agieren können. In der Mitte beider Effekte steht die „White Illusion". Hier ist es die Assoziation mit entweder der Farbe weiß oder schwarz, die ein helleres oder dunkleres gedachtes Rechteck produziert.[3] Hier werden Gestaltgesetze wirksam. Kann man aber sagen: sie sind „real" gleich? Ist es derselbe Grauton/Blauton und nur die Assoziation zu Farbblöcken an der Grenze zu schwarz oder weiß, was sie jeweils heller oder dunkler erscheinen lässt? Kann man hier wirklich Sein gegen Schein ausspielen?

Den Schein der Farben wahrzunehmen heißt nicht, sie auf eine tiefere Wirklichkeit hin zu durchschauen. Wohl aber wahrzunehmen, dass es sich um einen unvermeidlichen Effekt, eine reine Wirkung handelt. Die Farblichkeit eines Segments unserer Umgebung zieht unseren Blick auf sich. Eine farbliche Erscheinung wahrzunehmen impliziert, dass wir auf die Farblichkeit in besonderer Weise achten und davon ausgehen, dass sie sich mit unserer Bewegung ändert und dass wir womöglich das dahinter liegende Arrangement durchschauen oder aber noch weiter in den Bann des Phänomens geraten. Wenn wir bei der Erklärung derartiger Effekte weder in den Farbsubjektivismus (Farbe als psychisch-neuronales Konstrukt) verfallen wollen noch in den Farbobjektivismus (Farben sind die von Farbwahrnehmungen repräsentierten Eigenschaften externer Objekte), sollten wir weiterhin von der systematischen Veridizität unserer Wahrnehmungen auch des Farbscheins ausgehen. Farben als detektierte Eigenschaften zeigen wirkliche Merkmale des Gesehenen; und hierzu zählt unter Umständen auch der Schein. Der Farbrealismus übersieht dabei diese Leistung

---

[3] Interaktiv: http://web.mit.edu/persci/gaz/main-frameset.html [Letzter Zugriff 12.2.2020].

des Detektierens.[4] Der Schein ist ein Heraustreten, ein Tingieren, ein Zusammenwirken visueller Eigenschaften: Wenn ich etwas bei Kerzenschein oder im Schein einer gleißenden Laserleuchte wahrnehme, sehe ich es jeweils anders und Anderes, sehe auch den Schein, ohne dass damit der direkte Blick in die Lichtquelle gemeint wäre. Auch hier wäre das Scheinen ohne das Zusammenwirken der Farben und ohne ein Beschienenes nicht denkbar. Und es ist etwas, das nicht täuscht, sondern erhellt.

Das, was das Scheinen erhellt, ist eine Situation, eine Konfiguration, eine Korrelation. Bei allen physischen Eigenschaften kann man sich irren: die Erscheinungsweisen von Größe, Gestalt und Textur ändern sich in der Wahrnehmung extrem in Abhängigkeit von Umweltfaktoren. Irrtümer sind, wie wir mit Schopenhauer festhalten können, nicht identisch mit sensorisch induzierten Illusionen. Es gibt vermutlich hunderte möglicher Illusionen in diesem Feld, und doch kann man Größe, Gestalt und Textur messen und objektiv beschreiben. Derartige physikalischen Eigenschaften werden weder durch unseren Wahrnehmungs- und Erkenntnisapparat „konstituiert" noch werden sie durch die Möglichkeit, unsere Wahrnehmung mit Bezug auf diese zu verwirren oder in die Irre zu führen, zu etwas Illusorischem. Das Gleiche gilt prinzipiell für Farben. Trotz aller Irrtumsanfälligkeit wird man zumindest eine Konsenswahrheit über eine Standardfärbigkeit (Schnee ist weiß, Erdbeere rot) wie auch Gewissheit über eine gegebene Farbbegrifflichkeit (Weiß ist heller als Schwarz) und Terminologie erzielen. Dennoch ist

---

[4] „[...] colours are properties of the natural world of space, time, matter and energy. More than that: Realism is the thesis that colours are, in some substantial sense which is easy enough to grasp but rather tricky to spell out, physical properties – that is, properties belonging to the same family as shape, temperature and texture characterizing the public, inanimate world around us." Keith Campbell, „David Armstrong and Realism about Colour", in: John Bacon, ders. u. Lloyd Reinhardt (Hg.), *Ontology, Causality and Mind*, Cambridge: Cambridge University Press 1993, S. 249–268, hier S. 250.

einzuwenden, dass dasjenige, was man physikalisch messen kann, elektromagnetische Wellen oder Oberflächenprofile sind und keine Farben. Dasjenige, was wir Farben nennen, und die Art, wie wir Farbwörter verwenden, ist eine Frage der Sprache, nicht der Wahrnehmung realer Farben. Das, was scheint, ist nicht identisch mit Messergebnissen von Lichtwellen oder mit der Semantik von Farbbegriffen; mehr noch, es ist nicht klar, was das überhaupt sein soll: Farbe als Objekt (eines Messens) oder Farbe als Korrelat eines Farbsymbols. Dass das Farbsehen abhängig ist von der funktionalen Ausprägung des Sehsinns, von der Aufmerksamkeit, vom Akt des Detektierens, von Umwelteigenschaften, von Kulturen des Sehens und prinzipiell auf den Zustand von Objekten im Raum gerichtet ist, schließt die Möglichkeit nicht aus, dass Farben wesentlich scheinhaft sind in dem Sinne, dass wir sie nicht als Informationen, sondern als genuin optische Phänomene, als Farbobjekte auffassen. Violett, Purpur und Orange haben, als Objekte verstanden, (1) wesentliche Eigenschaften, die sich von sichtbaren Gegenstandsprofilen unterscheiden. (2) Weder ist eine Reduktion auf Partikel, aus denen diese Farbobjekte aufgebaut sind, noch eine Überdetermination durch die menschliche Wahrnehmungspsychologie geeignet, den Beitrag dieser Farbobjekte zur Ausprägung der Wirklichkeit präzise zu untersuchen. (3) Die Art, wie eine Farbe auf die Oberfläche eines Gegenstandes verweist, an dem sie auftritt (wie also Orange eine Orange bezeichnet), ist zu unterscheiden vom ekstatischen Scheinen dieses Orange. Aber was genau „macht" ein Farbobjekt, jenseits der verfälschenden Relationen? Wie zeigt sich so etwas wie ein Farbobjekt, wenn nicht in illusionären Phänomenen?

Selbst wenn wir sagen würden, dass sich „das Farbobjekt" prinzipiell nur verfälschend zeigt bzw. jeder direkten Wahrnehmungsrelation entzieht, so ist doch die Realität dieses Farbobjekts nicht per se etwas Obskures. Wenn ich davon ausgehen kann, dass eine Farbe, zum Beispiel Purpur, nicht nur eine sekundäre Qualität von Dingen, wie zum Beispiel dem Farbstoff von Purpurschnecken ist, dann ist dieses Farbobjekt purpurn und wird in einer adäquaten Umgebung jeweils so oder so wirken bzw. erscheinen und sich von Violett, von Fuchsin, von Indigo, von Lila, von Mauve, von Pflaumenblau und von Violett unterscheiden lassen und mit anderen Farben in spezifischer Weise interagieren (harmonisch, dissonant, kontrastiv, verfälschend, überblendend etc.)

Mit **Claudio Roller** können wir verschiedene, logisch gestufte Analyseebenen unterscheiden: Auf der obersten Ebene (Roller nennt sie Interpretation$_3$-Ebene) finden sich Farb-Erklärungen, angereichert mit physikalischem, neurologischem und psychologischem Wissen über Farben, die den Ablauf „von der elektromagnetischen Strahlung – der Spektralverteilung in den Beleuchtungsbedingungen und der aufgrund der Absorptionseigenschaften der Objekte reflektierten Strahlung – über die Verarbeitung in den verschiedenen Zäpfchentypen und den Opponentenfarbkanälen bis in die ‚höheren' kortikalen Regionen des Gehirns" erklären. In naturwissenschaftlicher Einstellung wird die prägende Rolle physiologischer Prozesse so deutlich, dass sie geradewegs in einen Subjektivismus der Farben führt. „Im Zuge naturwissenschaftlicher Erklärungen wird eine Dritte-Person-Perspektive eingenommen, die allerdings immer schon auf Erfahrungen der Ersten-Person-Perspektive rekurriert."[5] Darunter liegt die Analyse-Ebene, in der sich Sprachspiele der Alltagssprache in Gewohnheiten und Gleichförmigkeiten verankern. Diese Ebene hängt aber von einer grundlegenderen ersten Ebene ab. „Die Interpretation$_1$-Ebene behandelt kategorialisierende Funktionen, die Wirklichkeiten erzeugen. Dieser Ebene sind u.a. auch die Sinnestätigkeiten zuzuordnen, bei denen die Far-

---

[5] Claudio Roller, *Farbe und Repräsentation. Eine philosophische Studie zur Farbwahrnehmung*, Würzburg: Königshausen & Neumann 2016, S. 204f.

ben im Rahmen der visuellen Wahrnehmung eine kardinale Rolle spielen. Die Fähigkeit des Unterscheidens von Farben ist ein grundlegender Interpretation$_I$-Vorgang und verfügt, wenn wir achromatische Farben inkludieren, über einen transzendentalen Status: sie ist Bedingung der Möglichkeit von Erfahrung überhaupt."[6] Warum aber ist die Bedingung der Möglichkeit von Erfahrung nicht auch das, was da unterschieden wird? Die (soziale und kulturelle) Wirklichkeit, nicht Sinnliches an sich, wird von den differenzierenden Sinnen konstituiert.

Weitere Prozesse auf der Interpretation$_I$-Ebene sind die Fähigkeit der Wiedererkennung von Farben [...] und Interpretationsprozesse, die zu einer geformten Gesamtanschauung der Farben führen [...]. Kategoriale Interpretationsvorgänge in Bezug auf Farben bewegen sich in einer Ersten-Person-Perspektive, können jedoch auch vorbewusste und subpersonale Prozesse umfassen [...]. Die interpretativen Vorgänge des Unterscheidens, Wahrnehmens, Abgrenzens, Einordnens und Wiedererkennens [können] eine ‚etwas als etwas'-Struktur aufweisen, die nicht oder noch nicht begrifflich aufgefasst werden muss. Da die nicht-sprachlichen Zeichen- und Interpretationsprozesse die Wirklichkeit konstituieren, wird die Unterscheidung von objektiv und subjektiv auf dieser fundamentalen Ebene des Farberlebens ausgehebelt [...]. Eine Wissenschaft der Farben, so wie wir sie kennen, ist nur vor dem Hintergrund einer Lebenswelt der Farben möglich. Die Lebenswelt der Farben setzt konstitutive, Farb-Wirklichkeiten erzeugende Prozesse voraus.[7]

Die Lebenswelt der Farben entsteht nicht durch Interpretation. Wenn Interpretationen auch an Konstitutionsvorgängen betei-

---

[6] Ebd., S. 205.
[7] Ebd., S. 205ff.

ligt sein können, so sind diese nicht vollständig auf jene zu reduzieren. Eine Lebenswelt der Farben entsteht durch eine Vielzahl von Praktiken und Agenzialitäten, auch solchen der Farben. Diese konstitutiven Prozesse einer Lebenswelt der Farben wird deshalb von jeder Farberklärung verfälscht, die das performative Ereignis der Konstitution auf interpretative Akte des lediglich „subjektiven", Erste-Person-Stranges verkürzt. Denn erstens folgt logisch die Interpretation der performativen Setzung von Etwas, das überhaupt als mögliches, zu interpretierendes Zeichen aufgefasst werden kann, und zweitens sind Farben, noch bevor sie als Zeichen fungieren, Farben – und auch als Farbobjekte, als Schein, Dinge, die real begegnen, (dispositional, aber affordant) eine Sinnestätigkeit eröffnen und Erfahrung real bedingen.

Es wäre irreführend zu sagen, dass Purpur ein Produkt des Gehirns ist oder dass es, weil es jeweils im Kontrast anders erscheine, keine Identität habe. Und auch wenn Wittgenstein Recht hat mit seiner Feststellung, es gebe keinen Maßstab für Farbgleichheit, also keine Möglichkeit zu sagen, dieses Purpur sei das gleiche wie jenes, da weder die Lichtwellen, noch die Mischungsverhältnisse (zwischen Rot und Blau), noch der retinale Reiz o.ä. dafür ein sicheres Kriterium abgeben können, so ist es doch sinnvoll, Dinge und Situationen zu benennen und zu sortieren, bei denen Purpur gesehen werden kann und so gewissermaßen eine Klasse purpurner Phänomene zusammenzustellen.

Wenn es richtig ist zu sagen: Farbe ist weder ein subjektives Phänomen, eine quasi-Illusion, die im Gehirn nach der Verarbeitung von Lichtwellen im visuellen Cortex auftritt, noch ein Äquivalent der Oberflächenspektralreflektanz oder ein Maßverhältnis wie Größe, Form, Gewicht oder Geschwindigkeit, so wird das Farbobjekt als Schein ein Korrelat der spezifischen realen Konstellation von Beleuchtung, texturierten Objekten und Schatten in Abhängigkeit von der Eigenbewegung und der

Interaktion der Sinne sein. Wie sich an illusionsbasierten Farbexperimenten zeigt, ist das Farbsehen auf der einen Seite abhängig von dem, was sich zeigt (Gestaltungseigenschaften) wie auch von der Fähigkeit, die Phänomenalität dessen, was sich zeigt, zu erfassen. Wenn ich sage: „der Mantel des Kardinals erscheint mir purpurn" oder „ich sehe ihn als Purpur", dann drücke ich mich vorsichtiger aus, als wenn ich sage „der Mantel des Kardinals ist purpurn", doch in keinem Fall gehe ich davon aus, dass ich getäuscht werde, wenn ich eine Farbe sehe, obwohl ich dabei eventuell unsicher bin, um welche Farbe es sich handelt. Wahrgenommener (sich in der Wahrnehmung artikulierender) „Schein" ist nicht „Täuschung" und auch nicht „Fiktion". *Farbschein ist eine Auffassung der jeweiligen Modalität der Wirkung eines intendierten Gegenstandes.*

Es muss auch kein funktionales Äquivalent des Glaubens sein, wie Gertrud Koch es interpretiert, kein Als-Ob, das einen starken Sinn für den Inhalt voraussetzt, der gewissermaßen angesichts schwacher Merkmale aufgefüllt wird (wenn ich weiß, dass die Farbe der Kardinäle purpurn ist). „Schein" könnte auch ein Modus der Wahrnehmung sein, in dem man zulässt etwas anderes zu sehen, als man sehen müsste. Wenn ich also eine Farb-Illusion sehe, dann sehe ich, dass ich zulasse, etwas anderes zu sehen, als ich sehen müsste. Woher weiß ich, dass ich etwas anderes sehen müsste, als ich sehe? Ist es in jedem Fall notwendig, dass ich mein Fehlsehen im selben Moment durchschaue, und wie kommt es, dass ich eine Färbung als eine sehen kann, die von der Norm abweicht? Damit dies der Fall sein kann, muss eine begrenzte Plastizität der Farb-/Objektkonstanz unterstellt werden können: Ich bin in der Lage, dasselbe Gesicht in unterschiedlichen Umständen zu erkennen (jung, alt, schmutzig, mit Bart, geschminkt); ebenso bin ich in der Lage, Marilyn Monroe in Warhols Pop Art-Serien als Marilyn wiederzuerkennen, obschon keine der abgebildeten Farben für eine tatsächliche Farbe von Marilyns Gesicht steht.

A) Dabei bewirkt das Prinzip der Farbkonstanz die optische Farbkorrektur nur bis zu einem gewissen Grad. Ich muss in der Lage sein, eine Banane in grellem Licht und im Halbdunkel als gelb zu sehen. Aber ich muss auch in der Lage sein, eine lila Banane erkennen zu können.

B) Obschon es eine konstitutive Differenz zwischen den Farben einer natürlichen Szenerie und der Palette einer Malerin gibt, kann ein Gemälde nicht nur Gestalt, Position und Texturen, sondern auch Farbe abbilden. Ich könnte zum Beispiel ein Gemälde als Abbildung einer Khaki sehen, auch ohne die Form dieser Frucht, nur dadurch, dass das Gemälde die Farbe Khaki zeigt. Dasselbe Gemälde könnte die Frucht Khaki oder die Farbe Khaki zeigen. Dies könnte durch das Neben- und Übereinanderlegen von Farben geschehen, von denen keine einzige khakifarben ist.

C) Prinzipiell ist nur in Gemälden die Wahrnehmung einer Farbe durch eine andere Farbe möglich.

Eine nichtillusionäre Weise des Scheines ist die Ähnlichkeitsrelation. Wenn etwas genauso aussieht wie etwas Anderes, sodass ich beim Anblick des Ersten an das zweite erinnert werde, ohne mich je darin zu täuschen, dass ich dieses Zweite nicht vor mir habe, so liegt dies an seiner Erscheinungsweise. Dies machen sich figürliche Darstellungen zunutze, die oft über die Ähnlichkeiten der Gestalt, des Profils oder des Volumens etwas Anderes evozieren als direkt vor Augen liegt. Farben sind dabei nicht nur Teil der Abbildungen, sondern können unter Umständen selbst, durch Formen oder Farben, abgebildet werden. Ein Bild kann das visuelle Analogon einer nicht direkt sichtbaren Farbe vor Augen stellen, ein Spiel aus Ähnlichkeiten und Unähnlichkeiten.

Nicht der identische Farbton ist ausreichend, um eine Farbe wiederzuerkennen (zu sehen), sondern die Farbe im Kontext. Deshalb zählt, u.a. wegen des Simultankontrastes, zu den impliziten Annahmen der Darstellung, dass das Farbmuster einer darzustellenden Szene ein visuelles Analogon im Farbmusters der gemalten Szene findet, ohne im Farbton notwendigerweise identisch zu sein.

Die Zahl und Struktur der verwendeten Farben, ihre Materialität, ihre Plastizität und ihr Auftrag beeinflussen den Farbeindruck dabei ebenso wie das Format der Abbildung und die Gestalt des Abbildungskörpers (Abbildungsfläche) in Kombination mit anderen Abbildungen und Farben im Umgebungsraum. Hinreichend normale bzw. vergleichbare Beleuchtungsbedingungen und Bewegungsmöglichkeiten müssen gegeben sein, damit das Farbmuster als abgebildete Farbe von X erkannt werden kann.

Physikalisch wird in der Regel die abgebildete Farbszenerie reicher sein an sichtbarer „Färbigkeit" (Farbton, Sättigung, Helligkeit, Buntheit) als die zur Abbildung zur Verfügung stehenden Farbmittel. Es ist jedoch möglich, mit den Farben einer Palette (Fresco, Tempera, Ölfarbe, Aquarellfarbe, Mosaiksteine, gefärbtes Glas) einen phänomenologisch intensiveren Seheindruck zu erzeugen als denjenigen, den die Oberflächenfarben der abgebildeten Szene direkt erzeugen würden, weil die Konzentration des Sehens, die Positionierung vor einem Bild, und das plötzliche Entschlüsseln des zu Sehenden oft genug die vergleichsweise fehlende Leuchtkraft und Sättigung kompensieren.

Die Farben einer Oberfläche und die Variation der Farblichkeit dieser Oberfläche in unterschiedlichen Beleuchtungssituationen können durch malerische Stile evoziert werden. Die unterschiedlichen Weisen, der Plastizität der Farben eine Operativität zu entlocken, korrespondieren der Entwicklungslogik des Farbmaterials und der benutzbaren Instrumente. Die unterschiedliche Stile zur Evokation von Fokuspunkten, von Distanzen, von Blickverläufen werden zudem beeinflusst von den gedanklichen und praktischen Möglichkeiten zur Darstellung von Schatten. Denn dies gelingt kaum durch das Auftragen von schwarzen Flecken, sondern besser durch das Abdunkeln im selben Farbstoff. Im Chiaroscuro wird Licht durch Aufhellen mit Weiß, Schatten durch Abdunkeln des Farbtons mit Schwarz vorgestellt; Cennino erreicht die Darstellung der Schatten durch die Verwendung von saturierten Farbtönen, Helligkeit durch Weißbeimischung. Michelangelos Cangiante-Stil kennt den Übergang zu einem anderen, saturierteren Farbton (mildere Übergänge, von Hellgrün zu Dunkelgelb, härtere vom blaugrünen Objekt zum orangenen Schatten). Im Impressionismus wird der Eindruck von Schatten durch heruntergetönte Komplementärfarben ausgelöst.[8]

Gegenüber diesen illusionären gibt es „desillusionäre" oder Fehldarstellungen: Farbgebungen, die absichtlich nicht als „natürliche Farbkomposition" gesehen werden sollen, so schon im Expressionismus oder in Warhols Serienbildern. Bilder können Illusionen sein von etwas, das es gegeben hat, aber nicht mehr gibt (Photo, Film), von etwas, das ich sehen könnte, das es aber nicht gibt (Simulationen, figurative Malerei) oder von etwas, das ich nicht bildextern sehen könnte. Die letzte Option betrifft auch Fälle, in denen ich etwas als Darstellung einer Farbe sehe, obschon ich diese Farbe in der abgebildeten Szene nicht sehen könnte. Beispielsweise kann ich eine Farbfläche in einem Gemälde, u.a. aufgrund ihrer Position in einer Szene aber auch aufgrund ihrer Farbigkeit relativ zu anderen Farben als Schatten sehen. Und es kann sein, dass dieser gemalte Schatten Orange ist, obschon mir unter keinen Beleuchtungs- und Sehbedingungen außerhalb des Bildes ein orangener Schatten begegnen würde (Michelangelo in der Sixtinischen Kapelle). „IKB" und „Outrenoir" begegnen mir nur in den Gemälden Yves Kleins bzw. Pierre Soulages'.

Bilder sind demzufolge nicht nur Darstellungen von etwas Farbigem mit Mitteln der Farbe. Sie können auch *Darstellungen von*

---

[8] Nach John Gage, *Colour and Culture. Practice and Meaning from Antiquity to Abstract Art*, London: Thames & Hudson 1993; Marcia B. Hall, *Colour and Meaning. Practice and Theory in Renaissance Art*, Cambridge: Cambridge University Press 1993.

Farbe sein. Der Unterschied zwischen der Farbe auf der „Palette" und der Farbe auf dem Gemälde ist nicht nur der von „paint" und „colour" oder der konventionell-symbolische, dass wir die Farbe auf dem Gemälde „lesen" können und schwarz, weiß oder blau hier kulturelle Bedeutungen haben, die sie auf der Palette noch nicht haben oder ähnliches (Denotation). Es geht offensichtlich auch nicht vorrangig um das Wiedererkennen.

Vielmehr ist bei der Farbverwendung, wie sie erst im Gemälde zur Geltung kommt, erheblich, dass dieses uns aufgrund von Gestaltungseigenschaften, die Farbe im Farbeimer oder auf der Palette noch nicht aufweist, als Farbkörper erscheint, der die Wirkung von Farbe überhaupt, das Hervortreten von Farbe als Farbe und nicht als sekundäre Qualität, durch die Verwendung dieser Farbe erfahrbar werden lässt. Es ist kennzeichnend für Gemälde, dass an ihnen die Darstellungsfähigkeit der Farbe hervortreten kann, unter anderem, weil sie sich hier in einem gestalteten und getrockneten Zustand befindet.

Damit ich auf die Affordanz des Hervortretens eingehen und Farbe als solche auffassen kann, muss es möglich sein, den mir begegnenden artifiziellen Farbkörper als Gemäldeding zu identifizieren (1), und ich muss auf die Wirkung dieser Farbe als Farbe und nicht auf die Eigenschaft eines gefärbten Körpers achten können (2). Im Unterschied zu der (seit Goodman berühmten) Farbprobe (Teppichmuster, Stoffprobe, Farbtafel) nehme ich dabei nicht die Eigenschaft dieser Farbe im Unterschied zu der anderen Farbe bei diesem Typus von Farbträger wahr, sondern ich erfasse (und prüfe) Wirkungen, die Farbe überhaupt haben kann, reinen Farbschein, anhand der Eigenschaften dieser Farbe auf diesem Farbgrund. Dies gelingt nicht erst in einer reflexiven oder ästhetischen Einstellung (sonst wäre es wieder einer „Weise" oder „Technik" des Sehens zuzuschreiben), sondern aufgrund von Eigenschaften, die das Gemäldeding als solches auszeichnen.

An dieser Stelle muss nun deutlich werden, dass das Scheinen der Farben, dem die oben beschriebenen wahrnehmungspsychologischen Experimente auf der Spur sind, prinzipiell von allen farbigen Lichtquellen erzeugt und deshalb ebenso auf allen geeigneten Drucken und Bildschirmen wiedergegeben werden könnte. Eine Argumentation auf dieser Ebene lässt noch offen, ob das Modulieren und Experimentieren mit Farbe wirklich auf einen engeren Malereibegriff hinausläuft oder ob es nicht ebenso für Kino, Video, alle Arten von avancierten Lichtspielen, VJaying und immersiven digitalen Umgebungen zutrifft. Welchen Sinn von „Gemälde" impliziert also meine These, prinzipiell sei nur in Gemälden die Wahrnehmung einer Farbe durch eine andere Farbe möglich?

Ein Arrangement, in dem ich darauf achten kann, dass Orange den Schatten eines blaugrünen Stoffes darstellt, unterscheidet sich einerseits von einem Arrangement, in dem ich ein verwendetes Orange als solches nicht wahrnehmen kann (Täuschung, Dissimulation), und andererseits von einem Arrangement, in dem ich einen orange gefärbten Schatten sehe (Fehldarstellung). Und dies wiederum unterscheidet sich von einem Orange, das ich als Darstellung von Orange sehe, als Darstellung von leuchtenden Schatten, von Buntheit, von Weltwerdung. Als Darstellung von Farbe.

Mit **Martin Seel** können wir zwischen Erscheinen und Scheinen unterscheiden: „Zu den Erscheinungen eines Objektes gehört demnach alles das, was aufgrund sinnlicher Erfahrung und begrifflicher Diskriminierung über ihn [sic] feststellbar ist – der Ball ist rund, rot, feucht, kalt, zerkratzt, beschriftet, schwer, riecht nach Leder usw."[9] Schein gibt es dort, „wo etwas sinnlich anders gegenwärtig ist, als es tatsächlich ist."[10] Weiterhin differenziert Seel zwischen täuschendem und tragendem

---

[9] Martin Seel, *Ästhetik des Erscheinens*, München/Wien: Hanser 2000, S. 71.
[10] Ebd., S. 103.

(ästhetischen) Schein. So kann es vorkommen, dass das Sichzeigen von Objekten wirklich ist, auch wenn das, als was sie dabei zeigen, keine Wirklichkeit hat. „Die von Turrell erzeugte Farbfläche sieht wirklich so aus, als wäre sie eine Bildfläche, die sie nicht ist [...]. Jenem Lichtraum kommt die Eigenschaft, (immer wieder) Anschein eines Bildes zu sein, unabhängig von der Reaktion bestimmter Museumsbesucher zu. Dieser Anschein erfüllt damit das [...] Kriterium einer objektiven Gegebenheit [...]. Und doch entspricht dem Bild-Schein kein Bild-Sein. Anders als beispielsweise die Farbe der Lichtzone ist ihr Bildstatus [...] eine Eigenschaft, die sie nicht wirklich hat [...]. Dieses Sichdarbieten hat Realität, ohne daß die sich für wiederkehrende Augenblicke darbietende Erscheinung Wirklichkeit hätte."[11] Ergänzend wird man feststellen müssen, dass die Realität dieses Sichdarbietens zurückzuführen ist auf das Scheinen der Farbe in Turrells Lichtzone. Dieses Scheinen basiert auf einem Leuchten, das weder einfach die Erscheinung eines Gegenstandes ist (wie die Form, die Temperatur, die Farbe eines Balls) noch ein ästhetischer Schein (der „Bild-Schein"), sondern ein Schein, der wie das Leuchten Eigenschaften der situativen Disposition mit perzeptiven Effekten verschränkt. Wir könnten im Unterschied zum ästhetischen Schein eines Bildes, das eine Reflexion des Wahrnehmungsereignisses mit dem Sehen von etwas als etwas (des Leuchtfeldes als Bild), vom objektiven Schein sprechen, in diesem Fall das Sehen einer leuchtenden Farbfläche, das von keiner spezifischen, kulturell determinierten Reaktion abhängig ist.

Wie macht man das also, dass etwas aus sich heraustritt und zu scheinen beginnt? Etwas ist nicht nur an einem Ort bzw. an dem Ort, an dem es eigentlich ist; etwas scheint mehr zu sein und anderes, als es eigentlich ist; etwas scheint, es strahlt auf die Umgebung ab. Das Licht bei Turrell beispielsweise bildet

[11] Ebd., S. 112.

eine Fläche, die hervortritt. Bei ihm ist das Leuchten in einem Gemäldeformat entscheidend. Uns interessiert, wie dies durch Mittel der Farbgestaltung geschieht bzw. verstärkt wird. Das Herausragen, Heraustreten, in Erscheinung Treten, Scheinen, kann ebenso durch Rahmung, d.h. durch mediale Präsentation, durch Komposition, Umrisszeichnung, Perspektivierung etc. geschehen. Hier leuchtet eine Farbe kontrastiv in einem Rechteck. Dort beginnt Etwas durch das Auftragen einer Farbe zu scheinen. Das Färben ist nicht nur eine Produktion von Auffälligkeiten; es kann ebenso bewirken, dass etwas unauffällig, ja unsichtbar wird (Tarnfarben). Wo hört das Färben auf und beginnt das Scheinen? Unter welchen Umständen würden wir davon sprechen, dass Farbe erscheint?

Beginnen wir mit dem *Unterschied zwischen dem Tapezieren, dem Anstreichen einer Wand und dem Malen*. Sicher gibt es hier viele Übergänge. Es gibt Phototapeten, die extrem farbenfroh und illusorisch sind. Es gibt ornamentale, mit verschwenderischer Farbigkeit Schwindel erregende Wanddekorationen. In der Innenarchitektur wird durch Farbauswahl ein Stilwillen herausgestrichen, der beispielsweise südliche Lebenswelten in ein nordeuropäisches Zimmer holt. Oder mit der Wandfarbe Prinz-Heinrich-Blau den Raum mit einer klassisch-preußischen Anmutung versieht. Und doch hebt sich von diesem Atmosphären-Design die Malerei schon allein dadurch ab, dass sie nicht nur und nicht notwendigerweise Darstellung ist (wie der Stuck oder die Phototapete), sondern in der Farbgebung vorführt, wie etwas sichtbar wird. Die Malerei repräsentiert nicht einfach sichtbare Szenen, sondern führt quasi prozessual vor, wie etwas zur Darstellung kommt. Dies gelingt, unter anderem, durch eine Verschränkung von Spuren des Gemachtseins mit Kennzeichen dessen, was gesehen werden soll, gewissermaßen also von Auge und Hand.

Grundieren

Ein erster Schritt ist das Grundieren. Das Grundieren, mit dem der Anstreicher die Farbe auf der Wand haltbar macht, unterscheidet sich vom Grundieren in der Malerei. Hier gibt die Grundierung eine erste Tönung, schafft die Grundlage für eine Fläche, eine Kontraktion, ein Entzug von Präsenz, eine modulierte Leerstelle. Der Grund bildet die Differenz zur Figuration. Seine Latenz bleibt eine Negation der Darstellung. Die ikonische Differenz kann verstanden werden als Kluft oder Gefälle zwischen der Kontinuität des Grundes und dem sich darauf abzeichnenden Distinkten, der Dispersion von Punkten und Linien, der Struktur der Markierungen. Erst die Spannung, die Qualität und die Gerichtetheit, die der Latenz des Grundes eignet, bringt etwas als etwas darauf zur Erscheinung. Die ikonische Differenz hält den Grund in dieser Latenz, er ist also kein Erstes, kein Fundament, auf dem das Figurative ruht, sondern derjenige, der Relationen herstellt und konturiert, sobald er den Blick des Betrachters in Bann zieht. Umgekehrt wird die Kontinuität dieses Grundes nicht erst durch das Figurativ-Distinkte als Unbestimmtes negativ indiziert, sondern sticht durch eigene Kontraste und Farbdynamiken hervor und ist gleichzeitig im Bildsehen anwesend.[12] Der Grund ist chaotische Mannigfaltigkeit. Er schafft gegenüber Markierungen und unterhalb von Distinktionen eine Kontinuität der Farben und legt damit (und unabhängig von der Rahmung) einen farblichen Erscheinungsraum fest.

Der Grund ist zunächst der Erscheinungsraum eines farblichen Spektrums, wie **Gottfried Boehm** erklärt: „Farben haben von sich aus ein besonders hohes Kontinuitätspotential. Nicht nur, weil sie keine scharfen Grenzen oder Umrisse ausbilden,

---

[12] Gottfried Boehm, „Der Grund. Über das ikonische Kontinuum", in: ders. u. Matteo Burioni (Hg.), *Der Grund. Das Feld des Sichtbaren*, München: Fink 2012, S. 28–92, hier S. 74.

sondern stattdessen unter Vorzeichen von Intensität erscheinen. Diese inhärente Wirkung resultiert aus einer Befähigung zum Übergang. Farbe ist immer Nuance, und Nuance per Nuance vermag sie sich stetig in eine andere Farbe zu verwandeln. Das Schema des Farbkreises oder Farbdreiecks zeichnet diese Kontinuitäten unter Zuhilfenahme geometrischer Figuren vor, wenn es darum geht, zwischen den drei Primärfarben (Rot, Blau, Gelb) Übergänge vermittels der drei vermittelnden Sekundärfarben (Orange, Grün, Violett) zu markieren. Dieses Farbkontinuum ist eine veritable Ganzheit, umfasst sie doch alle überhaupt möglichen Farben."[13] Jeder Farbpunkt ist in dem Sinne eine Intensitätszone zwischen Nuancen des Übergangs hin zu anderen, benachbarten oder inhärenten Farben.

Denn das Verwandlungpotential jeder Farbe wird nicht allein in der Juxtaposition, aus der simultanen Nachbarschaft, sondern auch aus der Tiefe, den inhärenten anderen Farben und Schichten gesehen. Entsprechend schreibt Gottfried Boehm über Mark Rothko: „Farbe organisiert sich in einer Folge halbtransparenter Schichten. Sie artikuliert sich gemäß einer Logik des Verschwindens, die zur Urrealität aller Malerei gehört. Schon die erste Spur von Farbe, die der unbekannte Maler einer grauen Vorzeit gesetzt haben mag, jede erste Schicht der Darstellung negiert den Bildgrund und bringt ihn zugleich neu hervor [...]. Negation ist die Grundlage aller bildlichen Erscheinung."[14]

Die Grundierung folgt immer schon einer ersten Spur, einer ersten Schicht, auf die sie sich einlässt. Indem wir grundierend eine Fläche erschaffen durch das Auftragen einer Farbe, kann diese Farbe entweder absorbierend, matt, glänzend oder aus

---

[13] Ebd., S. 78.
[14] Gottfried Boehm, „Die Bilderfrage", in: ders. (Hg.), *Was ist ein Bild?*, München: Fink 1994, S. 325–343, hier S. 340.

sich heraus leuchtend oder fluoreszierend erscheinen.[15] Sie kann eine Überformung aufgrund ihrer Größe (overall-effekt) auslösen. Sie kann strukturiert oder texturiert wirken. Sie kann synästhetische Effekte (in anderen Sinnesmodalitäten) auslösen: Taubheit, Dumpfheit. Einfarbigkeit kann bereits Effekte des Erscheinens zeitigen. Schon hier ist, zum Umraum hin, in einigen Fällen bildliche Differenz gegeben.

Zweifarbigkeit, besonders bei bunten Farben, löst Interaktionen aus; Farb-Bewegung. Diese Bewegung korrespondiert dem Akt des Sehens; das Scheinen der Farbinteraktion ist dabei jedoch nicht notwendigerweise illusionär. Dies geschieht erst, wenn Farbe nicht als Attribut oder sekundäre Qualität eines Objektes, sondern selbst als dinghaft gesehen wird. Auch die Farb-Illusion kann an diese Realität der Farben heranreichen. Nun werden wir erneut zu unterscheiden haben zwischen diesem realen „Erscheinen", und der Illusion, wenn wir bei der Illusion eine irgendwie fehlgehende Wahrnehmung, eine Irre konnotieren.

Das Wort „Illusion" ist von Abbé Du Bos und Diderot aus der französischen Alltagssprache, in der es einfach „Sinnestäuschung"" bedeutete, in die Ästhetik aufgenommen worden. Deutschsprachige Autoren wie Mendelssohn, Lessing und Sulzer importierten dieses Wort dann in die deutsche Ästhetik. Vom „täuschenden Schein", den er mit dem Begriff des Betrugs verbindet, unterscheidet schon Immanuel Kant den „beispielenden Schein". Er entbehre der „bösen Absicht", ja, mehr noch, derjenige, der ihn hervorrufe, wolle gar keinen Irrtum erzeugen, sondern die „Wahrheit, angetan im Kleide der Erscheinung, das ihr inneres Wesen nicht verdunkelt, sondern sie geschmückt vor Augen stellt", präsentieren. Damit täusche die Erscheinung nicht durch Schmuck und Blendwerk, son-

---

[15] Frank Stella beispielsweise verwendet in den 1960er Jahren fluoreszierende Farben und Materialien mit enormer farblicher Leuchtkraft. Siehe Graw, „Die Liebe zur Malerei", S. 95.

dern benutze die Veranschaulichungskraft der Sinne, um „das farblose Bild der Wahrheit, in sinnliche Farbe getaucht, in Erscheinung treten" zu lassen. Diesen spielenden Schein nennt Kant „Illusion". Die Illusion ist nicht nur erlaubt, sondern gefällt „in hohen Maßen."[16] Ohne den beispielenden Schein der Farbe, ohne Illusion in diesem Sinne, könnten sich folglich Begriffe nicht auf wahre Anschauungen richten.

Der Abschied von der Illusion schien einmal das Ende der künstlerischen Malerei zu besiegeln. Bei Douglas Crimp heißt es 1981: „Die Malerei hat eine Essenz, und diese Essenz ist der Illusionismus, die Fähigkeit, durch unbegrenzte menschliche Imagination heraufbeschworene Bilder hervorzubringen."[17]

Lambert Wiesing bezweifelt allerdings, dass Bilder Illusionen sein können. Schon Merleau-Ponty habe in seiner *Phänomenologie der Wahrnehmung* die Auffassung zurückgewiesen, dass die berühmte Müller-Lyersche Täuschung eine Illusion sei: Wenn hier zwei gleich lange Linien mit Pfeilenden in unterschiedlichen Richtungen für einen Betrachter ungleich lang zu sein schienen, so deshalb, weil sie in der Wahrnehmung nicht gleich lang sind. „Für die Wahrnehmung sind eine isolierte objektive Linie und dieselbe in einem Gestaltzusammenhang nicht ‚dasselbe'."[18] Nicht als Phänomene der Wahrnehmung, sondern nur als gemessene Linien sind die Pfeile gleich lang. Wiesing kommentiert: „Es zeichnet den phänomenologischen Ansatz aus, daß Phänomene nicht durch naturalistische, objektivistische Perspektiven relativiert werden. Die Ungleichheit

---

[16] Zitiert nach Astrid Deuber-Mankowsky, „Eine Aussicht auf die Zukunft, so wie in einem optischen Kasten. Transzendente Perspektive, optische Illusion und beständiger Schein bei Immanuel Kant und Johann Heinrich Lambert", in: Gertrud Koch u. Christiane Voss (Hg.), ... *kraft der Illusion*, München: Fink 2006, S. 103–120, hier S. 107. Deuber-Mankowsky bezieht sich auf Adolf B. Schmidt, „Eine bisher unbekannte lateinische Rede Kants über Sinnestäuschung und poetische Fiktion", *Kant Studien*, Bd. XVI, Berlin: de Gruyter 1911, S. 5–21.

[17] Douglas Crimp, „Das Ende der Malerei", in: ders., *Über die Ruinen des Museums*, Dresden: Verlag der Kunst 1996, S. 100–122, hier S. 107.

[18] Merleau-Ponty, *Phänomenologie der Wahrnehmung*, S. 30.

der Linien ist keine Illusion, sondern ein wirkliches Phänomen, das so wirklich ist, wie ein Phänomen nur wirklich sein kann; denn die Ungleichheit wird schließlich erfahren. Etwas zugespitzt muss man daher sagen: Eine Phänomenologie der Illusionen ist eine *contradictio in adjecto*. Der phänomenologische Standpunkt besteht gerade darin, das, was der naturalistische Standpunkt als Illusion disqualifiziert, als ein seiendes Phänomen zu qualifizieren."[19] Hier wäre zu ergänzen, dass der Begriff der Illusionen zwar nicht zwangsläufig eine Täuschung impliziert. Dennoch ist die Unterscheidung zwischen substantiell Wirklichem und Illusionärem hilfreich. Illusionäre Malerei, wie der Blick aus dem Fenster, den ein perspektivisches Bild vorstellt, eine Plastik von Duane Hanson oder von Anna Uddenberg, das Sehen einer bewegten Szene im Kino, sind keine Täuschungen, sondern vermögen es, wirkliche Ereignisse zu reproduzieren und lösen wirkliche Erlebnisse aus, ohne je für in vollem Sinne wirklich gehalten zu werden. Deshalb beharrt Gertrud Koch auf dem Unterschied zwischen einer epistemischen und einer ästhetischen Illusion. „Die ästhetische Illusion ist im Gegensatz zur epistemischen kein Phänomen der Täuschung, sondern des Erscheinens. In ihr geht es nicht um die Verhüllung von Sachverhalten, sondern darum, etwas zur Erscheinung zu bringen: das ästhetische Objekt. Produktionsästhetisch ist die Hervorbringung von Illusion gebunden an bestimmte Verfahren und Techniken der Darstellung, sie ist Teil einer Poetik des Erscheinens. Rezeptionsästhetisch ist sie gebunden an die Hervorbringung einer bestimmten Haltung zum Ästhetischen."[20] Wenn Farbe das ästhetische Objekt zur Erscheinung bringt, so wird zwischen diesem Objekt als dem in einer Darstellung intendierten, und der Farbe, die diese Dar-

---

[19] Lambert Wiesing, „Von der defekten Illusion zum perfekten Phantom. Über phänomenologische Bildtheorien", in: Koch u. Voss (Hg.), ... *kraft der Illusion*, S. 89–102, hier S. 89ff.
[20] Gertrud Koch, *Wiederkehr der Illusion*, Berlin: Suhrkamp 2016, S. 9.

stellung bewirkt, zu differenzieren sein. Inwiefern ist der Farbe als derjenigen, die erscheinend ein ästhetisches Objekt hervorbringt, obschon ihr sicher stets eine gewisse Technizität eingeschrieben ist, ein Darstellungsvermögen zu eigen, das nicht auf eine Poetik oder eine ästhetische Haltung zurückgerechnet werden kann, inwiefern ist sie selbst eine eigensinnige Akteurin auf der Bühne der Darstellung?

Gertrud Koch

Trotz ihrer Betonung einer Poetik des Erscheinens wendet Koch vorwiegend der rezeptionsästhetischen Seite ihre Aufmerksamkeit zu. Illusion ist für sie vor allem ein somatisch grundiertes Bewusstseinsphänomen: „Unter ästhetischer Illusionsbildung verstehe ich nicht die kognitive oder perzeptive Täuschung, die sich auf Erkenntnisse der empirischen Welt stützt, also eine Täuschung auf der Ebene der Repräsentation von etwas ansetzt, sondern in einem weitergehenden Sinne alle diejenigen Bewusstseinszustände, die im aktiven Nachvollzug fiktiver Welten entstehen und im Sinne einer lebendigen Anwesenheit erfahren werden."[21] Anders als bei Halluzinationen, Phantasien, Traumbildern etc. sind ästhetische Illusionen, aus Kochs Sicht, ein Bewusstseinszustand, der sich in ästhetischen Erfahrungen bildet und von Simulationen, erzwungenen physiologischen Sinnestäuschungen oder Selbsttäuschungen unterscheidet. Sie besteht in einer „bewusst bleibenden Differenzerfahrung von Illusionsbildung und Realitätsbezug."[22] Das Bewusstsein des Als-Ob stützt sich auf ein Für-wahr-Halten, d.h. einen Glaubensakt, und ein entsprechendes affektives Verhalten, das sich auf die ästhetische Illusion einlässt.

---

[21] Ebd., S. 45.
[22] Ebd., S. 15.

Von der Trompe-l'œil-Malerei über den Fotorealismus bis zum Film entwickeln sich die „Techniken der Illusionserzeugung." Sie ähneln *objektiven Illusionen*, die auch dann noch wirken, wenn wir sie als Täuschung durchschaut haben. „Das Gewusste der Illusion sorgt nicht für ihre Unterbrechung, sondern es dient als Rahmen, in dem sich die Illusion überhaupt erst als ästhetische entfaltet. Mit der Ausweitung des Erfahrungskonzepts auf die ästhetische Illusionserfahrung des Films hin rücken zugleich die Rolle der Welterzeugung und der Fiktion in die Diskussion [...]."[23] Der Betrachter erlebt sich eingelassen in eine Scheinwelt und ähnlich wie in Rauminstallationen, Diskotheken oder Zoos überkreuzen sich Fiktion, reale Konfrontation und körperliche Erfahrung. Farben sind Grundbestandteile derartiger objektiver Illusionen.

Erforderlich ist auf Seiten des Zuschauers/Betrachters „lebendige Phantasie", wie **Ernst Gombrich** es nennt. Ohne diese Fähigkeit zur Illusionsbildung kann man der Affordanz illusionserzeugender Dinge nicht folgen, wie Gombrich argumentiert: „Gibson hat mir gezeigt, wie sehr unsere Wahrnehmung auch zweckbestimmt ist, wir sehen die Dinge in unserer Umgebung darauf an, wozu sie taugen oder was sie zu leisten imstande sind. Er nennt das ihre affordance [...]. Schon das Tier könnte nicht überleben, ohne diese Tauglichkeit wahrzunehmen: auf dem Wasser kann man nicht gehen, sondern nur schwimmen, der Ast kann einen tragen, aber ein Grashalm nicht [...]. Viele Dinge taugen zu vielerlei und es ist ein Zeugnis einer lebendigen Phantasie, neue Tauglichkeiten zu entdecken [...]. [Meine Kritiker wollen leugnen], daß Gemälde oder andere Bildwerke eine Illusion erzeugen können. Gewiß handelt es sich nicht um eine Halluzination. Wir glauben nicht wirklich, daß die Brötchen nun Füße geworden sind oder die Schuhsen-

---

[23] Ebd., S. 43.

kel Spaghetti. Aber wenn wir unfähig wären, auf den Spaß einzugehen, könnten wir den Film eben nicht verstehen."[24]

Selbst beim Trompe-l'œil täuscht man sich kaum, sondern geht auf den Spaß ein. Bei hyperrealistischen Skulpturen (bspw. Duane Hanson, Ron Mueck, Anna Uddenberg) ist es die leichte Übertreibung der Realitätstreue, aus der der Spaß an der Täuschung erwächst. Trompe-l'œils evozieren das Gefühl der Anwesenheit durch Raumstaffelung und Perspektive und setzen einen klaren visuellen Begriff voraus. Der Hyperrealismus dissimuliert zwar und verblüfft durch authentisch wirkende Merkmale, übersteigert diese Nachahmung jedoch und macht dadurch auf den beim betrachtenden Subjekt wirkenden klaren visuellen Begriff aufmerksam. Eine Erscheinung lässt etwas hervortreten, das am falschen Ort ist. Dies impliziert eine Derealisierung des visuellen Begriffs.

Malerinnen mobilisieren die Mechanismen des Erkennens immer dann, wenn sie mit ihren Gemälden etwas darstellen, d.h. wenn sie so malen, dass aus ihren Gemälden Bilder werden. Das Erkennen eines dargestellten Gegenstandes im Bild funktioniert aufgrund von Ähnlichkeiten – Ähnlichkeiten der Form, die vor allem durch die Linienführung evoziert werden, oder Ähnlichkeiten der Farbe. Während eine experimentalpsychologische Demonstration Effekte vorführt, appelliert die Verbildlichung, einem Argument von **Michael Podro** zufolge, ans Vorstellungsvermögen.[25] Die Verbildlichung erforscht und realisiert zugleich den Gegenstand (als Gegenstand der Erfahrung). „Nehmen wir an, wir erkennen in den Linien einer Zeichnung eine Figur. Vielleicht können wir, wenn es eine bewegte Figur ist, den sichtbaren Bewegungsimpuls der Linie

---

[24] Ernst H. Gombrich, „Zeichen, Bild und Wirklichkeit. Ein Beitrag zum modernen Bilderstreit", in: ders., *Das forschende Auge. Kunstbetrachtung und Naturwahrnehmung*, Frankfurt/M./New York: Campus 1994, S. 93–120, hier 107f.; Gombrich spielt hier an auf Charlie Chaplins Film *Goldrush*.
[25] Michael Podro, *Vom Erkennen in der Malerei*, München: Fink 2002, S. 16.

benutzen, um die dargestellte Bewegung zu interpretieren, können die Energie der Linie imaginieren [...]. In solchen Fällen unterhält die Linie zur Figur, durch ihre Form sowohl wie durch ihren sichtbaren Bewegungsimpuls, eine doppelte Beziehung. Die Linie verbindet Form und Bewegung in einer Weise, wie es nur in der Zeichnung möglich ist. Form und Bewegung werden aufeinander projiziert, so daß das Bild, indem es das Erkennen bereichert, zugleich eine Struktur annimmt, die außerhalb der Verbildlichung kein Äquivalent hat [...]. Was die Figur zur Figur macht, ist weniger der Impuls selbst als die multiplen Implikationen, die er miteinander in Beziehung setzt."[26] Die gezeichnete Linie zeigt das Bewegungspotential einer Figur durch den Impuls der Strichbewegung, durch die Energie, die das Gezeichnete auf die Linie überträgt und durch die Komplexität der Zeichnung. Bei der Malerei kann es, über zeichnerische Techniken hinaus, gelingen, dass „die Oberflächentextur des Dargestellten mit der des Grundes als koinzident empfunden [wird], und das von der Bildoberfläche reflektierte Licht und die dargestellte Beleuchtung des dargestellten Gegenstandes erscheinen als konvergent [...]. Vom sechzehnten bis zum neunzehnten Jahrhundert finden wir, daß die Impasto-Textur gegen mehr transparente oder vertriebene Zonen gesetzt wird und die Schichten sowohl ineinander als übereinander vermalt sind, so daß das gemalte [...] Licht und das von der Bildoberfläche reflektierende [...] vielfache Kontinuitäten durch verschiedenartige Formen und Oberflächen hindurch suggerieren. So steigert zum Beispiel in Veroneses *Allegorie der Täuschung* die Pinselführung auf der groben Leinwand beim Rücken der Frau das Gefühl physischer Präsenz, während durch die Übergänge von opakem zu transparentem Farbauftrag uns zugleich das Gefühl einer komplexen visuellen Viel-

---

[26] Ebd., S. 17.

schichtigkeit, in die wir hineinblicken, vermittelt wird."[27] Der Betrachter wird von der Emergenz des Gegenstandes aus Linie und Farbe nicht getäuscht oder betrachtet nicht nur so lange, bis er etwas (einzelne Aspekte) erkennt, sondern wird vom Bild zu weiteren Erkenntnisvorgängen angeregt. So „ist die Art von Aufmerksamkeit, um die es hier geht, eine Sache des Geschehenlassens. Zwar involviert jede Wahrnehmung ein ‚Geschehenlassen' – andernfalls wüssten wir ja schon, was wir sehen werden –, aber bei der Verbildlichung wird (wie bei jeder Kunst) aus diesem Geschehenlassen etwas, das für die Art unseres Involviertseins zentral ist: sobald das Bild, wie unbestimmt auch immer, auftaucht, scheint es das Stichwort zu geben für eine immer weitergehende Realisierung der in ihm enthaltenen Erkenntnismöglichkeiten."[28]

Wie die Diskussion des Inkarnats zeigt, ist bei der Malerei nicht nur der erzeugte Eindruck, das illusionäre Bild erheblich. Malen ist offenkundig nicht identisch mit dem „Illudieren", dem Aufbau einer Illusion. Und doch unterscheidet sich das Malen vom Anstreichen nicht zuletzt, wie gesehen, durch die *Erzeugung eines Scheins*. Trotz der fast unübersehbaren Vielzahl an Phänomenen des Scheinens hilft es, sich vor Augen zu führen, welche Handgriffe und Farbmanipulationen das Auge dazu bringen, in die Ebene des Als-Ob zu wechseln.

Optische Illusionen lassen sich grob unterteilen in (A) zeichnungsbasierte, die mit dem Concetto oder der Gestalt operie-

---

[27] Ebd., S. 21.
[28] Ebd., S. 24. Leider diskutiert Podro die Eigenschaften der Verbildlichung, die alle Arten von Bildern teilen (der Originaltitel des Buches lautet *Depiction*) und konzentriert sich nicht auf das, was der Malerei eigen ist, auch wenn er in einem Satz ein spezifisches Potential der Malerei durchaus im Blick zu haben scheint: „[...] Waltons Ansatz [schließt] unser Vermögen aus, am Gegenstand Qualitäten zu sehen, die er nur in der Verbildlichung annehmen kann. Zwischen unserem Interesse daran, wie die Dinge in der Malerei erscheinen, und unserer nichtpikturalen Erfahrung der Dinge besteht aber unzweifelhaft eine Kluft, und diese Kluft beruht nicht bloß darauf, daß, sondern auch darauf, wie die Dinge in einer für die Malerei spezifischen Weise in einem Gemälde auftreten." Ebd., S. 36.

ren. Sie bringen durch Linien und Umrisse die Illusion einer Ansicht, einer Ähnlichkeit, einer Perspektive ins Spiel und evozieren Größenverhältnisse, Gestalteigenschaften, Volumen, Bewegung etc. Dabei zwingen sie gewissermaßen das Gehirn, das, was tatsächlich gesehen wird, mit dem, was gesehen werden soll, zu überformen. (B) Illusionen auf der Basis einer Bildfolge wie beim Kuleshov-Effekt. Schließlich gibt es (C) auch farbbasierte Illusionen; hier zählt beispielsweise die farbliche Ähnlichkeit (sieht aus wie Schoko), die Denotation (Orange = Orange) oder Exemplifikation (dieses Orange, pars pro toto). Beachtlich sind die Möglichkeiten zur Veränderung von Farbeigenschaften bzw. zur Suggestion einer Farbe durch andere mit Mitteln der Farbkomposition. Hier gibt es offenbar mindestens die folgenden Strategien[29]: Illusion durch Farbkonstanz, durch Assimilation und Kontrast, durch visuelle Vervollständigung, durch visuelle Trennung oder durch farbliche Bewegungsinduktion. Beispielsweise erscheint eine Fläche, wenn ein Bereich von einer farbigen Umrandung umgeben ist und beide teilweise von einem farbigen Gitter verdeckt sind, in der gleichen Richtung getönt zu sein wie die Farbe des Gitters (Assimilation) sowie in der der Farbe der Umgebung entgegengesetzten Richtung (Kontrast). Dieser Effekt wird Munker-Illusion genannt. Ein ähnlicher Effekt wird durch ein farbiges Gitter, sich wiederholende farbige Punkte oder ein farbiges Schachbrettmuster (De Valois-Illusion) erzielt.

Durch Techniken der visuelle Trennung wie z.B. der Figur-Grund-Segregation werden Farbillusionen verursacht, durch die eine Gestalt entweder in dieser oder in der kontrastierenden Farbe gefärbt gesehen wird. Dies ist der Fall bei der Anderson-Illusion, bei der je nach der Farbe der Umgebung eine mondähnliche Scheibe hinter Wolken entweder gelb oder blau

---

[29] Akiyoshi Kitaoka, „A brief classification of colour illusions", in: *Colour, Design & Creativity* (5) (2010) 3, S. 1–9, https://www.aic-color.org/resources/Documents/jaic_v5_review.pdf [Letzter Zugriff 12.2.2020].

zu sein scheint. Es ist auch gelungen, durch die Zusammenstellung von Farbkontrasten in Kreisform Bewegungsillusionen induzieren. Denn Farben sind Übergänge über Umrisse, sie bewegen sich, insofern sich ihr Schein immer wieder herstellt. Sie verändern sich, da das Scheinen aus verschiedenen möglichen optischen Übergängen und Überlagerungen hervorgeht. In bestimmten Arrangements induzieren sie Bewegungswahrnehmung.

Für die Illusionsbildung sind die Farbformen, -größen und -anordnungen ebenso relevant wie die Sehfähigkeit der Betrachter (normale Trichromaten?) – und natürlich die Beleuchtung (die Farbauflösung des Bildschirms, Beamers usw.). Zu den Gestaltungseigenschaften von Farbillusionen zählt, dass sie als relativ geschlossene Flächen präsentiert werden. Innerhalb solcher Flächen bilden die Farben Einheiten; je bunter die einzelnen Farben sind, desto mehr Assimilation, Kontrast, Bewegung kommt in dieses Ensemble. Kleine, scharfkantige geometrische Formen bewirken größere Effekte als größere, amorphe. Optimale Distanzen der Segmente zum Betrachter sind ebenso wichtig wie dessen „im-Bild-sein" und die Lenkung der Aufmerksamkeit. Illusionäre Effekte sind abhängig von den Proportionen der Farbflächen, ihren übergreifenden Relationen, Gestalten und Kontrasten, von ihrer Anordnung, Buntheit und Ausrichtung. Es gibt Illusionen, in die sich das Auge einüben muss, wie beispielsweise in 3-D-Bilder. Wird die eingelassene, mögliche Illusion erst einmal gesehen, so ist es fast unmöglich, sie nicht mehr zu sehen.

Neben „lebendiger Phantasie" sind kognitive Gesetze in Rechnung zu stellen, die das Sehen einheitlicher Farbflächen in dynamischen Relationen bewirken. Die wahrgenommene Stabilität einer Objektfarbe an zwei Zeitpunkten unter verschiedenen Beleuchtungsbedingungen und in veränderten Umgebungen wird als Farbkonstanz bezeichnet. Diese Konstanz der Farbwahrnehmung ist nicht nur einer neuronalen

Grundausstattung, einer Technik der Aufmerksamkeit oder einem kulturellen Lernen zuzurechnen. Ein Objekt in Bewegung behält beispielsweise seine Farbe, auch wenn es aus grellem Sonnenlicht in farbigen Schatten taucht. Eine Zitrone bleibt gelb, unabhängig davon, ob sie in der Sonne, unter einer Glühbirne oder im Licht einer farbigen Neonlampe betrachtet wird. Ohne einen visuellen Begriff (Aussehen einer Zitrone) und ohne Informationen aus der Umgebung der Zitrone müsste diese aufgrund der Wellenlängenzusammensetzung des von ihr reflektierten Lichtes unterschiedliche Farben annehmen. Bei Sonnenlicht erschiene uns die Zitrone weißlich, unter der Glühbirne rötlich und unter der Fluoreszenzlampe bläulich. Aber es bleibt ein, wie auch immer farblich generiertes, Gelb. Die Objektkonstanz gilt allerdings nicht nur für Alltagsobjekte, denen wir eine gewöhnliche Farbe zuschreiben (Zitrone = Gelb). Es genügt schon ein Muster oder eine ähnlich suggestive schematische Erfahrung, wie in der „Adelson-Schachbrett-Illusion", wo ein Schattenwurf dazu veranlasst, zwei gleichfarbige Farbfelder als schwarz oder weiß zu sehen. Eine Täuschung aufgrund von Farbverhältnissen bewirkt auch der Wasserfarbeneffekt.[30] 1987 von Baingio Pinna, John S. Werner und Lothar Spillmann publiziert, beeinflusst dieser, wenn eine helle und eine dunkle Farbe nebeneinander eine Kontur umschließen, wie diese Kontur gesehen wird.

Inspiriert durch die Farbtheorien von Michel-Eugène Chevreul und Ogden Rood experimentierte bereits Robert Delaunay mit einer farblich induzierten Bewegungsillusion (auf der „Disque Simultané" von 1912/1913 oder deutlicher auf „Rhythme" von 1938). Später fand man heraus, dass auch ein vor einen Betrachter (filmisch) projizierter bloßer Farbenwech-

---

[30] Baingio Pinna, John S. Werner u. Lothar Spillmann, „The watercolor effect. A new principle of grouping and figure-ground organization", *Vision Research* 43 (2003), S. 43–52. Vgl. John S. Werner, Baingio Pinna u. Lothar Spillmann, „Farbtäuschungen und Gehirn", in: *Spektrum der Wissenschaft* 8 (2007), S. 32–37, hier S. 32ff.

sel Bewegungssehen induzieren kann.[31] Andersherum kann der Eindruck einer Farbe durch Bewegung induziert werden. Dies zeigt beispielsweise die „Benham-Scheibe".[32] Eine Tiefendimension addieren Farben in Bewegung, was Marcel Duchamp um 1935 mit seinen „Rotoreliefs" herausfand. Ein Quadrat, das hinter vier sich verkleinernden Quadrat-Kacheln rotiert, wird als „atmend", d.h. stetig größer und kleiner werdend, wahrgenommen, obschon es konstant gleich groß bleibt.[33]

Diese raffinierten künstlerischen oder wahrnehmungspsychologischen Experimente sind darauf geeicht, den Betrachter zu überlisten und Schein und Wirklichkeit möglichst weit auseinander zu treiben. Wie weitreichend die dabei extrahierten Gesetze des Sehens wirklich im Alltag effektiv sind, bleibt der Vermutung überlassen. Voraussetzungen dieser Experimente sind jeweils kulturabhängige Konventionen und Symbole und sogenannte Normalbedingungen des Sehens, das heißt eine festgelegte Blickrichtung, Distanz, Beleuchtung; ein normaler Sehapparat, wie auch ein passender und in der Regel unauffällig rezedierender Grund, auf dem die Flächen, Linien, Punkte und Figuren erscheinen.

Doch erst diese *Grundierung* erschafft eine Erscheinungsfläche für Farbextensionen. Flächen scheinen in Bewegung zu geraten dadurch, dass, abhängig von der Grundierung, die Kanten scharf gezogen werden, Farben scheinend hervor- oder zurückzutreten, sich zueinander zu drehen oder auseinander zu driften. Aneinander grenzende Farbflächen beginnen zu vibrieren. Nicht nur einzelne Farben (Grellgelb, Neonorange)

---

[31] Siehe z.B. http://www.cogsci.uci.edu/~ddhoff/Colordiskexp.html [Letzter Zugriff 12.02.2020].
[32] Nach Charles Benham, „The Artificial Spectrum Top", *Nature* 51, 321 (1895).
[33] Maggie Shiffrar u. Michael Pavel, „Percepts of Rigid Motion Within and Across Apertures", *Journal of Experimental Psychology. Human Perception and Performance* 17 (1991), S. 749–761; Nicola Bruno, „Breathing illusions and boundary formation in spacetime", in: Thomas F. Shipley u. Philip J. Kellman (Hg.), *From Fragments to Objects. Segmentation and Grouping in Vision, Advances in Psychology* 130, Amsterdam: Elsevier 2001, S. 531–556.

senden Bewegungsimpulse aus. Gestuft heller oder dunkler werdende Farbsequenzen induzieren unter Umständen konträre Bewegungsrichtungen.

Genauer wäre folglich zu fokussieren auf solche Irritationen und Bewegungen, die nur eine malerische Verwendung der Farbe innerhalb dieser Gruppe der Farbeffekte auslösen kann. Als typisch malerisch gelten beispielsweise Sprenkeleffekte, Schlieren, Verschwimmen, aber auch Pastosität. Welchen Unterschied macht es, die Tiefe mit Leim und Kreide, mit Leinöl, mit Harzfirniss oder mit Acryl, in Schattierungen von Schwarz, Blau, Rot oder Weiß zu grundieren? Welche Fläche erzeugt der aus Blattgold gefertigte Goldgrund? Welche Malgründe lassen welchen Farbauftrag zu?

Die Malerei zeigt, aufgrund der zeitlichen Formierung der chemischen Farbmasse, mit der sie operiert, die Plastizität der Tiefe, sie verändert das, was Wahrnehmung ist, indem sie die Räumlichkeit und Formdefinition als abhängig davon ausweist, wie Farbe auftritt und zur Geltung gebracht wird und welches Farbmittel verwendet wird, das die Farbeffekte an eine Dauer bindet. Farbe trägt zur „Verarbeitung von Tiefe und Form"[34] bei. Ölfarben generieren eine andere, malereispezifische tiefenräumliche Wahrnehmung als Aquarell, Tempera oder Acrylfarben; eine besondere Steigerungsform haben die verschiedenen Techniken des Lasierens und Lavierens eingeführt: transparente oder semitransparente Filmschichten, unter denen Farbtöne intensiver werden, Hell-Dunkel-Kontraste aufscheinen, Tiefen evoziert und hologrammähnliche Effekte produziert werden können. Schon bei Jan van Eyck und Leonardo da Vinci bewirkt die Lasur eine stärkere Tiefenwirkung als die Perspektive. Diese Tiefe bildet ein formloses, formierendes Zeitfeld und damit die Möglichkeit

---

[34] Vgl. Werner, Pinna u. Spillmann, „Farbtäuschungen und Gehirn", S. 32.

perspektivischer Konstruktion. Tiefe ist eine andere, der Form vorgängige Organisation von Zeit.[35]

Das vielleicht schlagendste Beispiel für die Verarbeitung von Tiefe und Form durch Farbe ist die Chromostereopsis – eine visuelle Illusion, bei der der Eindruck von Tiefe in zweidimensionalen Farbbildern von konstrastierenden, bunten Farbtönen übertragen wird. Werden rote und blaue Balken vor einem achromatischen Hintergrund angeordnet, so werden die roten Balken, je nach Gestaltung, als „vor" (positiv) oder „hinter" (negativ) dem Blau stehend wahrgenommen. Der Effekt ist je nach verwendeten Bildmedien unterschiedlich.

Die Möglichkeit, unterschiedliche, zeitlich erfahrbare Tiefenrelationen durch Farbgebung zu evozieren, ist in vielen bildkünstlerischen Verfahren ausgenutzt worden. Theoretisch wurde der Effekt der Farbtiefenwahrnehmung erstmals von Goethe in seiner Farbenlehre aufgewiesen. Für **Johann Wolfgang von Goethe** ist Blau eine rückläufige Farbe und gelblich Rot eine hervorstehende Farbe: „Man darf eine vollkommen gelbrote Fläche starr ansehen, so scheint sich die Farbe wirklich ins Organ zu bohren. Sie bringt eine unglaubliche Erschütterung hervor [...]. [Blau] ist als Farbe eine Energie [...]. Es ist etwas Widersprechendes von Reiz und Ruhe im Anblick. Wie wir den hohen Himmel, die ferne Berge blau sehen, so scheint eine blaue Fläche auch vor uns zurückzuweichen."[36] Was Goethe hier beobachtet, weist darauf hin, dass Farben nicht nur eine spezifische optisch-räumliche Wirkung entfalten, sondern dass von ihnen Bewegungsimpulse und Zeit-Affekte ausgehen. Malerei beruht Goethe zufolge entsprechend „auf der

---

[35] In Abwandlung eines Gedankens von Martin Seel, „Form als eine Organisation von Zeit", in: Josef Früchtl u. Maria Moog-Grünewald (Hg.), *Ästhetik in metaphysikkritischen Zeiten. 100 Jahre Zeitschrift für Ästhetik und Allgemeine Kunstwissenschaft*, Hamburg: Meiner 2007, S. 33–44.
[36] Johann Wolfgang Goethe, „Zur Farbenlehre, Didaktischer Teil, Sechste Abteilung, Sinnlich-Sittliche Wirkung der Farbe", Paragraph 776 and 780, in: *Werke. Hamburger Ausgabe*, Bd. 13, München: C.H. Beck 1981, S. 494–521, hier S. 497f.

Mischung solcher spezifizierten, ja individualisierten Farbenkörper und ihrer unendlichen, möglichen Verbindungen, welche allein durch das zarteste, geübteste Auge empfunden und unter dessen Urteil bewirkt werden können."[37]

Ernst Brücke und Frans Cornelis Donders[38] haben zuerst in den späten 1860er Jahren die chromostereoptische Wirkung untersucht und auf die akkommodierende Funktion der Augenoptik zurückgeführt. Obgleich Brücke den Anteil des binokularen Sehens zur Erzeugung von Chromostereopsis übersehen hat, ist er doch darauf aufmerksam geworden, dass die chromatische Aberration zusammen mit dem zeitlichen außeraxialen Effekt der Pupille die chromostereoptische Wirkung erklären kann. Wie Walter Ehrensteins Versuche gezeigt haben, kann auch durch die Sättigung der Farben eine Tiefenschichtung generiert werden.[39] Dies weist darauf hin, dass es falsch wäre, Tiefensehen als Illusion wegzuerklären oder auch, es als Rekonstruktion wirklicher Distanzverhältnisse zu interpretieren.

Denn derartige Versuche verweisen auf farbsysteminterne Differenzierungsvorgänge. Sie gelingen nur mit Farben aus kohärenten Systemen und medialen Zusammenhängen. Die Skalierbarkeit der Farbsättigung – die Festlegung des Grades der Buntheit einer Farbe im Vergleich zu der unbunten Farbe mit der gleichen Helligkeit – zählt neben Farbton und Helligkeit zu den Grundeigenschaften einer Farbe innerhalb eines solchen Systems. Je reiner ein Farbton erscheint, desto bunter und satter ist er. Spezielle Valeurs wie Buntheit, Farbigkeit (Far-

---

[37] Johann Wolfgang Goethe, „Zur Farbenlehre, Didaktischer Teil, Dritte Abteilung, Chemische Farben", Paragraph 554, in: *Werk*, Bd. 13, S. 438–475, hier S. 450.
[38] Ernst Brücke, „Über asymmetrische Strahlenbrechung im menschlichen Auge", Sitzungsbericht der kaiserlichen Akademie der Wissenschaften, Mathematisch Naturwissenschaftliche Klasse II, Bd. 58, Wien 1868; Frans Cornelis Donders, *Invloed der accommodatie op de voorstelling van afstand*, Utrecht: Nederlands Gasthuis voor Ooglijders 1868, S. 111–113.
[39] Walter Ehrenstein, „Versuche über die Beziehungen zwischen Bewegungs- und Gestaltwahrnehmung", *Zeitschrift für Psychologie* 96 (1925), S. 305–352.

bintensität), Chromatizität, Farbtiefe, Brillanz, wie ihr Gegenteil Graustichigkeit, Stumpfheit, Mattheit, beschreiben die perzeptive Qualität bunter und unbunter Farben. Unbunte Farben sind Weiß, Schwarz und deren Mischungen in verschiedenen Grautönen ohne jeglichen Farbstich, wohingegen als Farben mit Buntwirkung (*Chromatizität*) solche aufgefasst werden, die eine vom neutralen Grau abweichende Farbigkeit aufweisen. Als die reinsten und damit buntesten Farben werden oft die Spektralfarben bezeichnet, weil sie eine maximale Farbsättigung haben. Mit dem Wort „unbunt" werden dementsprechend jene Farben gekennzeichnet, die tendenziell keinen Eindruck von Farbigkeit hinterlassen. Dies ist jedoch oft ein Frage des jeweiligen Farbstoffes wie auch des Farbsystems. Denn wenn Buntheit nur eine relative Farbwirkung innerhalb eines Farbraums bezeichnete, so ließe sich der bunte Eindruck nicht erklären, den Neonfarben erzeugen. Anders als situationsabhängige Farbeffekte wie Glanz, Schimmern und Absorbieren sind Neon und Selbstleuchten in der Regel weder Illusionen noch farbraumrelativ, sondern quasi chemische Eigenschaften des Farbstoffs. Neonfarbe scheint, brilliert, blendet.

Neoneffekte können aber auch durch eine spezielle Anordnung von Farben erzielt werden. So kann man Farbtöne, die hervorstechen sollen, zusätzlich mit Volltonfarbe beschichten, oder man kann das Gesamt-Chroma des Bildes reduzieren, um einzelne Farbpunkte hervorstechen zu lassen. Der oben aufgeführte „Wasserfarbeneffekt", der auftritt, wenn eine Fläche von einer dunklen und einer hellen Schlängellinie umrandet wird, lässt diese Fläche neonartig aufscheinen. Bei einer Variation der Ehrenstein-Täuschung ist ein farbiger Ring um einen weißen Kreis gelegt worden. Dadurch erstrahlt die weiße Fläche heller als in der üblichen Ehrenstein-Figur und wirkt obendrein auch dichter, als wäre Deckweiß auf das Papier aufgetragen worden. Wird der Kreis innerhalb des farbigen Rings grau gefärbt, so scheint die Fläche die Komplementärfarbe des

Rings anzunehmen – das heißt ein schwaches Grüngelb, falls der umgebende Ring lila war. Außerdem scheint die Scheibe zu flackern und sich gegenüber ihrem Grund zu verschieben. Dieser Farbkontrast wird ebenso wie die anderen Effekte durch Radiallinien und einen Farbring verursacht. Jedoch zeigt er darüber hinaus gehende einzigartige Eigenschaften: „Bei dieser Täuschung scheint die erzeugte Farbe zugleich selbst zu leuchten und zu szintillieren – und obendrein unruhig über dem restlichen Bild zu schweben."[40]

Doch gibt es eine Leuchtfähigkeit, die nicht davon abhängig ist. Dies zeigen Lucio Fontanas „Luce Spaziale-struttura al Neon" (1951) und Joseph Kosuths „Neon Electrical Light" (1966) bereits. Leuchtfarben sind Beschichtungen, die mehr sichtbares Licht abgeben, als einfällt, weil sie mit Leuchtpigmenten eingefärbt sind. Das jeweilige Leuchten ist abhängig von Energieumwandlungsprozessen. Während Tagesleuchtfarbe (Fluoreszenz) blaues, violettes und unsichtbares UV-Licht in sichtbares Licht (Blaugrün, Rot, Gelb, Pink Cyan) umwandelt, speichert Nachleuchtfarbe (Phosphoreszenz) Energie und gibt sie zeitverzögert, auch in Dunkelheit, wieder ab. Die hohe Lichtdichte von Leuchtstoffröhren ermöglichte seit den 1960er Jahren neuartig farbsatte und bunte Farben. Neonfarben werden oft als grell oder schreiend wahrgenommen. Die fast ebenso grell wirkenden Retroreflexfarben können Licht hell zur Lichtquelle zurückstrahlen, weil ihnen feine transparente Kügelchen beigemischt sind. Radioaktive Leuchtfarbe schließlich nimmt die Energie direkt oder indirekt aus dem radioaktiven Zerfall einer Substanz.

Verwandt mit dem Effekt der Neonfarben ist die Glorie. Als Glorie wird eine Lichterscheinung bezeichnet, die durch Rückstreuung von Licht an feinverteilten, kugelförmigen Tropfen wie Nebel oder Wolken den Eindruck auslöst, dass eine helle,

---

[40] Werner, Pinna u. Spillmann, „Farbtäuschungen und Gehirn", S. 36.

meist runde Fläche durch einen farbigen Lichtkranz eingefasst wird. Glorien können bei Nebel und tiefstehender Sonne beobachtet werden. Auch der Schatten eines Flugzeugs, das eine tief liegende Wolkenschicht durchbricht, ist oft von einer Glorie umgeben. Ähnliche Lichterscheinungen sind der sogenannte Heiligenschein, dessen Ursache auf Pflanzen sitzende Tautropfen sind, und der Halo, bei dem Licht über feste Eiskristalle gestreut wird. Dies sind, ähnlich wie Spiegelungen, objektive optische Illusionen, mit charakteristischen illusionären Farberscheinungen.

Farbillusionen basieren überraschend oft auf kleinteiligen Anordnungen von geometrischen scharfkantigen Figuren, die im richtigen Abstand gesehen werden müssen, um illusorisch zu wirken. Illusionen treten auch dann auf, wenn die Einschätzung der Lichtumwelt durch Gewohnheit oder Lernprozesse auf Farbsequenzen angewendet wird und eine „real vorhandene" Farbe falsch gesehen wird (so wird, wenn man lange auf Rot oder Grün fokussiert hat, eine danach angeschaute Wüstenlandschaft rot oder grün gesehen). Auch Beleuchtungsarrangements können das Farbsehen irritieren, was sich etwa bei Schwarzlicht oder im Stroboskoplicht zeigt. Hier übt die Beleuchtung nicht nur einen aufmerksamkeitserheischenden Zwang zu sehen aus, sondern den Zwang, etwas *so* zu sehen.

Farbe kann neben Illusionen auch Schwindelgefühle auslösen oder blenden. Führt dies auch dazu, dass man seinen Augen nicht mehr trauen mag, so besteht doch über die Tatsache der Wahrnehmung (dass gesehen wurde) Gewissheit. Auch die (nicht durchschaute) Illusion belehrt uns über die Realität des Sehens. Nicht immer ist der verwirrende oder verblüffende Schein der Farbe täuschend-illusionär, nicht immer kann man ihm ein „Sein" entgegenhalten, das ein Experimentalaufbau kaschiert hätte (so bei der einzigartigen Wirkung von Farben, die aus sich, mehr noch als der Himmel, so sehr zu strahlen scheinen, dass sie fast die Augen blenden). Schein ist eine spezifisch künstliche Wahrnehmungsumgebung, die sich im Erscheinenden einstellt.

Offensichtlich ist eine solche Unterscheidung von Erscheinen und Scheinen (als objektiver Illusion) auch bei blendenden, einzigartigen Farben angebracht, wie diejenigen, die Yves Klein entwickelte. Klein experimentierte zu Beginn seiner Laufbahn mit einer Reihe unterschiedlicher Farben – und kehrte am Ende seines Lebens zu Monochromen in Gold und Rot zurück. Das Blau aber, befand er, „ist das sichtbar werdende Unsichtbare"[41] – ein Fenster, durch das der Betrachter in die Unendlichkeit blicken kann. So jedenfalls stellte Klein es sich vor. „Farbe badet in kosmischer Sensibilität. Sensibilität hat für mich keine Nischen. Sie ist wie Feuchtigkeit in der Luft. Farbe ist materialisierte Sensibilität. Farbe badet in allem und badet alles."[42] Klein will das Zweidimensionale unendlich, das Eingerahmte grenzenlos, und dafür scheint ihm kein Medium besser geeignet als das reine Blaupigment. Sein Blau trägt er gleichmäßig mit einer Rolle auf. Seine fertigen Bilder wiederum montiert er häufig auf Balken, sodass es dem Betrachter erscheint, als schwebten sie im Raum. Unzufrieden mit den verfügbaren Bindemitteln, die seiner Auffassung nach den Farben die Kraft raubten, macht sich Klein Mitte der 1950er auf die Suche nach dem perfekten Blau. Zusammen mit dem Apotheker Edouard Adam und Chemikern in den Labors des Farbenherstellers Rhône Poulenc experimentiert er an neuen Fixiererkombinationen und entdeckt schließlich ein Bindemittel auf Kunstharzbasis, das Leuchtkraft und Körnigkeit exakt so zur Geltung kommen lässt, wie er es sich vorstellt. Klein tauft seine Erfindung „International Klein Blau", kurz: I.K.B. Es wird als Patent vom „Institut National de la propriété industrielle" unter

---

[41] Yves Klein, „L'aventure monochrome", in: ders., *Le dépassement de la problématique de l'art et autres écrits*, Paris: Beaux Arts Éditions 2003, S. 250.
[42] Yves Klein, „Ma Position dans le combat entre la ligne et la couleur", in: ders., *Le dépassement de la problématique de l'art et autres écrits*, S. 49.

der Nummer 63471 geschützt. I.K.B. bindet und lässt die Farben leuchten, aber bei der Verarbeitung sondert es giftige Dämpfe ab. Klein, der allein bei seinen großformatigen Reliefs für die Gelsenkirchener Oper (1957 bis 1959) Hunderte von Schwämmen eigenhändig und völlig ungeschützt mit dieser Mischung tränkt, soll sich des Risikos nicht bewusst gewesen sein.

Einmal angerührt, ist eine I.K.B-Lösung nur etwa 45 Minuten lang flüssig, bevor sie sich in eine kaugummiartige, zähe Masse verwandelt. Jedes Bild muss also in einer Dreiviertelstunde fertig sein. Das Strahlen des I.K.B. geht unwillkürlich in Schein über. Der Farbstoff bewirkt eine spezifische Auffassungsweise.

Der Stroop-Effekt weist nach, dass ich das Wort „Blau" oder „Grün" schneller lesen kann, wenn es passend blau oder grün geschrieben ist. Erscheint das Wort Blau in roter Schrift, benötige ich dafür viel längere Zeit. Die Farbe beeinflusst nicht nur, ob Wahrnehmungen automatisch oder mit hoher Konzentration ablaufen, sondern sie moduliert auch das Kurzzeit- und das Langzeitgedächtnis, wie zahlreiche Tests nachgewiesen haben. Während ich mich an etwas Farbiges länger und genauer erinnere als an etwas Farblos-Graues, so bewirkt das Gedächtnis doch auch eine Schematisierung durch Farbbegriffe: Wir nehmen zwar vielfältigste Farbnuancen wahr, aber das Gedächtnis speichert sie vereinfacht ab. Ultramarin oder Kobalt werden beide als blau erinnert. Farbe beeinflusst das visuelle Gedächtnis; die jeweilige Farbwahrnehmung hängt aber ihrerseits auch vom Kurzzeitgedächtnis ab. Farben beeinflussen Gedächtnis und Erinnerung als subjektive Vermögen, sie bilden aber auch den kollektiven Gedächtnisraum als einen Zeitraum, in dem etwas zur Erscheinung kommt, Spuren hinterlässt und (rituell) weiter verarbeitet wird. Der kollektive Farbzeitraum bestimmt die Dauer der Exposition, die Dauer, in der sich etwas exponieren kann, als zukünftig, als gegenwärtig oder als vergangen gilt.

III. Grundieren / Scheinen

Doch wie genau können wir Farben im Gedächtnis „sehen"? Wie lassen sich Farberinnerungen manipulieren? Welche Farbe hat das Gedächtnis (als Medium)? Wie gestalten sich „Farblernprozesse" – ich dachte, es ist die Farbe X, aber ich lerne sie als Y zu sehen? Lässt sich mit dem kulturellen Langzeitgedächtnis farblich experimentieren? Können Farben Gedächtnisstützen sein (eine Art Proustscher Farbmadeleine...)? Welche Beziehung besteht zwischen Farbempfinden und Trauma, welche zwischen Farbe und Zeit? Wie wäre es also mit folgender Definition? *„Farbe ist diejenige Gesichtsempfindung eines dem Auge strukturlos erscheinenden Teiles des Gesichtsfeldes, durch die sich dieser Teil bei einäugiger Beobachtung mit unbewegtem Auge von einem gleichzeitig gesehenen, ebenfalls strukturlosen angrenzenden Bezirk allein unterscheiden kann." (DIN 5033, Blatt 1)*

Die Betonung der Strukturlosigkeit kann hier allerdings ebenso wenig überzeugen – können sich nicht auch strukturidentische Teilbereiche nur durch Farbe unterscheiden? – wie die Rede von Teil und Bezirk des Gesichtsfeldes oder die Unterstellung der einäugigen Beobachtung. Farbe wird hier subjektivistisch mit dem obskuren Begriff „Gesichtsempfindung" definiert, im Unterschied zu dem, was dem Auge erscheint. Eine Farbempfindung kann durchaus einem Farbreiz entsprechen, der die jeweilige Farbvalenz determiniert. Die Farbvalenz (zusammengesetzt aus Farbton, Farbsättigung und Farbhelligkeit) lässt unterschiedliche Grade an Brillanz, Buntheit, an Farbigkeit, an Farbintensität, Farbtiefe, Mattheit und Strukturiertheit zu, die nicht allein der Diskriminierungsfähigkeit des Sehsinnes zuzurechnen sind.

Generell wird zu unterscheiden sein zwischen der Frage, was Farben sind und wie sie wirken, und der Frage, wie sie gesehen werden und von welchen Funktionen sie eventuell gesteuert werden. Dabei ist, gerade hinsichtlich der farbinduzierten Illusionen, wichtig, von der Malerei zu lernen. In der Malerei widerspricht die Farbe gewissermaßen der Farbe, sie widerspricht sich selbst, insofern sie als flüssige, haptische Masse gegen ihre optischen Konturen aufbegehrt und jede Illusionsbildung durch ihre Körperlichkeit, ihre Energie und ihre Risse unterläuft. Dies wird besonders am Auslaufen und Verlaufen der Malfarben sichtbar, an ihrer Art, sich in den Raum zu verbreiten, an ihren Volumina, Texturen und Profilen, besonders natürlich an den Rinnsalen und Farbnasen, die so typisch sind für Malerei.

Farbverläufe erinnern an das Gemachtsein der Bilder. Guillaume Cassegrain spricht deshalb auch von einem prinzipiellen Materialismus der Malerei. Denn die Tropfen der Farbe seien die anachronistischen Symptome einer Manipulation der Materie, die jede distante und idealisierende ästhetische Wahrnehmung gerne übergehe, obschon sie eine ganze Reihe von technischen Operationen durchlaufen müsse, bevor sich fertige Figurenkompositionen zu erkennen geben: „Der Farbtropfen [coulure], das Herzstück fertiger und vollendeter Kompositionen, offenbart den materiellen Teil des Bildes, seinen ‚niedrigen' Materialismus, wo der Schmutz der Kunstküche, seine Zerbröckelung wieder auftritt."[43] Der Farbfleck macht auf die Farbmaterie aufmerksam, aber auch auf die technischen Operationen und die körperliche Investition, die aus der flüssigen Farbe ein stabiles Bild angerührt haben. Sobald der Farbfleck die Aufmerksamkeit auf sich zieht – wodurch eine farbliche Ausdehnung, die gesehen wird, erst zu einem Mal-Grund wird – bricht die Bild-Illusion zusammen. „Der Zusammenbruch, den der Farbfleck offenbart, ist auch den Überschuss wert, der durch diese Abwärtsbewegung auf dem Spiel steht. Der Farbfleck erinnert uns, wie ein Symptom, an den Bodensatz in der idealen Organisation des gemalten Bildes. Er sagt die Materialität des Werkes und stellt damit die illusionistische

---

[43] Guillaume Cassegrain, *La coulure. Histoire(s) de la peinture en mouvement, XI–XXI siècles*, Paris: Hazan 2015, S. 171. Den Hinweis auf dieses Werk, quasi in letzter Minute, verdanke ich Andreas Beyer.

III. Grundieren / Scheinen

Natur der Malerei als Szene in Frage, die in ein ‚Jenseits' der Oberfläche projiziert wird; er wiederholt auch die organische Realität des Bildes, die das Bild konstituiert. Das Bild entsteht durch den Körper des Künstlers, der sich den Gesetzen der Schwerkraft stellt, und es ist selbst ein flüssiger Körper, der den Druckverhältnisses des physischen Raumes ausgesetzt ist."[44]
Wenn Cassegrains Beobachtung richtig ist und Farbe konstitutiv in der Malerei als Farbfleck zur Geltung kommt, kann man sagen: Gemälde vollziehen einen Aufstand gegen die Bilder, die sie darstellen, weil sie hinter der Darstellung, hinter den Szenen, den Figurationen, den Formen, die Farbfläche sichtbar machen. Sie zeigen, wie die Formen auf Farben gegründet sind. Sie zeigen das, was die Farbstoffe leisten.

Dieses Auffassen der Stofflichkeit von Farbe stellt eine Grundlage eines Denkens in Farbe dar. Es unterscheidet sich vom Sehen von Farben überhaupt. In unterschiedlicher Weise dient das Farbsehen allen farbsensitiven Lebewesen zur Orientierung in ihrer Umwelt und zur Gestaltung derselben. Fassen wir unsere Beobachtungen zusammen, so können wir folgende Aufgaben des Farbsehens bestimmen:

1. Segmentieren von Szenen
2. Segmentierung von Objekten
3. Unterscheidung von Schatten, Schein und Objekten
4. Visuelles Verfolgen von Objekten in Bewegung
5. Wahrnehmung von Form und Gestalt
6. Gruppierung von Objekten
7. Wahrnehmung von Konturen
8. Wahrnehmung von Texturen
9. Objekt-Detektion
10. Objekt-Identifikation

---

[44] Ebd., S. 222f.

11. Entdeckung von Objekten in unübersichtlichen Szenerien
12. Memorisation von Objekten
13. Wahrnehmung von Tiefe
14. Wahrnehmung der Bewegung von komplexen Objekten
15. Erkennen von Schatten[45]
16. Soziales und sexuelles Signalisieren
17. Visuelles Lernen/Erlernen des Umgangs mit visuellen Informationen
18. Denken in Farbe: Denken der Welt im Modus des Werdens

Ein Denken in Farbe ist die Produktion, Verarbeitung und Bewertung eines Gesehenen entlang von Farbvalenzen und situationsabhängigen Farbqualitäten: dazu zählen Reflexion, Intensität, Kontrast, Durchscheinendes, Überlagerung, Tiefe, Affektion, Brillanz, Schimmern, Scheinen, Glänzen, Strahlen, Blenden, Graustichigkeit, *Stumpfheit*, Trübung, Verschattung. Es geht also über das hinaus, was der „Gesichtsempfindung" zuzurechnen wäre. *Mentale Akte, interne Bewegungen oder verändernde Eingriffe zeitigen jeweils andere Materialisierungen der Farbe und leisten dadurch eine Prägung und Gestaltung der Erscheinungsweise dessen, was zu sehen ist. Ein Denken in Farbe manifestiert sich vor allem in der malerischen Farbgebung. So ist der Mal-Grund Voraussetzung graphischer Operationen. Er ist ein Spielraum für das Farbdenken, denn er bringt die Stofflichkeit der Farbe gegenüber und unterhalb ihrer Erscheinung in Stellung.*

Die Gründung eines Mal-Grundes, und damit eines Farbdenkens in der Malerei, schreibt Henri Maldiney dem Rhythmus zu. Der Mal-Grund resultiert demzufolge nicht aus dem Bearbeiten und Vorbereiten der Leinwand etwa durch Leim,

---

[45] Mazviita Chirimuuta, *Outside Color. Perceptual Science and the Puzzle of Color in Philosophy*, Cambridge/Mass.: MIT Press 2015, S. 77.

Öl oder andere Bindemittel und Imprägnierungen, sondern durch den der Malmaterie eigenen Rhythmus, der dadurch zum Gründer (*fondateur*) wird, aber nicht zum Grund (*fond*): „Weder Material noch Technologie können Rhythmus erzeugen. Aber sie haben in ihm eine beispiellose Existenz, von der er die einzige Grundlage ist."[46] Aus dem Rhythmus geht das Gemälde hervor, weil es auf unterschiedlichsten Ebenen die Farbe belebt und ihr eine Form entlockt: „Durch die klassische, aber missbräuchliche Dichotomie von Farbe und Form wird eine wesentliche Unterscheidung angedeutet, die von Materie und Rhythmus, von Materie-Farbe, sensibel und sinnlich, und ihrem Rhythmus, der, indem er sie oberflächlich und tiefgründig animiert, die ‚große einzigartige Form' darstellt, die – so Kandinsky – das Gemälde ist [...]. Die Form ist nicht ergon, sondern energeia. Der Rhythmus der Farbe ist die Autogenese der Form."[47] Diese Auffassung der Form, die aus der rhythmisierten Farbe hervorgeht und der auch Deleuze in vielerlei Hinsicht folgt (wie auch ich hier), führt Maldiney selbst zurück auf die stoische Philosophie, deren Auffassungen von Materie, vom Körper und von unkörperlichen Ereignissen gegen die platonische Idee, gegen die Form als geistige Grenze, als Beherrschung des Körperlichen gerichtet sind. Denn die stoischen Philosophen haben sich geweigert, wie Platon und Aristoteles äußere Grenzen eines Körpers zu setzen und deshalb den Begriff des Unkörperlichen entwickelt. Diesem Ansatz entsprechen nachklassische Kunstformen, die Maldiney, Alois Riegl folgend, bis zur byzantinische Raumauffassung und zum Goldgrund weiterverfolgt. Die tektonischen Formen der klassischen Kunst, die sich aus ihrer Grenze zusammensetzen und durch den Umrissbezirk definiert sind, wurden dabei durch energetische Formen ersetzt, deren Autogenese eine Erweiterung der Lichtenergie

---

[46] Henri Maldiney, „L'art et le pouvoir du fond", in: ders., *Regard, parole, espace*, Lausanne: L'Age d'Homme 1973, S. 173–207, hier S. 189.
[47] Ebd., S. 190.

entweder der Farbe oder von Licht und Schatten ist. Dem geht die stoische Definition des Seins der Seienden voraus. Chrysipp lehnt die klassische Definition der Sokratiker ab, für die der Begriff der Grenze und die Entwicklung und Bewegung innerhalb der Begrenzung das Wesentliche (und Wesen) der Seienden ist. Was die Sokratiker die Idee nennen, zeigt nur die Grenzen an, die ein Wesen erfüllen muss, um zu existieren, ohne die Natur dieses Wesens näher zu bestimmen: Es kann sein, was es will, innerhalb dieser Grenzen, denn die Grenzen begründen das Seiende, die Form prägt die Materie. Dieser Art von Definition stellt Chrysipp eine andere entgegen. „Die Kraft, die die Natur und Einheit der Lebewesen ausmacht, bestimmt die äußere Form des Seins, seine Grenzen, nicht in der Art eines Bildhauers, der eine Statue macht, sondern als Keim, der sich zu einem bestimmten Punkt im Raum und nur zu diesem Punkt, seinen latenten Fähigkeiten entwickelt."[48] Die innere Kraft, die Energie, bestimmt die Form, und nicht die äußere Grenze. Die Energie ist der Farbmaterie eigen. Deshalb entsteht der Farbfleck nicht (so sehr) aus der Setzung eines Pinsels oder aus der formenden Intention eines Malers, als vielmehr aus der Latenz der Farbmaterie. Diese entwickelt aus sich selbst im Malprozess Spannungen – Maldiney bezeichnet sie als Systole und Diastole, sodass die Farbe im Malprozess quasi atmet. Durch Rhythmisierung der Farbe entsteht ein Mal-Grund als Matrize der Morphogenese.

---

[48] Ebd., 206f. Maldiney zitiert Chrysipp hier nach Émile Brehier, *La Théorie de l'Incorporel dans l'ancien stoïcisme*, Paris: Vrin 1928, S. 5. Das Buch Bréhiers stellt auch eine wichtige Quelle für die Zeittheorie von Deleuze dar, etwa seine Unterscheidung zwischen Chronos und Äon. Eine genauere Untersuchung des Stoizismus bei Deleuze (wie auch bei Foucault) wäre ein lohnendes Thema.

III. Grundieren / Scheinen

Der Mal-Grund erlaubt
1. Graphische Formen in der Fläche
2. Evokation der Tiefe
3. Bewegungsimpulse
4. Zeit/Fläche: Gestaltung von Präsenz
5. Durchscheinen von Innen
6. Auffassung der Stofflichkeit
7. Individuierung (im Gegensatz zu Kontur/Zeichen): Körper als Körper, als Besonderung
8. Produktion von Subjektivität (Auffassungsweise)
9. Evokation von Schein/Erscheinen
10. Sichtbarmachung von Licht, von Sichtbarkeit, von ‚Raum als solchem'

IV. FÄRBEN / NEGIEREN

In der Malerei emanzipiert sich folglich die Farbe vom Gegenstand wie auch vom Umgebungsraum. Zunächst betrifft dies die Eigenschaften des Körpers, die über den Umriss bzw. die Dimensionen hinausgehen, die Eigenschaften gruppierter Körper im Handlungsraum, die farbliche Generierung von „Dingekstasen" (Böhme) und den Tiefenraum, der nicht nur, wie Plessner und Merleau-Ponty unterstrichen haben, in der leiblichen Wahrnehmungs- und Handlungsstruktur, sondern vor allem in der Färbung fundiert ist.

Nur Malerei erschließt die vielfältigen Eigenschaften der Farben, im Zusammenspiel mit Licht und Körpern, als Gestaltungsmöglichkeiten von Materialien, aus denen Farbliches hervorgeht (Pigmente beispielsweise). Und davon abhängig: Farbe und Färbigkeit im Zusammenspiel mit den Formen der gegenständlichen Welt.

Mit Färben kann nun nicht gemeint sein, ein ursprünglich Farbloses mit Farbe zu versehen. Nur weil wir Menschen keine ausgezeichnete Farbe in Atomen sehen mögen, heißt das nicht, dass diese keine jeweilige Farbigkeit aufweisen. Nichts, das gefärbt wird, war vorher ohne Farbe. Darin irrte schon Lukrez, als er in *De Rerum Natura* schrieb: „Denn die Atome des Stoffs entbehren noch völlig der Farbe [...]. Jegliche Farbe vermag sich in jegliche andre zu wandeln [...]. Außerdem, da die Farben nicht ohne das Licht sind zu denken, während die Grundelemente doch stets sich dem Lichte entziehen, lernt man daraus, daß sie nicht mit der Hülle der Farben bedeckt sind. Denn was könnte die Farbe in lichtlosem Dunkel bedeuten, ändert sie doch in dem Lichte sich selbst, da sie anders zurückstrahlt, je nachdem sie das Licht schräg oder gerade von vorn trifft [...]. Je mehr du in winzige Stückchen [ein jegliches Ding] zerspaltest, verblasst es, wie du deutlich zu sehen imstand bist. Und es erlöscht allmählich die frühere Farbenerscheinung. So beim Purpurgewand. Zerfasert man dieses in kleine Fädchen, verliert sich der Purpur [...] sobald nur die Fäden zerzupft sind. Daraus kannst du ersehen, daß längst die vereinzelten Fäden jegliche Farbe verlieren, bevor sie zergehn in Atome."[1] Mit der Kompaktheit und Kompliziertheit nimmt die Buntheit zu.

Färbigkeit darf deshalb nicht mit Buntheit verwechselt werden. Buntheit ist die Erscheinungsweise einer Mannigfaltigkeit leuchtender Farben in der Welt, Färbigkeit eine Tiefenqualität von Dingen. Leuchtende Farben verblassen, Buntheit verliert sich bei mangelnder Beleuchtung. Kleinste Partikel weisen selten eine kräftige Farbe auf, wohl aber Färbigkeit. Wie Donald Judd einmal bemerkt hat, ist es ein Irrtum zu meinen, schlichtes Sperrholz, bloßer Beton oder bloßes Metall besäßen keine Farben. „Aber natürlich weiß ich auch, daß es keine kräftigen Farben sind, nicht Rot oder Blau. Also da gibt es eine ziemlich große Spanne. Aber es ist am besten, alles ... alles als Farbe zu betrachten."[2] Je nach der Größe, den Eigenschaften und den Umständen kann jegliches Material zur Färbung eines anderen gebraucht werden. Es mag dabei eine latente und eine manifeste Färbigkeit geben, wie Merleau-Ponty nahelegt, für den eine bestimmte Farbe „auch ein Fossil [ist], hervorgeholt aus dem Untergrund imaginärer Welten."[3]

Die Bedeutung der Färbigkeit für die Erfassung der gegenständlichen Welt lässt sich vielleicht durch die Erinnerung an zwei philosophiehistorische Positionen noch deutlicher herausstreichen: Für Descartes, auf den die Konvertibilität von Gestalt und Zahl, von Geometrie und Algebra zurückgeht, lässt sich, wie bereits erörtert, ein Gegenstand nur dann klar und deutlich

---

[1] Lukrez, *De Rerum Natura*, 2. Buch, V. 737, V. 749, V. 795–800, V. 82–833, München: Tusculum 1993, S. 155, S. 157, S. 161, S. 163.
[2] Donald Judd u. Jochen Poetter, „Zurück zur Klarheit. Gespräch mit Donald Judd", in: Donald Judd, *Katalog*, Staatliche Kunsthalle, Baden-Baden: Cantz 1989, S. 65–86, hier S. 74.
[3] Merleau-Ponty, *Das Sichtbare und das Unsichtbare*, S. 175.

erkennen (*perceptio clara et distincta*), wenn man die Farbigkeit davon abgezogen hat und ihn nur hinsichtlich seiner zeichnerisch erfassbaren Form, gewissermaßen also hinsichtlich seiner schwarz-weiß darstellbaren Abmessungen betrachtet.[4] Für Leibniz hingegen unterscheidet sich die Wirklichkeit vom Imaginären, von der Illusion (und vom Traum) vor allem durch die Fülle an sinnlicher Information, besonders hinsichtlich der Farbenintensität. Farbe kennzeichnet zudem das Lebendige, je kräftiger die Farben, je bunter etwas auftritt, desto lebendiger wirkt es. Aus dem Toten weicht die Farbe. Die Welt in ihrer Buntheit zu erfassen hieße also gerade, sie in ihrer Partikularität, Vielfalt, Vitalität und Realität zu erfassen, womöglich zu Lasten einer begrifflichen oder mathematisierbaren Erkenntnis, aber doch mit der Präzision eines Sinns für das Singuläre, eines Sinnes für die Färbigkeit.[5]

In seinem *Tractatus logico-philosophicus* hat **Ludwig Wittgenstein** die „Färbigkeit" neben die traditionellen epistemischen Kategorien Raum und Zeit gestellt und sie nicht als Anschauungs-, sondern als Gegenstandsform bezeichnet. Wittgenstein erkennt, vielleicht als erster, die fundamentale Abhängigkeit unseres Denkens, Erkennens und Aussagens nicht nur von der räumlichen und zeitlichen, sondern auch von der farblichen Gegebenheit von Gegenständen: „Raum, Zeit und Farbe (Färbigkeit) sind Formen der Gegenstände."[6] Dieser grundlegenden Einsicht aus dem *Tractatus* zufolge ist Farbe ein

---

[4] René Descartes, *Méditations*, in: Œuvres, Bd. IX, Paris: Gallimard 1996, § VI, S. 58f. Descartes schreibt an anderer Stelle, die Natur der Farbe sei ein „je ne sais quoi" (§ 70), während es Gewissheit mit Bezug auf den Farbeindruck als Empfindung („sentiment") oder Gedanke („pensée") gebe. Siehe René Descartes, *Principes,* 66 u. 68, in: Œuvres, Bd. IX, Paris: Gallimard 1996, S. 55–58.

[5] Vgl. Gottfried Wilhelm Leibniz, „Über die Methode, reale Phänomene von imaginären zu unterscheiden. De modo distinguendi phaenomene realia ab imaginaris", in: ders., *Hauptschriften zur Grundlegung der Philosophie, Philosophische Werke in vier Bänden,* Bd. 2, Hamburg: Meiner 1996, S. 331–336.

[6] Ludwig Wittgenstein, *Tractatus Logico-Philosophicus,* in: Werkausgabe, Bd. I, Frankfurt/M.: Suhrkamp 1984, S. 14.

Grundpfeiler der Architektur unserer Wahrnehmung. Wittgenstein formuliert diese Einsicht zögerlich. Die Ergänzung des Begriffs Farbe durch den in Klammern gesetzten, erklärungsbedürftigen Zusatz „(Färbigkeit)" gibt meinem Verständnis nach einen Hinweis darauf, dass Farbe hier einerseits als abstraktes Kontinuum, wie Raum und Zeit, und andererseits als Wesensmerkmal eines jeweiligen Gegenstandes aufgefasst werden soll, insgesamt also als Gefärbtheit, als so oder so geartetes und moduliertes farbliches Erscheinen eines Gegenstandes im Kontinuum der Farben. Färbigkeit meint zugleich Gefärbtheit und Farbigkeit, gewissermaßen eine artifizielle Buntheit, einen jeweiligen Farbwert, durch den sich Dinge in unserer Wahrnehmung voneinander abheben und individualisieren, vergleichbar ihrer Stelle in Zeit und Raum. Färbigkeit ist der Modus der Gegenstandswahrnehmung, nämlich gefärbt, die Wahrnehmung der Farbe als epistemische Ordnung. Färbigkeit verweist also auf das, was Wittgenstein anderer Stelle des *Tractatus* als Perspektive auf die Welt untersucht: die Art, wie ich auf die Welt (der Tatsachen) blicke. Wittgensteins Ausdruck markiert folglich eine dialektische Bewegung zwischen einer Auffassung der Farbe als Apriori und der Farbigkeit als Aposteriori, weniger ein Schwanken als eine umfassende analytische Durchdringung, die sich einem tiefen Verständnis der Doppelnatur der Farbe und der Unhaltbarkeit einer einseitigen Bestimmung verdankt. Färbigkeit ist die Gefärbtheit und Farbigkeit, die ein Denken der Farbe veranlasst.

Sprachspiel Farbe

In den postum publizierten *Bemerkungen über die Farben* geht Wittgenstein von der Feststellung aus, dass das Verhältnis zweier Farben zu bestimmen entweder die Sache vergleichender Anschauung oder logischer Analyse ist. Wenn es sich um die Farben konkreter Körper in der Wahrnehmung handelt, ist die Feststellung der Relation zwischen zwei Farben stets abhängig von den Umständen, sodass keine überzeitlichen Aussagen getroffen werden können, weil immer ein Arrangement gefunden werden kann, in dem beispielsweise ein orange gefärbter Körper heller wirkt als ein eierschalenweißer, wenn auch abstrakt gesehen, auf einer logisch-idealen Farbskala gemessen, Eierschalenweiß heller ist als Orange.[7]

Die Möglichkeit einer internen, logischen Analyse idealer Beziehungen zwischen Farben aufgrund von Farbbegriffen liegt Wittgenstein zufolge im gewöhnlichen Gebrauch, aus dem interne Relationen abgeleitet oder konstruiert werden.[8] Eine ideale Farbskala ist insofern immer abstrahiert aus konkreten Farberfahrungen und entlang bestimmter Fähigkeiten, Parameter und Begriffe entwickelt. Von diesen Fähigkeiten, Parametern und Begriffen ist abhängig, was beispielsweise als reines Weiß zählt. Deshalb gibt es keine universelle Farbtonskala, etwa auf der Basis von Wellenlängen, sondern nur verschiedene Bestimmungsmöglichkeiten.

Obschon sich äußerst detaillierte Farbtabellen erstellen und Farben numerisch standardisieren lassen, ist eine kohärente Logik der Farbbegriffe ebenso wenig in Sicht wie eine Möglichkeit, alle Farben universell zu normieren. Weder kann ich sagen, dass die Farben, die ich sehe, unabhängig sind von den Farbbegriffen, über die ich verfüge, noch, dass das Farbsehen identisch wäre mit dem korrekten Anwenden von Farbbegriffen. Mag daher das Feld des Vorstellbaren abhängig sein von einem kulturell und historisch determinierten Sprachspiel wie auch von individuell ausgeprägter Sensorik, so lässt sich doch nicht ausschließen, dass es gänzlich andere Farben geben könnte, wohl aber ausschließen, dass diese intersubjektiv eine

---

[7] Ludwig Wittgenstein, *Bemerkungen über die Farben*, in: *Über Gewißheit, Werkausgabe*, Bd. 8, Frankfurt/M.: Suhrkamp 1984, S. 13.
[8] Ebd., S. 13.

Rolle spielten. Wittgenstein experimentiert mit der folgenden Überlegung: Wenn es aber auch Menschen gäbe, denen es natürlich wäre, den Ausdruck ‚rötlichgrün' oder ‚gelblichblau' in konsequenter Weise zu verwenden, und die dabei vielleicht auch Fähigkeiten verrieten, die uns fehlen, so wären wir dennoch nicht gezwungen anzuerkennen, sie sähen Farben, die wir nicht sehen. Es gäbe kein allgemein anerkanntes Kriterium dafür, was eine Farbe sei, „es sei denn, daß es eine unserer Farben ist."[9]

Denn dass etwas als eine Farbe gilt, liegt nicht an irgendwelchen Lichtwellen oder Nervenreizungen, sondern an dem Raster des als Farbe Vorstellbaren, das aus Sicht Wittgensteins auf konkreten Sprachspielen beruht.

„‚Man kann sich das nicht vorstellen', wenn es sich um die Logik handelt, heißt: man weiß nicht, was man sich hier vorstellen soll. [...] Ich sage nicht (wie die Gestaltpsychologen), daß der Eindruck des Weißen so und so zustande komme. Sondern die Frage ist gerade: Was der Eindruck des Weißen sei. Was die Bedeutung dieses Ausdrucks, die Logik des Begriffes ist. Denn, daß man sich etwas ‚Grauglühendes' nicht denken kann, gehört nicht in die Physik oder Psychologie der Farbe."[10]

Wie kann ich angeben, was ‚Weiß' oder ‚Schwarz' bedeutet? Dazu reicht es nicht, physikalische oder physiologische Korrelate anzugeben, also etwa welche Lichtwellen, welche Zapfenreizungen auf der Netzhaut oder welche Hirnareale beteiligt sind. Man könnte annehmen, Weiß sei a priori die hellste und Schwarz die dunkelste aller Farben. Sind Weiß oder Schwarz, apriorisch gedacht, überhaupt Farben? Was ist eine Farbe? Was, von dem, was es gibt, zählt als weiß, welche Nuancen gelten als schwarz? Oder sind Weiß und Schwarz nur „ideale Farben", Extrapolationen? Es ist unmöglich, eine Logik der Farb-

---

[9] Ebd., S. 16.
[10] Ebd., S. 19 u. S. 21.

begriffe aus einem System konkreter farblicher Eigenschaften aufzubauen. Selbst wenn Differenzen der Helligkeit oder der Reinheit a priori zu bestimmen wären, so hätte man gegebenenfalls die Begriffe der Helligkeit oder der Farbreinheit geklärt, aber nicht, was eine Farbe ist. Die Farbeigenschaften von Weiß und Schwarz divergieren nicht nur hinsichtlich der Helligkeit. Zwischen zwei Weißtönen und zwei Schwarztönen liegen vielgestaltige farbspezifische Relationen, nicht nur solche von Hell/Dunkel-Kontrasten, nicht nur solche der Reflexion und Absorption, sondern etwa auch Relationen des Glanzes, des Scheinens, der Sattheit oder der Mattheit. Könnte man sagen, dass ein bestimmtes Rot und ein bestimmtes Blau gleich hell sind? Weil es keinen die Differenzierungen der Farbpalette hinreichend begründenden Maßstab wie Helligkeit gibt, kann auch nicht gesagt werden, worin alle Farben einander gleichen: „Die Schwierigkeiten, die wir beim Nachdenken über das Wesen der Farben empfinden (mit denen Goethe in der Farbenlehre sich auseinandersetzen wollte) liegen schon in der Unbestimmtheit unseres Begriffs der Farbengleichheit beschlossen."[11]

Weil in bestimmten Situationen ein Weiß durchaus nicht heller wirkt als ein Grau oder Gelb, lassen sich Eigenschaften realer Farben nicht systematisieren; sie sind disparat und dynamisch: Mit einer Graduierung von Helligkeit und Dunkelheit ist es nicht getan. Die Diversität der Parameter von Farben lässt eine Systematisierung der „Färbigkeit" aussichtslos erscheinen. Wittgenstein zufolge spielen Parameter wie Glanz, Mattheit, Transparenz, Schatten, Schimmern, Flimmern, Leuchten, Sattheit, Spiegelung etc. in jede Farberfahrung hinein. Zunächst lässt sich nur feststellen, dass diese Eigenschaften mit der Lokalisierung des Farbeindrucks zusammenhängen. Dazu bemerkt Wittgenstein: „Es gibt scheinbar, was man ‚Stoffarben'

[11] Ebd., S. 24.

und was man ‚Oberflächenfarben' nennen kann. Unsere Farbbegriffe beziehen sich manchmal auf Substanzen (Schnee ist weiß), manchmal auf Oberflächen (dieser Tisch ist braun), manchmal auf die Beleuchtung (im rötlichen Abendschein), manchmal auf durchsichtige Körper. Und gibt es nicht auch eine Anwendung auf eine Stelle im Gesichtsfeld logisch unabhängig von einem räumlichen Zusammenhang? Kann ich nicht sagen: ‚Dort sehe ich weiß' (und es etwa malen), auch wenn ich das Gesichtsbild gar nicht räumlich deuten kann? (Fleckfarbe) (ich denke an eine pointillistische Malweise)."[12]

Diese Sichtfarben, die neben den Farbeffekten von Stoffen und Oberflächen auftauchen können, sind allerdings ebenso wenig rein subjektiv oder gar illusorisch wie die von Stoffen oder Oberflächen ausgelösten Farbeindrücke.

Praxis und Relativität des Färbens

Wenn mir etwas in klarer und distinkter Gestalt erscheint, rot oder grün, oder auch ohne farbliche Eigenschaften, die ich mit wenigen Termen benennen könnte, aber doch so, dass sich das, was ich sehe, durch seine Farbe auszeichnet, dann verfüge ich über einen (visuellen) Begriff. Dieses Erfassenkönnen liegt meist nicht weit vom Benennen; denn Sagbarkeit und Bestimmbarkeit konturieren zumeist das Muster, das mich etwas als etwas auffassen lässt; man könnte sagen: *die Färbigkeit als Merkmal der Ding-Larven.*

Wenn ich in der Natur auf eine Farbe stoße, zum Beispiel auf einen Stein, eine Blume, einen Fisch oder einen Vogel mit außerordentlichen farblichen Eigenschaften, dann sehe ich ihn in Relation zu anderen Dingen, aber auch zur Palette meiner Farbbegriffe. Womöglich bin ich gehalten, seine distinkten

---

[12] Ebd., S. 92.

farblichen Merkmale als neue Farbe oder als neue Farbeffekte zu werten. Noch bevor ich sie benenne – etwa: das ist zahnpelz-, mirabellen- oder rauchfarben, Taubenblau, Petrol oder Scharlachrot –, erfasse ich diese Farbe als distinkt, und das heißt, dass ich mittels der Anschauung einem neuen Begriff auf der Spur bin. Aber der Begriff ist nicht erst der (farbenlogische) Unterschied der Dinge selbst, ihr Gegensatz und ihre Notwendigkeit, sondern bereits das, worin ihre Wirklichkeit für uns (in der Anschauung) begründet liegt. Der Farbbegriff ist nicht in unserem Kopf, sondern vorgeformt als Teil der (sinnlichen) Wirklichkeit, er benennt ein Auftauchen oder die Art, in der die Dinge uns begegnen. Und das allein schon bedeutet auch: Die Farben der Welt ändern sich, je nachdem, wie wir sie wahrnehmend begreifen.

Des Weiteren ist die jeweilige Wahrnehmung eines Gegenstandes an bestimmte kulturelle Praktiken gebunden, von denen sich die Logik der Farbbegriffe nicht lösen kann. Wenn auch logische Relationen wie ‚x ist heller als y' feststehen, so lässt sich die Bedeutung von Farbausdrücken doch nicht unabhängig von den Praktiken des Sehens ermitteln, zumal es eine Reihe von Farbeigenschaften gibt, die nur aus der leibhaften Erfahrung rühren. Nicht alle Farbbegriffe sind logisch gleichartig. Auch das Glänzen, Glühen und Schimmern, der Eindruck der Farbgleichheit, das Satte, das Matte, das Scheinen und das Dämmern betreffen die Grenze zwischen Logik und Empirie, zwischen Norm und Erfahrung, ‚Gesetze des Augenscheins', unabhängig von der Physik oder Psychologie der Farbe: „Und so ist es, glaube ich, müßig, und ohne Nutzen für das Verständnis der Malerei, von den Charakteren der einzelnen Farben zu reden. Man denkt eigentlich dabei nur an spezielle Verwendungen. Daß Grün als Farbe einer Tischdecke die, Rot jene Wirkung hat, läßt auf ihre Wirkung in einem Bild keinen

Schluß zu."[13] Hinter den Verwendungen verbirgt sich kein unveränderliches Sein und keine feststehende Wirkungsweise einzelner Farben. Weil die jeweilige Wirkung von Grün und Rot in einem Gemälde eine gänzlich andere sein kann als bei einer Tischdecke, gesetzt, dasselbe Tuch würde einmal als Tischtuch, dann wiederum als Leinwand eines Bildes eingesetzt, hängt die Erscheinungsweise dieser Farben offenkundig auch davon ab, wie sie durch die jeweilige Verwendung zur Geltung gebracht werden. Anders als die Psychologie, die dem scheinhaften Eindruck ein konstruiertes wirkliches Sein der Farbe entgegenhält, will Wittgenstein beim Sehen des Scheins bleiben. Die Bestimmbarkeit der Farben hängt immer auch vom konkreten Ort und der Praxis des Sehens ab. Was heißt es nun, Farben als Schein zu sehen, ohne ihnen ein bestimmtes Sein zu unterstellen?

In diesen Zusammenhang gehört beispielsweise die Frage, ob die Griechen Blau gesehen haben, obschon ihnen offenbar ein entsprechender Begriff fehlte,[14] oder durch welche Prozesse Gegenstandsnamen wie Rosa, Violett, Purpur und Orange sich von konkreten Gegenständen (der Rose, dem Veilchen, dem Purpur, der Orange) lösen und zu Farbbegriffen avancieren.

Aber neben dem Sehen und dem Benennen von Farben, denen Wittgensteins Augenmerk gilt, ist entscheidend, welche Praktiken des Färbens eine Kultur entwickelt und welche Farbverhältnisse in ihr dominieren. Denn die Vermutung liegt nahe, dass erst die Praktiken des Färbens einen Begriff der Farbe etablieren, der darin nicht eine sekundäre Eigenschaft der Dinge oder Dispositionsprädikate, sondern eine eigene (nämlich unbestimmte) Seinsweise, wenn nicht sogar, wie bei Wittgenstein, eine allgemeine Form der gegenständlichen Welt erkennt. Erst das Färben macht deutlich, dass nicht dem jewei-

---

[13] Ebd., S. 85.
[14] Vgl. hierzu auch Jacques Le Rider, *Farben und Wörter. Geschichte der Farbe von Lessing bis Wittgenstein*, Wien: Böhlau 2000.

ligen Ding, sondern der Farbe, die eventuell diesem oder jenem Ding zugefügt wurde, dasjenige sinnadäquate Vermögen zukommt, im Wahrnehmenden die Wahrnehmung der Farbe hervorzurufen. Die Disposition der Farbe unabhängig vom jeweiligen Gegenstand, an dem die Farbe auftritt, kann dann die Wahrnehmung der Farbe als sinnliche Qualität bewirken.

Färben ist selten theoretisch untersucht worden, obwohl es nicht nur ganze Industrien und einen Großteil der Kunstgeschichte beschäftigt; viele epistemische Praktiken bringen erst durch das Einfärben Evidenzen ans Licht (elektromagnetische Wellen in der Astrophysik, Aufbau der Zellen in der Molekularbiologie, Hirnspintomographien). Im Hinblick auf diese Praktiken müsste analog zu Wittgensteins *Bemerkungen über die Farben* geklärt werden, inwiefern die Erschaffung eines Wahrnehmungsfelds durch das Auftragen von Farbe ein ‚visuelles Denken'[15] schult. Dieses visuelle Denken ist nicht mit einem Bildbewusstsein identisch, denn das Färben kann auch ohne Bezug auf das Abbilden oder die pikturale Ausdrucksgeste erfolgen. Die Besonderheit des Färbens liegt zunächst in einem modulierenden Agieren in der Farbe, das ein eigenes Handlungsfeld und eine eigene Wahrnehmungszone erzeugt. Das Färben umfasst nicht nur das Markieren und Färben von Partikeln, Wellen, Zellen, Flächen, Reliefs, Stoffen und Körpern mit Schichten, Farbkontrasten und Oberflächenbeschaffenheiten, sondern auch das farblich-gestische Erzeugen dessen, was gesehen werden soll.

Das Färben unterscheidet sich vom Gebrauch visueller Symbole dadurch, dass es nicht notwendigerweise einem kulturellen Code unterliegt. Aus biologischer Sicht erzeugt das Färben Farbeffekte für reproduktive Grundfunktionen, zum Zwecke des Schmucks oder der Tarnung. Farbflächen werden von Pflanzen und Tieren auch produziert, um etwas zu kommunizieren.

---

[15] Dieter Mersch, „Das Medium der Zeichnung. Über Denken in Bildern", in: Lorenz Engell, Jiri Bystricky u. Katerina Krtilova (Hg.), *Medien denken. Von der Bewegung des Begriffs zu bewegten Bildern*, Bielefeld: Transcript 2010, S. 83–110, hier S. 89.

Das Hantieren mit Farben setzt keine eigens produzierte Farbe voraus. Die Grundaktion ist das Schmieren. Kinder erkunden ihre Umwelt auch dadurch, dass sie sudeln, schmieren, hauen, kritzeln oder zeichnen. Sie sammeln, matschen, kneten. Wenn sie malen, begreifen sie die Farbe. Es ist für sie vor allem *eine farbige, feuchte, viskose, modulierbare Masse*. Das Schmieren ist zugleich eine Erkundung des Materials, das manuelle Ausbreiten einer Spur und Erzeugen eines visuellen Eindrucks. Schmierend und kritzelnd wird eine Spur hinterlassen und eine Bewegung motorisch ausgedrückt, mit der sich ein Kind seiner selbst und seiner Möglichkeit, etwas zu verursachen, vergewissert.[16] Das Schmieren geht einher mit der Ausbildung einer Vorstellung bzw. Erwartungshaltung und mit sinnlichen Erfahrungen, die koordiniert werden müssen und dadurch zur Ausbildung eines Körpergefühls beitragen.

Das Färben ist also nicht identisch mit dem Malen. Es ist umfassender und betrifft nicht nur Artefakte. Das Malen andererseits geschieht nicht nur durch das Auftragen von Farbe, durch materialverändernde Handlung und bildgebende Komposition, sondern auch durch Weglassen und Eingrenzen, durch die Lenkung des Blicks oder das Ausnutzen von Materialeigenschaften. Es geht beim Malen nicht nur um die Erzeugung eines Gemäldes, sondern auch um den Vollzug einer Tätigkeit (wie beim Schmieren) und um die Ausbildung geistiger und körperlicher Fertigkeiten. Doch auch das Färben geschieht nicht nur als Auftragen von Farbe, sondern etwa auch durch Beleuchtung oder Filtern von Licht, durch Schattenwürfe etc. Das Arbeiten mit Licht, mit Farben, Profilen, Volumen, Schattierungen und Bewegungen dringt dabei tendenziell an einen Punkt vor, an dem die Dinge beginnen, aus dem Kontext, dem Kontinuum und den Begrenzungen der gewöhnlichen Wahr-

---

[16] Vgl. Uschi Stritzker, Georg Peez u. Constanze Kirchner, *Frühes Schmieren und erste Kritzel. Anfänge der Kinderzeichnung*, Norderstedt: Books on Demand 2009, S. 12.

nehmung herauszurücken und sie zum Glänzen zu bringen. Für Paul Signac besteht das Ziel der modernen Malerei darin, „der Farbe höchstmöglichen Glanz zu geben."[17] Obschon es folglich viele andere Ebenen und Aspekte enthält, die nichts mit dem Auftragen von Farbe zu tun haben und durch die es sich vom bloßen Anstreichen (von Wänden oder Möbeln) und von der natürlichen Veränderung von Farbrelationen an einem identischen Körper unterscheidet, kann doch die Malerei allgemein als Exploration von Farbe bestimmt werden.

Denis Diderot

In ähnlicher Weise beschreibt die Malerei schon Diderot – in Abgrenzung zur Zeichnung – in seinem „Essai sur la Peinture": „Die Zeichnung gibt den Seienden eine Form. Aber die Farbe gibt ihnen Leben."[18] Weil Weißmachen und Leuchtendmachen (*faire blanc et faire lumineux*) zwei unterschiedliche Sachen sind,[19] gilt sein besonderes Interesse dem „Clair-Obscur" in der Malerei, der poetischen Fügung von Licht und Schatten, die den Blick arretiert und in Erstaunen versetzt. Die Malerei ist, Diderot zufolge, besonders dann ausgezeichnet, wenn sie die Wahrheit des Lichts mit der Wahrheit der Farben in einem Gemälde zu verbinden versteht.[20] Dies hängt nicht zuletzt von den Schatten ab, die den Grund (*fond*) des Gemäldes bilden und den Blick auf die Farben des Sujets richten.[21] Die besondere Herausforderung des Koloristen sei die rosige Farbe der Haut und die Farbe des Fleisches. Das Inkarnat ist zum einen

---

[17] Paul Signac, *Von Eugen Delacroix zum Neo-Impressionismus*, Krefeld: Hohns 1903, S. 65.
[18] Denis Diderot, „Essai sur la peinture", in: *Œuvres*, Paris: Pléiade 1951, S. 1111–1170, hier S. 1119.
[19] Ebd., S. 1123.
[20] Vgl. Ebd., S. 1126.
[21] Ebd., S. 1131.

eine Technik, um Haut, in was für einer Färbung auch immer, zu malen. Die Nacktheit kann durchaus durch Ocker, durch Mischungen von Blau und Grün mit Braun, verziert werden, oder durch glänzendes Schwarz. Zum anderen wurde der Begriff Inkarnat oft auch so verwendet, dass er sich nicht nur auf die Darstellung von Haut, sondern auf Hautfarbe als einen besonderen Farbton bzw. auf eine spezifische Mischung von Tönen bezog. Fleischfarben in diesem Sinne war ein ständiges Ineinander-Übergehen von Rot und Weiß, jedoch nicht Rosa. Es war stets eine Mischung, ein Farbverhältnis, ein Übergang von einer Nuance zur anderen, bei der das Durchscheinen anderer Farben und Schichten entscheidend ist.

Diderot verpflichtet zwar die Malerei auf eine quasi naturalistische Wahrheit, weshalb er zuweilen gegen malerische Floskeln und Akademismen polemisiert. Doch er warnt, dass eine noch so genaue Komposition und eine exakte, routinierte Wiedergabe fast in die Region der Lügen geraten, wenn es an Expressivität und an einer Hauptidee gebricht, besonders dort, wo Derartiges neben den wenigen gemalten Wahrheiten gezeigt wird.[22] Was die Wahrheit der Gemälde auszeichnet, ist ihre Nähe zur raren Individualität, zu den Alterationen, zur natürlichen Entwicklung: „Die Figur wird erhaben sein, nicht wenn ich die Genauigkeit der Proportionen bemerke; sondern wenn ich im Gegenteil ein System von gut aufeinander bezogenen und notwendigen Deformationen sehe."[23] Hierzu bedarf es nicht nur der Erfahrung und der klug durchgeführten Studien, sondern vor allem der Sensibilität, um den Geschmack zu leiten.[24] Die Wahrheit, der Diderot in seinem malereitheoretischen Ansatz wie in seinen Kritiken, den Salons, auf der Spur ist und die sich durch die Darstellung lebendiger Details,

---

[22] „parmi quelques vérités de nature, une infinite de choses executées de routine [...]. C'est le mensonge rendu plus choquant par la présence de la vérité." Ebd., S. 1155.
[23] Ebd., S. 1166.
[24] Ebd., S. 1169f.

insbesondere beim Inkarnat erschließt, geht über die Wahrhaftigkeit naturgetreuer Darstellung hinaus: es ist die Transposition in einen anderen Wahrnehmungsmodus, sodass etwas (in einem Anderen) gesehen werden kann, das sonst (eigentlich) nur (in sich) gefühlt wird (Lebendigkeit, Wärme, Zartheit).

Interessant ist es hierbei zu beachten, dass auch bei Diderot von „chair", von Fleisch, dort die Rede ist, wo Haut gemeint ist. Bei Merleau-Ponty findet sich, soweit ich sehe, keine explizite Verbindung seines wahrnehmungstheoretischen Konzeptes „chair" zu Diderots Inkarnat. Später wird Gilles Deleuze „Fleisch" als *die* Farbe von Francis Bacon bezeichnen, hier wären allerdings tatsächlich eher die Färbung der geöffneten Haut und des blutigen Fleisches gemeint. Bei Didi-Huberman findet sich eine Fusion dieser Ansätze: Fleischfarbe bezeichnet demzufolge das Ineinander von Taktilem und Optischem.[25] Mit Diderot könnte man ergänzen: Es ist auch das Ineinander von Innen und Außen, ein Spiegel der eigenen Lebendigkeit in einem zugewandten Ding, nur aufgrund der membranartigen Farbgestaltung.

Diderot leitet seine Diskussion dieses Höhepunktes der Farbgebung eher moralistisch als ästhetisch ein. Inkarnat ist für ihn nicht das Aussehen menschlicher Haut, sondern die Sichtbarkeit moralischer Qualitäten: „Man hat behauptet, die schönste Farbe in der Welt sei die liebenswürdige Röte, womit Unschuld, Jugend, Gesundheit, Bescheidenheit und Scham die Wangen eines Mädchens zieren, und man hat nicht nur etwas Feines, Rührendes, Zartes, sondern auch etwas Wahres gesagt: denn das Fleisch ist schwer nachzubilden [rendre]; dies saftige Weiß, überein, ohne blaß, ohne matt zu sein, diese Mischung von Rot und Blau, die unmerklich durch (das Gelbliche) dringt, das Blut, das Leben bringen den Koloristen in Verzweiflung. Wer das Gefühl des Fleisches erreicht hat, ist schon weit

---

[25] Georges Didi-Huberman, *La peinture incarnée*, Paris: Éditions du Minuit 1985, S. 59.

gekommen, das übrige ist nichts dagegen. Tausend Maler sind gestorben, ohne das Fleisch gefühlt zu haben, tausend andere werden sterben, ohne es zu fühlen."[26]

Dass Diderot damit nicht nur die von Chardin so meisterlich eingefangene Haut junger Frauen meinte, zeigt sein Lob für dessen Stillleben „La Raie" („Der Rochen"), das für Diderot der abstoßende Ausdruck von sterbendem Fleisch ist, das noch zu atmen scheint und Assoziationen von Geruch, Dunst und Schaum erzeugt. Er beobachtet, dass sich diese Erscheinungen sofort verlieren, wenn man sich dem Gemälde zu stark nähert.[27] Hier zeigt sich mit dem Inkarnat eine epistemische Herausforderung: nämlich aufgrund eines reinen Darstellungsmittels, d.h. aufgrund von Farbe, in einer bloßen Erscheinung, einem aus der Distanz beurteilten Oberflächenphänomen, *Tiefe, Lebendigkeit, transmodale Qualitäten und die Eignung zur Interaktion zu erfassen*, und in diesem Sinne Fleisch zu fühlen. Einfühlenkönnen aus der Distanz – sicher wird man darin auch eine moralische Qualität erblicken.

Diderot hat mit diesem 1765 verfassten Essay, der nach seinem Erscheinen 1795 (und trotz der eher beschädigenden Übersetzung durch Goethe) sehr rasch auch in Deutschland Verbreitung fand, die Grundzüge der Malereidiskussion bei

---

[26] Denis Diderot, *Ästhetische Schriften*, Bd. I, Berlin: Verlag Das Europäische Buch 1984, S. 644.
[27] „Der Gegenstand ist abstoßend, aber das ist das Fleisch des Fisches, das ist seine Haut, das ist sein Blut. Der unmittelbare Anblick des Gegenstandes würde nicht anders berühren. Herr Pierre, betrachten Sie dieses Stück genau, wenn Sie in die Akademie kommen, und lernen Sie, wenn Sie können das Geheimnis, wie man durch sein Talent das Abstoßende gewisser Dinge der Natur erträglich machen kann. Man versteht diese Magie überhaupt nicht. Da sind dicke, aufeinander aufgetragene Farbschichten, deren Effekt von unten nach oben durchdringt. In anderen Fällen möchten wir behaupten, ein feiner Dunst sei auf die Leinwand gehaucht, und wieder ein anderes Mal, ein leichter Schaum sei darauf gespritzt. Rubens, Berghem, Greuze, Lourtherbourg könnten Ihnen diese Technik besser erklären als ich. Sie alle würden Ihre Augen diesen Effekt empfinden lassen. Treten Sie näher: alles verschwimmt, verflacht und verschwindet. Entfernen Sie sich: alles erschafft und erzeugt sich wieder neu." Denis Diderot, „Salon von 1763", in: ders, *Schriften zur Kunst*, Berlin u.a.: Philo & Philo Fine Arts 2005, S. 41–116, hier S. 79f.

IV. Färben / Negieren

Schelling und Hegel gelegt, die seiner Analyse folgen und ihn immer wieder zitieren.

Friedrich Wilhelm Joseph Schelling

Für Schelling ist Farbe die Erscheinung des Lichts „in der Entgegensetzung mit dem Nicht-Licht", synthetisiert mit dem Körper.[28] Weil in der Farbe die Gegensätze Licht und Körper vereinigt erscheinen, stellt Farbe das Zugleich, die Einheit des sonst nacheinander Erscheinenden dar: „Die nothwendige Form der Malerei ist die aufgehobene Succession [...]. Die Einbildung der Einheit in die Vielheit ist Zeit."[29] Die Aufhebung der Reihung des Figurierten erfolgt in der Tiefe.[30] Diese Tiefe ist eine Schichtung von Flächen. Schelling unterstreicht dieses besondere Vermögen der Malerei, Flächen so zu färben, dass eine Tiefensuggestion entsteht. Die Malerei „stellt nur Flächen dar, und kann nur innerhalb dieser Begrenzung den Schein des Körperlichen hervorbringen. Die Malerei ist die erste Kunstform, welche Gestalten darstellt. Die Malerei stellt überhaupt das Besondere im Allgemeinen oder in der Identität dar. Nun kann sich aber das Besondere vom Allgemeinen überhaupt nur durch Begrenzung oder Negation unterscheiden. Aber eben Begrenzung der Identität ist, was wir Umriß, Gestalt nennen (Musik gestaltlos)."[31]

Die Tiefe ist hier zeitlich gedacht, als Bewegung der Begrenzung, der Negation, der Schichtung. Die Malerei hat „außer den Gegenständen noch den Raum als solchen darzustellen."[32] Die spezifische Fähigkeit des malerischen Farbgebrauchs, der

---

[28] Friedrich Wilhelm Joseph Schelling, *Philosophie der Kunst*, Darmstadt: Wissenschaftliche Buchgesellschaft 1990, S. 153.
[29] Ebd., S.161.
[30] Ebd., S. 174.
[31] Ebd., S. 162.
[32] Ebd., S. 161f.

eine Einheit aus Zeichnung, Helldunkel und Kolorit herstellt, ist es folglich, Gestalten als Besonderungen im Raum darzustellen.

Durch die Zeichnung kann die Form der Dinge wiedergegeben werden, weshalb für Schelling auch nur aufgrund der Zeichnung die Malerei zur Kunst wird: „Die Zeichnung ist der Rhythmus der Malerei [...]. Der Ausdruck des absoluten Erkennens an den Dingen ist die Form [...]. Die Farbe ist nur das, wodurch das Stoffartige der Dinge zur Form wird; sie ist nur die höhere Potenz der Form. Alle Form aber hängt von der Zeichnung ab. Nur durch die Zeichnung also ist die Malerei überhaupt Kunst, so wie sie nur durch die Farbe Malerei ist."[33]

Das, worin die Dinge nicht nur Form sind, Helldunkel bestimmbar, sondern sinnliche Wirklichkeit, Stoff, wird von Schelling zwar als bloße Möglichkeit der Form klassizistisch (im Gefolge Winckelmanns und Goethes) zurückgesetzt; das genuin Malerische, die Farbe, führt allerdings in seiner Konzeption dazu, dass die Dinge auf den Gemälden nie einzeln auftreten, sondern als farbige stets begleitet werden von potentiellen, anderen Formen.

So steht im Zentrum des Malens weniger der einzelne Gegenstand, als vielmehr die Gruppierung. Auch das Einzelne tritt begleitet vom Potential anderer Erscheinungsweisen und Verbindungen auf. Schelling wiederholt, dass die Regel der Gruppierung von Gestalten in einem Gemälde auf das Helldunkel zurückgehe, das die Tiefe hervorbringt und „den Körper als Körper erscheinen"[34] lässt. Die gemalte Tiefe vermag es, den Schein des Körperlichen zu erzeugen und zugleich Körper als Erscheinende ansichtig werden zu lassen. Scheinhaft wird die Realität körperlicher Materialität auf eine höhere Einheit hin durchsichtig: „Die empirische Wahrheit [ist] die letzte

---

[33] Ebd., § 87 Zusatz, S. 164.
[34] Ebd., S. 175.

IV. Färben / Negieren

Forderung in der Kunst, da diese ihrem ersten Beruf nach eine über die Sinne erhabene Wahrheit darzustellen hat."[35]

Diese Darstellung einer über das Empirische hinausgehenden Wahrheit gelingt nicht zuletzt dadurch, dass das Licht selbst durch die Lokalfarben zur Darstellung kommt: „Das Helldunkel bezieht sich auf die Flächenwirkungen des allgemeinen Lichts, die den Schein des Körperlichen hervorbringen. Das Licht ist in dem Helldunkel noch immer das bloß Beleuchtende des Körpers, und macht bloß die Wirkung des Körpers, ohne er selbst wahrhaft zu sein. Die dritte Form ist also [diejenige, welche] das Licht verkörpert, Licht und Körper also als wahrhaft eins darstellt. Diese Form ist das Colorit. Das Colorit bezieht sich nicht auf das allgemeine, hellere oder dunklere, Licht des Ganzen. Seine Grundlage sind die Localfarben der Gegenstände [...]."[36]

Mit Diderot stimmt Schelling darin überein, dass die höchste Vollendung des Kolorits in der Evokation der Fleischfarbe liegt: „Die höchste Vermählung des Lichtes mit dem Stoffe, so daß das Wesen ganz Stoff und ganz Licht wird, geschieht in der Produktion des Fleisches. Das Fleisch ist das wahre Chaos aller Farben und eben deshalb keiner besonderen ähnlich, sondern die unauflöslichste und schönste Mischung aller. Aber auch diese ganz einzige Art der Farbe ist noch überdies nicht unbeweglich, wie die andren Arten der Farbe, sondern lebendig und beweglich."[37]

Die Wirkung dieser oder anderer einzelner Farben im Gemälde liegt allerdings an der gesamten Komposition, die sie zueinander ins Verhältnis setzt. Die Harmonie einer malerischen Komposition liege nicht an der Farbe des einzelnen Details oder am Grad ihrer Mischung, Helligkeit oder Sätti-

---

[35] Ebd., S. 182.
[36] Ebd., S. 183.
[37] Ebd., S. 184.

gung, sondern an der Qualität der Farben, an dem „System der Farben" untereinander, führt Schelling aus.

Abhängig von einem solchen Farbsystem, das die gemalte Fläche determiniert, vermag es die Malerei erstens einen Körper in seinen Umrissen, wodurch er sich als Lichtnegation von einem Grund als Besonderes abhebt, erkennbar werden zu lassen und ihn zweitens in Licht-Schattenwirkungen, wodurch sich dieser Körper in seiner Identität gegenüber anderen, zu ihm gruppierten zeigt, zu profilieren. Spezifisch für die Malerei ist neben der Gruppierung von Körpern und Volumen darüber hinausgehend drittens die Fähigkeit, diesen Körper nicht nur oberflächlich, sondern aus seiner Tiefe leuchtend zu zeigen. „Die Malerei ist die erste Kunst, welche Gestalten und demnach auch wahre Gegenstände hat."[38]

Georg Wilhelm Friedrich Hegel

Auch für Hegel ist Malerei „die Verbreitung in die Fläche und das Gestalten durch die Besonderung der Farben".[39] Sie entsteht aus dem Färben leerer Flächen – und geht doch direkt über in eine epistemische Dimension. Denn erst in der Malerei erweist sich Licht „als das allgemeine Sichtbarmachen der Gegenständlichkeit überhaupt".[40] Im Verhältnis zur Gegenständlichkeit bringt das Licht „das in sich selbst schon partikularisierte Helle und Dunkle, Licht und Schatten hervor, deren mannigfaltige Figurationen die Gestalt und Entfernung der Objekte voneinander und vom Beschauer kenntlich machen."[41]

---

[38] Ebd., S. 185f.
[39] Georg Wilhelm Friedrich Hegel, *Vorlesungen über die Ästhetik*, Bd. III, in: *Werke*, Bd. 15, Frankfurt/M.: Suhrkamp 1970, S. 22.
[40] Ebd., S. 31.
[41] Ebd., S. 32.

IV. Färben / Negieren

Diese Arbeit mit der Färbung des Lichts erlaubt Hegel eine eher ästhetische als historische Abgrenzung von Malerei und Skulptur, wenngleich das Historische und das Theologische in seinem Argument anklingen. Das Skulpturideal stelle die in sich gediegene Individualität des Gottes in seiner ihm schlechthin angemessenen Leiblichkeit sinnlich und gegenwärtig hin.[42] Im Übergang zur Malerei wird das Material scheinhaft, andere Eigenschaften als Masse und Ausdehnung bestimmen nunmehr seine Präsenz: „Das bisherige Material war das Materielle als solches, die schwere Masse in der Totalität ihres räumlichen Daseins sowie in der einfachen Abstraktion der Gestalt als bloßer Gestalt. Tritt nun das subjektive [...] in dieses Material herein, so wird es, um als Inneres herausscheinen zu können, an diesem Material einesteils zwar die räumliche Totalität tilgen und sie aus ihrem unmittelbaren Dasein in entgegengesetzter Weise zu einem vom Geiste hervorgebrachten Schein verwandeln, andererseits aber die ganze Partikularität des Erscheinens hinzubringen müssen [...]."[43] So bildet sich eine Malerei, der das Vermögen, die menschliche Gestalt herauszustellen, wesentlich ist.

Dieses Vermögen bildet sich, indem sich die Reflexion von der äußeren Leiblichkeit abhebt und zugleich das Geistige zu verkörpern beginnt: „Im Sinnlichen und Sichtbaren aber hat sich hier die Kunst zunächst noch zu bewegen, weil, dem bisherigen Gange zufolge, das Innere allerdings als Reflexion-insich zu fassen ist, zugleich aber als Zurückgehen seiner in sich aus der Äußerlichkeit und Leiblichkeit und somit als ein Zusichselberkommen zu erscheinen hat, das sich auf einem ersten Standpunkte nur wieder an dem objektiven Dasein der Natur und der leiblichen Existenz des Geistigen selber dartun kann. Die erste unter den romantischen Künsten wird deshalb

---

[42] Ebd., S. 13.
[43] Ebd., S. 14.

in der angegebenen Art ihren Inhalt noch in den Formen der äußeren menschlichen Gestalt und der gesamte Naturgebilde überhaupt sichtbar herausstellen, ohne jedoch bei der Sinnlichkeit und Abstraktion der Skulptur stehenzubleiben. Diese Aufgabe macht den Beruf der Malerei aus."[44]

Malerei ist konkreter und reflektierter als die Skulptur, aber sie umfasst Architektur und Skulptur, fasst sie zusammen und geht so darüber hinaus. Der Beginn der Malerei ist deshalb gewissermaßen architektonisch, bevor er skulptural wird. Beide Schritte, Baukunst und Plastik, sind Weisen der Materialisierung und der Gestaltung. „[…] Die Malerei [vereinigt] nun auch das in ein und demselben Kunstwerke, was bis jetzt zweien verschiedenen Künsten zufiel: die äußere Umgebung, welche die Architektur künstlerisch behandelte, und die an sich selbst geistige Gestalt, die von der Skulptur erarbeitet wurde."[45] Aus der Figuration des Räumlichen wird die Figuration eines zeitlichen Verlaufs: Weil in der Malerei das Innere, Subjektive hervorscheint, muss sie als ein dialektischer Prozess verstanden werden, der zwischen Skulptur und Musik vermittelt.

Malerei wäre entsprechend als dialektische Figuration zwischen dem Ton der Skulptur und dem Ton der Musik zu begreifen: „Insofern nun aber in der Malerei nicht wie in der Skulptur die schlechthin vollbrachte Ineinsbildung des Geistigen und Leiblichen den Grundtypus liefert, sondern umgekehrt das Hervorscheinen des in sich konzentrierten Inneren, so ergibt sich überhaupt die räumliche Außengestalt als ein der Subjektivität des Geistes nicht wahrhaft gemäßes Ausdrucksmittel. Die Kunst verläßt deshalb ihre bisherige Gestaltungsweise und ergreift statt der Figurationen des Räumlichen die Figurationen des Tons in seinem zeitlichen Klingen und Verklingen."[46]

---

[44] Ebd., S. 15.
[45] Ebd., S. 18.
[46] Ebd., S. 15. Skulptur war das Erscheinen eines Gottes gegenüber der Gemeinde, wohingegen wir in der Malerei die kollektive, menschliche Subjektivität anschauen:

Sie ist darin noch räumlich-plastisch und schon zeitlich-schwingend und doch nicht nur ein Übergang und eine Vermittlung, sondern etwas Eigenes; genauer: die Ausbildung des Eigenen, Eigenartigen, Individuellen.

Hegel zufolge ist das wesentliche Prinzip der Malerei die innere Subjektivität in ihrer Lebendigkeit der Empfindung, Vorstellung und Handlung, in der Mannigfaltigkeit der Situationen und äußeren Erscheinungsweisen. Dies sei „im Leiblichen angegeben", sodass sich in der Malerei das Subjekt in seiner eigenen Leiblichkeit und äußeren Umgebung „gegen Gott" verselbständigt, weshalb der Mittelpunkt der Malerei in der romantischen christlichen Kunst liege.[47] Zwar seien bei den Alten vortreffliche Maler zu finden, auch „Chinesen, Inder, Ägypter usf." hätten sich Ruhm nach Seiten der Malerei hin erworben,[48] aber die Untersuchung der Darstellungsmittel und damit des Prinzips der Malerei sei erst mit der romantischen Malerei aufgetreten, als deren Ausgangspunkt Hegel immer wieder Raffael nennt. Eine Isis mit Horus auf den Knien sei dessen Madonna mit dem Christuskind nicht vergleichbar, aus

---

„Wir verweilen nicht lange [bei den Skulpturwerken der Alten] [...]. Einheimischer wird uns deshalb sogleich bei der Malerei. In ihr nämlich bricht sich das Prinzip der endlichen und in sich unendlichen Subjektivität, das Prinzip unseres eigenen Daseins und Lebens, zum ersten Mal Bahn, und wir sehen in ihren Gebilden das, was in uns selber wirkt und tätig ist. Der Gott der Skulptur bleibt der Anschauung als bloßes Objekt gegenüber, in der Malerei dagegen erscheint das Göttliche an sich selber als geistiges lebendiges Subjekt, das in die Gemeinde herübertritt und jedem Einzelnen die Möglichkeit gibt, sich mit ihm in geistige Gemeinschaft und Vermittlung zu setzen. Das Substantielle ist dadurch nicht wie in der Skulptur ein in sich beharrendes, erstarrtes Individuum, sondern in die Gemeinde selbst herübergetragen und besondert. Dasselbe Prinzip unterscheidet nun auch ebenso sehr das Subjekt von seiner eigenen Leiblichkeit und äußeren Umgebung überhaupt als es auch das Innere mit derselben in Vermittlung bringt. In den Kreis dieser subjektiven Besonderung – als Verselbständigung des Menschen gegen Gott [...] – fällt die ganze Bewegung und Lebendigkeit, welche die Skulptur sowohl ihrem Inhalt als auch ihren Ausdrucksmitteln nach vermissen läßt, und führt eine unermeßliche Fülle des Stoffs und breite Mannigfaltigkeit der Darstellungsweise, die bisher gefehlt hatte, neu in die Kunst herein." Ebd., S. 17.
[47] Ebd., S. 19.
[48] Ebd.

welcher den Betrachter Tiefe der Empfindung, geistiges Leben, Innigkeit und Fülle, Hoheit oder Lieblichkeit anspringen.[49]

Die Untersuchung der Darstellungsmittel im Prozess des Malens stößt auf Prinzipien des Materials; hier insbesondere solche, die ein Scheinen der Fläche selbst, und nicht bloß auf der Oberfläche, erzielen.[50] Das äußere Dasein wird in seiner Realität zum Durchgangs- und Spiegelstadium.

Die Fläche kündet von einem darunter, darin und gegenüber Leuchtenden und Durchwirkenden, sie zeigt gewissermaßen ihren Grund im tätigen Geist. Ihr Scheinen ist Ausdruck, Situation und Handlung, sie bedingt das Sichtbarwerden von Gegenständen in Umgebungsverhältnissen: „Es ist das Innere des Geistes, das sich im Widerschein der Äußerlichkeit als Inneres auszudrücken unternimmt. Ebenso führt dann zweitens die Fläche, auf welcher die Malerei ihre Gegenstände erscheinen macht, schon für sich zu Umgebungen, Bezüglichkeiten, Verhältnissen hinaus, und die Farbe fordert als Besonderung des Scheinens nun auch eine Besonderheit des Inneren, welche erst durch Bestimmtheit des Ausdrucks, der Situation und Handlung klarwerden kann und deshalb unmittelbar Mannigfaltigkeit, Bewegung und partikulares inneres und äußeres Leben erheischt."[51] Die Malerei zieht die drei Dimensionen und damit auch die äußere Körperlichkeit, die Bewegung und den Ausdrucks zusammen zur Fläche und lässt

---

[49] Ebd., S. 21.
[50] „Daß aber die Malerei diese subjektivere Art der Beseelung fordern muß, liegt schon in ihrem Material. Ihr sinnliches Element nämlich, in welchem sie sich bewegt, ist die Verbreitung in die Fläche und das Gestalten durch die Besonderung der Farben, wodurch die Form der Gegenständlichkeit, wie sie für die Anschauung ist, zu einem vom Geist an die Stelle der realen Gestalt selbst gesetzten künstlerischen Scheine verwandelt wird. Im Prinzip dieses Materials liegt es, daß das Äußerliche nicht mehr für sich in seinem – wenn auch von Geistigem beseelten – wirklichen Dasein letzte Gültigkeit behalten soll, sondern in dieser Realität gerade zu einem bloßen Scheinen des inneren Geistes herabgebracht werden muß, der sich für sich als Geistiges anschauen will." Ebd., S. 22.
[51] Ebd., S. 23.

IV. Färben / Negieren

dadurch am Räumlichen das Innerliche hervortreten.[52] „Sie hat ursprünglich nur die Bestimmung, leere Wandflächen auszufüllen."[53] Die Leere füllt sie mit Licht, ihrem physikalischen Element, das Hegel als das allgemeine Sichtbarmachen der Gegenständlichkeit überhaupt auffasst. Es tritt nicht als solches, sondern als das „in sich selbst schon partikularisierte Helle und Dunkle, Licht und Schatten hervor, deren mannigfaltige Figurationen die Gestalt und Entfernung der Objekte voneinander und vom Beschauer kenntlich machen".[54] Doch misst die Malerei dieses räumliche Arrangement nicht aus, sie konstruiert keine Abstände, sondern farbliche Einheiten, sie ersetzt gewissermaßen eine auf Gestalten und Abständen fokussierte Sicht durch eine Auffassung der Farben: „Die Malerei entbehrt die dritte Dimension nicht etwa, sondern verwirft sie absichtlich, um das bloß räumlich Reale durch das höhere und reichere Prinzip der Farbe zu ersetzen."[55] Malerei geht deshalb über Baukunst und Skulptur hinaus, weil sie zwei Extreme auseinander treibt, nämlich die Tiefe des Gegenstandes auf der einen Seite, und die subjektive Kunst des Machens, und im Erlebnis des Vollzugs die Einsicht in die Partikularität des Wirklichen, auf der anderen. Diesen Extremen entspricht, daß die Malerei zwei Darstellungsmittel hat, nämlich „sowohl die Gestalt als solche, die Formen der Raumbegrenzung, als auch die Farbe [...]."[56] Die Farbe kann zwar auch als Mittel der Raumbegrenzung eingesetzt werden, geht jedoch systematisch über diese Begrenzung und über den Denkzwang der Gestalt hinaus.

Für Hegel ist folglich die Malerei eine Erkundung und Bestimmung von Formen, die „auf der Fläche durch Färbung ausdrückbar sind"[57] und in denen die menschliche Gestalt und

[52] Ebd., S. 26f.
[53] Ebd., S. 29.
[54] Ebd., S. 31f.
[55] Ebd., S. 34.
[56] Ebd., S. 35.
[57] Ebd., S. 38.

die Innerlichkeit zur Erscheinung kommen können. Dieses Potential der Formen erschließt das Färben deshalb in der Fläche eher als in anderen Milieus, da hier, in der Abwesenheit von Formung, die Farbe die Aufmerksamkeit auf sich zieht. Über die Raumgestaltung hinaus bringt die Färbung deshalb insbesondere Situationen als dynamische Konfigurationen von Lebendigkeit zur Erscheinung. Die Situation „in ihrer veränderlichen momentanen Färbung", die konzentrierte momentane Lebendigkeit ist ein Potential der Formung und zugleich die Weise, in der die Malerei das Flüchtigste fixiert und das Augenblickliche dauerhaft macht.[58] „Die Hauptsache nun also bei einem Gemälde besteht darin, daß es eine Situation, die Szene einer Handlung darstelle."[59]

Malerei sollte nicht versuchen, eine Sukzession von Veränderungen wiederzugeben; vielmehr muss, Hegel zufolge, derjenige Augenblick aufgesucht werden, „in welchem das Vorhergehende und das Nachfolgende in einen Punkt zusammengedrängt ist".[60] Das Gemälde kann den Rest des Vergangenen aufnehmen und zugleich das Künftige andeuten. Die Lebendigkeit des Augenblicks, die Simultanität, das Ineinander von Vergangenheit und Zukunft darzustellen, gelingt der Malerei durch das Spiel der Farben: „Besonders das Spiel des Farbenscheins, nicht die Farbe als solche, sondern ihr Hell und Dunkel, das Hervor- und Zurücktreten der Gegenstände ist der Grund, daß die Darstellung natürlich erscheint [...]."[61] Zu solchem Scheinen zählen der Glanz, die Reflexe, die Schattierungen, das Leuchten, die Tiefe, die Veränderlichkeit und Flüchtigkeit von Übergängen.

Hegel spricht auch vom „Duft der Farbtöne."[62] Die Zeichnung, zugleich Element und Gegensatz des Malerischen,

---

[58] Ebd., S. 65.
[59] Ebd., S. 94.
[60] Ebd., S. 89.
[61] Ebd., S. 66.
[62] Ebd., S. 87. Vgl. auch S. 75 u. S.81.

macht durch Raumumgrenzung jedes Objekt in seiner spezifischen Gestalt sichtbar und gibt die Entfernung von Gestalten zueinander an. „Ihr vorzüglichstes Gesetz ist die Richtigkeit in Form und Entfernung."[63] Die Beurteilung der Richtigkeit der Darstellung bemisst sich am Zeichnerischen.

Das Zeichnerische ist die Schnittfläche zwischen Plastik und Malerei. Die Gestalt macht „das Plastische, Skulpturmäßige in der Malerei aus". Doch die Malerei darf nicht bei dem Plastischen der Außengestalt bleiben: „Denn ihre eigentliche Aufgabe ist die Färbung, so daß in dem wahrhaft Malerischen Entfernung und Gestalt nur durch Farbenunterschiede ihre eigentliche Darstellung gewinnen und darin aufgehen. Es ist deshalb die Farbe, das Kolorit, was den Maler zum Maler macht. Wir bleiben zwar gern beim Zeichnen und hauptsächlich beim Skizzenhaften als bei dem vornehmlich Genialen stehen, aber wie erfindungsreich und phantasievoll auch der innere Geist in Skizzen aus der gleichsam durchsichtigeren, leichteren Hülle der Gestalt unmittelbar heraustreten kann, so muss doch die Malerei malen [...]. Erst die Malerei [bringt] durch den Gebrauch der Farbe das Seelenvolle zu seiner eigentlich lebendigen Erscheinung."[64] Die Färbung beginnt den Übergang der Malerei hin zur Musik.

Durch die Färbung gelingt der Malerei die Konkretion lebendiger Individualität. Ähnlich wie Schelling hebt Hegel auch hervor, dass nicht nur das Licht durch die Malerei Objekte erkennbar machen kann, sondern dass es auch an sich selbst erst durch den malerischen Einsatz der Farbe anschaulich wird. Licht als solches ist farblos, unbestimmte Identität. Zur Farbe, dem körperlichen, verdunkelten Licht, das die Dunkelheit durchdringt und durchleitet, gehört die Trübung, sodass

---

[63] Ebd., S. 68.
[64] Ebd., S. 69.

es laut Hegel eine schlechte und falsche Vorstellung ist, sich das Licht aus Farben zusammengesetzt zu denken.

Die Malerei vermag nicht nur einzelne Aspekte darzustellen, sondern die Vielfalt an Formen, die „auf der Fläche durch Färbung ausdrückbar sind."[65] Noch schärfer als Schelling betont Hegel, welche physischen Eigenschaften nur durch das Färben sichtbar und erkennbar gemacht werden: „Gestalt, Entfernung, Abgrenzung, Rundung, kurz, alle Raumverhältnisse und Unterschiede des Erscheinens im Raum werden in der Malerei nur durch die Farbe hervorgebracht, deren ideelleres Prinzip nun auch einen ideelleren Inhalt darzustellen befähigt ist und durch die tieferen Gegensätze, die unendlich mannigfaltigen Mittelstufen, Übergänge und Feinheiten der leisesten Nuancierung in Rücksicht auf die Fülle und Besonderheit der aufzunehmenden Gegenstände den allerbreitesten Spielraum gewährt. Es ist unglaublich, was hier in der Tat die bloße Färbung vollbringt."[66]

Durch die Färbung geht die Malerei über die Konturierung hinaus. Zur Bestimmung der Funktionen der Färbung hebt Hegel folgende Punkte hervor: Das Helle und Dunkle ist die abstrakte Grundlage aller Farbe und verleiht dem Zeichnerischen das Plastische der Gestalt. Das Helldunkel bringt „die Hebung, Senkung, Rundung, Entfernung der Gegenstände"[67] heraus. In der Malerei bleibt das Helldunkel nur die Grundlage, auf der sich „das Vor- und Zurücktreten, die Rundung, überhaupt das eigentliche Erscheinen der Gestalt als sinnlicher Gestalt, das, was man die Modellierung nennt"[68], bestimmt.

In der Malerei dürfen Hell und Dunkel nicht abstrakt bleiben, sondern müssen durch die Verschiedenheit der Farben ausgedrückt werden. Die Farben können Tiefe durch die Ver-

[65] Ebd., S. 38.
[66] Ebd., S. 33.
[67] Ebd., S. 70.
[68] Ebd., S. 71.

schiedenartigkeit der Färbung evozieren, welche die Gegenstände durch die „atmosphärische Luft" annehmen. Sie können diese Färbungen zu einer Luftperspektive ausbauen, die die Gegenstände hinsichtlich ihrer Umrisse und ihrer Helligkeit modifiziert.[69] Der Eindruck des Näheren werde durch den hohen Kontrast von Licht und Schatten bewirkt, zunehmende Konturlosigkeit und ein Verschwimmen der Hell-Dunkel-Kontraste in ein helles Grau lege den Eindruck der Ferne nahe.

Der Gipfel des Kolorits sei das Inkarnat, ein Anflug von Karminrot, ein von innen herausdringender Schimmer, ein „Durchscheinen von innen"[70] des ideellen Ineinanders aller Hauptfarben, dessen Scheinen noch den Metallglanz, blitzende Edelsteine und glänzende Seidenstoffe übertreffe. An dieser Stelle fehlt auch bei Hegel nicht der Verweis auf Diderot.

Dieses „Ineinanderscheinen" der Farben erreicht am Besten die Ölfarbe, wegen der hier möglichen Unterscheidung von Deck- und Lasurfarben, noch vor der Fresko- und Temperamalerei; am schlechtesten das Mosaik, das Hegel auch zur Malerei rechnet.[71] Über die zeichnerische Modellierung und die Färbung des Helldunkels entwickelt das Kolorit das Ineinanderscheinen der Farben bis zur „Zauberei des Farbenscheins". Darunter versteht Hegel eine Wirkung des Kolorits, die dort eintritt, wo die Bedeutung der Gegenstände sich verflüchtigt hat und alle „Geistigkeit in die Auffassung und Behandlung der Färbung hereintritt. Im allgemeinen läßt sich sagen, daß die Magie darin besteht, alle Farben so zu behandeln, daß dadurch ein für sich objektloses Spiel des Scheinens hervorkommt, das die äußerste verschwebende Spitze des Kolorits bildet, ein Ineinander von Färbungen, ein Scheinen von Reflexen, die in andere Scheine scheinen [...]."[72]

[69] Ebd., S. 77.
[70] Ebd., S. 78f.
[71] Ebd., S. 79f.
[72] Ebd., S. 80.

Bei Leonardo da Vinci und Correggio würden noch die tiefsten Schatten durchleuchtet, komme die höchste Rundung zum Vorschein, doch ohne Härte oder Grenze, sondern „überall ein Übergehen"; Licht und Schatten durchschienen einander wie eine Kraft von innen. In der holländischen Malerei hingegen bringe das Ineinander von „Reflexen und Farbenscheinen" eine Veränderlichkeit und Flüchtigkeit von Übergängen hervor, durch die sich über die Klarheit, den Glanz, die Tiefe, das Leuchten der Farbe ein Schein der Beseelung lege.[73]

Die Färbung bringt folglich nicht nur Objekte im Raum zur Darstellung, sondern produziert eine Subjektivität, deren Farbsinn die Objekte in dieser Weise zur Erscheinung kommen lässt, angeregt und angehalten durch das Ineinander der Farben. Denn erst ein subjektiver „Farbensinn" prägt die Seh- und Konzeptionsweise differenzierter Farbtöne; und stellt den je eigenen Versuch dar, das „mannigfaltige Spiel von Scheinen [...]: aufzufassen, wiederzugeben und sich nach seiner Anschauung, Erfahrung und Einbildungskraft zu erfinden."[74] Derartige Eigenschaften des Färbens bestimmen die Inhalte der Malerei. *Die Färbung vermittelt einen Sinn für das Sich Besondernde und für Situationen.* „Die Hauptsache nun also bei einem Gemälde besteht darin, daß es eine Situation, die Szene einer Handlung darstelle."[75] Daraus resultiert, dass Gemälde im Unterschied zur Plastik, die stets idealisiert, das Nichtige, Zufällige, Abseitige zum Thema machen kann; „gerade die ganze Mannigfaltigkeit der auch zufälligen Partikularität."[76] *Malerei zeigt das Charakteristische in einer Situation, zeigt die Situation als solche*; „und uns wird sogleich klar: die Charaktere können auch noch etwas anderes sein als das, worin sie in diesem Augenblick vor uns stehen [...]. Die Anschauung, was überhaupt am Menschen, am

[73] Ebd., S. 81.
[74] Ebd., S. 83.
[75] Ebd., S. 94.
[76] Ebd., S. 100.

menschlichen Geist und Charakter, was der Mensch und was dieser Mensch ist. Diese Auffassung der inneren menschlichen Natur und ihrer äußeren lebendigen Formen und Erscheinungsweisen, diese unbefangene Lust und künstlerische Freiheit [...] macht hier den poetischen Grundzug aus [...]."[77]

Wenn es die malerische Praxis des Färbens über die Exploration des Lichts und der Tiefe des Körpers hinaus einerseits ermöglicht, das Scheinen zu erfassen und sich dadurch selbst zu erfinden, und andererseits durch die Darstellung des Handlungsraums das *Humanum* ermittelt, so gelingt dies nur, weil Farbe Körper, Schein und Trübung ist, mehr als nur die jeweilige Form eines Gegenstandes, sondern etwas, mit dem sich die Welt (menschlich) ausformen lässt. Kennzeichnend für malerisches Färben ist die Hervorbringung lebendiger Farben: eine objektivierte Subjektivität der Darstellungsmittel, die Autonomie der Farbe im Bildakt.[78]

---

[77] Ebd., S. 130f.
[78] In diese Richtung spitzt Horst Bredekamp Hegels Einsicht zu: „Daß Tizian Lebendiges aus toter Materie zu schaffen vermöge, bezieht sich nicht auf die Oberfläche des Körpers, sondern auf den gesamten Stoff des Bildes. Mit dem Eindruck, daß die dargestellte Zeit nicht unmittelbar an die Lebenszeit des Dargestellten gebunden ist, löst sich die Farbe von der Bildung an Motive und Zusammenhänge. Das deutlichste Zeichen dieses Vorgangs liegt darin, daß nicht der Pinsel, sondern der Spachtel zum Instrument der Malerei wird. So legt Tizians Farbduktus [...] die autoaktive Agilität der Farben mit einer an die Grenze zur Abstraktion rührenden Radikalität frei [...]. Von hier führt eine Linie zur Lösung der Farbe vom Gegenstand und damit zur unverstellten Reflexion des in ihr wirkenden Vermögens [...]. In seinen Vorlesungen über die Ästhetik scheute sich Hegel mit Blick auf die altniederländische Malerei nicht, [...] von der ‚Magie der Farben' zu sprechen. Die ‚Geheimnisse ihres Zaubers' liegen Hegel zufolge darin, daß die Wirkungen der Farben nicht allein von der sichtbaren Art ihres Auftrags abhängen. Vielmehr erzeugen sie in ihrer Zusammenstellung ein ‚Blinken und Glinzern', das aus den einzelnen Farbflecken nicht allein hervorgeht. In Verlagerung der Wirkaktivität vom Pinsel auf das Gemalte wird der Betrachter, so folgert Hegel in einem unnachahmlichen Schluß, zum Objekt des eigentätigen Werks: ‚Es ist die ganz subjective Geschicklichkeit, welche sich auf diese objective Weise als die Geschicklichkeit der Mittel selbst in ihrer Lebendigkeit und Wirkung durch sich selber eine Gegenständlichkeit erzeugen zu können kundtut.' [...] Die subjektive Geschicklichkeit ist in die ‚Lebendigkeit und Wirkung' der Mittel verlagert [...]. Der Zauberspruch des Philosophen über die ‚Magie der Farben' ist eine begriffliche Inkunabel des farbautonomen Bildakts." Horst Bredekamp, *Theorie des Bildakts*, Berlin: Suhrkamp 2010, S. 266f u. S. 270–272.

Färben als Erkenntnisprozess

Diderots, Schellings und Hegels Ansätze zu einer Philosophie der Malerei argumentieren auf unterschiedlichen Ebenen: Philosophie der Kunst, Ästhetik, Wahrnehmungstheorie, Anthropologie und Malereitheorie gehen ineinander über. Mein Versuch ist es, sie so zu lesen, dass deutlich wird, welche Erkenntnisprozesse nicht durch direkte Inaugenscheinnahme, sondern nur im Umweg über die Malerei, und hier insbesondere durch das Färben, ermöglicht werden.

Hinsichtlich der epistemischen Bedeutung des Färbens gilt es festzuhalten, dass dieses nicht notwendigerweise ästhetisch und erst recht nicht in künstlerischer Absicht erfolgen muss.

Das Färben ist nicht *per se* eine ästhetische Praxis, sondern, jedenfalls für Menschen, eine Kulturtechnik; epistemisch relevant, weil es schon bei der Forcierung von Schwarzweißkontrasten oder Grauabstufungen, erst recht aber durch den Einsatz differenzierter und nuancierter Farbigkeit in vielen wissenschaftlichen Praktiken Evidenz (und nicht nur Anschaulichkeit oder wissenspopularisierende Illustration) generiert. Das Färben macht aber nicht nur in der Medizin, Biologie, Chemie oder Physik Dinge sichtbar, die ansonsten als Zahlenwerte oder bloße Konturen verborgen blieben, es beschränkt sich nicht auf das Einfärben, sondern es verändert die Welt (dies betrifft den Unterschied zwischen Farbe als gesehene Farbe (Colour) und als Farbstoff (Paint)) und bringt Welt hervor. Färben ist eine Weise der Welterzeugung, wie man mit Goodman sagen könnte. Das Färben besteht vor allem in einer Grundlegung kultureller Praktiken – das Grundieren ermöglicht erst das Zeichnen und Begreifen, das *Disegno* und *Concetto*. Punkte und Striche, Linien, das Zeichensetzen, das Schreiben und Rechnen, haben immer schon einen Farb-Grund zur Voraussetzung, quasi als kulturtechnisches Apriori.

IV. Färben / Negieren

Wie die Untersuchungen zur Farbigkeit in der Biologie nachgewiesen haben, erfolgt das Färben nicht allein durch Pigmente, oft genug aber durch Struktureigenschaften der Oberflächen: Der Schlüssel für die Farbenspiele in der Tier- und Pflanzenwelt sind hier mikroskopische Strukturen, oft im Nanometermaßstab. Winzigste Rippen, Näpfchen oder Gitter brechen, beugen oder überlagern die Wellen des Lichts und erzeugen so den Anschein einer Farbigkeit, die in der Regel durch bestimmte Pigmente hervorgerufen wird. Auch wenn diese Farbigkeit zuweilen den Schein einer Pigmentierung hervorruft, so ist sie doch keine Täuschung, da sie durchaus verlässlich mit Struktureigenschaften verschiedener Oberflächen korreliert.

Farbempfindungen korrelieren mit der neuronalen und kortikalen Verarbeitung der Farbreizung und Farbvalenz zu einem Eindruck von Farbe, differenziert in Farbton, Farbsättigung und Farbhelligkeit. Nun gibt es Lichtempfindungen, die keine Farbempfindungen sind. Und es gibt Farbempfindungen, wenn wir vor einem Schwarzweißmonitor sitzen und farbige Gegenstände (z.B. blonde Haare oder gelbe Bananen) erkennen dort, wo nur graue Umrisse zu sehen sind. Farbensehen kann also nicht identisch sein mit Sehen überhaupt oder mit dem Sehen einer Lichtquelle. Folglich ist Farbe kein jede visuelle Wahrnehmung begleitendes „Quale"; und auch mehr als ein Modus der Wahrnehmung. Vielmehr können wir davon ausgehen, dass Farbwahrnehmung eine spezifische reale Konstellation von Beleuchtung, texturierten Objekten und Schatten auffasst und aktiv beeinflusst. Farbe entspricht einer Architektur der Umwelt und einer spezifischen Interaktion der Wahrnehmenden mit dieser Umwelt: Die Umwelt wird anders farblich artikuliert, je nachdem, ob ich sie durch Beleuchtung färbe, oder durch Pigmentauftrag, durch Transluzenz oder Komposition. Nicht nur die Totalität der Farbwerte, die objektiv aufgrund von Reflektanzeigenschaften simultan präsent sind, bestimmt die

Distribution chromatischer Werte, sondern auch die Beleuchtung und die Illumination, das Scheinen (Transluzenz), die kontrastive Komposition und nicht zuletzt die Art der Interaktion der Farben und der wahrnehmenden Körper.

Innerhalb eines farblichen Arrangements stellt sich jede Farbe als ein Rhythmus heraus, ein Knoten von Simultanität und Sukzession, wie Claude Romano sagt. Farben ergeben sich aus den Kontrasten der Umgebung, in der körperlichen Interaktion, ihren Intensitätsmustern, Sakkaden und Sequenzen. Das Farbsehen ist kein „Farbendetektor", sondern eine Auffassungsweise gefärbter Gestalten und Oberflächen, wobei das jeweilige Farbereignis reflexiv auf die Aktivität der Wahrnehmung zurückweist. Denn auch der Gebrauch der Sinnesorgane, die Fokussierung und Bewegung des Auges, die Bewegung der Photosensorik und der Imagination in dieser Umwelt, die Art, wie ich die Farbreize aufnehme und verarbeite, beeinflusst, wie gesehen, was als Farbe auftritt und muss sich deshalb selbst als ein Teil der Farbgebung, des Färbens, begreifen.

Das Färben trägt dazu bei, Objekte als herausstehend und besonders in einem unübersichtlichen und ablenkenden Feld zu markieren (Salienz). Sie sind dann nicht einfach da, im visuellen Feld, sondern sie verleihen diesem Feld insgesamt und einzelnen Segmenten darin ein wiedererkennbares Profil. Besonders Tiefenstaffelungen und Besonderungen bei räumlicher und zeitlicher Veränderung erschließen sich dadurch visuell. Die Ekstasen der Dinge sind besonders durch Farbe tingiert, könnte man sagen. Bestimmten Farbkonstellationen gelingt es, die Aufmerksamkeit selbst noch in der Erinnerung auf sich zu ziehen. Es gibt Farbeigenschaften, die uns, jedenfalls mit hoher Wahrscheinlichkeit und über „eingebaute Annahmen", über materielle Eigenschaften in unserer Umgebung informieren.[79]

---

[79] Denn „chromatic borders are associated with material changes, whereas achromatic borders are not [...]. The Colored pattern is assumed to be due to a material surface, and the black and white superimposed grating is then assumed to be a shading pat-

IV. Färben / Negieren

Chromatische und Luminanzänderungen korrespondieren meist mit Änderungen der materiellen Umgebung, in der wir uns befinden oder die wir erschaffen wollen. Farbe informiert uns über das Werden der Materie. Aber mehr als das: Farbe ist nicht nur auf oder an Objekten. Farbe kann auch einfach die Atmosphäre eines Raumes tragen. Es gibt Farbräume, die nicht an Objekte gebunden sind oder in denen die Farbe nicht von Objektfärbungen ausgeht.

Reflexion, Scheinen und Glänzen beruhen nicht selten auf dem spezifischen Leuchten der Farbe, quasi von innen heraus, fast unabhängig von der Beleuchtung. Aus der Pastosität der Farbe, aus Oberflächen und Struktureigenschaften des Farbstoffes, mehr noch, aus der Komposition und der Mischung verschiedener Farben auf einer Fläche resultierten Farbqualitäten wie Brillanz, Schimmern, Durchscheinendes und Überlagerung, Strahlen, Blenden und Tiefe, oder im Gegenteil Graustichigkeit, Stumpfheit, Trübung oder Verschattung.

Färbung schafft Zusammenhänge zwischen diversen Farbimpulsen oder breitet eine mehr oder minder einheitliche farbliche Systematik so aus, dass ein Farb-Grund entsteht, der zugleich Voraussetzung graphischer Operationen und Spielraum für visuelles Denken bietet und sich erst durch diese visuell manifestiert und verändert. Der Übergang von der Latenz zur Manifestation des Grundes geschieht nicht erst im Ausdrücken von Formen in der Fläche, im Doppelspiel von Form und Grund also, sondern schon in der Wahrnehmbarmachung des Latenten, in der Evokation einer Tiefe durch die Koordination farblicher Bewegungsimpulse, im dadurch bewirkten Stauen der Zeit auf der Fläche bzw. der Gestaltung von Präsenz, im Durchscheinenlassen eines Innen.

---

tern, due to changes in depth [...]. A color change is likely to be accompanied by a material change [...] a luminance change unaccompanied by a color change is probably not a material change." Chirimuuta, *Outside Color*, S. 94f.

Negieren

Die Arbeit an Nuancen, an Differenzierungen und Unterscheidungen in einem jeweiligen visuellen Material setzt darunter liegende Ausschlüsse und Negationen voraus. Jede Malerei unterscheidet den Grund, auf dem Farben und Figuren auftreten können, vom visuellen „Rauschen" der Umgebung, zumindest, indem sie sich einer Oberfläche als einem Grund widmet. Das Malen geschieht aber nicht nur durch das Auftragen und Modulieren von Farbe, durch materialverändernde Handlung und bildgebende Komposition, sondern auch durch Weglassen, Eingrenzen, durch die Lenkung des Blicks oder das Ausnutzen von Materialeigenschaften. Bevor wir über die Wirkung und kulturelle Bedeutung derartiger Gesten sprechen können, müssen wir bedenken, wann das Arbeiten mit Licht, mit Farben, Profilen, Volumen, Schattierungen und Bewegungen anfängt, die Dinge aus dem Kontext, dem Kontinuum und den Begrenzungen der gewöhnlichen Wahrnehmung herauszurücken. Bloße Färbung ist imstande, die Architektur der Wahrnehmung zu transformieren, zu durchlöchern, zu durchkreuzen, weil weder Malgestus noch Wirkung der Farbe an Objektgrenzen gebunden sind.

Statt von den Dingen in der Welt nur die Formen, Abgrenzungen, Umrisse, Typen und damit Geometrisierbares aufzunehmen, bringt uns die Farbe in Kontakt mit der konkreten, singulären Erfahrung und ihrer Ermöglichung, d.h. mit dem Grund und der Fülle der Wirklichkeit (jenseits des Begrenzten, Abzählbaren). Farben meinen jetzt nicht nur das System aus Farbton, Helligkeit und Sättigung, sondern zugleich Oberflächeneigenschaften wie Glanz, Schillern oder Mattheit, leuchtende Oberflächen, Durchscheinendes wie auch untergründige Lichtreflexe, Schattierungen, Tiefe, die Veränderlichkeit und Flüchtigkeit von Übergängen und Strukturen, Plastizität, Stofflichkeit. Hinzu kommen unterschiedliche Arten und Grade an

Buntheit, die nicht nur hinsichtlich der Chromazität einzelner Farben, sondern wegen ihrer Zusammenstellung reizen, rühren, strahlen oder leuchten und alles Sichtbare in Modi wie Natürlichkeit, Stumpfheit oder Grau-/Gelbstichigkeit, Farbtiefe oder Brillanz, Lebendigkeit, Mattheit oder Künstlichkeit erscheinen lassen. Anhand dieser divergenten Vielzahl von Färbigkeiten orientieren wir uns in der Welt, auch ohne Einzelnes anschauen zu müssen. Der Reiz des Wirklichen liegt oft darin, uns mit bislang unbekannten Farbarten zu konfrontieren. Kaum in den Dimensionen Farbton, Farbsättigung und Farbhelligkeit systematisierbar, scheinen Farbzusammenhänge in einem neuen luminösen Medium (z.B. Korallen unter Wasser, bei Sonnenschein, im Regen oder im grellen Scheinwerferlicht) oder die Farbe bestimmter Objekte, z.B. von Haaren: blond, silbergrau oder cendré; aber andererseits auch die stets bestimmte Objekte evozierenden Farbtöne „Eierschale" oder „Erdbeer"; Oberflächeneffekte wie Moiré, Marmor, Chrom; Farbwellen, Farbrisse, das Irisieren und Changieren oder Struktureffekte, die durch Instrumente hervorgebracht wurden (Finger, Pinsel, Schwamm), durch die Art des Auftragens und die Bearbeitung der plastischen Farbmasse, durch das Material, durch Qualitäten des Untergrundes.

Die verschiedenen Operationen, die zum Malen beitragen, kommen nicht erst durch die Hervorbringung einer ikonischen Differenz zu einer systematischen Einheit, die sie von anderen Praktiken des Färbens abhöbe. Das Malen wird nicht durch die Ausübung eines festen Kanons einzelner Praktiken der Farbgebung konstituiert. Der wesentliche Zug scheint vielmehr derjenige einer Verneinung des ontologischen Status des Attributs, mehr noch eine *Negation durch Farbe* überhaupt zu sein.

Das Negieren durch Farbe funktioniert noch unterhalb der Konvention, der ostentativen Artifizialität oder der Zeichenhaftigkeit. *Es ist eine perzeptive Negation*, keine symbolische oder gestische. Sie setzt geteilte Wahrnehmungsbedingungen und

Techniken der Aufmerksamkeit voraus. Die farbliche Negation stellt den ontologischen Status von etwas in Frage; sie rückt ein Etwas ins Unbestimmte, transformiert es oder stellt es anders dar. Dies geschieht vor allem durch die transformatorische Kraft aufgetragener Farbmasse, aber auch Zusammenfügungen oder durch die farbliche Ausstellung der Nichtzugehörigkeit, wodurch der Status der Farbfläche bzw. des Farbgeflechts als Attribut negiert wird. Dieses Rot ist nicht das Rot des Gegenstandes, an dem oder neben dem es auftritt. Dieses „Istnicht" lässt sich von der lokalen Negation zu einer generellen Negation geltender Existenzparameter forttreiben. In diesem Sinne stellt sich dann vor einer Malerei nicht nur die Frage, wo das Gemalte eigentlich ist (diese Frage hatte Merleau-Ponty bekanntlich gestellt), sondern ob und auf welche Weise es „ist". Ein abstraktes Gemälde ist nicht nur die Negation der Abbildung eines Gegenstandes oder einer Figur, sondern zunächst die Negation des räumlichen Kontinuums, in dem es steht und aus dem es heraustritt, mit Mitteln der Farbe. Die Farbfläche zeigt sich als eine Einheit, die nicht einfach ein Ding ist, sondern ein perzeptives Feld, dessen Begrenzung es in Kontrast zum segregierten Sichtfeld setzt. Neben der Möglichkeit der äußeren Begrenzung gibt es zahlreiche andere, ein solches Farbfeld oder einen Farbkörper herauszustellen, durch farbliche Relationsbildung, Abschattung, Reduktion auf rein Visuelles, Dispersion etc. Es negiert sodann, als leuchtendes Farbensemble, die Stofflichkeit des Bildträgers (der Leinwand, des Rahmens, der Holzes, der Wand), von dem es sich separiert und abhebt. Als Ensemble, als das es in den Blick fällt, negiert es drittens, auch im Falle einer glatten, monochromen Bildfläche, die Lokalfarben, Lichtnuancen, Verläufe, Spiegelungen, Störungen und Platzierungen zugunsten eines Gesamteindrucks an Farbe. Dieser farbliche Gesamteindruck kann einzelne (erwartete) Gegenstände, bestimmte Bildobjekte oder Bildhaftigkeit überhaupt oder aber konkrete andere Maltechniken negieren (wie z.B. bei Malewitsch, Rodtschenko, Popowa, El Lissitzky, Rauschenberg, Richter). Eine gemalte Farbfläche opponiert einzelnen (kontrastiven) Farben (jeweils bei schwarzen oder weißen Monochromen) oder jedweder Buntheit (bei grauen). Bei Yves Klein ist es gerade das Bunte und Strahlende seiner blauen Farbe (I.K.B.), die alle anderen anwesenden Farben in den Schatten stellt. Malerei kann Gegenstände in einem Zustand des Noch-Nicht oder Nicht-Mehr der Sichtbarkeit darstellen (etwa, indem nur hinterlassene Spuren davon sichtbar sind) oder sie kann diese Gegenstände schlicht verwischen, ruinieren, auskreuzen, durchstreichen, übermalen, mit farblichen Mitteln zum Verschwinden bringen. Sie kann andere Bildtypen (Übermalen von Photographie), aber auch andere Modalitäten und Medien negieren (Gemälde können die Abwesenheit von Tönen und Geräuschen, den Entzug des Geruchs etc. aufzeigen) oder selbst intermodal angelegt sein (akustische oder olfaktorische Eigenschaften der Farbe in Opposition zu ihren visuellen setzend). Zudem kann Malerei mit Auslassungen oder Leerstellen arbeiten oder solche markieren. Diese Fülle negativer Operationen findet sich nicht bei allen Bildproduktionspraktiken und ist insofern kein generelles Kennzeichen von Bildlichkeit, sondern operiert gewissermaßen unterhalb derselben und stellt die Möglichkeit pikturaler Negationen überhaupt erst her.

Viele Theorien bauen auf der vorschnellen Behauptung auf, dass Bilder anders als propositionale Sätze keine Negationen artikulieren könnten. Dies ist ganz offensichtlich unrichtig, da einerseits in der Sprache Negationen nicht nur durch Propositionen geleistet werden, sondern auch beispielsweise von negativen Begriffen wie Nichtsein, und da andererseits alles, was durch Zeichen, also auch durch Schrift, ausgedrückt werden kann, prinzipiell auch auf Bildern Verwendung finden kann. Magrittes Gemälde „La trahison des images", das den geschriebenen Satz „Ceci n'est pas une pipe" einschließt, ist dafür ein berühmtes Beispiel. Deshalb gilt auch nur für bestimmte Bildtypen, was Dieter Mersch für ein generelles bildtheoretisches Axiom ausgibt, nämlich dass Bilder im Unterschied zu sprachlichen Negationen nur konträr, aber niemals kontradiktorisch sein könnten.[80] Negationen können bis in das Verfahren der Bildherstellung reichen und sich dort artikulieren, wo beispielsweise ostentativ auf bestimmte konstitutive technische Hilfsmittel oder Medien verzichtet wird – auf den Pinsel in der Malerei, auf die Kamera im Falle des Photogramms oder des Expanded Cinema. Mersch streicht hier jedoch die Möglichkeit der Farben heraus, nicht nur Kontraste, sondern auch Nuancen und Übergänge darzustellen und dabei nicht nur Differenzen zu markieren, sondern diese Differenzen übersehbar zu präsentieren: „Die ‚Logik‘ der Farben bildet insoweit einen interessanten Sonderfall, als sie sowohl kontrastiv als auch exkludierend verwendet werden können, weil jede Farbe, korrelativ zum Raum, der sie aufnimmt, gleichzeitig eine andere ausschließt. Das hatten schon Husserl und Alexius Meinong bemerkt – Wittgenstein diskutiert denselben Umstand vor allem in seinen *Gesprächen im Wiener Kreis* (Wittgenstein 1967, 63ff.). So mag eine Fläche mit ‚Rot‘ oder ‚Grün‘ belegt sein, doch können sie sich unmöglich topologisch am selben Ort befinden. Anders formuliert: Entweder erscheint eine Raumstelle ‚rot‘ oder ‚grün‘, weshalb Farben auch als Differenzmarker eingesetzt werden können, wie die verschiedenen Methoden der Colorierung demonstrieren, um Temperaturunterschiede, Aktivitätsgrade, Höhenunterschiede usw. zu markieren. Dennoch haben wir es hier nicht im strikten Sinne mit einer oppositionellen Logik auf der Grundlage des Identitäts- und Widerspruchsprinzip zu tun, eben weil Farbdifferenzierungen

---

[80] Dieter Mersch, „Aspekte visueller Epistemologie. Zur Logik des Ikonischen", in: Richard Heinrich, Elisabeth Nemeth, Wolfram Pichler u. David Wagner (Hg.), *Image and Imaging in Philosophy, Science and the Arts*, Bd. 1, Heusenstamm: Ontos 2011, S. 269–300, hier S. 276f. u. S. 281ff.

nicht hierarchisch operieren und aus ihnen keine Schlüsse, die als ‚richtig' oder ‚falsch' bezeichnet werden können, abgeleitet werden können: ‚Falsch' ist immer logisch abhängig von ‚wahr', was für Farben nicht gilt. Gleichzeitig besitzen Farben *präsentative* Funktionen, die synoptische Aufgaben übernehmen und Übersichten stiften, aber sie repräsentieren nicht diskrete Werte, bestenfalls Grade."[81] Doch Merschs Bemerkung betrifft nur das, was Schelling das Farbsystem nannte. Noch unterhalb der farbinternen Differenzierung liegt die Möglichkeit der perzeptive Negation durch das schiere Auftreten der Farbe, das im Falle der Malerei als Auftrag, als Geste sichtbar wird und nicht als Eigenschaft eines Gegenstandes. Gerade die perzeptiven Negation zeigt deshalb eine ontologische Operation auf der Ebene der *Chromik*, noch unterhalb der *Ikonik*.

Das Besondere der Negationen durch Farbe im Vergleich zur Negation auf der Ebene der Bildkonstituentien liegt meines Erachtens darin, dass das, was negiert, kein Zeichen und auch kein Fehlen ist, sondern eher eine kontrastive Affirmation von Präsenz, eher ein Zuviel an Farbe, das mehr oder minder abrupt eine andere, rein farblich bestimmte Welt den numerisch linear bestimmten Existenzparametern (Anzahl, Größe, Gestalt, Gewicht) entgegen hält. Die Negation durch Farbe macht aus der Farbe etwas Anderes als eine Wirkung, die durch die Spektralreflektanz von Oberflächen entsteht, und hält der Weise, wie uns für gewöhnlich die Dinge in der Wahrnehmung begegnen, ein anderes visuelles Seinkönnen entgegen.

Von der Leistung dieser sehr basalen Weise des Negierens mag man sich nun mit einigem Recht fragen, wieviel sie zur Menschwerdung des Menschen beiträgt: die Verneinung erlaubt es dem Menschen, vom Wirklichen zum Möglichen überzuwechseln, vom Anwesenden zum Abwesenden, vom Gegenwärtigen zum Vergangenen oder Zukünftigen, vom Realen zum Ide-

---

[81] Ebd., S. 288.

ellen, Imaginären oder Symbolischen. Jede Bestimmung ist, dem berühmten Diktum Spinozas gemäß, eine Negation; für den deutschen Idealismus beruht alles Unterscheidenkönnen, alles Urteilen, alles Denken auf der Negation als der Einfügung von Gegensätzen und dem Bestimmen durch ein Nichtsein. Auch mit Blick auf die perzeptive Negation gilt es, scheint mir, jede Fixierung auf ein vermeintliches Ursprungsgeschehen zu vermeiden und die Rekursionen, Reiterationen und Diskontinuitäten herauszuarbeiten, welche die historische Entwicklung dieser kulturkonstitutiven Praxis kennzeichnen. Denn die Leistung der Negation, derer Malerei fähig ist, ändert sich radikal zwischen den Höhlenmalereien, den politischen Wandmalereien, der religiösen Ikonenmalerei, der japanischen Bemalung von Stellwänden und Schiebetüren oder der Karikatur. Die Kraft der Negation kennzeichnet dabei nicht nur einzelne Stile, Epochen oder Kulturräume, sondern auch einzelne malerische Ansätze und Versuchsanordnungen.[82]

---

[82] Zu diesem Begriff der Kraft siehe Christoph Menke, *Die Kraft der Kunst*, Berlin: Suhrkamp 2013, S. 13 u. S. 35f.

V. FARBLICHE ASSOZIATION (MALEREI UND GESELLSCHAFT)

Soziale Farben

Farben haben nicht nur eine ästhetische, epistemische und kulturelle, sondern auch eine soziale und politische Bedeutung. Dies ist vielfach beschrieben und auch für einzelne Farben durchdekliniert worden.[1] Weiß ist keine unschuldige Farbe: weder in sozio-politischer Hinsicht, noch in der Architektur, noch auf einem Gemälde. Unterhalb dieser Diskrepanz von Bewertungen und Farbdiskriminierungen stellt sich allerdings die Frage nach der Vergesellschaftung, die nur in und durch Malerei vollzogen wird. Die Frage nach dem Verhältnis von Malerei und Gesellschaft führt dabei zunächst nicht notwendigerweise auf eine Soziologie der Malerei (als sozialer Praxis, Berufsfeld etc.), sondern zu der Weise, durch Farben Gesellschaft zu bilden bzw. zu fragen, wie Soziales in das Färben mit eingeht.

Farbe tritt immer in Gruppen auf, sie ist immer ein „singulär Plurales".[2] Malerei versammelt Farben, Texturen, Dimensionen, Volumina, Linien, Figuren, Gestalten nie einzeln. Auch dort, wo sie parzelliert oder individuiert (monochrome Fläche, Porträt), ist das, was sie weglässt, übermalt, was sie negiert oder latent hält, an der Schwelle zur Wahrnehmbarkeit präsent. Die monochrome Fläche in der Malerei ist in der Regel voller Nuancen (siehe Malewitsch, Soulages, Girke, Ryman). Was ein Gemälde ist, was es ausmacht, was dazu zählt und was nicht,

---

[1] Siehe z.B. die Beiträge in Jean-Loup Korzilius (Hg.), *Couleur de la morale – morale de la couleur*, Besançon: Presses Universitaires 2010.
[2] Vgl. die Diskussion der „Miterscheinung" bei Jean-Luc Nancy, *singulär plural sein*, Zürich: Diaphanes 2004, S. 93–103.

was die leitende Intention ist, kann nie unabhängig von den sozialen Kontexten der Produktion und der Präsentation beurteilt werden. Um der Assoziation durch Farbe auf die Spur zu kommen, können wir von folgenden Vorüberlegungen und Vorfragen ausgehen:

1. Malen ist ein sozialer Akt. Warum malt jemand? Wie setzt sich die Malende, der Malende, das Malende in Szene? Was macht es mit einer Gesellschaft, wenn in ihr Gemälde produziert werden? Welche Zwecke verfolgt man: kommunikative? repräsentative? dekorative? Solche der sozialen Distinktion? Investition?

2. Malerei ist eine Intervention: Wie wird Gesellschaft in Malerei bzw. durch Malerei gestaltet? Welche Arten sozialer Beziehungen stiftet die Malerei? Wie lässt sich hier die Atonalität der Farben und Malweisen bewerten? In Konkurrenz zu welchen anderen assoziativen und sozialisierenden Praktiken steht die Malerei?

Noch bevor die syntaktischen und semantischen Beziehungen im Bild zwischen Grund und Oberfläche, zwischen Rand (Peripherie) und Zentrum, zwischen dargestellten und verborgenen Objekten etc. ins Spiel kommen, sind es vor allem die Beziehungen, die durch das Bild (z.B. vor einem Bild) gestiftet werden und die Beziehungen, die unterhalb des Bildes und über alle Bildlichkeit hinaus von Malerei gestiftet werden – zum Beispiel durch die reine Farbwirkung, die auf den Raum und auf Lebewesen ohne Bildbewusstsein Auswirkungen hat, welche als Typen von Relationen malereispezifisch sind.

3. Malerei bildet eine eigene Form der Sozialität aus. Das Farb-Ensemble bringt die Dimensionen der Grundierung, der Gruppierung und der Individuierung durch Techniken des Ausschlusses und der Negation ebenso wie durch Phänomene des Übergangs und der Verwandlung zueinander ins Verhältnis. Ist es so, dass das Ganze über das Einzelne in der Malerei dominiert? Ist es so, dass das Menschliche und das Soziale

gegenüber der Einzigartigkeit dominieren? Bringt die Malerei nur durch eine Rahmung, Differenzierung und Kontrastierung eine Aufmerksamkeit für das Besondere, wie Schelling sagt, für das deformiert Individuelle, wie Diderot sagt, für das Detail, für das Absonderliche hervor?

Schelling hatte zudem die Prinzipien der Komposition hin auf die Gruppierung als spezifisch für die Malerei freigelegt. So steht im Zentrum des Malens weniger der einzelne Gegenstand, als vielmehr die Gruppierung. Schelling wiederholt, dass die Regel der Gruppierung von Gestalten in einem Gemälde auf die Spiele des Helldunkel zurückgehe, das die Tiefe hervorbringt und „den Körper als Körper erscheinen"[3] lässt. Malerei ist diesem Ansatz zufolge die Kunst der Gruppenbildung, gleichzeitig Körperlichkeit (nicht nur Objekthaftigkeit) und das Zusammengehören und sich gegenseitig Beleben von Körpern.

Für Hegel hat Malerei nicht nur eine anthropologische Bedeutung; sie ist nicht nur das Medium der Selbstreflexion des menschlichen Geistes, nicht nur „die Anschauung, was überhaupt am Menschen, am menschlichen Geist und Charakter, was der Mensch und was dieser Mensch ist."[4] Malerei ist außerdem auch eingebettet in soziale Dynamiken und befördert unter Umständen die (bürgerliche) Revolution: „Das letzte nun, wozu es die deutsche und niederländische Kunst bringt, ist das gänzliche Sicheinleben ins Weltliche und Tägliche und das damit verbundene Auseinandertreten der Malerei in die verschiedenartigsten Darstellungsarten, welche sich sowohl in Rücksicht des Inhalts als auch in betreff der Behandlung voneinander scheiden und einseitig ausbilden. Schon in der italienischen Malerei macht sich der Fortgang bemerkbar von der

---

[3] Schelling, *Philosophie der Kunst*, S. 175.
[4] Hegel, *Vorlesungen über die Ästhetik*, S. 130f.

einfachen Herrlichkeit der Andacht zu immer hervortretenderer Weltlichkeit [...]."[5]

Nun werden weder Zufälligkeiten konkreter Akte der Selbstreflexion noch globale Entwicklungsgesetze menschlichen Denkens die Diskrepanzen zwischen diesen, von Hegel grob national geordneten, Traditionen erklären können. Ist es ein sich in der Palette manifestierender Nationalcharakter, der deutsche in diesem Fall, den Hegel auch in der Niederländischen Malerei zu erkennen meint, ist es ein ausgeprägter Rechtssinn, sind es ästhetische Folgebeziehungen in der Malerei? Für Hegel ist Malerei Ausdruck sozialer Bedingungen einer Raumzeit (hier: der bürgerlichen), sie ist zugleich ein Genussmittel und eine Befreiungsbewegung:

> Die Reformation war in Holland durchgedrungen; die Holländer hatten sich zu Protestanten gemacht und die spanische Kirchen- und Königsdespotie überwunden [...]. Diese sinnige kunstbegabte Völkerschaft will sich nun auch in der Malerei an diesem ebenso kräftigen wie rechtlichen, genügsamen und behaglichen Wesen erfreuen, sie will in ihren Bildern noch einmal in allen möglichen Situationen die Reinlichkeit [...] genießen [...]. Und eben dieser Sinn für rechtliches, heiteres Dasein ist es, den die holländischen Meister auch für die Naturgegenstände mitbringen und nun in allen ihren malerischen Produktionen mit der Freiheit und Treue der Auffassung mit der Liebe für das scheinbar Geringfügige und Augenblickliche, mit der offenen Frische des Auges und unzerstreuten Einsenkung der ganzen Seele in das Abgeschlossenste und Begrenzteste zugleich die höchste Freiheit künstlerischer Komposition, die feine Emp-

---

[5] Ebd., S. 127.

findung auch für das Nebensächliche und die vollendete Sorgsamkeit der Ausführung verbinden.[6]

Auf der einen Seite hat diese Malerei „die Magie und Farbenzauber des Lichts, der Beleuchtung und des Kolorits überhaupt, andererseits die durch und durch lebendige Charakteristik in größter Wahrheit der Kunst unübertrefflich ausgebildet."[7] Zugleich liegt ihr Wert in der ihr eigenen „Heiterkeit und Komik".

Wenn Malerei hier ein Spiegel des sich ausbildenden bürgerlichen Selbstbewusstseins und zumindest als solcher eine Waffe im Kampf der Niederlande gegen Spanien gewesen ist, so führt sie die ästhetischen Mittel über das anderswo Erreichte hinaus, und zwar sowohl auf der Ebene der Darstellung (des Farbenspiels) wie auch auf der Ebene der Darstellung (Wahrheit, Komik).

Einen vergleichbaren Versuch, Wechselwirkungen von Gesellschaft und Malerei aufzudecken, kann man in **Arnold Gehlens** kunstsoziologischem Hauptwerk *Zeit-Bilder* sehen. Der Titel dieses Buches, das Plessner und Adorno aus unterschiedlichen Gründen begeistert hat, ist nicht allzu tiefschürfend zu verstehen: Gehlen diskutiert nicht das Verhältnis der Bilder zu zeittheoretischen Fragen. Sondern er versteht sie als jeweils eingebettet in ihre sozio-historische Situation. Für ihn hat Kunst eine kulturprägende Kraft, sie ist gleichwohl auch abhängig von der gesellschaftlichen Entwicklung.

„Man [kann] eine Reihe fundamentaler Kriterien der Kunst als Parallelen eindeutiger industriegesellschaftlicher Daten erkennen; das gilt von der experimentierenden Haltung, der Preisgabe geschlossener Systeme, gilt von der Vorliebe für Kreisprozesse (eine sozusagen kybernetische Kunstübung)

---

[6] Ebd., S. 129.
[7] Ebd.

oder von der offensichtlichen und ermüdenden Unbeherrschbarkeit des Kunstbetriebs im Ganzen usw. Dabei zeigte sich weiter, dass unversehens gerade bei repräsentativen Werken ein Hang in Erscheinung trat, die verallgemeinerten und abgezogenen Eigenschaften der Umweltdinge dieser Zeit zu kopieren; sie lieben neomaterielle Andeutungen, ähneln undurchsichtigen und komplizierten Veranstaltungen, parodieren neuerdings (1964) geradezu, wie schon zur Zeit des Dadaismus, Maschinen, oder führen Verwahrlostes und Abfallartiges vor Augen – alles Symptome eines gewissermaßen stereographischen Realismus und einer uneingestandenen, diskreten Neigung zu einer herausgerückten Gegenständlichkeit innerhalb des meist festgehaltenen gegenstandslosen Programms."[8] Aussagen zur Kunst, zur Malerei oder zu Bildern werden bei Gehlen nicht systematisch getrennt.

Aus derartigen Beobachtungen zum Zustand der Malerei im „Post-Histoire" ergibt sich für Gehlen die Forderung nach einer Peinture Conceptuelle im Rahmen seiner Kulturphilosophie.[9] Bilder sind laut Gehlen zweischichtig. Kennzeichnend ist die „Aufteilung der Bildganzheit in eine darstellende Schicht und einen Bildflächenreiz [...]. Die Steigerung der inneroptischen Reflexion durch die Zweischichtigkeit des Bildes erfolgt am deutlichsten dann, wenn die Stilllegung des Dargestellten und der Mangel an Bewegung im Bildraum auch die motorischen Impulse im Betrachter mattsetzen."[10]

Gehlen konstatiert eine eigene Bildrationalität für jede kunsthistorische Ära seit der Renaissance, da jede Epoche eine je eigene Idee der Organisation, des Aufbaus, der inneren Struktur und der Beziehungen des Bildes zur Außenwelt aufweist. Anstatt

---

[8] Arnold Gehlen, *Zeit-Bilder. Zur Soziologie und Ästhetik der modernen Malerei*, Frankfurt/M.: Klostermann 1986, S. 202.
[9] Ebd., S. 202; S. 206 „Der Synkretismus des Durcheinanders aller Stile und Möglichkeiten, das Post-Histoire."
[10] Ebd., S. 65.

aber das Bilddenken und die Bildgestaltung theoretisch aufeinander zu beziehen, nennt Gehlen drei Paradigmen und ordnet diese jeweils einer bestimmten Gesellschaftsformation bzw. einem veränderten Kulturklima zu: Der Wandel der Bildrationalität beginnt mit der ideellen Kunst der Vergegenwärtigung. Sie hat Konnotationen religiöser, mythologischer oder symbolischer Art zur Bedingung. Die ideelle Kunst vergegenwärtigt Vorgewusstes, sie konnotiert symbolische Herrschaft. „Die ideelle und vergegenwärtigende Kunst war die der großen Repräsentation der Kirchen und Herrschaften, sie war ihrer Absicht nach dirigierend, sie regierte noch das Bewußtsein der Menschen, indem sie es komplettierte, ihren Ideen die Anschauung gab. Diese Form der Bildrationalität ist also der Feudalgesellschaft zugeordnet, sie hält sich in ihren Ausläufern, etwa der Historienmalerei, noch so lange wie deren Reste, also bis in das 19. Jahrhundert."[11] Die ideelle Kunst der Vergegenwärtigung bezieht sich immer auf etwas außerhalb des Bild Liegendes (zum Beispiel biblische Themen, Mythen oder historische Ereignisse).

Das zweite Paradigma ist die realistische Kunst; die Bildrationalität wird nun allein vom Wiedererkennen getragen und entspricht der privaten und demokratischen Natur einer bürgerlichen Gesellschaft. Die realistische Kunst beschränkt sich auf die Wiedererkennung primärer Motive (Gegenstände). Die Werke dieser Kategorie der Bildform unmittelbarer Darstellung sind mit einer Hinwendung zu Geschehnissen der eigenen Zeit – also dem Diesseits und der Natur, mit dem Ziel einer exakten Erkenntnisgewinnung (Kunst als empirische Naturforschung, Perspektiv- und Proportionenlehre) verbunden. „So besteht eine entschiedene innere Beziehung dieser Malerei zur Naturwissenschaft: Sei es, dass sie sich mehrfach selbst als Wissenschaft auffasste oder im Hinblick auf sie ihre Eigenqualität defi-

[11] Ebd., S. 15.

nierte. Diese Bildform ist der vorindustriellen, unwiderstehlich emporstrebenden bürgerlichen Gesellschaft zugeordnet, sie hält sich auch noch innerhalb des Industriekapitalismus genau so lange, wie dieses Bürgertum selbst ungebrochen ist, also bis zur Epoche der Weltkriege. Sie ist ihrer Substanz nach unpolitisch, ist nicht mehr Teilglied umfassender Institutionen, sie entspricht einem ‚Polytheismus' der Kulturwelten: Kunst, Wissenschaft, Religion, Staat usw. entwickeln sich nebeneinander und in wechselnden Beziehungen zueinander."[12] Gehlen sieht in dieser Bildrationalität die Eroberung des Diesseits. Sie repräsentiert die steigende Bedeutung der bürgerlichen Gesellschaft. Von der Renaissance bis hin zur Epoche der Weltkriege behauptet sich die realistische Malerei, im Einklang mit der Naturwissenschaft und ihrem Wesen nach unpolitisch.

Das dritte Paradigma in Gehlens Systematik bildet die abstrakte Kunst. Diese ordnet Gehlen der nachbürgerlichen Industriegesellschaft zu. Die abstrakte Kunst der nachbürgerlichen Industriegesellschaft gibt nun auch noch das Darstellungsmotiv auf und setzt dafür auf Zufall, Form sowie Experiment. Einerseits finde nicht mehr das Was des Motivs, sondern das Wie des Verfahrens Beachtung, andererseits gewinne nicht mehr das Objektive, sondern das Subjektive an Kraft, so Gehlen. Da keines der möglichen Sujets der Vergangenheit sich mehr eigne, sei moderne Kunst ausschließlich auf die menschliche Subjektivität bezogen. Die Techniken der Industrialisierung und Produktion verselbständigen sich nun auch als künstlerische Mittel und Effekte. Neue Stoffe durch Experimentieren zu finden, beweist für Gehlen die Affinität zu den revolutionären Wissenschaften und dem technologischen Erfolg der Industriegesellschaft. Kennzeichen dieser Situation, ist, Gehlen gemäß, dass die Natur ferngerückt ist und dass die Naturwissenschaften unanschaulich geworden sind. Für die Bildratio-

---

[12] Ebd.

nalität heißt das: Das abstrakte Bild integriert Zufall und Experiment und bietet, anstatt Bildinhalt, ästhetische Reize.[13] Der Kommentar sei deshalb zum notwendigen Begleiter und Rechtfertiger des Gemäldes geworden. Gehlen unterstellt diese Kommentarbedürftigkeit der modernen Malerei mit Nachdruck und brandmarkt zugleich das „im Durchschnitt traurige Niveau" der Kommentare.

Das subjektive Sehen und Wahrnehmen und der Erkenntnisprozess werden zum Gegenstand gemacht: Deshalb ist für Arnold Gehlen abstrakte Malerei eine Reflexionskunst. Weil dadurch eine Art von „Rätselbildern", reflexionsbedürftig und theorieabhängig, entsteht, stellen das Sehen und Anerkennen dieser Bilder Herausforderungen dar, an denen sich die Eingeweihten oder Zugehörigen von den Nichtzugehörigen – denen, die nichts „sehen" und nichts „verstehen" – sozial unterscheiden. Zum Verständnis der Kunstwerke bedarf es kommentierender Kunstkritiker oder, wie Gehlen sie nennt, der „Kunstliteraten"; denn „die Liebe zu den Blumen ersetzt nicht die Botanik", wie Gehlen sagt.[14] Sie müssen die Prinzipien und den Aufbau erklären. Der Kommentar ist selbst nun Bestandteil der Malerei geworden. Das galt im Prinzip schon immer, ist nun aber erst explizit geworden. Denn: „Bei allen wirklich entscheidenden Ereignissen der Malerei [...] gehört die systematische theoretische Reflexion unmittelbar in den Prozeß der Bildentstehung hinein."[15] Abstraktion ist einerseits eine Reduktion, andererseits eine Erweiterung des „Malbaren"[16], Daraus ergibt sich für Gehlen die Forderung nach einer Peinture Conceptuelle: „[...] peinture conceptuelle [soll] eine Bildauffassung bedeuten, in die eine Überlegung eingegangen ist, welche ers-

---

[13] Nach Peter Anselm Riedl, „Arnold Gehlen: Zeit-Bilder", *Zeitschrift für Kunstgeschichte* 25 (1962), S. 92–96.
[14] Gehlen, *Zeit-Bilder*, S. 97.
[15] Ebd., S. 74.
[16] Ebd., S. 16.

tens den Sinn der Malerei, ihren Daseinsgrund gedanklich legitimiert und zweitens aus dieser bestimmten Konzeption heraus die bildeigenen Elementardaten definiert."[17] Für Gehlen operiert offenkundig nicht jede abstrakte Kunst auf der Höhe einer „peinture conceptuelle". Seine Kritik richtet sich hauptsächlich gegen die, aus seiner Sicht, Geschmacklosigkeit des Expressionismus, da dessen künstlerische Basis des „Erlebens" keine Ordnung enthalte, sondern voller Triebhaftigkeit, Maßlosigkeit und Entgrenzung sei. Noch drastischer beurteilt er die Nachkriegskünstler, die ohne neue Ideen nur nachahmten, wiederholten und rekombinierten und deswegen kompensatorisch zu großen Formaten griffen. Den Höhepunkt moderner Malkunst sieht Gehlen im Werk Paul Klees, dessen Bilder mit zugleich optischer und begrifflicher Rationalität überzeugten. Oft suchten diese Bilder ein komplementäre Einheit der Gegensätze, beispielsweise zwischen individuellen Figuren und „dividuellen Punkt-Strukturen"[18], Strukturen gebaut aus Eigenschaften des Figuralgefüges, der Anordnung und Komposition und Ganzqualitäten wie Durchsichtigkeit, Konstruktionen gleichwahrscheinlicher Welten. „In diesem genauen Sinne war [für Klee] die Kunst ‚Schöpfungsgleichnis', so stellt sie einen reinen Fall der ‚peinture conceptuelle' dar; denn der so angegebene Daseinssinn des Bildes konnte nur zustandekommen, wenn alle Bildelemente selbst wirklichkeitsparallel gefunden wurden, in einer unendlichen Analyse und Synthese, die auf etwas wie ein Nacherzeugen der sichtbaren Schöpfung herauskam. Eine solche Abwandlung und Transformation der Anschauungswelt muß wohl nun zwingend zu etwas führen, was noch höhere innere Stimmigkeit, aber geringeres Gewicht als jene hat [...]. Daß nun dieses eigenartig Suspendierte, ein Zug nicht

---

[17] Ebd., S. 75. Der Ausdruck „peinture conceptuelle" stammt wohl von Daniel Henry Kahnweiler, aus dessen Buch: *Juan Gris. Sa vie, son ouvre, ses écrits*, Paris: Gallimard 1946.
[18] Gehlen, *Zeit-Bilder*, S. 107.

von Illusion, sondern von Allusion, niemals in Farce umschlug, dafür sorgte die große Delikatesse der Behandlung, die Weisheit der farblichen Gegengewichte und vor allem die Zurückhaltung im Format. Gerade das Miniaturische der meisten Bilder machte einen Teil ihrer Stärke aus."[19] Dies scheint mir eine wichtige und zutreffende Beobachtung zu sein: Malerei ist ebenso eine Frage der Farbe wie des Formats; und beides ändert sich, sobald sich eine andere Bildrationalität durchsetzt.

Gehlen konstatiert hier auch eine verstärkte Abhängigkeit der Malereientwicklung von ökonomischen Verschiebungen: „Zu Ende der fünfziger Jahre hatte nun die spekulative Hausse-Bewegung Zustände hervorgebracht [...]. Das ganze Kunstleben hatte sich in ein riesiges geschäftliches Unternehmen verwandelt [...]. Da hinein schlug nun, kurz darauf, die Baisse, die wohlgemerkt nicht die etablierte Kunst erfasste, sondern ausschließlich die Moderne, in erster Linie die abstrakten Werke, und hier wieder besonders die École de Paris. Diese Kunstart war [...] völlig verwahrlost, und Greenberg schreibt in der Februar-Nummer der Zeitschrift „Preuves" 1964 [...]: ‚Die informelle Kunst ist gescheitert, weil sie in der zweiten Generation die am meisten manieristische und nachahmerische, die wiederkäuerischste Kunst (le plus rabâcheur) hervorgebracht hat, die die Welt je sah' [...]."[20] In Amerika gebe es eine Neugierde, einen Geschmack und die Mittel dazu, die erklärten, warum New York, nachdem es ein Markt geworden sei, vielleicht in einiger Zeit seinerseits ein maßgebendes Kulturzentrum werde. In dieser Hinsicht gehöre die Situation von Paris nur noch der Geschichte an. Das europäische Kunstpublikum bestehe aus Liebhabern, die die Kunst zwar besser verstünden als diejenigen, die es für ihre Geschäfte verwendeten, aber sie hätten nicht die Mittel dafür. Ausländisches Kapital habe die Preise in

[19] Ebd., S. 112f.
[20] Ebd., S. 213.

die Höhe getrieben und das Tempo der Umschwünge diktiert. Ausdruck der Zeit sei deswegen vor allem eine Malerei an den Grenzen dessen, was keine Malerei mehr ist (wie bei Jean Dubuffet). Ein besonders überzeugender Ansatz ist für Gehlen derjenige André Massons, der die Ambivalenz des Zeitalters künstlerisch auf den Punkt bringe: „So breitet sich in den Menschen eine tastende, Rücknahme bereite Einstellung aus, denn die Kunst erscheint dann wohl als ein Verfahren, einen freibeweglichen Reflexionsüberschuß für eine Weile optisch festzumachen. Das zwischen Gegenständlichkeit und Abstraktion schwankende Bild kommt diesem Bedürfnis entgegen, ein wundervoller concetto in dieser Hinsicht ist die Spur. Auf dem sehr schönen Bild ‚Vogelblut' von André Masson scheint die Spur einer Situation zurückgeblieben zu sein, die sich der Betrachter sofort in seiner Phantasie aufbaut: Man sieht fast die Schar der kleiner Vögel, hört ihr Zwitschern und Piepen, dann den Schuß und das Davonstieben; aber nicht diese Situation, sondern ihren ‚Niederschlag' hat der Künstler dargestellt, wohl eine der ganz wenigen Möglichkeiten entdeckend, wie man die Zeitreihe eines Ereignisses darstellen kann, eine ganz geistvolle und zwingende Kombination von Realität und Abstraktion. Massons Bild ist unmittelbar ablesbar und verständlich, einen Schritt weiter gedacht, und man hat die ‚unbestimmte Spur.' [...]. [Masson, Tàpies und Dubuffet] haben begriffen, daß Kunst heute Reflexionskunst ist, die Reflexion lebt im Medium der Zweideutigkeit, und die radikalste würde darin bestehen, daß ein Kunstwerk den Zweifel weckt, ob es überhaupt eines ist."[21] Sehr traditionalistisch versteht Gehlen Kunstwerke und insbesondere Gemälde als Ensembles symbolischer Markierungen, als Repräsentationen, die (je nach analytischem Blickwinkel) die künstlerische Intentionen, den Stand der Reflexion oder den Geist der Epoche widerspiegeln

---

[21] Ebd., S. 216f.

oder sich dort, wo sie eine solche Darstellung verweigern, in reine, wenn nicht sinnlose Spekulationsobjekte wandeln.

Nicht weniger pessimistisch als Gehlen reagiert **Helmuth Plessner** auf die Peinture Conceptuelle, wenn er bemerkt, mit der Intellektualisierung wachse auch ihr Schatten, der Kitsch. Zwar sind die Entwicklungsschübe der Malerei von neuen Wahrnehmungsweisen und größerer Annäherung an die technische Produktion ausgelöst worden, doch liegt darin vor allem eine Verschiebung des Ortes der Kreativität: „Es gehört offenbar zum Wesen der Malerei im technischen Zeitalter, daß sie das einzelne Produkt, das einzelne Gemälde nicht so sehr für sich betrachtet sehen will als vielmehr als Beispiel eines Verfahrens, als Dokument einer Richtung in der Produktion."[22] Daraus resultiert eine Abwendung vom romantischen Geniekult, der an den geschlossenen Markt mit einem persönlichen Verhältnis zwischen Auftraggeber und Künstler gebunden war. „Mit dem Übergang zum offenen und anonymen Markt, vor allem in seiner manipulierten Spätform, sieht man die Kreativität nüchterner an: als eine zivilisierbare Größe, nicht als eine elementare Kraft":[23] Doch wollten sich Maler dennoch nicht als „Lieferanten der Bewußtseinsindustrie" bezeichnen lassen. Auch sei das Geschäft mit der Avantgarde letztlich nicht markförmig und auch nicht kalkulierbar. „So groß die scheinbare Willkür ist, die jedem alles erlaubt, so zwingend sind die Probleme der Sichtbarkeit gerade durch Freigabe aller Gestaltungsmöglichkeiten in Farbe und Raum auch wieder geworden und haben ihre Lösungen gefunden [...]. Aber so wenig die Revolution von Werkbund, de Styl, Bauhaus und des ganzen Konstruktivismus nur aus ihren Wirkungen auf Architektur und Kunstgewerbe verstanden werden darf, als hätte sie bloß auf Verwendbarkeit gezielt und sich darin erschöpft, so wenig

---

[22] Helmuth Plessner, „Gesellschaftliche Bedingungen der modernen Malerei", in: *Gesammelte Schriften*, Bd. X, Frankfurt/M.: Suhrkamp 1985, S. 265–284, hier S. 283.
[23] Ebd.

sind heute wie morgen die Chancen der individuellen Leistung durch Massengesellschaft, Automation und Elektronik in Frage gestellt."[24]

Jay M. **Bernstein** zeigt, wie sich Soziales auch unterhalb der Repräsentation in das Malen, beispielsweise durch das Vorführen repetitiver Verfahren oder das Vorführen einer Industriefarbe, einschreibt. Am Beispiel Robert Rymans (und in Auseinandersetzung mit Yve-Alain Bois) erläutert Bernstein die Performance der Wiederholung, deren Pointe für ihn in der Spannung zwischen subjektivem Tun und mechanischem Vorgehen liegt. Diese Performance werde zur Metapher für eine rationale Form, die noch an die Materialität des Mediums gebunden sei. Durch diese Bindung erfülle sie die Forderung Greenbergs nach einem Ausstellen der Identität der Malerei. Bei Ryman stehe daher der Begriff des Mediums für eine Materialität, nämlich die verkörperte Subjektivität, die hier als notwendige undurchsichtige Bedingung für die Bedeutung auftritt. Weiß, das Ryman ausschließlich verwende, seine Neutralität, seine kühle Gleichgültigkeit, neutralisiere und entleere Duchamps Negation, seinen Ekel, dass sogar Farbe industriell und gebrauchsfertig ist. Oftmals sei daher, so spitzt es Bernstein zu, in Rymans Malerei die Neutralität des Weiß das wichtigste Merkmal, da das, was dann hervorstechend werde, seine Viskosität oder Dichte oder Textur sei. Diese Viskosität oder Textur wären nicht nur Materialeigenschaften des Farbstoffs selbst, sondern würden zu einem Echo oder einer Artikulation der Materialeigenschaften der darunter liegenden Leinwand (Leinen, Papier, Stahl). „Hier möchte ich sagen, dass der Farbstoff die Unterstützung mimetisch wiederholt, aber Rymans Weiß kann auch für die Dringlichkeit von Farbe ste-

---

[24] Ebd., S. 284.

hen, Farbe als verlorene Sprache der Natur, durch ihre (chromatische) Abwesenheit."[25]

Durch Rymans performativen Ansatz gelingt es der Malerei, Bernstein zufolge, in der Arbeit mit repetitiven Gesten und bedeutungsloser Farbe die Bedingungen des Malens in der Abwesenheit von Malerei darzustellen. Für Bernstein liegt darin ein kritischer, freiheitlicher Impetus: „Rymans Einsicht ist es, die Unbestimmtheit oder Unentschlossenheit der Wiederholung zwischen Konvention und Mechanismus zu erkennen. Durch die Wiederholung der Wiederholung wird sie von ihrem mechanischen Charakter befreit, sodass sie diese Unbestimmtheit annehmen, sie figurieren kann. Dasselbe gilt, wenn er seine Gemälde weißt, für die Farbe: Weiß ist unbestimmt zwischen Farbe und Hülle, Farbe, die von allem intrinsischen (natürlichen) Bedeutungspotential befreit ist, und eine amorphe Indeterminanz, die Farbe als solche projiziert, wie ein Bedeutungspotential. Ryman führt die Bedingungen der Malerei in Abwesenheit der Malerei aus, d.h. er malt als Medium und sonst nichts [...]. Was wir in Rymans Gemälden erleben, ist, dass der Mechanismus die Subjektivität noch nicht überflutet hat und dass der Anspruch der Subjektivität nur so lange bestehen kann, wie der lange Abschied der Freiheit von der Natur unvollendet bleibt."[26]

Wenn Gehlen noch davon ausgeht, dass sich Soziales auf der Ebene der Darstellung in künstlerischen Gemälden finden lässt, und wenn Bernstein unterhalb der Repräsentation die Reproduktion und eventuell Kritik von Gesellschaftlichem in Verfahren und Formaten der Malerei aufspürt, dann unterstellen beide, es müsse darum gehen, die historisch jeweils gegebenen Grundbedingungen, die zur Zeit der Produktion eines Gemäldes vorherrschten, in diesem wieder zu finden. Eine

---

[25] Jay M. Bernstein, *Against Voluptuous Bodies. Late Modernism and the Meaning of Painting*, Stanford: Stanford University Press 2006, S. 245.
[26] Ebd., S. 245f.

andere Strategie bestünde ausgehend von Schellings Bemerkung darin, die einem jeweiligen malerischen Verfahren eigene Assoziationsweise, das Zusammenstellen und Gemeinsamsein innerhalb der Farbe zu thematisieren. Denn *Gesellschaft findet in der Malerei statt durch Figuration, Komposition, Gruppierung, Reproduktion, durch die Interaktion der Farbe in einem Farb-Ensemble*. Kennzeichnend für Malerei ist die Stiftung farbiger Beziehungen, Ereignisse und Übergänge. Körper werden inmitten der Materialität des Sichtbaren geformt und werden als Übergang im Gemeinsamen erfahren. In der Malerei geschieht dies auf signifikant andere Weise als im Theater, im Tanz, in der Dichtung oder in der Musik: „Die Oberfläche der ‚gemalten' Zeichen, die Dopplung des Theaters und der Rhythmus des tanzenden Chors sind drei Formen der Aufteilung des Sinnlichen, welche die Art und Weise strukturieren, in der die Künste gleichzeitig als Künste und als Formen der Einschreibung des Sinns der Gemeinschaft wahrgenommen und gedacht werden können. Diese Formen legen fest, wie Werke oder künstlerische Aufführungen ‚Politik machen', abhängig von den sie bestimmenden Intentionen, vom Platz der Künstler innerhalb der Gesellschaft und davon, wie die künstlerischen Foren die sozialen Strukturen und Bewegungen reflektieren."[27]

Neben der Assoziation, die auf der gemalten Oberfläche geschieht, ist der Ort entscheidend, an dem diese präsentiert wird. Wie an der Tradition der lateinamerikanischen Wandmalereien unschwer zu erkennen ist, hat die Entscheidung, hier zu malen und nicht dort, hier das zu malen und nicht jenes oder von hier nach dort zu malen, unmittelbar politische Bedeutung.

Wo ist die Malerei? Dies ist eine Frage des (sozialen) Ortes, aber auch des (materiellen) Untergrundes: Mauer, Putz, Stein,

---

[27] Jacques Rancière, *Die Aufteilung des Sinnlichen. Die Politik der Kunst und ihre Paradoxien*, Berlin: b_books 2008, S. 28.

Asphalt stehen dem Gemalten anders im Rücken als Stoff, Chrom oder Porzellan. Zwischen wem wird gemalt? Malerei ist eine Verbindung und ein Übergang, zum Hintergrund, zu den Seiten, aber auch frontal, zu den Betrachtern. Malerei stiftet einen Raum für Assoziationen, führt ein als Assoziation sichtbar Werdendes oder schlechthin Sichtbares in den sozialen bestehenden Raum ein und verändert diesen durch diese Sichtbarmachung wie auch durch eine damit einhergehende Veränderung des Sagbaren. Eine malerische Komposition leistet den Eintritt des Wortes und der Benennbarkeit in das Medium des Sichtbaren. Die Epochen der Malerei unterschieden sich durch diese Komposition der Male und der Worte, hatte Benjamin behauptet. Auch Foucault und später Rancière unterstreichen diese spezifische Korrelation von Malerei und Sprache, sie denken Malweisen als diskursive Formationen bzw. Formen, in denen Sichtbares und Sagbares aufeinander bezogen werden.

Michel Foucault

Das, was Benjamin „Komposition" nennt, entspricht Foucaults Begriff einer visuellen Anordnung, die er zugleich als materielle Gesetzeslandschaft auffasst. Eine materielle Gesetzeslandschaft ist die Komposition insofern, als sie sich automatisch mit den Archiven visueller Ordnung verbindet. Foucault begreift ein Gesetz als das, was ‚jede Geburt sofort in einen Eintrag ins Archiv transformiert.' Im Unterschied zu Heideggers Begriff des „Gestells" unterstellt Foucault nicht, dass dieses Gesetz notwendigerweise ein festsetzendes Labyrinth organisiert oder ein Dispositiv unumgänglicher Souveränität einsetzt. Vielmehr markiert das Gesetz Differenzierungspunkte, ohne welche man es nicht umgehen könnte. Das verortende Gesetz kennt also um sich herum einen *Freiraum*, es markiert damit zugleich das

Unvorhersehbare.[28] Eine visuelle Anordnung verknüpft die Begegnung von Wahrnehmung und visueller Materie mit dem Archiv des Gesehenen und Gesagten und mit den Vorschriften sozialer Bewegungen.

Im Bildraum ist das Gesetz die Anordnung, aus der sich die Sichtbarkeit des Bildes ergibt. Die Implikation als Gesetz ist der Bezug zwischen dem Raum als Draußen und dem Bild, das der Raum sichtbar macht. Dieser Bezug klärt das, was man *die Enthüllung der Sprache auf der Ebene der Dinge* nennen könnte. Das Vermögen der Dinge, zu zeigen, gründet sich auf der Einrichtung eines Innenraumes als „Vektor der Ostentation".[29] Die Dinge werden Teil einer Zeichenstruktur bzw. einer Schrift. Die Einrichtung einer solchen graphischen Anordnung zeichnet die Malerei aus Foucaults Sicht aus.

Das klassische Bildwissen bestimmte den Raum als Bildinnenraum. Der Raum verleiht in dieser Vorstellung demjenigen eine Gestalt, wodurch etwas der Erfahrung zugänglich wird. Etwas als ein Bild zu erkennen und die Wahrheit eines Bildes zu wissen, hieß, die syntaktischen und semantischen Beziehungen zu erfassen, welche ein Sichtbares mit dem unterhält, was es ausschließt. Das Sichtbare wurde als Fläche vorgestellt. Ein Gesicht auf einer Mauer oder in den Wolken zu erkennen hieß, ein bestimmtes Beziehungsgefüge einzugrenzen und zu positionieren. Dieses Bildwissen basierte auf einer Taxonomie des Sichtbaren. Die Wahrheit hob sich vom Relief der Formen ab, von ihrem Dispersionsmodus und von ihren Maßen. Die nach den Regeln der Optik geschnittenen Linien

---

[28] Vgl. Michel Foucault, „Von den Martern zu den Zellen (1975)", in: ders., *Dits et Ecrits. Schriften*, Bd. 2, Frankfurt/M.: Suhrkamp 2002, S. 882–888, hier S. 882.
[29] Dieser Innenraum als Dispositiv der Demonstration setzt den Bezugsrahmen (das Bindemittel) verschiedener Oberflächen (Gemälde, Bildzeichen, Text, Stimme...) und Kurven. Der Bildinnenraum ist der Vektor der Ostentation, in der sich die Performanz des Wissens durch die Entsprechung von Bilddefinition und Nominaldefinition abspielt. Siehe Michel Foucault, *Dies ist keine Pfeife*, München: Hanser 1974, S. 22.

bzw. die theatrale Positionierung von Ding und Auge formen aus dem unsicheren Gegenstand ein sicheres Bild.

Begreift man den Innenraum des Bildes nicht, wie noch Clement Greenberg, einfach als Flachheit der Oberfläche, dann versteht sich die Interiorisation (Verinnerung) als Ausweitung der Bezugnahmen. Diese Grundspur der Bildlichkeit nennt Foucault Kalligramm auf der Basis einer graphischen Operation: „Figur aus Schrift. Die unsichtbare kalligraphische Operation, die vorauszusetzen ist, hat Schrift und Zeichnung miteinander verschränkt."[30] Das Kalligramm markiert den gemeinsamen Wurzelgrund von Bild und Schrift, indem sie den Schnittpunkt von Verräumlichung, Imagination und Bedeutung umreißt. Der Fluchtpunkt dieses Innenraumes wird jedoch zugleich ausgestrichen[31] durch die Sichtbarkeit der Dinge. Der Gemeinplatz des Kalligramms gewinnt die Evidenz der Dinge aus der Naht zwischen Linien und Zeichen. Die Räumlichkeit der Dinge ist fortan ihre Schriftlichkeit, ihre Bezugnahme.[32]

Mit Schriftlichkeit ist hier zunächst nichts anderes gemeint als die *Organisation von Diskontinuitäten*. Buchstaben beruhen auf diskontinuierlichen Linien, wie schon Roland Barthes bemerkt.[33] Um die Dinge zum Sprechen zu bringen, müssen

---

[30] Ebd., S. 15. Als Ausfaltung/Erklärung verknüpft der Innenraum die verschiedenen Arten der Sichtbarmachung und der Bedeutung durch eine Kohäsionsachse.
[31] Zum Bild als Fläche und Strich siehe Roland Barthes, *Der entgegenkommende und der stumpfe Sinn*, Frankfurt/M.: Suhrkamp 1990, S. 177.
[32] Foucault, *Dies ist keine Pfeife*, S. 21.
[33] „Die Schrift besteht aus Buchstaben, schön und gut. Aber woraus bestehen die Buchstaben? Man kann nach einer historischen Antwort suchen – die bezüglich unseres Alphabets unbekannt ist, aber man kann die Frage auch benutzen, um das Problem des Ursprungs zu verlagern, um eine fortschreitende Konzeptualisierung des *Dazwischen* herbeizuführen, der fluktuierenden Beziehung, deren Verankerung wir immer auf irreführende Weise festlegen. Im Orient, in dieser ideographischen Kultur, ist die Linie das, was zwischen Schrift und Malerei liegt, ohne daß sich das eine auf das andere beziehen ließe; dadurch kann jenes ruchlose Gesetz der Aufeinanderfolge durchkreuzt werden, das unser väterliches, sittliches, geistiges und wissenschaftliches Gesetz ist: ein absonderndes Gesetz, kraft dessen wir die Graphiker der einen Seite zuschieben und die Maler der anderen [...], aber die Schrift ist *unteilbar*. Das Diskontinuierliche, auf dem sie überall beruht, macht aus allem, was wir schreiben, malen und zeichnen, einen einzigen Text [...]. Der Spielraum, den wir dem einräumen, was

wir Figuren ausmachen, Formen begreifen. Der Blick durchläuft einen Parcours, ein Gemälde, welches die verschiedenen Züge und Richtungen der visuellen Operation anatomisiert. Der Blick muss sich verorten zwischen diesem Präsentationsraum und dem Gewebe, in dem Ähnlichkeit, Referenz und Dinglichkeit verwoben sind.[34] Über diese strukturale Verknüpfung hinaus leistet das vom Kalligramm zusammengenähte Gewebe eine funktionale Einfaltung der Erfahrung in Verortung und Differenzierung.[35] Insbesondere der gebrochene Raum künstlerischer Präsentationen erlaubt Foucault die enthüllende Rekonstruktion dieses Gewebes. Bei Magritte beispielsweise fällt immer wieder die Perspektive ins Figürliche, die Fläche ins Wort; Zeichen werden Linien.[36] Denn der Parcours des Blickes, den Foucault Gemälde nennt oder Anatomie, wird von einer Leere orchestriert, einem Nicht-Ort, welcher sich von der Materialität des Kompositionsraums bis zum Draußen des Blicks erstreckt.[37]

Aber auch bei Magritte wird der Raum, welcher Bild und Schrift ermöglicht, von zwei Bezugsserien getragen: der Ähnlichkeit (sich-ähneln, vergleichbar sein: „Similitude") und der Gleichheit (sich gleichen, verbunden sein: „Ressemblance"). Der künstlerische Akt verschneidet beide Fluchten; Malen wäre zugleich Vermischen von Ähnlichkeit und Gleichheit, ein Aufschreiben des Denkens mit Dingen.

Das Verweisungsspiel bei Magritte verdeutlicht, dass das, worauf verwiesen wird, sich nirgends befindet, schon gar nicht

---

man als das Barocke bezeichnen kann [...], ist der Ort schlechthin, an dem der Schriftsteller, der Maler, der Graphiker, mit einem Ort, der Textperformator, arbeiten soll." Barthes, *Der stumpfe und der entgegenkommende Sinn*, S. 108f.

[34] Siehe Foucault, *Dies ist keine Pfeife*, S. 27.
[35] Ein zeitgenössischer Exponent dieser Hypothese, dass die Aussagen und die Dinge sich in kulturellen Praktiken entsprechen oder widersprechen können, ist Robert B. Brandom, *Making It Explicit. Reasoning, Representing, and Discursive Commitment*, Cambridge/Mass.: Harvard University Press 1994, S. 333.
[36] Foucault, *Dies ist keine Pfeife*, S. 31f.
[37] Ebd., S. 36f.

V. Farbliche Assoziation (Malerei und Gesellschaft)

außerhalb des Gemäldes. Der Betrachter wird einbezogen in das Gemälde: Das „Selbst" und das „Wesen" des Dinges gehen nun aus der Wahrnehmungsaktion, aus dem Prozess des Betrachtens hervor. Das Selbst, die Reflexivität der Wahrnehmung, zeigt sich, indem der Betrachter negiert: „Dies ist keine Pfeife"! Der Leser ist im Bild, sein Denken führt die Souveränität der Ähnlichkeitsbeziehung wieder ein, er affirmiert und stabilisiert den einheitlichen Raum, welcher vom Gemälde auf das Bild, vom Bild auf den Text und vom Text auf seine lesende Stimme einen Vektor konstruiert, der auch noch in der Negation dem Verweisungssystem folgt, das in der Kalligraphie angelegt ist.

Wie bei einem Historiker des Diskurses zu erwarten ist, grenzt Foucault dieses Modell entlang einer Zeitachse ab: Die historische Verschiebung des Malereibegriffs betrifft das Verhältnis von Bild und Sprache, das jeweils von diskursiven Räumen bestimmt ist. Zwei Prinzipien konstituieren Foucault zufolge die wesentliche Spannung der klassischen Malerei: 1.) Die Trennung von linguistischen Zeichen und plastischen Elementen. 2.) Die Äquivalenz zwischen Ähnlichkeit (*ressemblance*) und Affirmation. Die Ähnlichkeit affirmiert eine bestehende Bedeutung. Dieses zweite Prinzip führte den Diskurs wiederum in eine Malerei ein, von der man sorgfältig die linguistischen Elemente ausgeschlossen hatte. Obschon sie sich nämlich außerhalb der Sprache konstituierte, sprach die Malerei des „klassischen Zeitalters" doch, denn sie reproduzierte stillschweigend im diskursiven Raum den Gemeinplatz, von dem aus sie die Beziehungen von Bild und Zeichen wiederherstellen konnte. Unter ‚Gemeinplatz' (*Lieu commun*) versteht Foucault hier wiederum die ‚Oberfläche', die Isotopie oder auch die Raumgewissheit, auf der die nachahmende Malerei basierte und in dem in der Klassik die Figuren stets der Syntax der Zeichen untergeordnet blieben.

Der Affirmation des Gemeinplatzes in der Klassik stellt sich die moderne Malerei entgegen.

Die Unterordnung von schriftlichen Zeichen unter die plastischen Elemente, die der Plan in der abendländischen Malerei vom 15. bis zum 20. Jahrhundert geleistet hat, wird von Paul Klee enthierarchisiert, „wenn er das Nebeneinander der Figuren und Syntax der Zeichen in einem ungewissen, umkehrbaren, freischwebenden Raum zur Geltung bringt (der zugleich Blatt und Leinwand, Fläche und Volumen, Linierung des Hefts und Kataster des Bodens, Geschichte und Karte ist)."[38]

Klee und Magritte verknüpfen die Zeichen und die plastischen Elemente ohne diesen Gemeinplatz, ohne die Isotropie, ohne die Behauptung. Sie weichen dem Grund des affirmativen Diskurses aus, auf dem die Ähnlichkeitsbeziehung beruhte, indem sie reine Gleichheiten/Vergleichbarkeiten (similitudes), Metamorphosen und nicht-affirmative Ausdrücke in einem orientierungslosen Volumen und einem „Raum ohne Flächen" ins Spiel bringen.[39]

Dieses Spiel basiert, wie Foucault zusammenfasst, auf der Freisetzung bzw. der Negation des Kalligramms. Das Kalligramm besteht in der simultanen graphischen Sichtbarmachung von Bild, Text, Ähnlichkeit, Affirmation und Gemeinplatz. Es wird schlagartig geöffnet durch *die Dekomposition der Simultanität*, welche nur ihre Leere hinter sich lässt. Diese Leere ist ein Raum, der keine Oberfläche mehr als Absicherung der Souveränität des Bildmodus enthält. Der Diskurs wird Zeichnung, in der sich die Gleichheiten/Entsprechungen (similitudes) in Selbstbezüglichkeiten vervielfältigen und um die Negation ihrer Bezeichnungsfunktion zirkulieren. Den nächsten historischen Schritt skizziert Foucault auch noch: „Eines Tages wird auch das Bild selbst, mitsamt dem Namen, den es trägt, durch die in einer Serie endlos

---

[38] Ebd., S. 42.
[39] Ebd., S. 40.

übertragene Gleichartigkeit desidentifiziert werden. Campbell, Campbell, Campbell, Campbell."[40]

Magrittes irritierendes Verweisungsspiel beruhte noch auf der Bildidentität, die durch Rahmung, Flächigkeit und Distanz konstruiert wird. Das Bild ist die Raumkomposition, in der das Zusammentreffen von Blick und Übergängen Texturen schafft. Das moderne Bild ist jedoch weder Fläche noch Träger von Informationen oder Subtilitäten: Es ist kein Reservoir, sondern Spannungsraum, Generator von Systemen (solange es als Bild gesehen wird). Auf der nächsten Stufe nun, der Warhol-Stufe, gibt es kein Bild mehr, sondern Serien von Bildern, deren Identität sich in Serien von Dingen, in Serien von Betrachtern und schließlich in der Gleichheit der Serie verliert. Und doch sind Bilder für Foucault nicht nur Geflechte von Blicken und Verweisungssystemen, nicht nur strukturierte Artikulationen, sondern auch Materialassemblagen, Objekte, die sich als solche dem Blick präsentieren können.

In seinem Vortrag über Manet diskutiert Michel Foucault die Erfindung des Bildes als Objekt. Die Objektwerdung des Bildes vollzieht sich durch die Einbeziehung der Materialität der Leinwand. Weil nun nicht mehr nur das Gesehene als Bild zählt und weil die Malerei nicht mehr nur die aufgetragene Farbe, sondern bereits die Eigenschaften der Oberfläche als bildgebend betrachtet, löst das Bildobjekt einen regelrechten Schock aus. Die Erfindung des Bildes als Objekt hat „alles, was in der abendländischen Malerei seit dem Quattrocento grundlegend war, umgestürzt."[41] Der Umsturz zerstört eine Fiktion, die sich nicht zuletzt auf die Perspektivtechnik stützte. Die Renaissance wollte durch die Raumfiktion vergessen machen,

---

[40] Ebd., S. 52. Vgl. Foucault, *Ceci n'est pas une pipe*, Montpellier: fata morgana 1973, S. 79. In der Fassung der *Dits et Ecrits* fehlt dieser Passus. Michel Foucault, „Dies ist keine Pfeife", in: ders., *Dits et Ecrits*, Bd. 1, Frankfurt/M.: Suhrkamp 2001, S. 812–830, hier S. 830.
[41] Michel Foucault, *Die Malerei von Manet*, Berlin: Merve 1999, S. 10.

dass sie auf einer zweidimensionalen Oberfläche aufruhte. Daher legte die Renaissance-Malerei einen idealen Blickpunkt fest. Die Betrachtung des Gemäldes von diesem Platz aus erschuf die Fiktion eines dreidimensionalen Raumes. Das in dieser Weise entschlüsselte, verstandene, sinnvolle Bild, das sich in der konstruierten Sichtbarkeit des dreidimensionalen Raumes hält, beruht auf der gleichzeitigen Unsichtbarkeit des bemalten Objektes: „Diese Materialität des Gemäldes, diese rechteckige, ebene, ganz real von einem bestimmten Licht beleuchtete Fläche, vor der und um die herum man sich bewegen kann, all das wurde verschleiert und überspielt durch die Darstellung [...]. Das Gemälde stellte einen durch seitlich einfallendes Licht beleuchteten Tiefenraum dar, den man – von einem idealen Platz aus – wie ein Theater betrachtete."[42] Foucault zufolge wird die Erfindung des Bildes als Objekt exemplarisch bei Edouard Manet greifbar, denn dieser bezieht erstens die räumlichen Eigenschaften der Leinwand in das ein, was er darauf darstellt, zweitens kalkuliert er das wirkliche äußere Licht in die Bildwirkung mit ein, drittens berücksichtigt Manet die Stellung und die Bewegungsmöglichkeiten des Betrachters im Raum. Den Skandal, den Manet 1865 mit seiner „Olympia" auslöst, resümiert Foucault so: „Es ist unser Blick, der, indem er sich der Nacktheit der Olympia öffnet, sie beleuchtet. Wir machen sie sichtbar [...]; wir machen sie nackt."[43] Das Gemälde, das laut Foucault das ganze Werk Manets in sich zusammenfasst und zugleich eines der revolutionärsten ist[44] – „Un bar aux Folies-Bergère" – spielt mit einem gespiegelten Raum.

Dadurch entsteht die dreifache Unmöglichkeit zu wissen, wo man stehen müsste, um zu sehen, was wir sehen:

[42] Ebd., S. 9.
[43] Ebd., S. 37.
[44] Ebd., S. 11.

Mit dieser Technik hat Manet die Eigenschaft des Gemäldes ins Spiel gebracht, kein normativer Raum zu sein, dessen Darstellung den Betrachter auf einen einzigen Punkt festlegt [...], sondern ein Raum, dem gegenüber man verschiedene Positionen einnehmen kann. Der Betrachter bewegt sich vor dem Gemälde, auf das das Licht direkt von vorne trifft. Die Vertikalen und die Horizontalen werden ständig verdoppelt, die Tiefendimension wird beseitigt; auf diese Weise fängt die Leinwand an, in ihrer Physis in Erscheinung zu treten und all ihre Eigenschaften in seine Darstellungsweise einzubeziehen. Manet hat gewiß nicht die nicht-repräsentative Malerei erfunden, da alles bei ihm repräsentativ ist. Aber er hat in die Darstellung die materiellen Grundelemente der Leinwand einbezogen [...]. Das war die grundlegende Bedingung dafür, daß man sich eines Tages ganz von der Repräsentation löste und die Fläche lediglich mit ihren [...] materiellen Eigenschaften spielen ließ.[45]

Manets Malerei besteht also mit anderen Worten in der Schaffung von Bedingungen dafür, dass die Materialität der Fläche sich ins Spiel bringt bzw. sich artikuliert. Doch diese Möglichkeit der Äußerung wird weder allein durch das Dargestellte, noch vorwiegend durch die Struktur der Farben oder die Abbildung des Lichts bedingt. Foucault lässt hier außer Acht, dass Manets Malerei ein neues Wahrnehmungsmodell etabliert und keineswegs das freilegt, was auch schon in gleicher Weise für Tizian relevant gewesen wäre (Oberfläche, Beleuchtung, Bewegungsspielraum). Zweitens übergeht Foucault die äußere Möglichkeit der Erscheinung von Materialität, nämlich den Ausstellungsraum. Dies ist umso erstaunlicher, als eine der wichtigsten Innovationen der Theorie Foucaults sicher das Verhältnis von Dispositiven und Ereignissen betrifft.

---

[45] Ebd., S. 45–47.

Das Blickraster und die Raumserien im Bild etablieren mit einer Struktur der Sichtbarkeit auch Kräfteverhältnisse, eine neue Konfiguration von Raum und Macht. Die Räumlichkeit des Tafelbilds, die Foucault mit Blick auf Velasquez' „Meninas" analysiert hat, ist die klassische Vorform der Einbindung des Blicks in ein Machtgefüge. Der Blick des Souveräns, den das Gemälde repräsentiert, nimmt den Blick des Wärters im Benthamschen Panopticon vorweg. Der Souverän im Spiegelbild der Herrscherfamilie investiert und dressiert die Körpervielfalt auf gleiche Weise wie der kaschierte Wächter im Überwachungsturm. Beide sammeln Wissen und fabrizieren durch ihren Blick Individuen. Das Kaschieren und Ausblenden der Wahrnehmungshandlungen erhöht die Unsichtbarkeit der Macht, die sich hinter den Bildern, Bildschirmen und Kameras ausbreitet.[46] Der Schritt vom Repräsentationsraum zum Kontrollraum transformiert seit dem 19. Jahrhundert die Möglichkeit von Wahrnehmungshandlungen.[47]

Der moderne Kontrollraum zwingt uns zu einer gänzlich anderen Blicktechnik. Es geht nicht mehr darum zu beobachten, noch weniger darum zu kontemplieren, sondern um das Einräumen. Der Sinn des Einräumens koordiniert die Module der Erschließung, Lagerung und der Zirkulation. Der Phänomenologie hält Foucault entgegen, dass sie sich ausschließlich an der Beschreibung von Innenräumen ausgeprägt habe. Diese Innenräume hätten die Individuen und die Dinge in einer eigentümlichen Leerstelle belassen. Vielmehr sollte man aber, so Foucault, vom Draußen ausgehen. Der Raum des Draußen sei der Raum, in dem wir leben, durch den wir über uns selbst hinaus angezogen werden.[48] Umso erstaunlicher, dass Foucault

---

[46] Michel Foucault, *Überwachen und Strafen. Die Geburt des Gefängnisses*, Frankfurt/M.: Suhrkamp 1977, S. 278.
[47] Vgl. Michel Foucault, „Von anderen Räumen", in: ders., *Dits et Ecrits. Schriften*, Bd. 4, Frankfurt/M.: Suhrkamp 2005, S. 931–942, hier S. 931ff.
[48] Ebd., S. 934.

in seiner Analyse der Raumrepräsentation bei Manet die äußeren Inszenierungsbedingungen des Bildobjektes übergeht: die Ausstellungsarchitektur, die Leiblichkeit der Betrachter. Der Abschied von der perspektivischen Blickfixierung geschieht parallel zur Ersetzung der Bilderwand (der „Petersburger Hängung") durch die weiße Zelle. Auf ebenso panoptische Weise legt die weiße Zelle, der moderne Galerie-Raum, die Wahrnehmungshandlungen der Betrachter moderner Kunst, mehr noch als die darin ausgestellten Bilder, Installationen oder Performances, fest.[49]

Der geweißte, in gestufte Überblickssituationen unterteilte Galerieraum ist der Kontrollraum par excellence. Jedes Bild verkörpert eine Sicht auf diesen Ausstellungsraum. Die Vibrationen der kleinsten Farbnuancen, Profile und Übergänge faltet diese Sicht als Rhythmus ein, den die Wahrnehmung des Betrachters aufgreift. Dazu ist erforderlich, dass das Bild in der Wahrnehmungssituation herausgestellt ist und dass der Betrachter ihm aus den Leerstellen eines unbestimmten, verstreuten Raumes entgegentritt. Sobald der Blick des Betrachters auf die Materialgestaltung der Bildoberfläche eingeht und seine Bewegungen nachvollzieht, übernimmt er diese Sicht. Das Bild wird sodann als Anweisung bzw. Lehrkörper erfahren und die Sensation dieses Kontaktes wird als Seh-Ereignis aufgeführt.

Das Gemälde ist folglich nicht nur die Figur, die aus dieser Gestaltung hervorgeht, sondern bereits eine Gegenwelt zu dem Ausstellungsraum, die dessen Eigenschaften spiegelt. Damit das Gemälde ein visuelles Ensemble erschaffen kann,[50] muss es zunächst die Wahrnehmungshandlung einräumen. Der Rhythmus des Kontaktes zwischen Bild und Betrachter wird nicht ausschließlich von den Farbvibrationen gesteuert, son-

---

[49] Brian O'Doherty, *In der weißen Zelle – Inside the White Cube*, Berlin: Merve 1996, S. 8f.
[50] Gilles Deleuze, *Francis Bacon. Logik der Sensation*, München: Fink 1995.

dern wird auch durch die Leerstellen im Bild und zwischen Bild und Betrachter gelenkt. Es ist nicht allein die Handbewegung des Malers, die das Sehen erschafft, sondern auch der Bildraum, in dem wir sehen, sodass das Gemälde, einmal fertig gestellt, nicht bloß ein Diagramm ist, dem die Rhythmik der Figuration immanent ist. Das Gemälde ist auch nicht bloß das Medium einer einmal gewonnenen Sicht, nicht bloß eine beschriebene Fläche, sondern die Spur eines Wahrnehmungsprozesses, der sich zwischen Bildobjekt und Betrachter entfaltet und historische Kontingenzen weiter trägt. Dieser Prozess wird nicht nur von der von Foucault freigelegten Struktur, der Kalligraphie, die Ding und Zeichen generiert, sondern auch von den Bedingungen der Wahrnehmungssituation erzeugt: Die Streuung der Aktivität oder Passivität von Menschen oder Dingen konfiguriert ein rhythmisches Netz, eine farbliche Umwelt des Gemäldes. Der Bildraum kann versuchen, dem Wahrnehmungsgeschehen ein Programm zu unterstellen, das durch den feststehenden Sinn das Resultat des Wahrnehmungsprozesses vorherbestimmt oder er kann einen Mechanismus installieren, dessen internes Funktionieren den Sinn dieses Prozesses festlegt. Doch um diese optischen Anordnungen herum bleibt Raum für das Unvorhersehbare, für Schöpfung oder Zeit.[51]

Für **Jacques Rancière** basieren Machtsysteme nicht nur auf Diskursen oder Techniken, sondern, fundamentaler, auf einer Aufteilung des Sinnlichen. Darunter versteht Rancière eine „erste Ästhetik", die regelt, was als etwas, und was als bloße Störung oder Rauschen, was als Laut, und was als Lärm gilt, was etwas ist, und was nicht. Desweiteren regelt diese Aufteilung des Sinnlichen nicht nur, wie dieses strukturiert ist und was bezeichnet werden kann, was also das jeweilige System des Sichtbaren und Sagbaren auszeichnet, sondern auch, wer teil-

---

[51] Vgl. Henri Bergson, *Schöpferische Evolution*, Hamburg: Meiner 2014, S. 107ff.

hat am Sinnlichen, wer wie auftreten kann, wer gefühlt, gesehen, gehört wird, und vor allem: wer wie sprechen darf und wessen Stimme zählt.

Rancière zufolge sind Machtsysteme deshalb stets durch eine Asymmetrie gekennzeichnet, die das System des Wahrnehmens, Denkens und Sprechens durchzieht. Dieses Missverhältnis führt dazu, dass bis in die Struktur der Sprache hinein nur die Eigenschaften der wenigen Mächtigen zählen, sodass die einen befehlen und die anderen gehorchen. Diese können nur ihre Stimme erheben, wenn sie auf die im Befehl schon implizite und von ihm unterdrückte Voraussetzung der Gleichheit verweisen oder eine zukünftige Gleichheit behaupten. Diejenigen, die bisher nicht zählen, treten nur durch Aktionen in Erscheinung, die neue Wahrnehmungen, neue Verhaltensweisen, neue Verteilungen ins Spiel bringen. Diese Aktionen nennt Rancière Politik. Politik ist nichts anderes als Demonstrationen der Gleichheit, die jeweils historisch singulär sind, abhängig von dem polizeilich abgesicherten „Unvernehmen"[52], das den Dialog verhindert und die Befehlslogik installiert. Ist das Malen vergleichbar dem „Stimme Erheben"? Gibt es eine Politik, eine Demonstration der Gleichheit, die aus der Malerei hervorgeht?

Rancière zufolge ist Macht nicht auf Rechtsdiskurse, Bürokratie und Polizeigewalt beschränkt, sondern etabliert sich vor allem über die Logik der Wahrnehmung: Ein Machtsystem entscheidet darüber, was wahrgenommen wird, was zählt und wer sich artikulieren darf. Gegenüber diesem Wahrnehmungsregime ist Politik eine Verhandlung über das, was sinnlich gegeben ist, über das, was sichtbar ist, über die Art, wie es sagbar ist, und darüber, wer es sagen kann. Die „erste Ästhetik" richtet eine gemeinsame Welt der Bedeutung und der Geltung ein.[53]

---

[52] Jacques Rancière, *Das Unvernehmen*, Frankfurt/M.: Suhrkamp 2002, S. 13.
[53] Jacques Rancière, *Ist Kunst widerständig?*, Berlin: Merve 2008, S. 38.

Malerei beeinflusst demzufolge, was gesehen werden kann und wie gesehen wird, aber auch, was gesagt werden kann. Rancière unterstreicht, und darin liegt vielleicht die Provokation seines Ansatzes, dass Bilder stets ein Geflecht aus Sichtbarem und Sagbarem sind. Das führt in seinen Ausführungen meist dazu, die Malerei gewissermaßen als Vorlage und Appendix der Literatur unterzuordnen. Aber diese Privilegierung der Sprache folgt nicht mit Notwendigkeit aus seinem Ansatz.

Rancière unterscheidet drei Regime künstlerischer Artikulation. Das ethische Regime, das Regime der Repräsentation und das ästhetische Regime. Mit dem ethischen Regime meint Rancière die lange dominierende Auffassung, die vor allem auf Platon und Aristoteles zurückgeht, Kunst sei ein Erziehungs- und Therapiemittel. Als Regime der Repräsentation hingegen bezeichnet Rancière die klassische Theorie einer Entsprechung von Produktions- und von Wahrnehmungsregeln, derzufolge Erfindungen präzise Affektionsformen auslösen, was sich auch in einer Hierarchie der Genres und Sujets niederschlägt. Im ästhetischen Regime gibt es keine Entsprechung mehr zwischen den Produktionsregeln der Künste und den Gesetzen der menschlichen Sinnlichkeit. Das ästhetische Regime der Künste schaffe, so Rancière, seit Kant und Schiller die hierarchische Aufteilung des Sinnlichen ab. Und zwar zugunsten einer Ausgliederung der Kunst in eine „eigene Sphäre der Erfahrung"[54], in der soziale Gleichheit regiert. Die Ästhetik stellt damit tatsächlich eine *Alternative* zur Abstraktheit politischer Aktionen dar, denn Schillers ästhetische Revolution realisiert in den Formen der erlebten Erfahrung selbst eine Freiheit und eine Gleichheit, die in ihren rein politischen Formen immer dazu verurteilt wären, eine abstrakte legalistische Formel zu bleiben. Darin liegt für Rancière die politische

---

[54] Ebd., S. 41.

Bedeutung des Widerstands der Kunst: Die ästhetische Erfahrung ist die eines neuen universalistischen Sensoriums.[55]

Neben Michel Foucault nennt Rancière Hannah Arendt als Quelle seines Anliegens, das „Unglück der Armen" zu thematisieren, das darin liegt, nicht gesehen zu werden.[56] Dass die Anteillosen gesehen werden, ist die Aufgabe der Bilder.

Ein Bild ist für Rancière kein Objekt, sondern die multimediale Arbeit an der Sichtbarmachung: Singuläre Operationen im Feld des Sinnlichen, die ein Beziehungsgeflecht zwischen dem Sichtbaren, dem Sagbaren und dem Denkbaren herstellen. Bilder lassen sich weder als Repräsentationen noch als Zeichenarrangements zureichend bestimmen, da sie vor allem als Demonstration im Regime der Wahrnehmung aufgefasst werden müssen. Daher begreift er sie auch als Komposite: Zum Bild gehört nicht nur die Figuration auf einer Fläche, sondern immer auch die Sprache, ohne die nichts Bestimmtes, Definiertes gezeigt und gesehen werden könnte.[57]

Im repräsentativen Regime des Bildes beispielsweise macht das Wort durch Narration oder Deskription etwas nicht präsentes Visibles sichtbar; desweiteren benennt es das Unsichtbare, das das repräsentatives Bild sichtbar macht, etwa indem es eine Idee ausdrückt oder die Stärke eines Gefühls. Das Zusammenspiel dieser beiden Funktionen ist nur durch die Unterstellung eines stabilen Bezugssystems beispielsweise zwischen den sprachlichen Tropen und einem Gefühl möglich. Im ästhetischen Regime des Bildes hingegen werden diese Korrespondenzen in neue Prozeduren überführt. Jetzt ist das Bild nicht mehr dem Wort unterworfen, sondern wird aufgefasst als „die Art, gemäß welcher die Dinge sprechen und stumm sind".[58]

---

[55] Ebd., S. 21f. u. S. 43.
[56] Jacques Rancière, *Et tant pis pour les gens fatigués*, Paris: Amsterdam 2009, S. 341.
[57] Jacques Rancière, *Politik der Bilder*, Zürich: Diaphanes 2005, S. 12.
[58] Ebd., S. 20.

Diese doppelte Macht des Bildes hat die literarische Sprache übernommen, besonders den stummen Ausdruck. Zugleich eröffnen literarische Texte auf modernen Gemälden eine neue Sichtbarkeit, indem sie den Blick instruieren, auf der Oberfläche der Leinwände zu lesen, bis der Blick unterhalb der Episoden des täglichen Lebens den pikturalen Prozess selbst erkennt, der eine Figur aus Pinselstrichen und Farbverläufen entstehen lässt. Einer Reduktion der Bilder auf das Mediale und Maschinelle hält Rancière jedoch entgegen, dass jedes Bild nur als Teil einer Geschichte der Bilder funktioniert. In diesem Rahmen fungiert ein ästhetisches Bild sowohl als nackte Präsenz wie auch als Hieroglyphe.

Der Mimesis der repräsentativen Malerei gehe es nicht, so Rancière weiter, um einfache Wirklichkeitstreue. Und es sei falsch davon auszugehen, dass diese Verpflichtung auf die Wirklichkeit in der Moderne durch „das Reich der Farbflächen, welche die nackten Frauen und die Schlachtrösser ablösen"[59], ersetzt würde. „Die Mimesis ist nicht Ähnlichkeit, sondern ein bestimmtes Regime der Ähnlichkeit [...]. Die Mimesis ist die Falte in der Ordnung der Arten des Tuns und der sozialen Beschäftigungen, die es ermöglicht hat, daß sie gesehen und gedacht werden konnten und die die Trennung erkennbar gemacht hat, durch die sie als solche existieren [...]. Die Mimesis ist nicht die Beziehung zwischen einer Kopie und einem Modell, sondern eine Art, die Ähnlichkeiten innerhalb einer Ansammlung von Beziehungen zwischen den Arten des Tuns, den verschiedenen Formen der Worte, den Formen der Sichtbarkeit und den Protokollen der Verständlichkeit zu aktivieren."[60] Rancière verweist an dieser Stelle auf Diderots Kritik an Jean-Baptiste Greuze. Dieser habe 1769 die Haut des Kaisers Septimus Severus, des ersten römischen Kaisers afri-

---

[59] Ebd., S. 87.
[60] Ebd., S. 88.

kanischer Herkunft, zu dunkel und seinen Sohn Caracalla, im Moment des versuchten Vatermords ertappt, insgesamt zu niederträchtig dargestellt. Hier habe Greuze die Ordnung des Historienbildes mit der Ordnung des Genrebildes durcheinander gebracht. „Ein Kaiser ist erst einmal ein Kaiser und dann Afrikaner und der Sohn eines Kaisers ist erst einmal ein Prinz, und dann vielleicht ein Halunke."[61] Die Ähnlichkeiten der Repräsentation lassen sich – schon der „Mimesis" im System der schönen Künste gemäß, von dem sich die moderne Kunst bei Diderot abzulösen beginnt –, nicht auf die Reproduktion der Realität festlegen.

Beim Übergang zum ästhetischen Regime spielt die niederländische Malerei mit ihrer Profusion der Details eine hervorgehobene Rolle. Das Bild ist nun nicht mehr kodifizierte Übersetzung eines Gedankens, sondern ein Zur-Sprache-Bringen der Dinge. Rancière zufolge imitieren die Romane Balzacs und Flauberts nicht die holländischen Gemälde, sondern verleihen ihnen überhaupt erst eine „neue Sichtbarkeit" durch die Sätze, die den Blick instruieren und ihm beibringen, auf der Oberfläche der Leinwände die Geschichten des täglichen Lebens selbst zu lesen. Die Genremalerei der Niederlande entdeckt das einzelne Objekt unterhalb der Erzählungen. Wenn die Schriftsteller dieser Malerei ihre Fähigkeit zur bloßen Beschreibung ablernen, so sind es ihre Worte, die einen neuen Blick auf die materiale Beschaffenheit dieser Werke generieren, meint Rancière. Mehr noch als Gesten machen Sätze das, was auf den Gemälden zu sehen ist, auf neue Weise sichtbar, weil sie es identifizieren und bestimmbar machen. Nicht durch die malerische Praxis, sondern durch die Kunstschriftstellerei, so resümiert Rancière, entsteht „die Geschichte des Prozesses der Malerei an sich, die Geschichte der Geburt einer Figur, die aus den Pinselstrichen und dem Auftragen eines opaken Materials

---

[61] Ebd.

entsteht."[62] Das, was die Gemälde sagen können, sagen sie gewissermaßen erst durch die Literatur. Nun muss man dieser bei Rancière durchgängigen Priorisierung der Sprache nicht folgen, denn offenkundig sind die Details der niederländischen Malerei und der Blick, den Chardin und Greuze in die Welt setzen, autonom und müssen nicht auf Diderot, die Brüder Goncourt oder Balzac warten, um gesehen und in ihrer Bedeutung erkannt werden zu können. Gleichwohl ist Rancières Einsicht bedeutsam, dass Gemälde immer schon multimedialen Operationen entstammen und nicht fertig sind in dem Moment, wo die Farbe auf der Leinwand getrocknet ist. Ist das, was die multimedialen Operationen zusammenführt, die Malerei selbst, oder sollte man es besser Kunst nennen?

Rancière hält es für vollkommen unmöglich, „ein Konzept der Kunst vorzuweisen, das die gemeinsamen Eigenschaften von Malerei, Musik, Tanz, Film und Skulptur definieren würde [...]. Das Konzept der Kunst ist das Konzept einer Trennung [disjonction] – und zwar einer instabilen, historisch determinierten Trennung – innerhalb der Künste, die hier als Praktiken und Arten des Tuns verstanden werden."[63] Diese Auffassung einer Disjunktion setzt aber eine Zählung eben dieser Praktiken, hier Malerei, Musik, Tanz, Film und Skulptur, voraus. Bemerkenswert ist, dass hier der Film genannt wird, Architektur und Dichtkunst aber nicht. In einem späteren Definitionsansatz taucht die Literatur wieder auf. Hier zeigt sich die einzelne künstlerische Praxis wiederum abhängig vom Oberbegriff Kunst, beziehungsweise von einem entsprechenden Disjunktionsoperator: „Die Kunst im allgemeinen existiert durch ein Regime der Identifikation – der Trennung –, das den Praktiken der Zusammensetzung der Worte, des Ausbreitens der Farben, der Modellierung der Rauminhalte oder der Evolution der Kör-

---

[62] Ebd., S. 22f.
[63] Ebd., S. 87.

per Sichtbarkeit und Bedeutung gibt. Dieses Regime der Identifikation entscheidet zum Beispiel, was ein gemaltes Bild ist, was man tut, wenn man malt und was man auf einer bemalten Mauer oder Leinwand sieht."[64] Nicht durch technische Virtuosität, durch die Herstellung erst der linearen und theatralischen, dann der plastischen Luftperspektive sei die Malerei zur Kunst geworden, sondern durch die Iteration eines poetischen Vermögens. Und die Betonung der malerischen Fläche in der Moderne sei eine neue Art der Beziehung zwischen der Herstellung und Wahrnehmung solcher Flächigkeit und der Fähigkeit der Worte, auf derartigen Oberflächen etwas sichtbar zu machen.

„Die Malerei ist in dieses neue Regime weder durch die Ablehnung des Figurativen noch durch eine Revolution der malerischen Praktiken eingetreten. Das ästhetische Regime ist zuerst einmal eine andere Art, die Malerei der Vergangenheit zu sehen. Die Zerstörung des repräsentativen Regimes der Malerei beginnt Anfang des 19. Jahrhunderts mit der Aufhebung der herrschenden Hierarchie unter den verschiedenen Kunstgenres."[65] Somit wären Techniken des Sehens und kunsthistorische Operationen dasjenige, was die Malerei als modernde Kunst etabliert.

So zeigt die moderne Malerei, Rancière zufolge, wie zwei mediale Konfigurationen, das Äußern und das Abbilden, im Bild zusammentreffen und dadurch eine politische Ästhetik entwickeln. Die verbreitete These, die Malerei bestehe aus farbigen Pigmenten und einer zweidimensionalen Oberfläche, sei voreilig, denn sie lege die Malerei ein Medium fest und kaschiere dabei zwei gegensätzliche Operationen: Einerseits bezeichnet man mit dem Begriff Medium die zur Verfügung stehenden Mittel und andererseits das Verhältnis zwischen Mit-

[64] Ebd., S. 89.
[65] Ebd., S. 91.

tel und Zweck. Der moderne Maler, insofern er Künstler ist, darf die Mittel der Malerei nicht einfach nur benutzen, er muss zugleich zeigen, dass er sie benutzt, um erstens zu demonstrieren, dass die bloße Benutzung dieser Mittel reine Technik ist, und zweitens, dass in dieser Demonstration das Gegenteil von Technik, nämlich Kunst liegt. Nur für einen Blick, der den Praktiken der Farbausbreitung, der Volumenmodellierung und des Wortarrangements Sichtbarkeit und Bedeutung verleiht, ist dies evident. Weil es letztlich kein eigenes malerisches Mittel und kein spezifisches Material der Malerei gebe, könne man als Medium nur die Oberfläche der Konversion zwischen Malpraktiken, sichtbaren Formen und Modi des Blickens, Denkens und Sagens bezeichnen, unterstreicht Rancière.[66]

Der Wechsel vom repräsentativen zum ästhetischen Regime bedeutet daher nicht, dass mit dem Hervorzeigen der Medialität nun das Wesen der Kunst gefunden worden wäre; es ist lediglich das Kennzeichen einer anderen Artikulation zwischen dem Tun, dem Sehen und dem Sagen. Der Übergang zu diesem neuen Regime wird weniger durch die Ablehnung der Figuration oder durch eine neue Praktik des Malens ausgelöst,[67] als vielmehr durch die Freilegung pikturaler Ausdruckskraft, die nun Formen als Wortäquivalent auf der Repräsentationsfläche einsetzt, wie Rancière, Foucaults Gedanken zu Magritte variierend, feststellt.

Die Betonung der Medialität, mit der die Präsenz unter der Repräsentation hervorgerufen werden soll, ist nicht mit der Nacktheit des malerischen Gegenstandes zu verwechseln, denn sie verdankt sich einer neuen Verknüpfung der Worte und der Formen, die auf eine Defiguration abzielt, d.h. auf eine Modifikation dessen, was auf der Oberfläche sichtbar ist. Dies zeigt Rancière an einem Text der Brüder Goncourt aus dem Jahr 1864,

---

[66] Ebd., S. 85ff.
[67] Ebd., S. 91.

V. Farbliche Assoziation (Malerei und Gesellschaft)

worin sie ausführen, Chardins Gemälde transformierten die figurativen Daten in Ereignisse der pikturalen Materie, die ihrerseits nichts anderes als Zustände materieller Metamorphosen darstellten. Aus Rancières Sicht kündigt der deiktische Modus dieses Textes nicht nur den Impressionismus, den Expressionismus und das Action-Painting an, sondern auch Bataille, Merleau-Ponty und Deleuze, die schreibend die taktile Sichtbarkeit der Geste der Malerei produzieren.[68] Der Text ist nicht nur eine Arbeit am Begriff des Bildes. Die Worte werden nun Teil des Dispositivs, das etwas zu sehen und zu verstehen gibt.

Rancière ist sich dabei bewusst, dass die so verstandene Medialität des Malerischen das Bild zu einer Bühne macht. Gemälde sind für Rancière – worin vielleicht eine Konsequenz seiner Privilegierung des Literarischen zu sehen ist – graphische Oberflächen, auf denen Symbole dann eine Äquivalenz zwischen Dingen, Formen und Worten herstellen,[69] wenn ein literarisch geleiteter Blick auf derartige Symbole aufmerksam wird, sie ebenso konstituiert wie entdeckt. Rancière flankiert diese Zweifel an der Bedeutung des Technischen und Medialen mit einer Reflexion auf den Ort der Bilder und die dadurch gegebene Möglichkeit der Emanzipation. Bilder sind für ihn keine starren Formate, sondern Arbeit an Denkmöglichkeiten. Mit dieser Arbeit am Sichtbaren, an der Desidentifikation und an der Erinnerung richten sich besonders die Kunstbilder an die Intelligenz ihrer Betrachter: „In einem Szenario, in dem wir leblos vor den Bildern herumstehen, hat derjenige, der es entworfen hat, schon gewonnen. Wir befinden uns eben nicht vor den Bildern; wir sind inmitten von ihnen, so wie sie auch in unserer Mitte sind. Die Frage ist, wie wir uns zwischen ihnen bewegen und wie wir sie in Bewegung setzen. [...] Das Bild und

---

[68] Ebd., S. 97.
[69] Ebd., S. 124.

die Erinnerung [sind] in erster Linie selbst Arbeit."⁷⁰ Eine Arbeit des visuellen Denkens.

Durch die Integration der Intelligenz und der Bewegung der Betrachter überbrücken die Bilder Orte, Zugehörigkeiten und Intentionen. Bilder sind gemeinschaftsstiftende Metaphern zwischen Orten und Akten: „Das, was man Bild nennen kann, ist eben die Bewegung dieser Übertragung."⁷¹ Das Bild als Arbeit an der Übertragung bezieht das Aussprechen und das Zuhören aufeinander und stimmt sie aufeinander ab: „Zwischen dem Aussprechen und dem Zuhören ist das Bild. Doch das Bild ist nicht einfach das Sichtbare. Es ist dasjenige Dispositiv, in dem das Sichtbare sich befindet."⁷²

Gerade die künstlerische Arbeit des Bildes vermag es, Verantwortlichkeit einzuüben, Platzierungen, Identifikationslinien, Zeitordnungen zu suspendieren, zu durchkreuzen oder zu überwinden; sie konstruiert „Gemeinschaften zwischen Objekten und Bildern, zwischen Bildern und Stimmen, zwischen Gesichtern und Worten, die Verhältnisse zwischen einer Vergangenheit und einer Gegenwart, zwischen fernen Orten und einem Ausstellungsraum weben."⁷³ Der kritische Blick der Betrachter nutzt die alternativen Welten, die die Bildwerke vorschlagen, zur Emanzipation von den Einschränkungen eines Wahrnehmungsregimes.⁷⁴ Die Arbeit des Bildes bindet ein Kollektiv an das, was aus der Gegenwart ausgeschlossen ist.

Folglich ist es nicht nur die kritische Arbeit Diderots und der Brüder Goncourt, durch die sich das Verhältnis des Sichtbaren und Sagbaren in Bezug auf Gemälde verschiebt. Auch eine neue Art zu malen durchbricht Regime der Identifikation und ihre Hierarchien und erschafft so eine neue Konfiguration der Auf-

---

⁷⁰ Jacques Rancière, „Die Arbeit des Bildes", in: Esther Shalev-Gerz, *MenschenDinge. The human aspect of objects*, Weimar: Gedenkstätte 2006, S. 8–25, hier S. 10.
⁷¹ Ebd., S. 11f.
⁷² Ebd., S. 13.
⁷³ Ebd., S. 24.
⁷⁴ Rancière, *Et tant pis pour les gens fatigués*, S. 636.

teilung des Sinnlichen. Sie ist Teil dessen, was Rancière Politik nennt. Denn eine solche Malerei greift in das Verhältnis des Sichtbaren zum Sagbaren ein und definiert die zeitlichen Gefüge neu: „Es ist das Vermögen, das die Repräsentationsfläche durchbricht, um die pikturale Ausdruckskraft sichtbar zu machen. Das heißt, daß diese Ausdruckskraft nur dann auf der Fläche präsent ist, wenn die Fläche mit einem Blick durchbohrt und von Worten verändert wird, wodurch ein anderes Subjekt unter dem repräsentativen Subjekt zum Vorschein kommt."[75] Auch wenn man gewillt ist, dem bohrenden Blick und dem ändernden Wort eine entscheidende Kraft zuzubilligen, traut Rancière hier der Fläche offenbar doch zu wenig zu. Es ist Greuze und nicht erst Diderot, der die moderne Bildwirkung, jenseits der Nachahmung, einleitet. Die Politik der Malerei beginnt nicht mit ihrer kritischen Wirkung, sondern schon mit der Erfindung neuer Arten von Flächen, neuer farblicher Relationen.

In Pierre Soulages' jahrzehntelanger Arbeit mit der von ihm geschaffenen Farbe „Outre-Noir" erkennt **Alain Badiou** eine „monumentale Exploration der pikturalen Ressourcen von Schwarz."[76] Hier ist das Schwarz als Nicht-Farbe der Malerei nicht das Gegenteil des Lichts, sondern der Grund (*support*) eines anderen Lichtes als das Licht (*une autre lumière que la lumière*). Die Malerei zeigt eine unendliche Luminosität, die latent dem Schwarz innewohnt. Deshalb sei Soulages „Outre-Noir" die reine pikturale Affirmation dessen, wozu die Malerei fähig sei.[77] Jede Bewegung vor den immensen schwarzen Polyptychen verändere die außer-lichten Lichter (*lumières outre-lumières*) und die Nichtfarben-Farben (*coleurs non-couleurs*). Jede Begrenzung erweise sich als Moment der Unbegrenztheit. Die Arena schwarzer Inflektionen zeige sich als unendlich komplexes und

---

[75] Rancière, *Politik der Bilder*, S. 91.
[76] „Une monumentale exploration des resources proprement picturales du noir". Alain Badiou, *Le Noir. Éclats d'une non-couleur*, Paris: Éditions Autrement 2015, S. 49.
[77] Siehe ebd., S. 50f.

offenes Netzwerk von Beziehungen, die der Blick enthülle; eine Welt ohne Grenzen, eine unendliche Virtualität der Perspektiven und Bedeutungen.[78] Diese Beschreibung der Kraft der Malerei (Soulages) bildet den Hintergrund zu Badious Kritik des Hautfarben-Rassismus, der mit der kolonialistischen Konstruktion des „Schwarzen" und dem Sklavenhandel anhebt, sie unterfüttert seine Warnung vor der Re-Essentialisierung der Hautfarben im postkolonialen und antirassistischen Kampf gegen den ebenso erfundenen „Weißen", beginnend mit der Affirmation vermeintlich schwarzer Eigenschaften in der Négritude (Badiou zitiert Aimé Césaire). Schließlich führt sie ihn dazu, nach der ersten Option, dem Kampf gegen die (rassistischen) Weißen, auch die zweite Option, die Forderung nach einer rechtlichen und sozialen Gleichheit der (Haut-)Farben für unzureichend zu halten, denn „die Farben bleiben bestehen, unter der Rubrik der ‚kulturellen Differenzen', als Objekt der paternalistischen Aufmerksamkeit der akademischen postkolonialen Studien."[79] Badiou schlägt vor, einen Schritt weiter zu gehen, eine andere Maxime zu entwickeln und Schluss zu machen, in allen Formen der Deliberation und der kollektiven Kreation, mit jedem diskriminierenden Hautfarbengebrauch. Eine Politik der Emanzipation habe keinen Bezug auf Farben, weder auf der Ebene der Normen und Hierarchien, noch auf der Ebene der Objektivitäten, denn die menschliche Haut habe keine Farbe, die Menschheit sei unfarblich (*incolore*).[80] Hier, schwant mir, verliert Badiou die Lektion aus den Augen, die er bei Soulages gelernt hat: Richtig, die menschliche Hautfarbe ist

---

[78] Siehe ebd., S. 52f.
[79] Ebd., S. 118.
[80] „La maxime devient: en finir, dans toutes les formes de délibération et de création collective, avec tout usage des couleurs supposés. Il faut poser une fois pour toutes qu'une politique d'émancipation n'a nul rapport aux couleurs. Et ce, bien entendu, au niveau des normes et des hierarchies, mais aussi au niveau de l'objectivité [...]. Il n'y a en réalité aucune couleur. Et pas plus celle du Blanc que celle du Noir [...]. L'Humanité, comme telle, est incolore." Ebd., S. 118f. u. S. 122.

keine Farbe, insofern sie sich nicht als weiß oder schwarz, rot oder gelb bestimmen lässt, aber sie ist nicht unfarbig oder farblos. Es ist eine Unfarbenfarbe. Die Haut jedes Menschen hat verschiedene Farben bzw. Farbtöne, täglich, an verschiedenen Körperstellen, und erst Recht über ein Jahr oder gar ein Leben betrachtet. Die menschliche Hautfarbe unterscheidet sich von der Fellbehaarung der Menschenaffen, von der Haut der Schlangen oder den Schuppen der Fische in vielerlei Hinsicht, am meisten vielleicht dadurch, dass sie das Innere durchscheinen lässt und dadurch ein anderes Licht, eine Unbegrenztheit, eine unendliche Virtualität der Perspektiven und Bedeutungen aufscheinen lässt und zudem deshalb, weil sie sich auf vielfältige und vielschichtige Weise färben lässt. Den Vorschein einer Welt ohne Grenzen eröffnet die menschliche Haut, ebenso wie Pierre Soulages' „Outre-Noir", durch ihr Potential, Färbung, Bewegung und Blick in Beziehung zu setzen. Malerei kann als die Forderung einer solchen Welt ohne Grenzen gesehen werden.

VI. TAKTILITÄT, MEDIALITÄT UND INTELLIGENZ DES GEMÄLDES

Pikturale Ausdruckskraft, die Möglichkeit der reinen pikturalen Affirmation oder Negation, kommt entscheidend aus dem Verhältnis von Optizität und Taktilität der Farbfläche. Gerade durch Verschiebungen im Verhältnis dieser zwei Dimensionen des Sehens setzt Malerei sich gegenüber der farbigen Umwelt in Szene. Nicht nur das, was dargestellt wird, ändert sich beim Übergang vom repräsentativen zum modernen Kunstverständnis, auch die Art der Darstellung, unterhalb der Darstellung (Klein und Groß auf einer Fläche, um beim Beispiel von Rancière zu bleiben). Die Neuaufteilung des Sinnlichen beginnt hier mit der anderen Verwendung von Farben und der Verwendung anderer Farben.

Gauguin kann als derjenige gelten, der das Prinzip der Diskordanz der Farben in der Malerei am radikalsten durchdacht hat.[1] Noch bevor exotische Farbenspiele ihn berühmt machten und bevor der Name seines Freundes van Gogh mit grellen Farbtönen assoziiert wurde, hat Gauguin die Wahrheit der Malerei in der quasi unnatürlichen Farbgebung gesucht:

> Ich habe ein Porträt von mir gemacht für Vincent, der mich darum gebeten hatte. Ich halte es für eins meiner besten Bilder. Völlig unverständlich, so abstrakt ist es. Beim ersten Eindruck: Kopf eines Banditen, ein Jean Valjean, der Sträfling aus Victor Hugos Les Misérables. Schließlich stellt es auch einen impressionistischen Maler dar, den keiner kennt, und der für die Welt eine Kette trägt. Die Zeichnung ist ganz abs-

---

[1] Vgl. Dario Gamboni, *Paul Gauguin – The Mysterious Centre of Thought*, London: Reaktion 2014, S. 179.

trakt. Die Augen, der Mund, die Nase wie die Blumen eines Perserteppichs. Da kommt das Symbolische zur Geltung. Die Farbe ist völlig unnatürlich. Denken Sie etwa an in großem Feuer gebrannte Töpfe. Alles Rot, alles Violett ist durch feurige Blitze zerrissen, ein Hochofen, der einem die Augen blendet, Sitz der Seelenkämpfe des Malers. Das Ganze auf einem chromfarbenen Hintergrund, der mit kindlichen Blumensträußen übersät ist: Das Zimmer eines reinen, unberührten jungen Mädchens. Auch der Impressionist ist ein Reiner, ein Unschuldiger, noch nicht besudelt von dem stinkenden Kuß der Muse der Schönen Künste der École des Beaux Arts.[2]

Begleitet wird die Suche nach einer Diskordanz der Farben von der Recherche nach einem plastisch gedachten Bildgrund. Diese Recherche manifestiert sich in Gaugins Kopftassen. Sie werden oft als Tonplastiken bezeichnet, so der „Krug in Form eines grotesken Kopfes (Selbstbildnis)" (um 1889). Mit diesem Krug spielt Gauguin auf seine südamerikanische Herkunft mütterlicherseits an und betont gleichzeitig sein Interesse an nicht-europäischen Kulturen. Mit diesem Krug stellt Gauguin seinen Kopf zweifach abgeschnitten sowie leer dar. Eine gemalte *Vase im Frauenkopf* (*vase en tête de femme*) zeigt Ähnlichkeit mit Jeanne Schuffenecker, der Frau seines Freundes (Émile). Nicht nur Tonskulpturen, auch Holzreliefs hat Gauguin koloriert. Sind dies nun kolorierte Plastiken und Reliefs oder Gemälde? Fasst man unter Malerei eine Praxis, die nur Flächen koloriert? Oder schließt sie auch Vasen, Porzellan u.ä. ein? Wie wir sehen werden, betrifft diese Frage nicht nur die Ontologie des Gemäldes, sondern, grundsätzlicher noch, das Verhältnis von Malerei und Ontologie.

---

[2] Paul Gauguin, *Briefe*, Berlin: Rembrandt Verlag 1960, S. 84f.

Jean-François Lyotard

Um gegenüber Rancières Sprach-Apriori auf den Eigensinn der Farbfläche hinzuweisen, eignet sich der Begriff der Figur, wie ihn Jean-François Lyotard entwickelt hat.[3] „Figure" ist ein schillernder Begriff, den Lyotard für alles Nicht-Diskursive, insbesondere zur Bezeichnung diverser ästhetischer Dimensionen verwendet. Meist verwendet Lyotard den Ausdruck „Figure" spezifischer für plastische Formen oder auch für visuelle Ereignisse.[4]

Lyotard zufolge entziehen sich gemalte Bilder der Diskursivierung. So bezeugt schon der Titel seiner Meditationen über die farbintensiven Arbeiten Sam Francis' (Lektionen der Dunkelheit) die Spannung zwischen der sichtbaren Ordnung der Farben und dem *fond*, dem ontologischen Hintergrund, dessen Dunkelheit sie umso sichtbarer machen: Der paradoxe Effekt der Farbe in Francis' Bildern bestehe gerade darin, die abgründige Leere von Schwarz und Weiß schlagartig vor Augen zu führen. Sam Francis' Bilder erinnerten daran, dass die jeweils vorhandene, sag- und sichtbare Realität Anderem im Weg stehe.[5]

In „Malerei des Geheimnisses im Zeitalter der Postmoderne", einem Essay von 1982 über Gianfranco Baruchello, diskutiert Lyotard die Gesetze der Bilderzeugung in der Informatik einerseits und in der Bildenden Kunst andererseits. Sie bedingen ein jeweils anderes visuelles Gedächtnis: Elektronische und digitale Bilder ausgenommen, können die Zeichen, Figuren und Formen der Bildenden Kunst niemals in das künstliche Gedächtnis einer binären Algebra eingehen. Figu-

---

[3] Lyotard selbst ordnet seine Figuren dem Sprach-Apriori allerdings auch immer wieder unter: „Il n'est pas question de passer de l'autre côté du discours. Seulement de l'intérieur du discours, on peut passer à et dans la figure." Lyotard, *Discours, figure*, S. 13.
[4] Ebd., S. 10, S. 19, S. 21.
[5] Jean-François Lyotard, *Sam Francis – Lesson of darkness... like the paintings of a blind man*, Venice, CA: Lapis 1993.

ren, Situationen, Zeichen oder abstrakte Sequenzen der Kunst sind der visuelle Ausdruck aller derjenigen Dinge, die Begriffe nicht erfassen können, und sie sind, dieser Abgrenzung halber, angefüllt mit narrativer Energie. Die Malerei bezeichnet Lyotard hier deshalb auch als „Depot des Nichtdefinierten/ Unendlichen", bestehend aus Kraftfeldern, die mit Intensität und Präsenz saturiert sind.[6]

Auch Baruchellos Bilder ähnelten Monogrammen, Intensitätszeichen, im Visuellen fixiert (das Lyotard hier im Unterschied zum Sichtbaren und Unsichtbaren bestimmt, ähnlich wie nach ihm Didi-Huberman). Malerei stellt sich der Erkennbarkeit und Lesbarkeit ebenso entgegen wie der Gegenwart. Darauf zielt Lyotards Begriff des Erhabenen, den er von Barnett Newman übernimmt und mit Blick auf Kant und die Romantiker entwickelt. Seine Ästhetik des Erhabenen will dasjenige erfassen, was im Gegenwärtigen nicht gegenwärtig sein kann.[7] Barnett Newman hat 1949 in seinem „Prologue for a New Aesthetic" geschrieben, er sei nicht länger interessiert an einer Manipulation des Raumes oder an einem Bild, sondern an einer Sensation der Zeit.[8] Lyotard zufolge entfernt sich diese Zeitkonzeption von den Dimensionen der Kontinuität und der Dauer. Newmans Jetzt könne nicht vom menschlichen Bewusstsein konstituiert werden, vielmehr sei das Jetzt das, was das Bewusstsein absetze oder entkleide und was das Bewusstsein stets vergessen müsse, um sich zu konstituieren.[9]

Newmans Suche nach dem Jetzt führt zur Konzeption des gemalten Spalts: „Zip", eine Linie, die Farbe ausstrahlt, eine

---

[6] Siehe Jean-François Lyotard, *Que peindre? Adami, Arakawa, Buren*, Paris: La Différence 2008, S. 11ff.
[7] Jean-François Lyotard, *Postmoderne für Kinder, Briefe aus den Jahren 1982–1985*, Wien: Passagen 1987, S. 24.
[8] Barnett Newman, „Prologue for a New Aesthetic" (1949), zitiert nach: Thomas B. Hess, *Barnett Newman*, New York: Museum of Modern Art 1971, S. 74.
[9] Jean-François Lyotard, „Der Augenblick, Newman" sowie „Das Erhabene und die Avant Garde", in: ders., *Das Inhumane – Plaudereien über die Zeit*, Wien: Passagen 1989, S. 141–59, S. 159–189.

Zeitbarriere, die, erhaben über die Chronologie, Eigenzeit anstaut. Die Ereigniszeit wird durch den Riss aufgeteilt in Farben: „Bei Newman besteht die Befreiung nicht aus dem Überschreiten der Grenzen, die der Barock und die Renaissance dem figurativen Raum gesetzt haben, sondern im Abziehen der Ereigniszeit, in der die legendäre oder historische ‚Szene' stattgefunden hat, von der Präsentation des bildlichen Objekts selbst. Der chromatische Werkstoff, seine Beziehung zum Materiellen (der manchmal unvorbereitet gelassenen Leinwand) und seine Verteilung (Größe, Format, Proportionen), das allein muss die bewundernde Überraschung, das Staunen darüber, daß etwas ist, mehr als nichts, auslösen. Das Chaos droht, aber das Leuchten des Tzimtzum, das Zip, zerteilt die Dunkelheit, zerlegt das Licht wie ein Prisma in Farben und verteilt sie auf der Fläche in einem Universum."[10]

Der ästhetischen Besonderheit dieser Ereigniszeit kommt man nur auf die Spur im Abgleich zu anderen Zeiten, die das Gemälde durchqueren, etwa der dargestellten Historie. Dies führt Lyotard zu einer Differenzierung der Zeitschichten eines Gemäldes: „Man müßte die Zeit, die der Maler benötigt, um ein Bild zu malen (die Zeit der ‚Herstellung'), die Zeit, die erforderlich ist, um dieses Werk zu betrachten und zu begreifen (die Zeit des ‚Verbrauchs'), die Zeit, auf die das Werk sich bezieht (ein Moment, eine Szene, eine Situation, eine Folge von Ereignissen: die Zeit des diegetischen Bezuges, der im Bild erzählten Geschichte), die Zeit, die es gebraucht hat, um vom Augenblick seiner ‚Entstehung' an zum Betrachter zu gelangen (seine Zeit des Umlaufs) und schließlich vielleicht auch noch die Zeit, die es selbst ist, voneinander unterscheiden. Dieses, im Grunde kindliche Prinzip würde es ermöglichen, verschiedene ‚Zeitorte' voneinander abzugrenzen. Was das Werk Newmans von

---

[10] Jean-Francois Lyotard, *Philosophie und Malerei im Zeitalter ihres Experimentierens*, Berlin: Merve 1986, S. 18.

der übrigen ‚Avantgarde' und vor allem vom ‚Abstrakten Amerikanischen Expressionismus' unterscheidet, ist nicht die Tatsache, daß es vom Problem der Zeit beherrscht wird – diese Art der Besessenheit teilen viele andere Maler mit ihm –, sondern daß Newman auf dieses Problem eine unerwartete Antwort gibt: daß das Bild selbst die Zeit ist."[11]

In Newmans Œuvre steht diese Zeit nicht nur durch die Präsentation des bildlichen Objektes vor Augen, sondern auch durch darunter liegende Schichten, Nuancen und Timbres. In Gemälden kommt Zeitliches zur Erscheinung, wenn wir uns auf Farben und Pinselstriche als Eigenwerte richten und nicht versuchen, sie optisch zu kontrollieren. Nach Lyotard hat das Experimentelle in den zeitgenössischen Künsten vor allem die Aufgabe, die Voraussetzungen des Sehens und der Sichtbarmachung zu demonstrieren. „Die Kunst besteht heute in der Erkundung von Unsagbarem und Unsichtbarem, man stellt dafür seltsame Maschinen auf, mit denen sich das, was zu sagen die Ideen und was zu spüren die Stoffe fehlen, vernehmbar und spürbar machen lässt. Die Vielfalt der künstlerischen ‚Aussagen' wirkt schwindelerregend [...]. Gerade durch ihre Zerstreuung kommt die Kunst jedoch dem Sein als Vermögen des Möglichen gleich, oder der Sprache als Vermögen der Spiele."[12]

Die Philosophie dürfe nicht dabei stehen bleiben, diese Experimente zu kommentieren, sie müsse selbst experimentell werden, weil die Grundlagen der klassischen Ästhetik fraglich geworden seien.[13] Folgt man Lyotard, so muss sich sowohl das künstlerische wie auch das philosophische Experimentieren radikal von der selbstgewissen Erfahrung des klassischen epistemischen Subjektes verabschieden. Weil nicht nur die Idee einer regelgebenden Natur unplausibel geworden ist, sondern

[11] Ebd., S. 7.
[12] Ebd., S. 70.
[13] Ebd., S. 74.

auch eine Ordnung fehlt, unter die man die ästhetischen Objekte subsumieren könnte, ist nicht davon auszugehen, dass es feststehende subjektive Kompetenzen gibt, die die Betätigung der Sinne steuern und die Gewissheit des Wahrgenommenen, Erfahrenen, Erkannten verbürgen können. Lyotard fordert daher ein Experimentieren, das der Erfahrung diametral entgegengesetzt ist. „Offenbar hat die künstlerische Forschung eine Wende genommen: mit ihren Experimenten will sie etwas hervorbringen, was keine Erfahrung dieser Art veranlassen könnte, und worin es nicht mehr darauf ankommt, ob ein Subjekt sein Leiden objektiviert und als Sinn erkennt."[14]

Malerei rückt bei Lyotard in eine Zwischenstellung, einerseits der Figur verpflichtet (dem nichts-diskursiven Ausdruck der graphischen Operation), andererseits dem künstlerischen Experiment. Vielleicht kann man sagen, dass Malerei für Lyotard ein spezifischer Modus der Erfahrung des Denkens ist, zugleich eine eigentümliche Praxis, eine visuelle und nicht graphische Operation. In dieser erfährt der Verstand seine Hilflosigkeit. Es ist also keine Betonung des Irrationalen oder Anti-Diskursiven, sondern eine Grenzerfahrung, die eine Rückwendung des Verstandes auf sich selbst wie auf seine Mittel und Akte anstößt: „Es gibt wahrscheinlich keine wirkliche Malerei, die den Verstand nicht in dieser Weise der Erfahrung seiner eigenen Hilflosigkeit aussetzt. Die chromatische Materie mag ‚da sein', er ist machtlos und wird immer machtlos gewesen sein. Sobald er sie berührt, ist sie weg. Deswegen ist die Kunst der Farben eine Askese [...]."[15]

Nun ist Malerei nicht nur eine Erfahrung des Verstandes, sondern zugleich eine forschende und weltverändernde Handlung. Lyotard zufolge legt Malerei unterhalb der Erscheinungen, unterhalb der Formen ihre Grundbedingung frei, nämlich

---

[14] Ebd.
[15] Jean-François Lyotard, *Karel Appel – Ein Farbgestus*, Bern: Gachnang & Springer 1998, S. 10.

die Farbmaterie. Malerei ist nicht schon da und ordnet sich mit Pinsel und Farbe die Welt des Sichtbaren unter, sondern *sie entsteht aus einem Freilegen der Voraussetzung morphologischer Prozesse*: Sie beginnt mit dem Zum-Vorschein-Bringen der Färbung: „Malerei [...] entsteht aus einem Aufbrechen der Erscheinungen, das dasjenige zum Vorschein bringt, was sie verbergen, was sie zugleich aber erst ermöglicht. Lange ‚vor' der Form ist das Gegebene Materie, für das Sehen also Farbe. Aber eine Farbe ‚vor' der Formung des Sichtbaren. Eine blinde, graue Schwingung [...]. Um den farbigen Formen den prämorphologischen Zustand der Färbung zu entreißen, muss man sie zerstoßen."[16]

Die zugleich reflexive und performative Operation des Malens nimmt also ihren Ausgang in der Zerstörung der Phänomene, des geformten Sichtbaren. Um dabei auf die „blinde, graue Schwingung" der Färbung zu stoßen, muss sich Malerei einem chemischen Prozess überlassen. Lyotard ist an diese Stelle sehr hellsichtig; denn viele andere Malereitheorien setzen die Malerei gewissermaßen schon voraus und stellen die Produktion von Gemälden als Übertragung von Optischem (Palette) auf Optisches (Grundierung) dar.

Lyotard unterstreicht den Ausgangspunkt: Taktilität, blindes Schmieren und Tasten, Verarbeiten eines typischerweise feuchten, langsam trocknenden Stoffes: „Ein Maler ist kein Beleuchter, er arbeitet mit einer teigigen chemischen Grundmasse."[17] Die Arbeit an der Farbmasse bleibt sichtbar, besonders in der Differenz zum Dargestellten.

Da Lyotard diese Arbeit mit der Unbezähmbarkeit von Leben und Tod in Verbindung bringt, liegt es nahe, das Amorphe und die Formung der Farbe durch Nietzsches Prinzipien des Dionysischen und Apollinischen zu erklären; wichtiger als

---

[16] Ebd., S. 53.
[17] Ebd.

die vitalistischen Untertöne scheint jedoch das erkenntnistheoretische Prinzip der Anamnese zu sein, das Lyotard hier mit der Farbmaterie in Verbindung bringt: Das Gemalte enthält ein potentielles Wissen.

Diese Hypothese entwickelt Lyotard in seinem Buch über Karel Appel weiter. „Eigensinnig besteht Appel darauf, daß der Inhalt erahnbar sein muss, zumindest das, was die Hiebe seiner Bürste, seiner Spachtel und seiner Finger von ihm übriggelassen haben [...]. Wenn der ‚Inhalt', und sei er noch so sehr in Fetzen gerissen, sowohl auf der Leinwand als auch im Titel fortbesteht, so [...] aus der Überzeugung, daß die Arbeit der Annäherung an die Materie-Farbe, ähnlich einer Anamnese, die Chromatismen der Erscheinungen unablässig durchquert [...]. Als bleiche Grimasse oder als überschwängliche Ausgelassenheit muss die Farbe Zeugnis ablegen von der Unbezähmbarkeit des Todes dort, des Lebens hier, hinter dem äußeren Schein des domestizierten Sichtbaren."[18] Das Gemälde ist zugleich eine Erinnerung und eine Andeutung, Registratur und Vorzeichnung, ein Stillstand, in dem divergente Zeitsynthesen interagieren: „Das Werk ist immer diese Vorzukunft, es kündigt dem Sehen eine Zukunft an, und der Gesichtssinn bewahrt in ihm sein Gedächtnis auf. Für Appel ist die Zeit der Essenz [...] eine Verkrampfung, in der das Vorher und das Nachher sich zusammenziehen und gegeneinander agieren [...]."[19] An dieser Bemerkung ist nicht nur die temporale Entgegenstellung von Gesichtssinn und Sehen erstaunlich, sondern auch die Betonung der Eigenleistung dessen, was bei James und Husserl nur die Zeitfläche bzw. der „Sattel" war, in dem sich Vorher und Nachher überlappen; hier eine Verkrampfung, ein Stillstand, in dem, wie beim „Zip", das Erhabene die chronologische Linearität in einer absoluten Zeit verankert.

[18] Ebd., S. 56.
[19] Ebd., S. 9.

Was als idiosynkratische ästhetische Praxis erscheinen mag, ist doch, zu Malerei verdichtet, eine Zeitsynthese. „[...] Selbst die elementarsten Synthesen, die die Kontinuität des Zeitflusses gewährleisten – die Synthesen des Vorher und Nachher, die Kant (in der ersten Kritik) ‚Auffassung' und ‚Zusammensetzung' oder (in der dritten) ‚Zusammenfassung' des Mannigfaltigen zu einem Ganzen nennt –, [...] diese Synthesen, aus denen Dauer erst entsteht, [sind] aufgehoben, wenn das Absolute sein ‚Zeichen' gibt. Die zeitliche Abfolge wird mit einer Art Stillstand geschlagen, einer folgenlosen Erstarrung, einer unmittelbaren Verkrampfung."[20]

Lyotard vermutet, dass Malerei die Explikation einer Aporie ist, nämlich die Farbe als Ding zu zeigen, als Zustand des Denkens, vor der Verortung in einer gegenständlich gedachten Außenwelt und vor der Verortung in den symbolischen Systemen: „Das Ding ist die Farbe, der immaterielle Zustand der visuellen Materie [...]. Die Farbe ist ebenso jener Zustand des Denkens ‚vor' seiner Verwandlung in Sprache [...]. In seiner immateriellen Materialität ist das Ding ‚da', aber dieses ‚Da' ist nicht irgendwo in einem Feld; das Ding nimmt an nichts Teil. Die Malerei dieses Da, sagt Appel, ist ‚die Kunst dessen, was nicht da ist'. Der Maler kann diese Aporie malen [...]."[21] Unschwer ist hier die (post-strukturalistische) Theoriefigur des kontingenten Nullpunktes der Struktur zu erkennen, der bei Foucault den Ausgangspunkt des Kalligramms und bei Derrida die Spur anleitet und der bei Deleuze „Nonsens" heißt.

Das Besondere der Fassung dieses Gedankens bei Lyotard ist hier sicher, dass er das Denken in die ungeformte, immaterielle Materie verlegt, in die Farbmasse, in Abhängigkeit von der sich das menschliche Denken und Sehen ausbilden: „Man sagt gelb, wie man viereckig sagt, und grün, wie man Blätter

---

[20] Ebd., S. 69f.
[21] Ebd., S. 95.

sagt. Es ist Teil der Definition. Es erlaubt ein Wiedererkennen. Das ist kein Sehen, das ist der Gedanke des Sehens, der nur wiedererkennen kann. Gegen diese Abstraktion haben die Augen des Malers immer versucht, sich mit dem Ding zu verbünden [...]. Der Gegenstand ist da, aber das Ding ist nicht da. Die Farbe, die Materie des Malens, die Materie, die Visionen erzeugt, ist nicht gegeben wie ein ordentlicher, schöner Gegenstand oder wie eine seiner Eigenschaften. Und sie ist auch nicht ableitbar von den Farben, die sich brav auf den Gegenständen ausbreiten und diese zu erkennen geben, indem sie sie verbergen [...]."[22] Die auf Gegenständen ausgebreiteten Farbtöne sind nur Signale, Anhaltspunkte, um Handlungen zu lenken oder die Materialität der Farben in die symbolische Semantik zu zähmen, aber sie können eine eigene Art der Intelligenz freisetzen: Klug arrangiert erzeugt die feuchte Farbmasse der Malerei ein Sehen, das Neues zu entdecken vermag.

Im Gegensatz dazu verkürzt die Funktionalisierung der Farbtöne in Abhängigkeit von Semantiken und Handlungstypen das, was Farbe sein kann, und verfälscht darauf aufbauende Theorien der Farbe. Unter der Dominanz derartiger Theorien leidet auch ein adäquates Verständnis des Denkens der Malerei: „Hier, an der Schwelle des Erscheinens, im Augenblick der Berührung mit dem, ‚was nicht da ist', ist die Kunst des Malens ernsthaften Bedrohungen ausgesetzt [...]. Die Theorien bedrohen sie [...]. Mit ihnen versucht das Denken, die Farbe einzuschüchtern und zu zähmen. Es versucht, der färbenden Hand, die sich jenseits des zurechtrückenden Auges vortastet, einen sicheren Halt zu verschaffen."[23] Tastend, experimentierend, muss die färbende Hand sich auf die Farbe einlassen und darf sich weder von ‚unsichtigen', am Wiedererkennen orientierten Theorien noch vom stereotypisierenden Sehen bestimmen

---

[22] Ebd., S. 104.
[23] Ebd., S. 105f.

lassen. Man kann die Farben philologisieren, wie man sie chromatisieren kann. Jedoch verfehlt man dann, darauf insistiert Lyotard, die Farbe, denn diese „ist nicht optisch. Das Ding ist nicht eine Nuance der Beleuchtung [...]. [Das Denken] ist Farbe als Materie, das heißt als Nicht-Bestimmtes. Nicht-bestimmte Wellenbewegung. Tanz an sich, vor der Raum-Zeit. Ausgehend von diesem Tanz der Photonen wird die Raum-Zeit gezählt. Einheit der Bewegung, aus der sich die Orte und Augenblicke hervorbringen."[24]

Dieses *Denken der Farbe als Materie* zielt nicht nur auf ein Freilegen der blinden, vibrierenden, feuchten Farbmasse und ihres Gegen-Diskurses, auch nicht nur auf ein Potential des Wissens, das aus dem unvordenklich Sichtbaren generiert werden kann; es setzt emanzipatorische Kräfte frei: „Man muss die Kräfte der Darstellung befreien und die Einbildungskraft aus ihrer Unterwerfung unter dasjenige lösen, was da ist, um wiedererkannt zu werden. Durch den Gestus verwandelt die Kunst die Bedingungen des Da-Seins. Die Spur dieser Verwandlung aber, das Werk, muss da sein, innerhalb der geregelten Darstellung."[25] Die Farbe ist in der malerischen Praxis zugleich Licht und Auge, Speicher von Schwingungen, Transformation von Energie in Reflexion, Übergang von Materie und Gedächtnis. Mit dieser Verwandlungs- und Differenzierungspotenz erhöht sie – dies zeigt Lyotard deutlich – die materielle Freiheit.[26]

---

[24] Ebd., S.113f.
[25] Ebd., S. 162.
[26] Dies jedenfalls wäre eine plausible Transformation eines Gedankens, den Lyotard auch in „Materie und Zeit" formuliert: „Nehmen wir beispielsweise eine der ‚sekundären Qualitäten', die von der mechanischen Erklärung preisgegeben werden: die rote Farbe. Die Wissenschaft, die daraus eine authentische Materie macht, erkennt im roten Licht eine Schwingung des elektromagnetischen Feldes, die eine Frequenz von vierhundert Trillionen Schwingungen pro Sekunde hat, sagt Bergson. Das menschliche Auge braucht zweitausendstel Sekunden, um zwei Informationen zeitlich zu unterscheiden. Wenn es die in der Wahrnehmung des Rots verdichteten Schwingungen unterscheiden sollte, bräuchte es dafür fünfundzwanzigtausend Jahre. Wenn es sich jedoch zu diesem Rhythmus synchron verhielte, würde es aufhören, das Rot wahrzunehmen. Es würde, sagt Bergson, nur noch ‚reine Erschütterungen'

Mit Blick auf die Arbeit Gérard Fromangers, der marktaffine journalistische Photographien auf die Leinwand projiziert, abmalt und mit einer Struktur von kalten und warmen Farben überzieht, spricht Deleuze sogar von der revolutionären Kraft der Malerei. Sie besteht einerseits im Widerstand gegen den kommerziellen Kreislauf, in den Photographien zwangsläufig eingebettet bleiben, in der Übertragung eines „Abbildes" in ein „Gemälde" und andererseits in der Transformation, die dabei, vor allem durch die Farben, in dem Abbild geschieht, das mit seiner ambivalenten Faszination und seinem sozialen Index erhalten und angeeignet wird. Mithilfe der Tonalität der gemalten Farben gelingt es Fromanger, Deleuze zufolge, der traurigen und oppressiven Realität ein „Mehr an Realität" zu entreißen: „für eine Freude, für eine Detonation, für eine Revolution."[27] Auch Foucault unterstreicht, dass Fromangers Malerei zugleich die Photographie erhalte und transformiere: Es geht also nicht darum, das vermeintlich neuere Medium abzulehnen oder gar zu bekämpfen, sondern um einen anderen Umgang mit den technischen Bildern, es geht um eine freie Zirkulation von Bildern, die nicht länger ausschließlich von der Werbung, der Ökonomie und der Politik dominiert wird. Die Gemälde machen Photographien, so Foucault, zu Ereignissen, die sich gegen eine Politik der Repräsentation richten. Sie befreien vom Abbild, aber auch vom Vorbild. Denn das Verfahren eigne sich

---

aufzeichnen, weil es mit ihnen koextensiv wäre [...]. Die Kontinuität von Geist und Materie beruht folglich auf einem Einzelfall derjenigen Transformation von Frequenzen in andere Frequenzen aus der die Transformation von Energie besteht [...]. ‚Jede Materie' [ist] ‚letztendlich eine einzelne, sehr verdichtete Form von Energie' [...]. Die Realität, die einer derartigen Energie-, also auch Materieform eingeräumt wird, hängt offenkundig von den Transformatoren ab, über die wir verfügen [...]. Wenn wir über Interfaces verfügen, die in der Lage sind, auf für uns zugängliche Weise Schwingungen zu speichern, die von Natur aus außerhalb unseres Bewusstseins lägen [...], dann erweitern wir unsere Differenzierungspotenz und unser Gedächtnis, verzögern wir noch nicht kontrollierte Reaktionen, vergrößern wir unsere Materielle Freiheit." Jean-François Lyotard, „Materie und Zeit", in: ders., *Das Inhumane*, S. 51–62, hier S. 57f.
[27] Gilles Deleuze, „Das Kalte und das Warme", in: ders., *Die einsame Insel. Texte und Gespräche von 1953 bis 1974*, Frankfurt/M.: Suhrkamp 2003, S. 359–365, hier S. 364.

auch dazu, so Foucault weiter, sich von der „souveränen Malerei" zu verabschieden. Man könne nun alles malen, und alle Welt könne nun mit Bildern spielen.[28] Die Malerei hat sich aus den Tempeln und Palästen befreit, könnte man sagen, und hat sich auf die Straße gewagt. Noch scheint jedoch der Zeitpunkt nicht gekommen, so scheint es, dass „alle Welt" sich diese Freiheit des Spiels mit den Bildern aneignen kann.

---

[28] Siehe Michel Foucault, „Die photogene Malerei (Präsentation) (1975)", in: ders., *Dits et Ecrits. Schriften*, Bd. 3, Frankfurt/M.: Suhrkamp 2002, S. 871–882, hier S. 881.

VII. FARBE UND ZEIT

Eine der ersten ausführlichen philosophischen Studien zur Malerei ist das Buch *Malerei und Wirklichkeit* von **Etienne Gilson**. 1957 zunächst in New York auf Englisch, 1958 bei Vrin in Paris und schon 1965 auf Deutsch publiziert, fokussiert es auf die Ontologie der Malerei, genauer: auf die Existenzweise der Gemälde. Wie jedes Seiende dieser Art, in der Zeit stehend zwischen Noch-Nicht und Nicht-Mehr, sei ihre Daseinsweise das Werden. Aus dieser Zeitgestalt leiten sich zunächst allgemeine Existenzbedingungen ab. „[...] Die physische Existenz eines Gemäldes [ist] von gleicher Art wie die Existenz der Leinwand, der Farbe usw. In diesem Sinn existiert eine freskogeschmückte Wand auf die gleiche Weise wie jene, auf die ein einfaches Farbmuster aufgetragen wurde, möge sie nun von Botticelli, Michelangelo oder einem bescheidenen Zimmermaler bemalt sein."[1]

Während ein Tonkunstwerk ohne physischen „Eigenstand" ist, ein unaufhörliches reines Werden, Streben nach Dasein, ist ein Gemälde ein typisches Ding. In der Musik gibt es keine Originale. Aber: „Das Gemälde ist ein Ding von eindeutiger Raum- und kontinuierlicher Zeitgestalt [...]. Jedes von ihnen kann man ja als eine natürliche Einheit betrachten, die aus einem bestimmten Material – zum Beispiel Kleister, Holz, Sperrholz, Leinwand, Pappe, Papier – besteht, aus dessen natürlicher Färbung und der aufgetragenen Farbschicht."[2] Gilson betont dies, um die Leistungsfähigkeit einer ontologischen im Unterschied zur ästhetischen Perspektive herauszustellen: Während die Ästhetik, das projektiv-perspektivische Sehen überbetonend, die Auffassung nahelegt, das Erleben eines Gemäldes als eines Kunstwerkes begründe seine Existenz

---

[1] Étienne Gilson, *Malerei und Wirklichkeit*, Salzburg: Müller 1965, S. 12.
[2] Ebd., S. 18.

als Kunstwerk, hält die Ontologie, Sein und Seiendes auf ihren Grund hin befragend, daran fest, dass ein Gemälde bleibt, was es ist, ein Kunstwerk, unabhängig davon, ob es gesehen oder nicht gesehen wird, unabhängig auch davon, wie es zum Gegenstand unseres Begreifens wird. Im Unterschied zu dieser ontologischen bzw. „kunstwerklichen" Existenz haben Gegenstände ästhetischer Erfahrung eine von Gilson abwechselnd ästhetisch oder phänomenologisch genannte Existenz. Diese ist diskontinuierlich: das Objekt existiert nur, solange die Erfahrung währt. Das Tintoretto-Gemälde, das 1954 im Keller des Mailänder Domes entdeckt worden ist und bis dahin dazu gedient hatte, einen Müllhaufen zuzudecken, hatte keine ästhetische, wohl aber eine „kunstwerkliche" Existenz: „Wir dürfen nun wohl sagen, daß ontologische und phänomenologische Existenz nicht nur nicht identisch sind, sondern auch faktisch manchmal nicht zusammentreffen. Ungesehen haben die Malereien von Lascaux viele Jahrtausende überdauert."[3]

Eine Eigenart malerischer Gestaltung ist die Übertragung des zeitlichen Hintereinander in das strukturelle Beieinander. Genuin malerisch ist Gilson zufolge die Fokussierung auf das Stillleben: „[Beim Stillleben] handelt es sich in der Tat um einen Bereich, in dem Malerei ihr innerstes Wesen erschließt und einen ihrer Höhepunkte erreicht [...]. Im Stilleben gibt es weder Handlung noch Mienenspiel. Kein Ding tut etwas anderes als ganz schlicht da zu sein. Gerade dieses einfache Da-Sein aber kann die Malerei am besten ins Bild bringen [...]. Es liegt so etwas wie eine ausgleichende Gerechtigkeit darin, daß die bescheidene Form des Stillebens am besten das Wesen der Malerei offenbart. Verstehen wir unter ‚Thema' die Beschreibung einer Szene oder einer Handlung, dann kann man zu Recht sagen, daß das Stilleben kein Thema hat. Mag es ungewiß bleiben, ob die Kunst des Stillebens in den Niederlanden

---

[3] Ebd., S. 23.

oder in Frankreich ihren Ursprung habe, die Dinge, die sie ins Bild bringt, vollbringen nur eine einzige ‚Handlung', sie führen einen Akt aus, der der einfachste aller Akte ist: sie sind einfach *da*. Ohne diese im Herzen der Wesen wohnende, gesammelte, in keinerlei Bewegung verzettelte Energie, aus der alles Wirken und Bewegen eines Wesens hervorgeht, würde nichts in der Welt sich bewegen, nichts wirken, nichts da sein. Allem Seienden immer gegenwärtig, ist dieser Akt des Seins verborgen hinter dem anwesend, was ein Seiendes sagt oder benennt, tut oder gestaltet."[4]

Aus diesem quasi ontologischen Auftrag leitet Gilson einen Kunstbegriff ab, der wesentlich auf ein erfahrungsgesättigtes, geistvolles Gestalten abzielt. Kindermalerei ist für ihn deshalb keine Malerei. Malerische Technik verlange eine lange Zeit der Aneignung. Kinderzeichnungen seien eher Ideographien, aber keine Bilder. „Selbst dann, wenn seine Hand genau seinem Willen folgt, ist das Wissen des Künstlers von seiner Kunst nicht ein abstraktes Wissen der Linien, Flächen und Farben auf einem Stück Leinwand; vielmehr ist es lebensvolles Schauen des Webens und Strebens, wodurch ein bestimmtes Gewebe von Linien, Flächen und Farben Gestalt gewinnt. In der Malerei ist es unmöglich, zwischen der Kunst selbst und der Gestaltwerdung einen Unterschied [...] zu machen [...]. Vielmehr ist Kunst hier in ihrer *Ausführung auf Gestalt hin*."[5]

Gilsons Thesen liefern also ein Musterbeispiel für Theorien, die als Malerei nur künstlerisch anspruchsvolle anerkennen und darin eben keine basale Kulturtechnik sehen. Allerdings wird nicht klar, worin genau sich Kindermalereien von lebensvoller Gestaltwerdung unterscheiden sollen, wenn nicht durch die bewusste, neuartige Ausführung der Gestaltung.

---

[4] Ebd., S. 30 u. S. 32.
[5] Ebd., S. 37.

Gilson liefert jedoch keine Theorie der Gestalten oder Gestaltungen, die die Kunsthaftigkeit der Malerei begründen würde. Entscheidender sind (Pinsel-)Schläge und Rhythmen. Malerei ist für ihn ein festes Raum-Ineinander, dessen Totalpräsenz manchmal einen schockartigen Eindruck erweckt. Aus Gilsons Warte erschließt sich jedes Bild sodann als ein gegliedertes Ganzes, dessen Rhythmus sich aus der genau konzipierten und auskomponierten Wiederholung bestimmter Formen, Strukturen und Farben ergibt.[6] Diese rhythmisierte Gestalt von Linien- und Farbengeweben wird aber nicht nur durch die Komposition, sondern vor allem durch ihr Material individuiert. Farbe ist dabei der entscheidende Stoff, aus dem das Gemälde besteht.[7] Gilson richtet gleichwohl einen doppelten Blick auf die ästhetische und chemische Eigenzeit des Farbstoffes. Newtons erste Denkschrift mit dem Titel „Neue Theorie des Lichtes und der Farben" von 1672 habe aufgezeigt, dass die Spektralfarben aus der prismatischen Brechung des Lichtes entstehen. Das Okular-Cembalo des Jesuiten Louis Castel, das Clavilux des Thomas Wilfred und die Farbprojektionen des Kinos arbeiten an einer Kunst des farbigen Lichts.

Bei der Malerei komme der Beschäftigung mit Farbe jedoch eine grundsätzlich andere Qualität zu, die über Komposition und Entwurf hinaus mit Eigenschaften des Farbstoffes, im Unterschied zum gebrochenen Licht, zu tun hat: „Maler verwenden nur besonders bearbeitete Farbstoffe, das heißt gefärbtes Material, dessen Oberfläche auf Grund der verschiedenen Wellenlängen des absorbierten oder zurückgeworfenen Lichtes je verschiedenfarbig gefärbt erscheint. Schlechthin reine Farben sind praktisch nicht zu erzielen [...]. Einige Künstler lieben es, die vielen Farbtöne, derer sie bedürfen, auf ihrer Palette aus jenen drei Grundtönen selbst herzustellen, die sie

[6] Ebd., S. 45f.
[7] Ebd., S. 50.

als die Grundfarben betrachten: Gelb, Rot und Blau. Es gibt aber auch bezeichnende Beispiele einer anderen Einstellung. Jedenfalls stammt der Stoff, der die Strukturen moderner Gemälde formt, aus ganz gewöhnlichen Farbtuben, die in irgendeinem Malergeschäft gekauft wurden. Die Geschichte der Herstellung dieser Farben ist ein Teilbereich innerhalb der allgemeinen Geschichte der Chemie. Ganze Fabriken sind es, die den Maler mit einer noch immer steigenden Anzahl verschiedener Farbtonstoffe versehen [...]. Die bedeutende Rolle der chemischen Industrie in der Entwicklung der modernen Malerei sollte nicht verkleinert werden [...]. Dauerhaftigkeit gehört zu den fundamentalen Qualitäten eines Farbstoffs. Manche Farben verfallen schnell [...]. Es gibt Gradunterschiede der Zeitanfälligkeit. Dabei ist die Farbfestigkeit eines Stoffes von entscheidender Bedeutung."[8]

Der Unterschied zwischen den Gemälden Émile Bernards und Paul Cézannes ist auch ein solcher der *Dauer* der Farbstoffe: Bernard mischte seine Farben aus einer sparsamen Palette, bestehend aus Bleiweiß, Chromgelb, Ultramarin, Blau, Zinnoberrot und Krapprot, wohingegen Cézanne einer großen Menge reiner Farben bedurfte, die er auf der Leinwand ineinander schachtelte. In einem Streitgespräch, das Bernard übermittelt hat, vermisst Cézanne bei Bernard das Neapel-Gelb, das Samt-Schwarz (*noir de pêche*), den ungebrannten Ocker (*terre de sienne*), das Kobaltblau, den gebrannten Lack. Es sei unmöglich, ohne diese Farben zu malen.[9] Die Farbstoffe sind, aristotelisch gesprochen, eine ‚Materialursache' des Gemäldes; sie sind aber nicht einfach da, sondern müssen zuerst erfunden werden. Dies gilt auch für Werkstoffe, die nicht eigens erfunden, son-

---

[8] Ebd., S. 52f. Den Verfall der Farbstoffe illustriert Gilson mit Verweis auf die „Anghiarischlacht" Leonardo da Vincis und die schnell verfallenden, seltenen Farbstoffe Delacroix' *momie, vert-chou* und *laque de gaude*. Ebd., S. 53f.
[9] Siehe ebd., S. 52, Zitat von Émile Bernard, *Souvenirs sur Paul Cézanne, et lettres*, Paris: À la Renovation Esthétique 1921, S. 35.

dern vorgefunden werden. Sie erhalten durch die Eingliederung in ein Gemälde einen neuen Wirklichkeitsstatus, auch wenn ihre physischen Qualitäten unverändert bleiben mögen. Mit dem Übergang in die „kunstwerkliche Existenzweise" verändert sich auch die Form. „Wenn ein Maler ein Stück Zeitungspapier auf die Leinwand klebt, verliert es seinen Zeitungspapiercharakter. Wenngleich sich an ihm physisch nichts verändert, existiert es fortan dennoch nicht mehr als Zeitungspapier, sondern als Teil eines Gemäldes. Es ist zu Malerei geworden."[10]

Diese Transformation, die in der Übertragung in ein Gemälde geschieht, bedarf nicht nur eines künstlerischen Aktes, der eine Potenz des Materials beziehet, sondern auch einer „Form-Berufung" ihrer Materialursache. Vor allem das jeweilige Material bewirkt es, dass die Malerei Wirklichkeit erschaffen kann.

Hier liefert Gilson nun eine fundamentale Einsicht, die auch in Lyotards Äußerungen über den spezifischen Farbstoff der Malerei nachhallt und das Potential der Malerei – etwa im Unterschied zum Beleuchter oder zum Okular-Cembalo – aus der Materialität erklärt:

> Hier wird es dem Maler durch das Medium der Ölfarbe möglich, ein Werk zu schaffen, das nicht nur Wirklichkeit wiedergibt, sondern das eine in sich ruhende Wirklichkeit ist. Die Bedeutsamkeit der verschiedenen Malmittel als Materialursachen wird offenkundig, wenn man [...] die verschiedenen Kunstbereiche zu klassifizieren sucht, deren Ausdrucksmittel die Farbe ist. So könnte man in eine Gruppe mit dem Namen „Gemälde" alle jene Werke einordnen, die mit in verschiedenen Lösungen – wie Öl, Tempera, Wasser oder ähnlichem – zubereiteten Farben, welche mittels Pinsel oder sonstwie

---

[10] Gilson, *Wirklichkeit und Malerei*, S. 59.

aufgetragen werden – „gemalt" werden. Zwei Unterordnungen davon wären dann die mit Öl gemalten Gemälde und die Aquarelle. Aber daneben gibt es noch andere Techniken. Das ist hier insofern wichtig, als zum Beispiel dasselbe Rot anders wirkt, je nachdem es in Wasserfarbe, in Öl, in Tempera oder in Fresko verwendet wird. Wie dieselbe Note, mag sie nun auf einem Klavier, einer Violine, einer Oboe oder einem Horn gespielt worden sein, denselben Ton bedeutet, so bleibt dieses Rot in allen Lösungen trotzdem dieselbe Farbe. Alle Wasserfarben- und Sepiaarbeiten würden mit in diese Klasse gehören. Eine zweite Klasse würde alle die verschiedenen Arten von Zeichnungen umfassen, das heißt, Mittel des Bildentwurfs in allen seinen Ausführungen. Graphitstift, Kreide, Ölstift, Kohle, Pastellfarben usw. – sie alle sind von je verschiedenem Einfluß auf die Struktur eines Werkes. Wie wir schon sahen, sind diese Stoffe nicht auswechselbar; ihre physisch-chemische Struktur bestimmt die Art und Weise, in der jeder von ihnen zu verwenden ist, wenn der günstigste Effekt erreicht werden soll."[11]

Obschon für Gilson nur Kunstwerke Exemplare dessen sind, was Malerei genannt werden darf (im Gegensatz zu kindlichen Versuchen), umfasst sein Malereiverständnis doch eine große Anzahl von Praktiken und kulturellen Differenzen, die nicht selten auch materialdeterminiert sind. Entscheidend ist aus Gilsons Sicht die Beherrschung einer Technik, die es Malenden gestattet, in relativer Freiheit Farben und Lichtwerte zu entwerfen und zu realisieren: „Dies gilt von jeder Malerei im eigentlichen Sinn, einschließlich der chinesischen Seidenmalereien, bei denen mit Tinten, denen manchmal zarte Farben beigemischt werden, gearbeitet wird; der auf Papierfächern angebrachten japanischen Sepiazeichnungen; des bemalten Geschirrs aller Art, von der mit

---

[11] Ebd., S. 59. Der Ausdruck „Form-Berufung" fällt auf Seite 63.

roten und schwarzen Gestalten bemalten griechischen Töpferwaren, die große Kunstfertigkeit erforderte, bis zu den bunten Schüsseln von Urbino und der unglaublichen Vielfalt geschmückter Vasen, Tassen und Schalen, die aus so vielen Jahrhunderten und aus fast allen Teilen der erforschten Erde auf uns gekommen sind. In allen diesen Techniken ist der Maler mehr oder weniger Meister über die von ihm verwendeten Farben, die alle dazu bestimmt sind, auf einer glatten Fläche unter reflektiertem Licht gesehen zu werden."[12]

An diesem Grad technischer Freiheit gemessen, die auf der Verwendung bestimmter Farbmaterialien basiert, kann Gilson andere Techniken von der Malerei abgrenzen. Während also in der Malerei alle Farbtöne, gewissermaßen in einer analogen, unendlich differenzierten Vielfalt zur Verfügung stehen, gilt dies nicht für das Mosaik, obschon Mosaikkünstler ebenso mit Problemen der Komposition, der Tönung, der Lichtwerte zu tun haben. Denn die Farbpalette des Mosaiks ist von den zur Verfügung stehenden Einzelsteinchen begrenzt. Desgleichen ist das Weben von Bildern in farblicher Hinsicht eingeschränkt auf die zur Verfügung stehenden Fäden. Auch die Glasmalerei ist streng genommen keine Malerei, sondern besteht aus dem Zusammensetzen gefärbter Glasstücke, durch die das Licht nicht reflektiert wird, sondern hindurch scheint.

Der Farbstoff, durch den sich Malerei auszeichnet, ist genau deshalb so entscheidend, weil er tendenziell nichts vorwegnimmt und unbestimmt ist und der Malerin die Farbwahl überlässt. Aus ihrer materiellen Unbestimmtheit, in der eine virtuelle Unendlichkeit der Nuancen liegt, gewinnt die Malerei ihre Freiheit: „Wirkliche Gemälde hat die Hand des Malers auf Holz, Leinwand und Pappe gewirkt, unter Zuhilfenahme von Pinsel oder Spachtelmesser, bei Verwendung von Farbstoffen, die man gewöhnlich in Tuben einkauft und deren physiko-

[12] Ebd., S. 61f.

chemische Besonderheiten keinen so bestimmenden Einfluß auf das Gemälde ausüben, daß dessen Aussehen weitgehend davon mitbestimmt wird, ob der Maler mit Öl gemalt, ob er Tempera Enkaustik oder sonst ein bestimmtes Verfahren oder Medium zur Anwendung gebracht hat [...]. Die gedruckten Tafeln gehörten zur Gattung der Bilder; Gemälde sind sie nicht."[13]

Die analoge Übergangshaftigkeit, Flexibilität, Reflektiertheit und Vielfalt der Farben, auf denen Malerei, laut Gilson, beruht, bestimmt die Zukunft jedes Gemäldes. Gilson spricht deshalb auch von einer Bildpathologie. Diese ist natürlich auch bei Photographien am Werke. Vielleicht könnte man etwas neutraler und allgemeiner in Bergsonscher Terminologie von Bild-Dauer sprechen. Diese Dauer hat je nach Bildmedium nicht nur mit einer anderen Aufbau- und Verfallszeit der Materialien zu tun, sondern auch mit einem je anderen Ausgangspunkt. Während vielleicht kein Gemälde die Präzision und Vollständigkeit eines guten Photos in der Wiedergabe der äußeren Wirklichkeit erreicht, ist der Ausgangspunkt der Malerei, und damit das, was Gemälde gewissermaßen aufzeichnen, die Arbeit der Phantasie, Imagination, Verdichtung.[14] Entsprechend unterscheidet Gilson das bildhafte Darstellen (picturing) vom Malen (painting). „Picturing" heißt Abbilder ausführen:; „Ein Gemälde ist die Eingestaltung einer Form in einen Stoff; ein Bildnis (picture) dagegen ist durch und durch von der Beziehung zwischen dem Bildnis und einer äußeren Realität bestimmt [...]."[15] Dass allerdings die Malerei-Dauer nicht durch die chemischen Eigenschaften halbflüssigen Malstoffes vollständig bestimmt werden kann, zeigt schon die spekulative Bemerkung Moholy-Nagys, in der Weiterführung manueller malerischer Techniken werde man zweifellos zu der beweglichen reflektorischen Licht-(Farben)-Gestaltung kommen: „an

---

[13] Ebd., S. 71.
[14] Siehe ebd., S. 123.
[15] Ebd., S. 243, vgl. auch S. 238.

stelle von farbstoff mit direktem licht, mit fließendem, oszillierendem, farbigem licht ‚malen'."[16] Dabei kommt womöglich auch etwas anderes zum Tragen als die individuelle Phantasie einer Malerin, sondern ein Denken, dass sich zwischen unterschiedlichsten Materialien und Dispersionen entfaltet.

Ob nun breiige taktile Masse oder flüssiges Licht: Das Entscheidende am Material der Malerei ist eine sehr spezifische Wirkung auf den (menschlichen) Körper. Die Substanz der Malerei ist haptisch, affektiv und psychotrop. Deshalb sagt **Gilles Deleuze** von Francis Bacon, dass seine Bilder vor allem eins tun: sie schockieren.

„Bei den meisten Menschen ruft Bacon einen Schock hervor. Er sagt selber, daß seine Arbeit darin besteht, Bilder zu machen, und es sind Schock-Bilder. Der Sinn dieses Schocks verweist nicht auf irgend etwas ‚Sensationelles' (das, was dargestellt ist), sondern hängt von der Sensation ab, das heißt von den Linien und den Farben. Man wird mit der intensiven Gegenwart von Figuren konfrontiert, manchmal mit einzelnen, manchmal mit mehreren Körpern, die in einer gleichmäßigen Farbfläche hängen, in einer Ewigkeit von Farben. Dann fragt man sich, wie dieses Geheimnis möglich ist. Und man stellt sich schließlich vor, welchen Platz ein solcher Maler in der zeitgenössischen Malerei und allgemeiner in der Kunstgeschichte haben könnte (zum Beispiel der ägyptischen Kunst). Mir schien, daß die heutige Malerei drei große Richtungen bot, die es nicht formal, sondern materiell und genetisch zu definieren galt: die Abstraktion, den Expressionismus und das, was Lyotard das Figurale nennt, was etwas anderes ist als das Figurative, nämlich die Produktion von Figuren. In dieser Richtung geht Bacon immer weiter."[17]

---

[16] Laszlo Moholy-Nagy, *Von Material zu Architektur*, Berlin: Mann 2001, S. 91.
[17] Gilles Deleuze, „Die Malerei entflammt das Schreiben", in: ders., *Schizophrenie und Gesellschaft. Texte und Gespräche 1975–1995*, Frankfurt/M.: Suhrkamp 2005, S. 173–178, hier S. 173.

In dieser Weise anschließend an Lyotard erläutert Deleuze mit Blick auf Franz Kafka und Francis Bacon die Gewalt des Schockierenden, indem er die Gewalt der Situationen, die *figurativ* ist, von der Gewalt der Haltungen unterscheidet, die *figural* genannt werden können und schwerer zu fassen sind.[18]

Angesichts dessen darf die Philosophie, wenn sie sich mit Malerei befasst, weder eine die Malerei übertrumpfende oder diese überflüssig machende Beschreibung liefern, noch einen „Herzensgruß" oder „angewandte Metaphysik", betont Deleuze (der in seiner aufwendigen Publikation doch nicht umhin kommt, lediglich Photographien von Malerei, und nicht Malerei zu reproduzieren): „Das Problem der Malerei steckt in den Linien und den Farben. Es ist schwierig, ihnen wissenschaftliche Begriffe zu extrahieren, die nicht mathematischer oder physikalischer Natur, aber auch nicht der Malerei übergestülpte Literatur sind, sondern gleichsam mittels und in der Malerei geschaffen wurden."[19]

Dieser Satz impliziert, dass Deleuze nach derartigen Begriffen sucht: Dass er aus den mittels und in der Malerei geschaffenen Linien und Farben wissenschaftliche Begriffe extrahieren will, durch die eben diese Linien und Farben Erkenntnisse zutage fördern. Deleuzes Versuch wird darin bestehen, diesen Erkenntnisprozess zurückzuverfolgen zu den Ermöglichungsbedingungen gemalter Linien und Farben. Um beispielsweise zu verstehen, wie das Figurale bei Bacon ins Schockierende reicht, sucht Deleuze nach dem Ausgangspunkt der Malerei. Malen beginnt nicht auf einer reinen Fläche. Ausgangspunkt ist nicht die Tabula Rasa, sondern die Überfrachtung mit Klischees, die Unfähigkeit, etwas anderes als diese Klischees zu sehen. Malerei ist eine Befreiung von Klischees und den das Sehen beherrschenden visuellen Koordinaten. „Die Leinwand

---

[18] Vgl. ebd., S 173f.
[19] Ebd., S. 174.

ist keine weiße Oberfläche. Sie ist bereits mit Klischees überfrachtet, auch wenn man sie nicht sieht. Die Arbeit des Malers besteht darin, sie zu zerstören. Der Maler muss einen Moment durchleben, in dem er nichts mehr sieht, einen Zusammenbruch der visuellen Koordinaten. Deshalb sagte ich, daß die Malerei eine Katastrophe integriert, sie ist sogar die Matrix des Bildes. Das ist schon bei Cézanne und Van Gogh offenkundig [...]. Das Gemälde geht aus einer optischen Katastrophe hervor, die auf dem Gemälde selbst präsent bleibt. Der Schrecken ist noch zu figurativ, und beim Übergang vom Schrecken zum Schrei gewinnt man ungeheuer viel an Schlichtheit, die ganze Leichtfertigkeit der Figuration fällt weg. Die schönsten Bacons sind Personen, die schlafen, oder ein von hinten gesehener Mann, der sich rasiert."[20]

Die visuelle Katastrophe, das Nichts-mehr-sehen-Können vor lauter reproduzierten Formen, geht dem Malen nicht voraus, sondern integriert sich in das Malen, bildet seine Matrix. Die Präsenz des negativen Ausgangspunktes führt auf eine Eigenzeitlichkeit des Gemäldes. In der Vorlesung „Sur la peinture" (1981) spricht Deleuze von einem „temps propre à la peinture", einer Eigenzeit der Malerei: „[Das Gemälde] verkörpert eine Synthese aus Zeit. Es gibt eine Synthese der Bildzeit selbst, und der Akt der Malerei wird durch diese Synthese der Zeit definiert. Es wäre also eine Synthese der Zeit, die nur für die Malerei geeignet ist."[21] Die Zeitlichkeit der Malerei (*temporalité propre à la peinture*) besteht in der Synthese dreier Momente, eines Präpikturalen, eines Akts des Malens, und des Resultats.

---

[20] Ebd., S. 177.
[21] „[Le tableau] incarne une synthèse du temps. Il y a une synthèse du temps proprement picturale et l'acte de peindre se définit par cette synthèse du temps. Donc ce serait une synthèse du temps qui ne convient qu'à la peinture." Gilles Deleuze, *Sur la peinture* („la peinture et la question des concepts"), 31.3.1981, http://www2.univ-paris8.fr/deleuze/article.php3?id_article=45. Vgl. Gilles Deleuze, *Sur la peinture*, Minute 58:21: https://gallica.bnf.fr/ark:/12148/bpt6k1283062/f2.media.

VII. Farbe und Zeit

Die Zeitlichkeit der Malerei unterscheidet sich von der Eigenzeitlichkeit des Gemäldes (*le temps propre du Tableau*). Das, was der Akt des Malens in seiner präpikturalen Bedingung konfrontiert, dieses Präpikturale nennt Deleuze mit Blick auf Cézanne das Chaos, den Abgrund, von dem „les grands plans projetés" ausgehen. Darauf folgt der Akt des Malens als Katastrophe. Das, was daraus drittens resultiert, ist die Farbe.[22] Aus der Temporalität der Malerei entsteht somit die eigene Zeit des Gemäldes (*le temps propre du Tableau*) als Resultat. Die gesamte Zeitlichkeit der Malerei, genauer: eine Synthese der drei Zeiten – des Präpikturalen, des Aktes des Malens und der Farbe – ist darin enthalten.

In der publizieren Fassung, dem Buch über Francis Bacon, erkennt Deleuze drei korrespondierende Grundelemente der Malerei: die Farbflächen, die Figur und die Kontur. Die Farbflächen sind die verräumlichende materielle Struktur, zu der die Figur in Differenz steht. Das, was die Farbfläche und die Figur differenziert, zugleich Schauplatz und Membran, nennt Deleuze Kontur.[23]

Präpikturalität wird negativ im Malakt ausgedrückt. Manuelle Markierungen produzieren eine unwahrscheinliche Figur, die die präpikturalen visuellen Gegebenheiten, die Wahrscheinlichkeiten, die Klischees, hinter sich lassen, während der Malakt selbst in einer a-pikturalen Wahl freier manueller Markierungen besteht, die piktural werden, indem sie das visuelle Ensemble neu ausrichten:

> Wie aber läßt es sich im Augenblick, da ich begonnen habe, anstellen, daß das, was ich male, kein Klischee ist? Man wird schnell „freie Markierungen" innerhalb des gemalten Bildes machen müssen, um die entstehende Figuration in ihm zu

---

[22] „Et qu'est ce qui en sort? La couleur." Siehe Deleuze, *Sur la peinture*, http://www2.univ-paris8.fr/deleuze/article.php3?id_article=45, Minute 1:01:33.
[23] Deleuze, *Francis Bacon*, S. 15.

zerstören und der Figur eine Chance zu geben, die das Unwahrscheinliche selbst ist. Diese Markierungen sind akzidentell, „zufällig"; aber man bemerkt, daß selbst das Wort ‚Zufall' überhaupt keine Wahrscheinlichkeiten mehr bezeichnet, es bezeichnet nun einen Typ von Auswahl oder Handlung ohne Wahrscheinlichkeit. Diese Markierungen können nicht-repräsentativ genannt werden, eben weil sie vom zufälligen Akt abhängen und nichts ausdrücken, was das visuelle Bild betrifft: Sie betreffen nur die Hand des Malers. Darum aber gelten sie nur für den Gebrauch und Wiedergebrauch durch die Hand des Malers, der sich ihrer bedienen wird, um das visuelle Bild dem entstehenden Klischee zu entreißen, um sich selbst von der entstehenden Illustration und Erzählung loszureißen. Er wird sich der manuellen Markierungen bedienen, um die Figur aus dem visuellen Bild hervortreten zu lassen. Von Anfang bis Ende wird das Akzidentelle, der Zufall in diesem zweiten Sinne, Akt, Auswahl, ein bestimmter Typ von Akt oder Auswahl sein.[24]

Was uns, jedenfalls bei Bacon, im Gemälde vor Augen tritt, ist also ein Zufall ohne Wahrscheinlichkeit, als Waffe im Kampf gegen das Klischee, das uns ebenso wie den Maler am Sehen hindert. Der Zufall verdichtet sich zu einer Sensation, ein Werden und Geschehen, das sich gegen das Klischee durchsetzt. Von Cézanne übernimmt Deleuze diesen Ansatz, die abstrakte Form oder Figur als Sensation zu denken: „Die Figur ist die auf die Sensation bezogene sinnliche Form; sie wirkt unmittelbar auf das Nervensystem, das Fleisch ist [...]. Die Sensation ist das Gegenteil des Leichten und Überkommenen, des Klischees, aber auch des ‚Sensationellen', des Spontanen ... etc. Die Sensation ist mit einer Seite zum Subjekt hin gewendet (das Nervensystem, die Vitalbewegung, der ‚Trieb', das ‚Temperament' –

---

[24] Ebd., S. 58f.

der ganze Wortschatz, den Cézanne mit dem Naturalismus teilt), mit einer anderen zum Objekt (das ‚Faktum', der Schauplatz, das Ereignis). Oder besser: sie hat überhaupt keine Seiten, sie ist unauflösbar beides zugleich, sie ist Auf-der-Welt-Sein, wie die Phänomenologen sagen: Ich *werde* in der Sensation, und *zugleich geschieht etwas* durch die Sensation, das eine durch das andere, das eine im anderen."[25]

Die Sensation ist nichts Sensationelles (dies wäre eine Variante des Klischees) und nicht jemandes Sensation, sondern sie ist Faktum. Sie ist das Faktum einer Relation, einerseits Manifestation einer Vitalbewegung, andererseits Ereignis, das als Figur eine Farbfläche füllt. Das Farbereignis als Faktum kann nur im Durchgang durch das Gemälde begriffen werden. Es kann sich dem malenden wie dem betrachtenden Körper gleichwohl mitteilen: „Ich als Zuschauer erfahre die Sensation nur, indem ich ins Gemälde hineintrete, indem ich in die Einheit von Empfindendem und Empfundenem gelange. Das ist Cézannes Lektion über die Impressionisten hinaus: Die Sensation ist nicht im ‚freien' oder körperlosen Spiel von Licht und Farbe (Impressionen), sie ist im Gegenteil im Körper, mag dies auch der Körper eines Apfels sein. Die Farbe ist im Körper, die Sensation ist im Körper und nicht in den Lüften. Die Sensation ist das Gemalte. Was im Gemälde gemalt ist, ist der Körper, und zwar nicht sofern er als Objekt wiedergegeben wird, sondern sofern er erlebt wird als einer, der diese Sensation erfährt. (Was Lawrence mit Blick auf Cézanne das ‚Apfelsein des Apfels' nannte)."[26] Die Sensation wird gemalt, sie ist latent in der Kör-

---

[25] Ebd., S. 30.
[26] Ebd., S. 27. Deleuze bezieht sich auch zustimmend auf die Cézanne-Interpretationen Maldineys und Merleau-Pontys. Mit Blick auf dessen Malerei hätten sie die Sensation nicht nur analysiert, sofern es die sinnlichen Qualitäten auf ein identifizierbares Objekt bezieht (figuratives Moment), sondern sofern jede Qualität ein Feld konstituiert, das für sich gültig ist und mit anderen interferiert (‚pathisches' Moment). Vgl. Maurice Merleau-Ponty, *Phänomenologie der Wahrnehmung*, Berlin: de Gruyter 1966, S. 244-283; Henri Maldiney, *Regard, parole, espace*, Lausanne: L'Age d'Homme 1973, S. 136.

perlichkeit des Gemäldes, das Gemalte, in dessen Empfindung (die Deleuze später „Perzept" nennen wird) ich als Betrachter eintauchen kann.

Ein Gemälde besteht aus Sensationsebenen: Die Schichtung dieser Ebenen könnte motorisch bedingt sein. Die Sensationsebenen wären dann Momentaufnahmen der Bewegung, die wie bei Muybridge dekomponiert werden und auf synthetische Weise in ihrer Kontinuität, Geschwindigkeit und Gewalt wieder zusammengesetzt werden kann: so etwa im synthetischen Kubismus oder im Futurismus oder im „Akt" von Duchamp. Deleuze entscheidet sich aber gegen diese Hypothese zugunsten einer phänomenologischen Interpretation. In dieser Lesart sind die Sensationsebenen Empfindungsbereiche, die auf die verschiedenen Sinnesorgane verweisen: „aber jede Ebene, jedes Gebiet würde eben auf seine Art auf die anderen verweisen, unabhängig vom dargestellten gemeinsamen Objekt. Zwischen einer Farbe, einem Geschmack, einer Berührung, einem Geruch, einem Geräusch, einem Gewicht bestünde eine existenzielle Kommunikation, die das ‚pathische' (nicht-repräsentative) Moment *der* Sensation ausmachen würde. [...]. Es käme also dem Maler zu, eine Art ursprünglicher Einheit der Sinne *sichtbar zu machen* und eine multisensible Figur visuell erscheinen zu lassen."[27] Diese multimodale Einheit, gewissermaßen einen neuen sensus communis im Bild operabel werden zu lassen, ist eine Aufgabe, die dem Umgang des Malers mit der Farbe überlassen bleibt. Die Farbe kann hier nicht als rein optische Substanz ins Spiel gebracht werden.

Was die Malerei an diesem Punkt auszeichnet, ist ein Umgang mit Farbe, durch den das Gemalte sich von allen Farben der Umgebung abhebt und alle Sinnesgebiete anspricht: „Diese Operation aber wird nur möglich, wenn die Sensation dieses oder jenes Gebietes (hier die Sehempfindung) in unmittelbarem Kontakt

---

[27] Deleuze, *Francis Bacon*, S. 31.

mit einem vitalen Vermögen steht, das alle Gebiete sprengt und sie durchquert. Dieses Vermögen ist der Rhythmus, der tiefer reicht als der Blick, das Gehör etc. Und der Rhythmus erscheint als Musik, wenn er die auditive Ebene besetzt, als Malerei, wenn er die visuelle Ebene besetzt. Eine nicht-rationale, nicht-zerebrale ‚Logik der Sinne', wie Cézanne sagte. Das Äußerste ist also der Bezug des Rhythmus zur Sensation, der in jeder Sensation die Ebenen und Bereiche einführt, die sie durchläuft. Und dieser Rhythmus durchquert ein Gemälde."[28]

Die Sensation legt als visuelles Phänomen einen multisensorischen Rhythmus frei, der eine Ordnung, eine „Logik der Sinne" enthält und die modal distinkten Sensibilitäten als zueinander, als Einheit der Sinne im Sinn, fügt. Bacon gleicht Cézanne aus Deleuzes Sicht darin, einen vitalen Rhythmus in die Sehempfindung gebracht zu haben. Bacon gelingt dies mit einer Koexistenz von Bewegungen (Kontraktion, Detraktion) des Farbgrundes und der Figur.

Der Schauplatz korreliert die Bewegungen dieses Gemalten, des organlosen Körpers, so, dass die Farbe als Zeitimpuls gesehen werden kann: „Kurz, der organlose Körper definiert sich nicht durch die Abwesenheit von Organen, er definiert sich nicht nur durch die Existenz eines unbestimmten Organs, er definiert sich schließlich durch die *vorübergehende und provisorische Gegenwart* bestimmter Organe. Es ist dies eine Art und Weise, die Zeit ins Gemälde einzuführen; und es gibt bei Bacon eine große Kraft der Zeit, die Zeit ist gemalt. Die Variation von Textur und Farbe auf einem Körper, auf einem Kopf oder einem Rücken (wie in den „Three studies on the male back") ist wahrhaftig eine zeitliche Variation, die auf eine Zehntelsekunde eingestellt ist. Daher die chromatische Behandlung des Körpers, die sich stark von der der Farbflächen unterscheidet: Es wird eine Chronochromatik des Körpers im Gegensatz zur

[28] Ebd., S. 31.

Monochromatik der Farbfläche geben. Die Zeit in die Figur bringen – dies ist die Kraft des Körpers bei Bacon: der breite Männerrücken als Variation."[29]

Bacons Chronochromatik basiert auf dem Ineinanderspielen von Textur und Farbe, von Taktilem und Optischem im Gemalten. Das Gemalte ist kein Stillgestelltes, keine Nature Morte, sondern voller provisorischer Gegenwarten, die jeweils anders organisiert sind und andere Organisationsmöglichkeiten bereit halten – so wie die vergrößerte Aufnahme eines mikroskopischen Zeitabschnitts viele aufgelöste, gleichsam aus der Form gesprungene Bewegungselemente sichtbar macht. Bacons Gemälde enthalten deshalb einen „Exzeß an Gegenwart".[30]

Das Gemälde stellt demzufolge keine geschlossene, stillgestellte, vollständig abgebildete Gegenwart vor den Betrachter, sondern erzeugt sinnlich modifizierte und organisierbare Sensationen unterhalb des jeweils Dargestellten zu einem Arrangement, das über die Grenzen des visuell Gegenwärtigen hinausgeht: „Die Malerei unternimmt es unmittelbar, die Präsenzen unterhalb der Repräsentation, hinter der Repräsentation freizusetzen. Das System der Farben selbst ist ein System unmittelbarer Einwirkung auf das Nervensystem."[31]

Mit Freisetzen ist hier nicht nur Zeigen gemeint. Die Präsenzen werden nicht dargestellt und es wird auch nicht auf sie gestisch hingewiesen. Es geht aber auch nicht nur um eine erkenntniskritische Operation, um das Aufweisen der Bedingung der Sichtbarkeit etwa. Sondern es geht bei dieser Malerei um eine Befreiung des Auges vom organischen Funktionszusammenhang, die diesen in seinem singulären Gefüge erkennbar werden lässt. Durch das Eintauchen in den organlosen Kör-

---

[29] Ebd., S. 34.
[30] Ebd., S. 35.
[31] Ebd., S. 36. Christian Lotz hält dem entgegen, dass die Farbmaterialität unter der Repräsentation nur als Effekt der Repräsentation zutage trete. Vgl. Christian Lotz, „Representation or Sensation. A Critique of Deleuze's Philosophy of Painting", *Canadian Journal for Continental Philosophy* 1342 3/1, (2009), S. 59–74, hier S. 70.

per der Farbe und die unmittelbare, zuweilen schockhafte Einwirkung der Farben auf die Nerven gelingt es, die Parameter des Klischee-Sehens zu suspendieren: „[Die Malerei macht] die Gegenwart sichtbar, unmittelbar. Mit den Farben und Linien besetzt sie das Auge. Aber *das Auge wird von ihr nicht wie ein festes Organ behandelt.* Mit der Befreiung der Linien und Farben von der Repräsentation befreit sie gleichzeitig das Auge von seiner Zugehörigkeit zum Organismus, sie befreit es von seinem Charakter als festes und qualifiziertes Organ: Das Auge wird virtuell zum mehr oder weniger unbestimmten Organ, das den organlosen Körper, d.h. die Figur, als reine Gegenwart sieht. Die Malerei setzt uns überall Augen ein: ins Ohr, in den Bauch, in die Lungen (das Gemälde atmet ...)."[32] Der Körper wird, sobald er sich auf die Malerei einlässt, gewissermaßen umprogrammiert, geöffnet, neutralisiert, unbestimmt, von der funktionalen Zurichtung der Organe befreit. An diesem Potential zur De-formatierung – zugleich Verpuppung und Metamorphose – des Körpers setzt Deleuzes Definitionsversuch an.

„Das ist die doppelte Definition der Malerei: Subjektiv besetzt sie unser Auge, das nicht länger organisch ist, um zu einem mehrwertigen und transitorischen Organ zu werden; objektiv errichtet sie vor uns die Realität eines Körpers, Linien und Farben, die von der organischen Repräsentation befreit sind. Und das eine geschieht durch das andere: Die reine Präsenz des Körpers wird sichtbar werden, während das Auge gleichzeitig das für diese Gegenwart bestimmte Organ sein wird."[33]

Die Spaltung, der Riss, den die Figur erzeugt und aus dem verschiedene Präsentationen und Organisationsmöglichkeiten hervorquellen, wird von Bacon meist in Triptychen konstelliert. Das, was die Einheit dieser drei Bildfelder gewährleistet, ist das Licht, das sie atmosphärisch einhüllt und oberhalb der Bild-

[32] Ebd.
[33] Ebd.

rhythmen steht: „Zweifach scheint Bacon die Zeit, die Kraft der Zeit sichtbar gemacht zu haben: die Kraft der verändernden Zeit durch die allotrope Variation der Körper – ‚in einer Zehntelsekunde' -, die zur Deformation gehört; dann die Kraft der ewigen Zeit, die Ewigkeit der Zeit durch jene Vereinigung/Separation, die in den Triptychen herrscht, reines Licht. Die Zeit an sich selbst spürbar machen als gemeinsame Aufgabe des Malers, des Musikers und manchmal des Schriftstellers. Dies ist eine Aufgabe ganz außerhalb von Maß oder Takt."[34]

Nun könnte man – als dogmatischer Deleuzianer – einwenden, dass diese Bestimmungen vielleicht treffende Analysen der Arbeit Cézannes und Bacons (oder bestimmter Arbeiten? Oder bestimmter Aspekte bestimmter Arbeiten?) sind, dass aber die daraus gezogenen Einsichten differenziert und nuanciert bleiben und keinesfalls verallgemeinert werden dürften. Deleuze selbst entgegnet: „Warum aber wäre dies schließlich kennzeichnend für die Malerei? [...] Warum sollte nicht auch die Musik reine Präsenzen freisetzen, freilich in Bezug auf ein Ohr, das zum mehrwertigen Organ für Klangkörper wurde? [...]. In gewisser Weise beginnt die Musik dort, wo die Malerei aufhört, und gerade das meint man, wenn man von einer Überlegenheit der Musik spricht. Sie installiert sich auf Fluchtlinien, die den Körper durchqueren, aber ihre Konsistenz anderswo finden. Während sich die Malerei oberhalb einrichtet, dort wo der Körper entweicht, aber im Entweichen die Materialität offenbart, die ihn zusammensetzt, die reine Präsenz, aus der er gemacht ist und die er anders nicht offenbaren würde. Kurz, gerade die Malerei entdeckt die materielle Realität des Körpers, mit ihrem System Linien/Farben und ihrem mehrwertigen Organ, dem Auge. ‚*Unser unersättliches und brunstiges Auge*', sagte Gauguin. Das Abenteuer der Malerei liegt darin, daß es nur das Auge ist, das die materielle Existenz, die

[34] Ebd., S. 43.

materielle Gegenwart auf sich nehmen konnte: selbst die eines Apfels."[35] Die Malerei versucht Kräfte einzufangen und sichtbar zu machen, die nicht sichtbar sind – Druck, Keimung. Derartige Kräfte wirken auf den Körper, doch nicht die Kräfte werden empfunden, sondern die Sensation, nicht die Lichtwellen, sondern die Farben, abhängig von der Kontur, der Membran, dem Schauplatz – eine ähnliche Figur wird Deleuze später in *Die Falte* beschreiben.

„Tatsächlich hat die Malerei als analoge Sprache drei Dimensionen: die *Ebenen,* die Konnexion oder Verbindung der Ebenen (und zunächst der vertikalen und der horizontalen Ebene), die die Perspektive ersetzen; die *Farbe,* die Modulation der Farbe, die die Valeurverhältnisse, das Hell-Dunkel und den Kontrast von Schatten und Licht zu beseitigen suchen; der *Körper,* die Masse und die Deklination der Körper, die den Organismus übersteigen und das Verhältnis Form/Grund außer Kraft setzen. Es gibt hier eine dreifache Befreiung, des Körpers, der Ebenen und der Farbe (die Farbe wird nämlich nicht nur durch die Kontur, sondern auch durch den Kontrast der Valeurs gezähmt). Nun kann eben diese Befreiung nur im Durchgang durch die Katastrophe geschehen, d.h. durch das Diagramm und sein unwillkürliches Hereinbrechen. Damit der Bruch mit der figurativen Ähnlichkeit nicht die Katastrophe vermehrt, damit man zur Herstellung einer tieferen Ähnlichkeit gelangt […] muss vor allem die Modulation ihre wahre Bedeutung und ihre technische Formel als Analogiegesetz finden und als kontinuierliche variable Gußform wirken, die nicht bloß der Hell-Dunkel-Modellierung gegenübertritt, sondern eine neue Modellierung durch die Farbe erfindet. Und vielleicht ist diese Modulation *der* und *durch die* Farbe die Hauptoperation bei Cézanne."[36] Cézanne zufolge ist die Malerei eine Realisation,

---

[35] Ebd., S. 37.
[36] Ebd., S. 73.

eine Verwirklichung der Sensation. Als Differenzen zwischen Cézanne und Bacon notiert Deleuze die „große Tiefe Cézannes" und die „oberflächliche Tiefe" Bacons, die Modulation der Farben, die jeweils andere Körperdeformationen bewirke, und die verschiedenen Kräfte, die in der offenen Welt Cézannes und in der geschlossenen Welt Bacons wirkten.[37]

Bei beiden jedoch führen die freien Markierungen und die daraus resultierende Sensation zur einer Emanzipation des Auges, die sich aus dem optischen Raum löst und ein haptisches Sehen einübt: „Man wird nur dann von einem optischen Raum sprechen können, wenn das Auge eine Funktion übernimmt, die selbst optisch ist, und zwar auf Grund von vorherrschenden oder gar ausschließlichen Valeurverhältnissen. Wenn dagegen die Tonalitätsverhältnisse wie bei Turner, Monet oder Cézanne zum Ausschluß der Valeurverhältnisse tendieren, so wird man von einem haptischen Raum und einer haptischen Funktion des Auges sprechen, in der der ebene Charakter der Oberfläche die Volumina nur durch die verschiedenen, auf ihr verteilten Farben erzeugt. Gibt es nicht zwei ganz verschiedene Graus, das optische Grau aus Schwarz-Weiß und das haptische Grau aus Grün-Rot? Dies ist kein manueller Raum mehr, der dem optischen Raum des Blicks gegenübertritt, und ebensowenig ein taktiler Raum, der sich mit dem optischen verbindet. Nun rivalisiert vielmehr ein haptischer Raum im Blick selbst mit dem optischen Raum. Dieser definierte sich durch den Gegensatz von Hell und Dunkel, Licht und Schatten; jener aber durch den relativen Gegensatz von Warm und Kalt und durch die korrespondierende, exzentrische oder konzentrische, expansive oder kontrahierende Bewegung (während Hell und Dunkel eher einen ‚Drang' nach Bewegung an den Tag legen)."[38]

[37] Ebd., S. 73f.
[38] Ebd., S. 81f.

Durch Farbmodulation gelingt es, dem inneren oder äußeren „Abgießen" der Form und damit der Präponderanz der Figuration und der Erzählung, des Klischees, zu entkommen, die noch die optische Hell-Dunkel-Modulierung in der Licht- oder Valeurmalerei oder im Luminismus an das Häuslich-Gemütliche bindet. Die Farbmodulation entwirft eine variable zeitliche Form, die sich aus der Energie des Zufalls speist.[39] Etwa durch reine distinkte Farbkontraste und Neuordnung des Spektrums, durch Farbe im Übergang wie bei Cézanne oder durch die Übergänge bei Van Gogh, der den *leuchtenden Ton* der Farbflächen als Übergang oder Tendenz auffasst, und mit sehr feinen Unterschieden in der Sättigung und weniger mit Unterschieden in den Valeurs; und der die Volumina der Körpers durch gebrochene Töne erzeugt, die aus einer kritischen Mischung von Komplementärfarben hervorgehen und einen anderen Typ von Übergang bilden, in dem die Farben zu brennen scheinen: „Einer von Van Goghs Briefträgern *Roulin* entfaltet in gleichmäßigem Farbton ein Blau, das zum Weiß hin geht, während das Fleisch des Gesichts mit gebrochenen Tönen behandelt wird – ‚Gelb, Grün, Violett, Rosa, Rot'. (Was die Möglichkeit betrifft, daß das Fleisch oder der Körper mit demselben gebrochenen Ton behandelt werden, so wäre dies vielleicht eine der Erfindungen Gauguins, eine Offenbarung auf Martinique oder Tahiti.) Das Problem der Modulation ist also ein Problem des Übergangs der gleichmäßigen leuchtenden Farbe, des Übergangs der gebrochenen Töne und des nicht-indifferenten Verhältnisses zwischen diesen beiden Übergängen oder Bewegungen."[40]

Der Mal-Akt bewirkt also durch die Modulation, dass die Zeit auf zweifache Weise aus dem Gemalten hervorgeht, nämlich „als vorübergehende Zeit, und zwar in der chromatischen

---

[39] Vgl. ebd., S. 82.
[40] Ebd., S. 86f.

Variation der gebrochenen Töne, aus denen das Fleisch zusammengesetzt ist" einerseits und andererseits „als Ewigkeit der Zeit, d.h. noch als Ewigkeit des Übergangs in sich, und zwar in der Monochromie der Farbfläche."[41] Der Chronos der chromatischen Variation und der Äon der Monochromie – die „beiden Lesarten der Zeit", die Deleuze in *Logik des Sinns* unterschieden hatte, treten hier gemeinsam auf. Die Malerei setzt den Betrachter folglich verschiedenen Spielarten der Zeiterfahrung aus und mit dem Äon auch der „Gegenwart reinen Vorgehens und nicht der Verkörperung" und der Möglichkeit der „Gegenverwirklichung".[42]

Welche Art von haptischem Sehen sich aus diesen beiden Zeiten ergibt, die der Mal-Akt im Gemalten verschränkt, hängt folglich ab von der Verhältnis, in das die Ewigkeit und das Ereignis gesetzt werden – denn das ist mit Sensation gemeint, wie man aus einer Bemerkung Deleuzes erkennt, in der er auf Lyotard und die erhabene Figur bei Barnett Newman rekurriert: „Die reinste pikturale Situation erscheint zweifellos dann, wenn die Farbfläche weder unterteilt, noch begrenzt und nicht einmal unterbrochen ist, sondern das ganze Gemälde bedeckt [...]. Unter diesen Bedingungen nämlich wird das Gemälde wahrhaft sphärisch und erreicht ein Maximum an Licht wie die Ewigkeit einer monochromen Zeit, ‚Chromochronie'. Aber der Fall des Streifens, der die Farbfläche durchquert, ist dabei nicht weniger interessant und bedeutend, manifestiert er doch unmittelbar die Art und Weise, wie ein homogenes Farbfeld subtile innere Variationen in Abhängigkeit von einer Nachbarschaft aufweist (dieselbe Struktur Feld/Streifen findet sich bei manchen abstrakten Expressionisten wie Newman); für die Farbfläche selbst ergibt sich daraus eine *Art* zeitlicher oder sukzessiver Wahrnehmung [...]. Das Triptychon wird um so

---

[41] Ebd., S. 86.
[42] Siehe Gilles Deleuze, *Logik des Sinns*, Frankfurt/M.: Suhrkamp 1993, S. 210.

sphärischer sein, je kleiner oder enger begrenzt die Kontur sein wird, wie in der Arbeit von 1970, in der das blaue Rund und die ockerfarbenen Geräte an einem Himmel aufgehängt scheinen; aber selbst dann ist die Farbfläche Gegenstand einer zeitlichen Wahrnehmung, die sich zur Ewigkeit einer Form der Zeit erhebt."[43]

In der Chromochronie leuchtet die Farbe und tritt aus aller Figurabilität und Konturierung heraus, sie ist nun *eine reine Form der Zeit*. Der Kontrast zwischen Simultanität und Sukzession wird in der Modulation der Farbe ein Zusammenprall und eine Verschlingung von Ewigkeit und Ereignis. Das Sehen, das aus der malerischen Modulation hervorgeht, schult sich darin, das Potential dessen, was die pikturalen Zeitregime eint, zu erfassen: die Farbe: „Der Kolorismus (Modulation) besteht nicht nur in den Verhältnissen von Warm und Kalt, Expansion und Kontraktion, die je nach betrachteter Farbe variieren. Er besteht auch in den Farbregimen, den Bezügen zwischen diesen Regimen, dem Zusammenklang zwischen reinen und gebrochenen Tönen. Was man haptisches Sehen nennt, ist eben dieser Sinn für Farben. Dieser Sinn, dieses Sehen betrifft um so mehr die Totalität, als die drei Elemente der Malerei – Gerüst, Figur und Kontur – *in* der Farbe kommunizieren und konvergieren".[44]

Die Staffelei, der Pinsel, die Hand und die Augen lösen sich vor der Leinwand aus den gewohnten Unterordnungsrelationen.[45] Im Durchgang durch das Gemalte organisiert sich der Körper neu: die Augen malen. Wenn man aber das Gemälde in

---

[43] Deleuze, *Francis Bacon*, S. 91. Hier weicht die *Struktur-Farbe* der *Kraft-Farbe*: „Die Farbe ist jedoch nur scheinbar der Linie untergeordnet. Gerade weil die Kontur hier nicht die der Figur ist, sondern sich in einem autonomen Element des Gemäldes verwirklicht, wird dieses Element durch die Farbe bestimmt, und zwar derart, daß sich die Linie von ihr ableitet und nicht umgekehrt. Wiederum also ist es die Farbe, aus der sich Linie und Kontur ergeben." Ebd., S. 92.
[44] Ebd., S. 93.
[45] Siehe ebd., S. 94.

seinem Prozess betrachtet, als eine kontinuierliche Injektion *des*
Manuellen in das visuelle Ensemble, als langsames Durchsickern, graduelle Verdichtung und Entwicklung, als Ausgang
des Auges ins Haptische, dann ist der Übergang der große
Moment im Malakt. „*Denn hier entdeckt die Malerei am Grund
ihrer selbst und auf ihre Weise das Problem einer reinen Logik:
von der faktischen Möglichkeit zum Faktum gelangen: Denn das
Diagramm war nur eine faktische Möglichkeit, während das
Gemälde durch die Vergegenwärtigung eines ganz besonderen
Faktums existiert, das man pikturales Faktum nennen wird.*"[46]

Georges Didi-Huberman

Für Georges Didi-Huberman sind Gemälde generell, gleich ob
gegenständlich oder ungegenständlich, figurativ oder nicht,
Bilder. Als Bilder unterscheidet Didi-Huberman sie, darin
Deleuze (und Lyotards Ablehnung des wiedererkennenden
Sehens) folgend, von Klischees. Bilder sind Visuelles, eine Differenz, eine Unterbrechung in einem Feld des Visiblen. So erleben wir Bilder gerade nicht als Flächen, sondern innerhalb der
relativ kontinuierlichen Fläche des Sichtbaren als plötzliche,
uneinsichtige Tiefen, wie Türen, die geöffnet sind, in die wir
nicht hineintreten können und die einen beschränkten Blick
freigeben auf einen Raum dahinter, auf eine unübersehbare
Tiefe, die sie eröffnen. „Vielleicht gibt es nur jenseits des Prinzips der Oberfläche Bilder, die radikal zu denken sind. Dichte,
Tiefe, Bresche, Schwelle... – von all dem wird das Bild bedrängt,
all dies zwingt dazu, die Frage des Volumens als eine wesentliche Frage zu betrachten."[47]

---

[46] Siehe ebd., S. 98.
[47] Georges Didi-Huberman, *Was wir sehen, blickt uns an*, München: Fink 1999, S. 72.

Didi-Huberman spricht dem Sehen eine Taktilität zu. Der Anblick der Bilder, ihr Entgegenblick, dem ein negativer Index eingeschrieben ist, die Spur von etwas, das wir nicht sehen können, transformiert unser Sehen in ein visuelles Spüren. Die Leere im Volumen des Bildes, die Unsichtbarkeit, die uns anblickt und nur gespürt werden kann, verdeutlicht, dass Bilder sich von der reinen Sichtbarkeit (Visibilität), in der sie stehen, abheben. Sie treten als Körper, mit einer Tiefe, einem Volumen, in Erscheinung. Bilder stiften eine taktile Beziehung zu ihren Betrachtern.

Innerhalb seiner zahlreichen Studien zu distinkten Qualitäten von Bildern finden sich Hinweise auf eine spezifisch malerische Pikturalität: Diese bezeichnet Didi-Huberman mit dem Ausdruck *pan de peinture*, der sowohl eine Machart als auch eine Erfahrungsweise umfasst. Der Begriff des *pan* bezeichnet den Ort in einem Gemälde, der ein System der Darstellung unterbricht. Es ist ein reines Ereignis des plastischen Farbstoffes.

Ähnlich wie das *punctum* Roland Barthes zufolge die photographische Repräsentation, das *studium,* bedingt, lässt sich kein Gemälde denken, bei dem nicht an irgendeiner Stelle die Farbe selbst unterhalb der Darstellung hervorträte. „[...] [I]n der berühmten Stelle in *Die Gefangene* über Vermeers Bild (tableau) [wird] deutlich, wie sehr *Malen das Gegenteil von Schildern ist*. Die *Ansicht von Delft* wird dort weder als Beschreibung der Welt, wie sie im 17. Jahrhundert war – ihre topographische oder fotografische Erfassung, ihre ‚deskriptive Fläche', wie Alpers sagt –, noch als metaphysische Feier eines sichtbaren ‚Paradieses der Notwendigkeit' präsentiert. Es geht im Gegenteil einerseits um ‚Materie' (matière) und ‚Schichten': und dort werden wir zum Farbauftrag zurückgeführt, von dem jede malerische Darstellung nach Belieben ihr Grundkapital (fonds) oder ihren Hintergrund (fond) bezieht; und andererseits geht es um

Erschütterung und tödliche Betroffenheit – was man ein Trauma nennen könnte, einen Schock, einen *Farbenschwarm*."[48]

Von Proust nun übernimmt Didi-Huberman den Ausdruck „Pan" – zu Deutsch etwa Fetzen, Fleck, Fläche oder Feld. Ein „Pan de Peinture" ist beispielsweise auf Vermeers Bild von Delft das gelbe Mauerstück, das nicht darin aufgeht, ein Element einer Erzählung oder ein Detail einer Darstellung von Delft zu sein. Für jemanden, der sein Auge nicht auf die Darstellung, sondern auf die Farbschichten heftet, ist das Gelb „nicht durch ein ‚photographisches Stillstehen' der vergangenen Zeit hervorgerufen, sondern eine Erschütterung der Jetztzeit hervorrufend, etwas, das sofort wirkt [...]. Für so jemanden *ist* das Gelb des Bildes (tableau) Vermeers als Farbe ein *pan*, ein verstörender Bereich des Gemäldes, das Gemälde wird als ‚kostbare' und traumatische Materialursache betrachtet."[49]

Gemälde sind folglich nicht nur beschreibbare Abbildungen, Darstellungen von etwas, in denen sich Details zu einer Gesamtansicht fügen. Im Unterschied zum Detail, das dieser Darstellungsabsicht untergeordnet ist und das ein Teil in Bezug auf dieses Ganze bleibt, ist das Mal-Feld (*pan de peinture*) eine Eigentümlichkeit eines Gemäldes, an dem die „sehr reale Arbeit der Malerei" wahrnehmbar wird, eine „Arbeit des blendenden Glanzes, in gewisser Weise zugleich offensichtlich, leuchtend, wahrnehmbar und dunkel, geheimnisvoll, schwierig zu analysieren, insbesondere in semantischen oder ikonischen Begriffen; denn es ist eine Arbeit, ein Effekt der Malerei als farbige Materie, nicht als beschreibendes Zeichen."[50]

Didi-Hubermans wegweisendes Beispiel ist eine Stelle auf Vermeers „Spitzenklöpplerin". Hier macht er eine seltsam glän-

---

[48] Georges Didi-Huberman, „Die Frage des Details, die Frage des pan", in: Edith Futscher u.a. (Hg.), *Was aus dem Bild fällt. Figuren des Details in Kunst und Literatur*, München: Fink 2007, S. 43–86, hier S. 60.
[49] Ebd., S. 61f.
[50] Ebd., S. 63.

zende und blendende Fläche aus, die ein Aufplatzen und Aufleuchten des Farbstoffes produziert. Die Farbe kommt hier in einer Weise zum Vorschein, die die Aufmerksamkeit auf die materiellen Eigenschaften des Gemäldes lenkt und gewissermaßen die Bilderzählung unterminiert.

Während ein Detail ‚alles Stofflichen entkleidet' gedacht würde, legt hingegen ein solcher Bereich schräg zu seiner darstellenden Funktion das Funkeln einer Substanz nahe, einer Farbe ohne genau geregelte Grenze: Und er hält seine materielle – und doch schwindelerregende – Opazität jeder *Mimesis* entgegen [...]. Er ist ein Strömen roter Farbe. Hier verbunden mit dem Strömen einer anderen, weißen Farbe, die weniger gewunden, aber um nichts weniger verblüffend ist. Sie kommt aus dem Kissen hervor, links von der Spitzenklöpplerin, zerfranst sich unsinnig *vor uns,* wie eine plötzliche Behauptung der vertikalen und frontalen Existenz des Bildes (tableau) [...]; schon ihre schematische Darstellung bildet einen Fleck, der aus dem Rahmen fällt. Die pastosen wenngleich subtilen Farbaufträge, die Modulationen der Valeurs, alles scheint sich wie durch Zufall zu ergeben: eine ganz flüssige Malerei, die gewissermaßen sich selbst überlassen wäre; das erratische Spiel eines Pinsels, der mitunter die Oberfläche verlassen hätte, ein Pinsel, der seine Fähigkeit zur Genauigkeit, zur Kontrolle der Formen (wie im genau ‚gegenüberliegenden' Detail, den beiden Fäden zwischen den Fingern der Klöpplerin) verloren hätte. Dieses bildliche ‚Moment' gibt uns also durch seinen Charakter des Eindringens der Farbe eher einen Fleck und ein Anzeichen zu sehen als eine mimetische Form oder ein icon im Sinne von Peirce. Materialursache und akzidentelle Ursache eher als Formursache und Zweckursache. Ein zinnoberroter Eklat, aufgetragen, fast wie blind hingeworfen, der uns im

Bild (tableau) entgegentritt und darauf besteht: Dies ist ein *pan* Malerei.[51]

Didi-Huberman zufolge ist Malerei dadurch gekennzeichnet, dass sie Farb-Felder aufweist, an denen die chemischen Eigenschaften, mehr noch, die Arbeit der Farbe ebenso wie die aufgewendete Arbeit der Malerin aus dem Bild heraustreten. Und wenn hier doch der Anschein von Zufälligkeit und Kontrollverlust entsteht, wenn die Aktanz der Farbe die Darstellungsfläche zu unterspülen scheint, so ist dies doch stets Ausdruck des Könnens. Der „pan de peinture" unterläuft Vermeer nicht, sondern ist, gerade in der gekonnten Verbindung der eigenständigen Verläufe von Weiß und Rot, Ausweis eines genauen künstlerischen Verständnisses dessen, was die Farbe vermag und verlangt. Es ist eine kalkulierte Farbgerinnung. Handelte es sich um eine „Farbnase", wie sie beim Anstreichen von Wänden auftreten mag, hätte Vermeer sie zweifellos sofort tilgen können. Der ganze Unterschied zwischen der photographischen Reproduktion eines Gemäldes und der direkten Konfrontation mit diesem liegt hier: Ein „pan de peinture" lässt sich zwar (wie Didi-Huberman es in seinem Buch vorführt) auch schematisch darstellen, gerade die eigentümliche Viskosität, die Modulation der Farbvaleurs und die Plastizität der Farbe lassen sich aber nur als changierende Opazität vor dem Gemälde erfahren. Sie sind das Visuelle, das aus der Sichtbarkeit und Beschreibbarkeit des Gemäldes heraustritt.

Das Verhältnis von Photographie und Malerei hat Didi-Huberman vor Kurzem an einer brenzligen Stelle erneut exploriert. Hier wird der „pan de peinture" als Schichtung und als Trocknungsdauer relevant: Am Ende des Jahres 2013 machte sich der Künstler Gerhard Richter daran, auf die vier Photographien des KZ-Sonderkommandos aus Auschwitz, die er schon

---

[51] Ebd., S. 68.

früh, 1967, in seinem „Album" reproduziert hat, anders als wissend und einordnend einzugehen und sie großformatig zu malen; dieselben vier Photographien hatte Didi-Huberman in seinem Buch *Bilder trotz allem* behandelt, oder genauer: restituiert, weshalb Richter frühzeitig das Gespräch mit ihm suchte. Auf der Basis zweier Besuche in Richters Atelier und später in zwei Ausstellungen der fertigen Bildserie „Birkenau" in Dresden und Baden-Baden hat Didi-Huberman vier offene Briefe an Gerhard Richter publiziert. Zentral ist darin die Sorge, wie es Richter gelingen könne, durch seinen Akt jene wertvollen Zeugnisse des Widerstands vor der Fetischisierung ebenso wie vor der spektakulären künstlerischen Aneignung zu bewahren.

Was passiert, wenn die vier Photographien, ähnlich so, wie es Richter seit den 1960er Jahren praktiziert, an die Leinwand projiziert und dann abgemalt werden? Wäre es aber nicht noch gefährlicher, fataler, deplatzierter, anstatt dieses Medientransfers abstrakte Bilder zu produzieren, Kombinationen aus einem „sublimen Negativ", wie Lyotard es fordert, und einer Affirmation der Nichtdarstellbarkeit,[52] eben weil es doch, trotz allem, diese vier Photographien, von der Gaskammer aus aufgenommen, gibt?

Die vier Gemälde, die Gerhard Richter 2015 im Dresdner Albertinum der Öffentlichkeit präsentiert, tragen zunächst den kollektiven Titel „Abstrakte Bilder (937/1–4)". Sie ähneln auf den ersten Blick anderen abstrakten Gemälden desselben Künstlers eher als Photographien oder dessen „Foto-Bildern". Didi-Huberman setzt hier an und fragt, was mit dem „sujet", dem Subjekt der Bilder, geschehen ist. Die Wortwahl Didi-Hubermans zeigt an, dass es ihm dabei zugleich um das „sujet" der Bilder wie auch um die Subjekte geht, die auf den Photographien in Auschwitz ein letztes Mal zu sehen sind: Kann es sein, dass

---

[52] Georges Didi-Huberman, *Wo Es war. Vier Briefe an Gerhard Richter*, Köln: Verlag der Buchhandlung Walther König 2018, S. 96.

Gerhard Richters Maltechnik dieses „sujet" schlechtweg ausradiert hat, wie Benjamin Buchloh es andernorts, diese negative Pikturalität feiernd, behauptet?[53]

In einem ersten Schritt zeigt Didi-Huberman zunächst, dass es sich auch bei einem anderen Bild Richters, „September" – basierend auf einer Photographie des 11. September 2001 in New York –, nicht um eine Abstraktion, sondern um eine Defiguration gehandelt habe. Die große Kraft (*puissance*) des Gemäldes gehe auf das Rakeln auf der photorealistischen Oberfläche zurück, wodurch der Betrachter, der sich dicht an das Gemälde heranbewegen müsse, um etwas zu erkennen, einem Erstickungsgefühl nahe sei. Gibt es bei den Gemälden, die, in welcher Weise auch immer, auf den Bildern des Sonderkommandos basieren, eine Möglichkeit, die Defiguration zu sehen?

„Ich bin an Ihre vier Gemälde nahe herangetreten. Ich war verblüfft über die Gewalt, die sich in all diesen Bewegungen, all diesen widerstrebenden Kräften einer Malerei äußerte, die im Krieg mit sich selbst zu sein schien. Ich habe zahlreiche lokale Zonen fotografiert – ich würde es nicht wagen, von ‚Details' zu sprechen, da ich niemals wusste, wo man sinnvoll hätte ‚schneiden' sollen – [...]: mit der Empfindung einer ‚tosenden Unendlichkeit', mit dem Gefühl, dass aus jeder Parzelle dieser Malerei ein neues Drama hervorbricht [...]. Überall Krieg zwischen dem Grau und den Farben. Hier zerrissen, dort vermengt, anderswo gleichsam vergiftet, hier wie mit Säure angegriffen, dort wie von einer Flutwelle fortgerissen. Fast eine Enzyklopädie der Morphologien – eher der Morphogenesen – der *Zerstörung*, die in einem [Werk der Malerei] *am Werk* ist."[54]

---

[53] Ebd., S. 97.
[54] Ebd., S. 126f. [Übers. modifiziert]. Didi-Huberman verwendet hier im Original den Ausdruck „Œuvre de peinture." Georges Didi-Huberman, „Sortir du Plan 2, L'écorcement, 3ème et 4ème Lettres à Gerhard Richter", *Les cahiers du Musée National d'Art Moderne Paris* 137 (2016), S. 17–59, hier S. 34.

Didi-Huberman beobachtet also die Spuren gewaltsamer Bewegungen in der Masse der Farbe. Sie platzt nun wie Rinde vom Malgrund ab. Durch das Rakeln, so insistiert Didi-Huberman, werde das Sujet nicht aufgelöst oder ausgelöscht, sondern, im Gegenteil, durch die Kombination von Destruktionsmorphologien hervorgerufen (*invoquer*). Aber er gibt sich nicht zufrieden mit dieser Lösung, wenn es denn eine ist, nämlich die vier Bilder des Sonderkommandos von Auschwitz-Birkenau mit einer allegorischen Geste eines quasi tellurischen Ereignisses zu begleiten.

Die entscheidende Frage aus Didi-Hubermans Sicht betrifft die Genese des Bildwerkes. Zuerst hingen im Atelier Gerhard Richters noch im Dezember 2013 vier weiße Leinwände, 200 x 260 cm groß. Zwischen einer Vorzeichnung im Februar 2014 und dem Abmalen der Photographien auf diesen Leinwänden, wie es Atelierphotos vom 25. Juli 2014 dokumentieren, sind also mehrere Monate vergangen, in denen das „sujet" ganz offensichtlich das Gemälde eingenommen hatte. Jetzt spielt nicht nur die Wirkung der Gemälde auf den Betrachter eine Rolle, sondern auch der Zeitpunkt der Defiguration. Waren die Farben schon trocken, als die Spuren der Personen auf dem Gemälde defiguriert, wenn nicht getilgt wurden? Auf diese Frage hat Gerhard Richter geantwortet: „Ja, trocken, aber noch nicht ganz." Die Photographien und die darauf sichtbaren Figuren sind also, in vermittelter Form, in die abstrakten Bilder eingegangen. Sie überleben dort, als Subjekt-Kern (*noyeau de sujet*), in einem Verfahren des Abdrucks, von einem Zustand des Gemäldes auf einen anderen, den Didi-Huberman als ein Durchscheinen (aufgrund der Porosität) („transparaître par porosité)[55] bezeichnet. Sie sind nicht ausgelöscht worden, nicht ganz, und das Verfahren der Herstellung entspricht der spu-

---

[55] Ebd., S. 49. Vgl. Didi-Huberman, *Wo Es war*, S. 175.

renhaften Präsenz, dem Nachleben der Ermordeten, das Richters Gemälde ins Gesicht der Kunstöffentlichkeit halten.

Man könnte dieser wohlwollenden und taktvollen Interpretation vorwerfen, auf einer quasi-animistischen Idee der Übertragung zu beruhen – von der mörderischen Wirklichkeit auf den lichtempfindlichen Film, von der Photographie auf die Leinwand. Nun ist mit dem Licht und dem Schatten der in Auschwitz ermordeten Menschen, die auf den als Akte des Widerstands unter Lebensgefahr produzierten Photographien bewahrt worden sind, ein wie auch immer infimer und fragiler physischer Rest, ein Nachleben, vorhanden, dessen künstlerisches Traktieren andere Anforderungen stellt als beispielsweise Rauschenbergs „Erased de Kooning". Für ein allgemeines Verständnis des Malens verdeutlicht Didi-Hubermans Diskussion von Richters „Birkenau" vor allem, dass der Begriff des „pan de peinture" auf eine Besonderheit der Malerei hinweist, die nicht nur als räumliches Phänomen, nämlich als Fleck aus Farbmasse, als Farbgerinnung, als Eklat, die Wahrnehmung in besonderer Weise affiziert, sondern dass diese Besonderheit eine zeitliche Tiefendimension aufweist, in der sich chemische Eigenschaften des Farbstoffes mit Fragen der Machart, der Mischungen und der Morphogenese, sowie mit Bedeutungsebenen und (ethischen) Problemen der Präsentation überkreuzen. Ein solches Farb-Feld weist folglich auf eine Latenz, auf ein Gären, auf eine Insistenz unterhalb des wiedererkennenden Sehens hin, das man gewissermaßen, wenn man davon weiß, zusätzlich wahrnimmt und das den Rezeptionsakt beeinflusst (z.B. im Absuchen der Oberfläche, das sowohl Richter als auch Didi-Huberman sofort photographisch unternommen haben). Gerhard Richter hat einmal gesagt: „Das Denken ist beim Malen das Malen [...], d.h. das Reagieren mit der Farbe auf die vorhergehende, mit der Form auf die Vorhandene."[56] Das Denken, das

---

[56] Dieses Zitat aus einem Brief Richters von 1962 findet sich bei Armin Zweite, *Gerhard Richter: Leben und Werk. Das Denken ist beim Malen das Malen*, München: Schirmer/Mosel 2019, S. 83. Zweite kommentiert: „Es ist die dezidierte Trennung der maleri-

sich hier in der Farbe vollzieht, muss auch als Reflexion auf frühere Figurationen begriffen werden.

Malerei besteht nicht aus einem System von Schichten, die sich voneinander abheben ließen; eine Farbschicht drückt sich vielmehr in einer anderen ab. Anders als in der Photographie sind dies keine aufsteigenden Kausalketten, sondern in bestimmter Weise sind Mal-Felder retroaktiv: sie verändern das, worauf sie beruhen. Ihre räumliche Begrenzung übersteigen sie mit temporalästhetischen Mitteln. Das Mal-Feld, das aus der Darstellungsfläche herausspringt, der Farbenschwarm, erschüttert die Jetzt-Zeit. Deren Bemessenheit lässt sich auch durch andere räumliche Verschachtelungen und Farb-Dispersionen konterkarieren.

Dispersion und Negation

Jenseits der Bemessenheit des Tafelbildes, das der bemessenen Jetzt-Zeit korrespondiert, sind besonders in den Avantgarden Mal-Felder erkundet worden, die dispersiv sind und auch die zeitliche Erstreckung des Mal-Feldes gänzlich anders konzipieren. Man denke nur an Monets „Nymphéas", an El Lissitskys „Prounenräume", an Schwitters „Merzbau", an die Räume Dubuffets. Im Folgenden möchte ich deshalb die Gründe untersuchen, die Katharina Grosse dazu geführt haben, Male-

---

schen Praxis, d.h. des handwerklichen Agierens mit Pinsel und Farben auf einer Leinwand, vor aller theoretischen Konzeption, die es vor Beginn der eigentlichen praktischen Arbeit zwar geben kann, die aber im Vollzug des Malens selbst keine entscheidende Rolle mehr spielt [...]. Sehr verkürzt verweist Richters Formulierung auf einen komplexen Vorgang von reflektieren, sehen, machen, entscheiden, korrigieren, verwerfen, erneut ansetzen usw., wobei die einzelnen Phasen sich überlagern und durchdringen, allerdings immer unter dem Vorzeichen, dass die physische Aktion, also das Malen selbst immer den Vorrang hat und ästhetische oder inhaltliche Entscheidungen, so wichtig sie auch sind, zeitlich nachgeordnet bleiben." (Ebd.). Was auch immer Richters Absicht war, sein Satz besagt gerade nicht, dass Malen Handwerk ist, sondern das Malen selbst ein Denken ist.

rei konsequent und radikal über das hinauszuführen, was sie traditionell zu definieren schien – den Augenblick, eingefangen in einer begrenzten leicht überblickbaren Fläche, vielleicht eine Leinwand, die mit Aquarell- oder Ölfarbe bearbeitet bzw. gefärbt wird; ein Arrangement farbig fixierter Gestalten auf einem materiellen Träger[57] bzw. in einem mehr oder minder transportablen Rahmen. In einem zweiten Schritt gilt es dann auszuloten, inwiefern diese Gründe ebenso wie die von Grosse entwickelten Techniken etwas über die Bedeutung von Malerei überhaupt aussagen können. Katharina Grosses Arbeiten sollen deshalb im Folgenden nicht im Kontext ästhetischer oder kunsttheoretischer Aspekte diskutiert werden, sondern als Kulturtechnik. Bekannt geworden durch das Malen mit der Sprühpistole auf die Wand, kennzeichnen Grosses Arbeiten bis heute vielschichtige, bunte, zum Teil schablonenartig ausgeschnittene, negativ vertiefte Motive auf unterschiedlichen Bildträgern, auch Leinwand, zum Teil besprüht. Diese Ansätze werden erweitert durch übermalte Objekte und Innenraum-Bildlandschafen sowie durch ortspezifische Arbeiten außerhalb von Kunstinstitutionen, die seit einigen Jahren (circa 2013) malerisch in die Landschaft ausgreifen. Sichtbar ist in fast allen Arbeiten aufgesprühte, zum Teil grelle Farbe in einem Schichtensystem, das neben der Verwendung von Schablonen, bewusst Freigelassenem und ausgeschnittenen Figuren Verlaufspuren, Kratzspuren, Profile und Farbgerinnungen („pans de peinture") erkennen lässt.

In einem ihrer Texte beschreibt Katharina Grosse, wie sie 2005 in einem Museum auf einen mit Kugelschreiberzeichnung verzierten Gummistiefel aufmerksam wurde, der unter der Tür der benachbarten Damentoilette hervorschaute und, wie sich später herausstellt, zu einem achtjährigen Besucher gehörte:

---

[57] Diese Definition findet sich beispielsweise bei Jason Gaiger, *Aesthetics and Painting*, London: Continuum 2008, S. 1.

„Allmählich wurde mir bewusst, daß dieses ‚kleiner-Junge-Ensemble' viele für die Malerei wesentliche Elemente enthielt, die mich vorrangig interessieren: dies Ensemble bewegte sich im öffentlichen Raum und war zugleich mit dem Museumskontext verbunden. Der Bildträger für diese Zeichnung erweiterte sich vom Stiefel zum ganzen Jungen und veränderte die Größenverhältnisse zwischen der Zeichnung und dem Stiefel, zwischen der Zeichnung und der ganzen Umgebung des Jungen, und so weiter [...]. An diesem Nachmittag war [die Zeichnung] nicht nur im Museumsfoyer und den Toiletten zu sehen gewesen, sondern auch in allen Räumen, die der Junge betreten hatte, und hatte einen kontinuierlichen Fluss veränderter Kontexte durchlaufen [...]. Ein Kugelschreiber wird normalerweise zum Schreiben auf Papier verwendet. In diesem Falle hat seine unorthodoxe Verwendung die Bedeutung des Stiefels von einem wasserdichten Schuhwerk zu einem gelben dreidimensionalen Bildträger verwandelt. Die blauen Linien stellen einen Bezug zum Gelb her; gleichzeitig lösen sie den Bezug zwischen dem Gelb und dem Gummi auf und öffnen die Oberfläche in einen unbegrenzten farbigen Raum."[58]

Ob der Junge die Zeichnung selbst mit dem Kugelschreiber hergestellt hat, erscheint der Malerin hier weniger erheblich als die Tatsache, dass sich, zumal in dieser Umgebung und dabei diese modifizierend, die Zeichnung als Vehikel entpuppt, aus dem Gelb des Gummistiefels einen unbegrenzten farbigen Raum zu machen. Dieses Ablösen der Farbe vom Gegenstand und Erschaffen eines den Funktionsraum negierenden Farbraumes lässt sich auch an einer der frühesten „Arbeiten" Grosses beobachten, nämlich einem Osterei, das sie wahrscheinlich im Alter von zehn Jahren bemalt hatte und das ihre Mutter ihr lachend mehr als drei Jahrzehnte später zurückgab:

---

[58] Katharina Grosse, *The Poise of the Head und die anderen folgen*, Nürnberg: Verlag für moderne Kunst 2005, S. 14f.

„Das Ei (ohne Anfang und Ende) bietet eine unendliche Oberfläche, die ihm und der Zeichnung einen erweiterten Maßstab verleihen, der schwer festzulegen ist. Ähnlich wie bei der Stiefel-Zeichnung kann sich dem Betrachter das gesamte Bild nur dann mitteilen, wenn er einen sich verändernden Sichtpunkt einnimmt [...]. Durch diese Bewegung wird das Ei in sich ständig verändernden zeitlichen und räumlichen Perspektiven wahrgenommen. Es ist das Bild, welches das Ei von seiner alltäglichen Verwendung und erwarteten Funktion abkoppelt."[59]

Einige der von Katharina Grosse hier genannten Grundsätze – nämlich „den sich verändernden Sichtpunkt, die sich durch die Zeichnung verändernde Bedeutung des Bildträgers, die Willkürlichkeit des Kontexts, der Größe und des sich verändernden Maßstabs innerhalb der Struktur der Arbeit und seiner zeitlichen und performativen Qualität"[60] – sind offenkundig auch einschlägig für künstlerische Arbeit überhaupt. Doch wenn wir versuchen, uns zu überlegen, was daran ein Kennzeichen sein könnte für Malerei, und nicht für jedwede künstlerische Praxis (Skulptur, Video, Installation...), dann stoßen wir auf folgendes: Durch die Farbgebung ist der Maßstab der Oberfläche schwer festzulegen (Richtung unendlich). Betrachter müssen, um im Gemalten ein Bild betrachten zu können, einen veränderten Sichtpunkt einnehmen (Gemaltes/Bild). Die Gesamtheit kann nicht mit einem Blick gesehen werden; Betrachter müssen sich bewegen, „um die Zeichnung freizugeben" bzw. zu Sehendes herauszuschälen. Die Zeichnung verändert die Bedeutung des Bildträgers, macht die Willkürlichkeit des Kontextes und der Größenverhältnisse deutlich. Die Arbeit kennzeichnet eine zeitliche, performative Struktur.

Seit circa 1998, im Kontext einer Ausstellung in der Kunsthalle Bern, arbeitet Katharina Grosse mit der Spritzpistole.

---

[59] Ebd., S. 17.
[60] Ebd.

VII. Farbe und Zeit

Damit vermag sie es, eine neuartige Beziehung von Raum und Volumen herzustellen. Bis dahin hatte sie mit Pinseln in regelmäßigen Bewegungen von links nach rechts oder von oben nach unten arbeitend Wandoberflächen mit sich überlagernden Farbsegmenten bedeckt. Doch gerade dieser Einsatz von Farbmitteln, die zuvor eher bei Tätigkeiten wie dem Autolackieren oder großflächigen Graffiti verwendet wurden, gestattet es, einen nicht-figuralen illusorischen Raum aus dem gebauten Raum herauszulösen und diesem entgegen zu setzen.

„Malerei evoziert einen illusorischen Raum, der anderen Gesetzen folgt als der gebaute Raum; deshalb sollte Malerei den Raum, in dem sie ausgestellt wird, anders nutzen und ihre Unabhängigkeit von den sie umgebenden Bedingungen behaupten und ihre inkongruente Beziehung zu ihm betonen. [...] Die Malerei [ist] nicht von der Kohärenz des Bildträgers, d.h. von der architektonischen Struktur, abhängig."[61]

Grosse selbst betont, dass die neue Maltechnik auch eine veränderte Körpertechnik im Prozess des Malens erfordere. Denn während der Pinsel die Malerin an die Oberfläche binde, folge die Spritzpistole dem Auge und löse die starre Verbindung von Körpergröße und Bildgröße, die vorherige Malerei ausgezeichnet hatte.[62]

---

[61] Ebd., S. 20.
[62] „Das Sprühen von Farbe an eine Wand ist ein ganz anderer Prozess als das Malen mit einem Pinsel. Der physische Kontakt zur Wand ist aufgehoben. Der Pinsel gibt nicht nur Informationen über die Beschaffenheit der Oberfläche weiter, sondern bindet den Maler stärker an die Konstruktion der Oberfläche; gleichzeitig verdeckt er, was er im jeweiligen Augenblick malt. Erst ein wenig später können Maler sehen, was sie im vorhergehenden Augenblick gemalt haben. Die Bewegung einer Spritzpistole ist weniger auf den Körper oder den Bildträger bezogen; die Aktivität des Malens oder Sehens geschieht gleichzeitig, fällt zusammen. Die Bewegung der Spritzpistole ist stärker an die Bewegung der Augen gebunden als an die Bewegung des Körpers im Raum, sie entmaterialisiert ihn quasi. Die Beziehung zwischen Körpergröße und Bildgröße hört auf zu existieren. Aus diesem Grunde korrespondieren künstliche Verlängerungen des Körpers bei Malern (Leitern, Hebevorrichtungen) mit der kontinuierlichen Entwicklung und Ausdehnung der Arbeit." Ebd., S. 21.

Die Arbeiten greifen schon durch die Schichtung und das dadurch geschaffene Volumen (Farbgestalten, negative Flächen, Überlagerungen) über eine traditionelle Definition des Bildträgers als „markierte Oberfläche"[63] hinaus. Grosse malt bald über die traditionelle Begrenzung der Leinwand hinaus, auch dort, wo sie noch eine solche einsetzt. Ab 2002 bezieht sie auch nackte Wände, Böden, Decken und funktionale architektonische Elemente (Türen, Fenster, Betten) mit ein und sondiert daher, im Gebrauch der Farbe, wie etwas zur Fläche, und wie etwas zum Untergrund für Erscheinungen wird. Grosses Malerei wird nun im Feedback-Loop verteilt, geschichtet, weiter entwickelt: Alles wird gleichzeitig bemalt, dann werden die Elemente gegeneinander versetzt, manches wird verdeckt. Das Atelier ist nun in einen „flexiblen in-situ-Prozeß" übergegangen. Der Malgrund wird nicht – wie eine Arena (Pollock) – vorausgesetzt, sondern im Malakt hervorgebracht. Dieser Malakt entwickelt sich ortsspezifisch und integriert Eigenarten vorhandener Architektur (Türen, Wände, Toiletten).[64] Ergänzend wird die Architektur von Grosse auch modifiziert, beispielsweise durch das Ausstreuen von Erden, die künstliche Landschaften in Innenräume verlegen. Der Gang in den Raum wird nun ein Gang in eine künstlerische Landschaft. Die bemalte Erde verweist auf Pigmente, das Grundelement von Farbe, oder auf kontaminierte Natur, sie stellt einen Bezug zwischen den Ebenen der Wand und des Bodens her und erschafft eine eigensinnige Farbmasse, die sich unter Umständen an die Schuhe der Betrachterinnen heftet. Durch die Arbeiten mit Erde seit „The Poise of the Head" (Düsseldorf 2004) entsteht nun ein neues Raumgemälde.[65]

---

[63] Richard Wollheim, *Painting as an Art*, Washington: Thames and Hudson 1987, S. 48.
[64] Wie in São Paolo, 2002: „Variierende Sichtwinkel veränderten die Erscheinung der Arbeit." Ebd., S. 24.
[65] „Mit dieser Gruppe begann ich eine Feedback-Loop-Struktur, um die Atelierarbeit in einen flexiblen in-situ Prozess zu integrieren, in dem sich verschiedene Zeitmodelle und Maßstabsdefinitionen miteinander verbanden. Ich malte die Erde, den Boden,

Eine solche rekursive Operation von Farbauftrag, integrierter Atelierarbeit, Materialstruktur, Grundflächenversetzungen und Integration bemalter Objekte in eine dreidimensionale Malerei kann sich über mehrere Räume erstrecken. Dabei fokussiert die Künstlerin einerseits auf die Erscheinung der verschiedenen Lichtquellen in Bezug zum gemalten illusorischen Licht, andererseits auf die Frage, wie sich ein Raum aus dem anderen heraus entwickeln lässt. Von der Erdarbeit „Town and Country", realisiert in Kopenhagen 2006, behauptet Grosse gar: „Diese Arbeit verkörpert ein kontinuierliches Werden. Die Möglichkeit für Veränderung und Entstehen, und die Möglichkeit, daß die verwendeten Elemente unterschiedliche semantische Identitäten annehmen."[66] Ein weiterer, radikaler Schritt, der sich aus dem Übersprayen des eigenen Schlafzimmers, aus der Wandarbeit in São Paolo und anderen, ortsspezifischen Ausgriffen entwickelt hat, ist das komplette Verlegen der Malerei in die Landschaft. Dafür geben die Arbeiten „Psycholustro" (2014)[67] und „Rockaway Beach"(2016)[68] ein Muster ab. Häuser und Landstriche werden Teil eines Farbereignisses. Aus einem orange angemalten Haus wird ein „hausiges Orange".[69]

Grosses Malerei erschafft eine Landschaft aus Farbe inmitten einer Landschaft, integriert und negiert diese zugleich. Sie erfindet das, was Malen auszeichnet, auf diese Weise neu. Kein „Sichtpunkt" ist dem angemessen, es ist eine Malerei, die für keinen humanen Betrachter mehr gemacht scheint. Malerei ist

---

die leere Leinwand und die Wände zur gleichen Zeit; dann versetzte ich die Leinwand […] und drehte sie von einer horizontalen Position in die Vertikale. Diese Bewegung legte den unbemalten Raum dahinter frei und verdeckte einige der bemalten Teile der anderen Wand." Ebd., S. 36.
[66] Ebd., S. 53.
[67] psycholustro – The Hut / 2014 / acrylic on wall, floor, and various objects / 270 x 5000 x 1150 cm / Philadelphia / City of Philadelphia Mural Arts Program.
[68] Untitled / 2016 / acrylic on wall, floor, and various objects / Fort Tilden and Rockaway Beach, New York, USA / MoMA PS1's Rockaway! Series.
[69] Der Ausdruck stammt von Charlotte Warsen.

hier mehr als ein „künstlerisches Statement". Sie wird Teil politischer Auseinandersetzungen:

„Die für mich wichtigsten, der Malerei wirklich innewohnenden Merkmale sind die Synopse und die Nicht-Kausalität der Struktur: erstere löst den Fluss der linearen Zeit auf, letztere ermöglicht ein derartiges Zusammenfallen von Ursache und Wirkung, daß unsere Vision der Welt immer mehrdeutiger und relativer wird, die hierarchische Ordnung zerstört und die dualistischen und kausalen Grundlagen der westlichen Gesellschaften herausfordert. Das macht Malerei heute so interessant. Ihr Medium ist nicht bejahend und anarchistisch. Ihr politisches Potential ist hier verwurzelt."[70] Wichtig erscheint mir an dieser Bemerkung, dass zwischen der temporalen Struktur (Generierung einer Synopse, einer Fläche der Synchronie, die über dem linearen Zeitablauf schwebt und diesen virtuell aufhebt) und dem de-hierarchisierenden, politischen Potential ein Zusammenhang besteht. Bei der Entfaltung dieses Potentials spielt nicht nur die Konzeption und Lokalisierung, die Technik (das Sprühen) und die Veränderung der Architektur eine Rolle, sondern schon das verwendete Farbmaterial und konkret die Farben (die „Palette"), mit der Katharina Grosse arbeitet.

Ich bilde mir ein, dass es sehr bestimmte Farbwerte und -stoffe sind, die von Grosse wiedererkennbar bzw. stilbildend komponiert werden und die doch weniger aufgrund dieser Indizierung, die auf die Authentizität der Malerin verwiese, von Bedeutung sind, als vielmehr aufgrund der zum Gewöhnlichen stets sehr konträren Atmosphäre bzw. Farb-Ekstase, die diese Materialien auszeichnet. Nach Auskunft des Studios Katharina Grosse arbeitet sie ausschließlich mit sehr harten, körperreichen Acrylfarben, die nicht selten interferieren und irisierend

---

[70] Grosse, *The Poise of the Head*, S. 45.

wirken. Die Farben werden ungemischt verwendet, pur und direkt aufgetragen, sodass die Viskosität stets dieselbe ist.[71]

Auch wenn derartige Farben sich breitflächig über Wände, Sofas oder Gebäude legen, sie zum Verschwinden bringen oder miteinander verbinden, liegt darin meines Erachtens keine kolonisierende und appropriierende Markierung wie oft bei Graffiti, auch keine Vereinheitlichung oder Produktion symbolischer Oberflächen. Vielmehr hat sie die Funktion, Ressourcen der Übertragung und Verwandlung für performative Kontexte frei zu stellen. So resümiert Grosse: „Ich verstehe Malerei nicht als eine Struktur, die sich in das sie umgebende Umfeld – den existierenden architektonischen Kontext – ausdehnt, auch nicht als eine intendierte Öffnung auf Inhalte und Themen, die durch den Empfänger ‚geschaffen' werden. Ich verstehe sie eher als einen kleinen sichtbaren Teil einer Anhäufung von unabhängig voneinander [existierender], sich verknüpfender Organismen, die in einem unsichtbaren Informationspool existieren. Die Beziehung zwischen dem Gemälde und seinem unsichtbaren Reservoir ist vergleichbar mit der Art und Weise wie die Kugelschreiberzeichnung auf den kleinen Jungen mit den gelben Gummistiefeln verweist, oder anders ausgedrückt, mit der Beziehung eines Fußabdrucks zu dem Körper, der ihn erzeugt hat."[72] Das Gemälde lässt sich nicht vom Ort und nicht von den funktionalen Zusammenhängen, in denen und auf denen es entsteht, bestimmen. Grosse lässt Farbe Raum werden.

In den neueren Arbeiten geht die Malerin dazu über, das Temporäre, Geschichtete und Fragile der Malerei mit architektonischer Stabilisierung und Langzeitigkeit so zu verbinden, dass Synchronizitätsflächen von Denken, Handeln und Kommunizieren – zwischen den Materialien, der Malerin und den Besuchern – über einen großen Zeitraum verstreut an verschie-

---

[71] Natalija Martinovic, Katharina Grosse Studio Manager, Brief an den Verfasser vom 26.4.2017.
[72] Grosse, *The Poise of the Head*, S. 48f.

denen Stellen auftauchen und verschwinden. Die Farbe gewinnt an Volumen, die Oberflächen werden plastisch. Das Bildfeld überschreitet die Grenzen des Sichtfeldes. Zugleich ist eine Arbeit wie „Wunderbild" (2018) weniger expansiv als intensiv: Kleine, innerbildliche, kristalline Bildsprengsel spiegeln die sie generierenden Umstände. Das Überwölbende wird immer wieder von Farbgebungsnegativen unterbrochen, die Neuanfänge und Besonderungen zur Geltung bringen und die sich auch in Resonanz, Kontinuität und Nachbarschaftlichkeit autonom gegenüber ihren zeitlichen und logischen Voraussetzungen in Stellung bringen. Das Atelier, das Sehen und die färbende Geste fusionieren: Die Betrachter lassen sich „in" die Farbe ein, sie bewohnen die immersive Installation und generieren zusammen mit den künstlichen, organischen und anorganischen Materialien einen Lebensraum jenseits der Trennung von Kultur und Natur.

Farbraum

Von hier aus möchte ich noch einmal neu ansetzen zu fragen: was ist Malerei – im Unterschied zu anderen Weisen des Färbens und der Lichtmodulation? Im Speziellen: Was ist Malerei, wenn man sie nicht als Kunst, sondern als Kulturtechnik betrachtet? Die Kulturtechniken Bild, Schrift und Zahl setzen, so scheint mir, Malerei voraus, insofern sie eine kontext- und architekturunabhängige Grundfläche erschafft. Erst eine solche Technik der Generierung von Grundflächen lassen Zeichnungen und Inskriptionen zu. Malerei erschafft die Voraussetzung der Bildgenese und des visuellen Zeichengebrauchs. Dies muss nicht durch eine Grundierung geschehen, sondern kann beispielsweise durch den Entschluss entstehen, durch farbliche Modifikationen ein Objekt (z.B. einen Gummistiefel oder ein Bett) anders, nämlich als Farbfläche, zu verwenden.

Schellings Definition der Farbe als Erscheinung des Lichts „in der Entgegensetzung mit dem Nicht-Licht", synthetisiert mit dem Körper,[73] ist deshalb wegweisend, denn Farbe ist hier keine Eigenschaft des Körpers, sondern, andersherum, der Körper ist dasjenige, was das Licht als Farbe im Gegensatz zum Nicht-Licht zur Erscheinung bringt. Weil in der Farbe die Gegensätze Licht und Körper vereinigt erscheinen, stellt Farbe das Zugleich, die Einheit des sonst nacheinander Erscheinenden dar: „Die nothwendige Form der Malerei ist die aufgehobene Succession [...]. Die Einbildung der Einheit in die Vielheit ist Zeit."[74] Anders formuliert: Die Farbe, so wie sie in der Malerei verwendet wird, schafft, Schelling zufolge, Simultanitätsflächen. *Es ist kennzeichnend für die Verwendung der Farbe in der Malerei, daß sie diese Zeit-Synthese vollzieht.* Die Aufhebung der Reihung des Figurierten erfolgt in der Tiefe.[75] Diese Tiefe ist eine dynamische Schichtung von Flächen. Schelling unterstreicht dieses besondere Vermögen der Malerei, Flächen so zu färben, dass eine Tiefensuggestion entsteht, welche die Voraussetzung für visuelle Negationen und körperliche Besonderungen bereit stellt.[76] Greift man diese Gedanken auf, so ließe sich Malerei mit Schelling verstehen als:

i. Synthese von Licht und Körper in der Farbe
ii. Aufhebung der Sukzession in der Form
iii. Identifizierung durch Gestaltung
iv. Darstellung der besonderen Gestalt durch Begrenzung, Umriss oder Farbflächen
v. Erscheinung von Licht in der Entgegensetzung mit dem Nicht-Licht als malerische Negation des Allgemeinen

---

[73] Ebd., S. 153.
[74] Ebd., S. 161.
[75] Ebd., S. 174.
[76] Ebd., S. 162.

Doch zweifellos lehrt uns Katharina Grosse mehr und anderes über Malerei: Auch bei ihr wird die Zeichnung unterstrichen, die Spur, aber die Form, die Identität wird nicht einer umrisshaft gedachten Gestalt bzw. einer Bestimmung zugeschrieben, sondern einem performativen Prozess des Wechsels der Sichtweise innerhalb einer temporal gedachten Struktur sich ändernder Erscheinungen. Die Tiefe ist hier keine räumliche Staffelung, sondern zeitlicher Quellpunkt dieser Emergenz. Grosse unterstreicht nicht nur die politische Bedeutung der verschlungenen Simultanitätsflächen, die sie herstellt, sondern verdeutlicht auch, dass das malerisch Sichtbare nur als Verweis auf einen Reservoir-Körper von Bedeutung ist. Das heißt: Die sichtbare Farbfläche ist eine Spur, geprägt von einer Latenz, auf die die Farbstruktur verweist und die sie weiter in Bewegung hält – eine negative zeitliche Kraft.

Wenn wir versuchen, diese Merkmale zu verallgemeinern, sie als Destillate aus Grosses Experimenten werten, die nicht nur für diese, oder künstlerische Malerei heute, sondern für die Kulturtechnik Malen im Allgemeinen aussagekräftig sind, dann können wir sagen, dass Malerei sich nicht einfach im Markieren oder Färben von Oberflächen erschöpft. Durch den Akt der Malerei stellt sich vielmehr erst heraus, ob es eine Oberfläche gibt, ob sich auf dieser Oberfläche eine Fläche für Figurationen darbietet oder darunter eine farblich erzeugte Tiefe (bei Katharina Grosse wird durch den Farbauftrag oder durch Ausschneiden eine vermutete Oberfläche gerade negiert und ein Raum im Raum, ein Farbvolumen geschaffen).

Die Transformation des architektonischen, funktionalen Umgebungsraumes in einen Bildträger, und von einem Bildträger in einen Bildgrund, in einen unendlichen Farbraum, stellt eine ebenso wichtige Operation der Malerei dar wie das Umreißen von Figuren, das Darstellen von Gestalten, das Identifizieren und Bezeichnen. Diese Transformation kann verstanden werden als Operation, durch die sich die körperliche Eingelassenheit als Denkraum verwenden lässt.

Flexible farbliche Strukturen stehen in Abhängigkeit von Blickpunkten (Körpern, Beleuchtung) und bringen die Bedeutung von Maßstäben ebenso zu Bewusstsein wie sie den Blick schärfen für die Nuancen des Übergangs und der Verwandlung. Dies gilt wohl schon von Höhlenmalereien (Lascaux, Les Eyzies de Tayac) wie auch für gigantische malerische Ensembles wie Grosses „Rockaway".

Der Malakt stellt mit seinen Negationen zeitlicher Sukzession eine Simultanitätsfläche her (Synopsis); darüber hinaus unter Umständen aber auch die negative zeitliche Kraft der Latenz, eine (amorphe) Tiefenzeit, ein zeitlich-unerschöpfliches Reservoir der Farberscheinung und Morphogenese.

VIII. DENKEN IN FARBE

Malen ist demzufolge nicht als mechanische Übertragung eines vorgefertigten Planes, eines mentalen Bildes oder einer Vorstellung auf einen Farbträger aufzufassen; es ist ein Prozess, in dem das, was zu sehen sein wird, so konzipiert wird, dass aus der Vorstellungskraft und der Interaktion mit Farben eine unvorhersehbare Realität hervorgeht. Sicher kann man Roboter programmieren, die vorfabrizierte oder algorithmisch generierte Bildvorlagen auf einen Bildgrund drucken oder mit Pinseln Farbe anmischen und diese dann auf eine geeignete Fläche übertragen. Malen jedoch ist ein Prozess, bei dem Gedanken entstehen. Er enthält analytische Aspekte, als Zerlegung des Sichtbaren in seine Komponenten, aber auch synthetische, als Entwerfen und Arrangieren von Figuralem, von Formen und Möglichkeiten des Erscheinens. Diese visuellen Gedanken entstehen nicht im Kopf, sondern als Gemälde. Malen ist eine Weise zu denken. Es ist eine Art, vielleicht nicht die einzige, des Denkens in Farbe.

Dieses Denken ist eine Negationsbewegung, wie Deleuze unterstreicht, gegen das Klischee, gegen das Stereotyp, das verfälschende Schema, und zugleich eine Leistung der Einbildungskraft, die zugleich etwas, das zu sehen wäre, hervorbringt, sodass es gesehen werden kann, und eine neue Weise, wie etwas in seiner Einzigartigkeit oder auch die Welt im Ganzen, pars pro toto, gesehen werden kann (Form, Modus).

Beim Malen wird die Möglichkeit einer Farbe ebenso erprobt wie die Möglichkeit des Auftretens von etwas als etwas in einer Umwelt. So stellt sich während des Malens die Spur, die beiden Aufmerksamkeitsfeldern vorausgeht, als Tiefe der Zeit heraus. Die Umwelt des Färbens, der Horizont, in dem Malen stattfindet, ist wesentlich zukunftsbezogen. Ähnlich formuliert David Joselit: „Tatsächlich liegt der Wert der modernen

Malerei nicht in ihrer Bedeutung oder gar ihren Handlungen, sondern in ihrem unbegrenzten Potenzial zur Inszenierung von Bedeutungen und Handlungen. Diese strukturelle Zukünftigkeit zeigt, dass sich der Zeithorizont der Malerei absolut von dem der Politik unterscheidet, die durch kurzfristige Ziele und Analysen gekennzeichnet ist. Die Malerei markiert die Zeit, anstatt in die Ereignisse einzugreifen, die sie bevölkern."[1] Etwas anders und vielleicht genauer formuliert: *Malen ist ein Denken der Zeit in Farbe – ein Gestalten der Zeit in Farben.*

Was soll der Begriff des Denkens hier? Denken ist kein Schaltvorgang, es ist nicht nur Signalverarbeitung, sondern geht über jedes Kombinieren und Prozessieren, über jede komplexe Rechenleistung hinaus. Denn Denken enthält immer Spontaneität und Selbstbewusstsein, aber auch ein Sich-Ausrichten, ein Achten auf, eine Selbsteinstellung auf mögliches (Ein)-Vernehmen hin, Vernunft, Spontaneität, Imagination; Zweifeln, Erfinden neuartiger Muster und Ordnungen, Erschaffen bedeutsamer Relationen.

Denken als Repräsentation

Nicht erst seit Descartes wird das Denken als Repräsentation begriffen. Dieser Begriff des Denkens ist schon oft und vehement kritisiert worden. Mit Merleau-Ponty kann man sagen: Das Denken als Repräsentation ist ein Denken, das die Farben der Darstellung untergeordnet oder durch Symbole und Formeln eliminiert hat, ein Denken in Umrissen, in Schwarz/Weiß, ein Denken von vereinzelten Körpern, die aus Zahlen bestehen, ein Denken, das die Körper in ihren Ort, in ein höheres System der Ordnung, einschließt. Bei **Immanuel Kant**, der Descartes

---

[1] David Joselit, „Marking, Scoring, Storing, And Speculating (On Time)", in: Isabelle Graw u. Ewa Lajer-Burcharth (Hg.), *Painting beyond itself. The Medium in the Post-Medium Condition*, Berlin: Sternberg Press 2016, S. 11–22, hier S. 11.

in dieser Hinsicht folgt, und nicht zuletzt dessen gewitzten Schachzug einer Vergewisserung des Denkens in der Analyse des reinen Denkakts übernimmt, lässt sich im Detail nachvollziehen, wie und warum die Idee reiner, übergeordneter, farbloser Formen scheitert, gerade wenn man von der Spontaneität des Denkens ausgeht.

Kant analysiert das Denken von der Gegenstandserkenntnis her, betont dabei aber im Gegensatz zu empirischen oder rezeptiven Theorien besonders die Spontaneität. Das, was spontan sinnliche und geistige Vermögen aktiviert und ausbildet, ist das bei Kant merkwürdig unanalysiert bleibende Gemüt, gewissermaßen die Grundschicht des Bewusstseins, das sich in verschiedene Zustände transformiert und dabei einer zeitlichen Form folgt. Dabei spielen die sinnliche Anschauung und die Funktionen des Verstandes ineinander. Der Verstand erkennt durch Begriffe, durch die er verschiedene Vorstellungen unter einer gemeinschaftlichen ordnet. „Begriffe gründen sich also auf der Spontaneität des Denkens, wie sinnliche Anschauungen auf der Rezeptivität der Eindrücke. Von diesen Begriffen kann nun der Verstand keinen andern Gebrauch machen, als daß er dadurch urteilt [...]. Das Urteil ist also die mittelbare Erkenntnis eines Gegenstandes, mithin die Vorstellung einer Vorstellung desselben [...]. Der Verstand [kann] überhaupt als ein Vermögen zu urteilen vorgestellt werden [...]. Denken ist die Erkenntnis durch Begriffe."[2] Der Begriff ist das Grundmuster der Repräsentation. Nun wird die Anschauung hier bekanntlich unterprivilegiert und zugleich wird der Begriff des Begriffes von der Form her entwickelt. Wenn Kant intuitive und diskursive Erkenntnis unterscheidet,[3] so vernachlässigt er eine genauere Ausarbeitung der ersteren;

---

[2] Immanuel Kant, *Kritik der reinen Vernunft*, in: *Werkausgabe*, Bd. 3, Frankfurt/M.: Suhrkamp 1957, S. 110.
[3] Beispielsweise in: Immanuel Kant, *Logik* (1800), in: *Werkausgabe*, Bd. 6, Frankfurt/M.: Suhrkamp 1958, S, 457ff.

im Allgemeinen kommt es der von Kant als rezeptiv bestimmten Anschauung lediglich zu, den Stoff der Erkenntnis zu liefern. Alles, was die Dinge zu ihrer Erscheinung beitragen, ist das Affizieren, das Auf-sich-Ziehen und Reizen der Sinne. Weil er das Denken nach dem Muster der Gegenstandserkenntnis begreifen will, wäre es dennoch ohne die Vielfalt des Angeschauten leer, es wäre lediglich eine Vorstellung ohne Anschauung: „Sich einen Gegenstand denken, und einen Gegenstand erkennen, ist also nicht einerlei. Zum Erkenntnisse gehören nämlich zwei Stücke: erstlich der Begriff, dadurch überhaupt ein Gegenstand gedacht wird (die Kategorie), und zweitens die Anschauung, dadurch er gegeben wird [...]. Nun ist alle uns mögliche Anschauung sinnlich (Ästhetik), also kann das Denken eines Gegenstandes überhaupt durch einen reinen Verstandesbegriff bei uns nur Erkenntnis werden, sofern dieser auf Gegenstände der Sinne bezogen wird. Sinnliche Anschauung ist entweder reine Anschauung (Raum und Zeit) oder empirische Anschauung desjenigen, was im Raum und der Zeit unmittelbar als wirklich, durch Empfindung, vorgestellt wird."[4] Folglich ist dasjenige, was den Unterschied zwischen der reinen Anschauung und der empirischen Anschauung ausmacht und was einen Gegenstand als unmittelbar und wirklich qualifiziert, keine rein räumliche und keine rein zeitliche Eigenschaft (bzw. keine bloße räumliche oder zeitliche Ausdehnung). Denn dann wäre es bloße Maßeinheit (Teilbereich der Form), nichts Messbares oder Bemessenes. Kant spricht zuweilen von Ausdehnung und Gestalt als körperlichen Eigenschaften a priori, sodass auch die Gestalt nicht als konstitutive Eigenschaft des Wirklichen (gewissermaßen Merkmal des Unreinen) in Frage kommt. Ist es die Farbe?

---

[4] Kant, *Kritik der reinen Vernunft*, S. 145. Begriffe ohne Anschauungen sind leer, diese ohne Begriffe blind. Vgl. Kant, *Kritik der reinen Vernunft*, S. 98.

Das, was den Gegenstand als *eine* sinnliche Mannigfaltigkeit, als apperzeptive Einheit auffasst, ist die Einbildungskraft, die Kant hier als das Vermögen, einen Gegenstand auch ohne dessen Gegenwart in der Anschauung vorzustellen, definiert. Diese Repräsentation muss keine direkte Wahrnehmung, sondern könnte ebenso wohl eine Erinnerung oder die Transposition eines sinnlich Erfahrenen sein; sie kann aber auch, als abstrakte Möglichkeit, der konkreten sinnlichen Rezeptivität vorausgehen. Es wäre die Figuration möglicher Gegenstände. „Diese Synthesis des Mannigfaltigen der sinnlichen Anschauung, die a priori möglich und notwendig ist, kann figürlich (synthesis speciosa) genannt werden [...]."[5]

Als Figuration geht die Möglichkeit einer Synthesis des Mannigfaltigen prinzipiell dem Denken wie auch der Sinnlichkeit voraus. Die Repräsentation fundiert die möglichen Präsentationsformen. Denn: „Diejenige Vorstellung, die vor allem Denken gegeben sein kann, heißt Anschauung. Also hat alles Mannigfaltige der Anschauung eine notwendige Beziehung auf das: Ich denke, in demselben Subjekt, darin dieses Mannigfaltige angetroffen wird. Diese Vorstellung aber ist ein Actus der Spontaneität, d.i. sie kann nicht als zur Sinnlichkeit gehörig angesehen werden. Ich nenne sie die reine Apperzeption, um sie von der empirischen zu unterscheiden, oder auch die ursprüngliche Apperzeption, weil sie dasjenige Selbstbewußtsein ist, was, indem es die Vorstellung Ich denke hervorbringt, die alle andere muss begleiten können [...], von keiner weiter begleitet werden kann [...]. Die analytische Einheit des Bewußtseins hängt allen gemeinsamen Begriffen, als solchen, an, z.B. wenn ich mir rot überhaupt denke, so stelle ich mir dadurch eine Beschaffenheit vor, die (als Merkmal) irgend woran angetroffen, oder mit anderen Vorstellungen verbunden sein kann."[6]

---

[5] Ebd., S. 148.
[6] Ebd., S. 136, S. 137 (Anmerkung).

Woher nehme ich diese Figur, welche mich das Vielfältige als Einheit wahrnehmen lässt?

Es bedarf der „transzendentale[n] Handlung der Einbildungskraft", der „figürlichen Synthesis".[7] Der innere Sinn stellt nur die Form her, nämlich den Zusammenhang verschiedener Vorstellungen, die formale Ordnung der Gemütsbewegungen. Die Einbildungskraft aber muss jedes Mal spontan, und doch aller empirischen Anschauung vorgängig, eine Einheit, eine Figur, stiften. Diese Produktion von Figuren ist ein kreativer Akt, der nicht ohne Vollzüge, genauer: nicht ohne Linienziehen, gedacht werden kann. „Dieses nehmen wir auch jederzeit in uns wahr. Wir können uns keine Linie denken, ohne sie in Gedanken zu ziehen, keinen Zirkel denken, ohne ihn zu beschreiben, die drei Abmessungen des Raumes gar nicht vorstellen, ohne aus demselben Punkte drei Linien senkrecht auf einander zu setzen, und selbst die Zeit nicht, ohne, indem wir im Ziehen einer gerade Linie (die die äußerlich figürliche Vorstellung der Zeit sein soll) bloß auf die Handlung der Synthesis des Mannigfaltigen, dadurch wir den inneren Sinn sukzessiv bestimmen, und dadurch auf die Sukzession dieser Bestimmung in demselben, Acht haben. Bewegung, als Handlung des Subjekts [...], bringt so gar den Begriff der Sukzession zuerst hervor. Der Verstand findet also in diesem nicht etwa schon eine dergleichen Verbindung des Mannigfaltigen, sondern bringt sie hervor, indem er ihn affiziert. [...] Wir [können] die Zeit, die doch gar kein Gegenstand äußerer Anschauung ist, uns nicht anders vorstellig machen, als unter dem Bilde einer Linie, so fern wir sie ziehen, ohne welche Darstellungsart wir die Einheit ihrer Abmessung gar nicht erkennen könnten, imgleichen daß wir die Bestimmung der Zeitlänge, oder auch der Zeitstellen für alle innere Wahrnehmungen, immer von dem hernehmen müssen, was uns äußere Dinge Veränderli-

---

[7] Ebd., S. 150.

ches darstellen, folglich die Bestimmungen des inneren Sinnes gerade auf dieselbe Art als Erscheinungen in der Zeit ordnen müssen, wie wir die der äußeren Sinne im Raume ordnen."[8]

Das Ziehen der Linie verbindet den inneren Sinn mit der Form, in der die äußeren Sinne Gegenstände (als Äußere) erfassen. Indem ich eine Linie ziehe, färbe ich sukzessiv das denkbare Objekt und affiziere eine mögliche Einheit der sinnlichen Mannigfaltigkeit. Noch vor dem Ziehen der Linie liegt der Akt des Färbens als Ermöglichung einer Darstellung, worin sich auch äußerliche Dinge darstellen können. Im Färben treffen zeitliche und räumliche Ordnung, Simultanität und Nebeneinander, Sukzession und Hintereinander aufeinander.

Wie können nun Raum- und Zeitbegriffe einerseits der Erfahrung vorhergehen und andererseits von imaginären Akten abhängen, die vom Stoff, von der Sinnlichkeit, von der Darstellung der Veränderlichkeit äußerer Dinge geprägt sind, sodass wir Zeitliches und Räumliches wahrnehmen können? Die Bildung der formalen Begriffe von Raum und Zeit lässt sich weder als Konstruktion noch als Abstraktion erklären. Sie sind weder als mögliche Ordnungen der Erscheinungen axiomatisch entworfen noch aus der Erfahrung von Räumlichem oder Zeitlichem abgeleitet. Kants eigene Beispiele aus seiner *Anthropologie* – Farbbegriffe und Musikalität – verdeutlichen dies: Die Farbbegriffe wären einem Blinden nur durch Beschreibung, d.h. durch rein subjektive Konstruktion, nicht fasslich. Die Einbildungskraft muss ihre Vorstellung dem „Sinnesvermögen" ablocken: „Es hat Leute gegeben, die für die Lichtvorstellung keinen größeren Vorrat in ihrem Sehvermögen hatten, als Weiß oder Schwarz, und für die, ob sie gleich gut sehen konnten, die sichtbare Welt nur wie ein Kupferstich erschien."[9] Auch können Menschen mit feinem Gehör, aber ohne musikalischen

---

[8] Ebd., S. 151.
[9] Immanuel Kant, *Anthropologie*, in: *Werkausgabe*, Bd. 12, Frankfurt/M.: Suhrkamp 1958, S. 467.

Sinn, Töne nicht von Schall unterscheiden. Johann Georg Sulzer, auf den sich Kant hier bezieht, beschrieb die Welt, wie sie in Kupferstichen erscheint, als eine Welt der reinen Formen, aber „unfärbig" und entsprechend reizlos.[10] Der Unterschied zwischen der Zeichnung und dem Gemälde, so kann man Sulzers Bemerkung weiterführen, ist auch derjenige zwischen der Denkbarkeit von Gegenständen und der realen Existenz, d.h. der äußerlichen Mitwirkung von Gegenständen an der Produktion von Erkenntnis – im Zusammenhang der Farben bzw. durch die Farbgebung.

Die reine Form der Sinnlichkeit, die reine Anschauung, ist Kant zufolge diejenige, die von Verstandeszusätzen wie Substanz, Kraft, Teilbarkeit wie auch von Empfindungen wie „Undurchdringlichkeit, Härte, Farbe etc." gereinigt wurde, sodass nur noch „Ausdehnung und Gestalt" übrig bleiben.[11] Gegenstände, auf die wir uns beziehen, sind als Gegenstände im Raum durch ihre Gestalt, ihre Größe und ihr Verhältnis untereinander bestimmbar.[12] Wie aber sollte diese Ausdehnung und Gestalt von Gegenständen anders als farblich differenziert aufgefasst werden (worauf Schelling hinweist)? Die Form, von der Kant hier in der Tradition von Descartes' res extensa spricht, ist die Darstellung der Gegenstände, auf ihre Berechenbarkeit bezogen, doch ohne ihre spezifische Anschaulichkeit.

---

[10] Kolorit: „Mit diesem Namen bezeichnet man den Theil der Malerei, der jedem Gegenstand die Farben zu geben weiß, die er haben muß, damit das Ganze, als ein in der Natur vorhandener Gegenstand in die Augen falle. In diesem Sinn kann man den Begriff des Worts Colorit durch *Farbengebung* ausdrücken. Man versteht aber auch durch diesen Ausdruck, die Beschaffenheit aller im Gemählde sichtbaren Farben in ihrem Zusammenhang und ihrer Würkung auf das Auge. Durch das Colorit unterscheidet sich das Gemählde von der blossen Zeichnung und dem Kupferstich. Wär in der sichtbaren Natur alles einfärbig, wie in den Kupferstichen, so würde sie ohne Zweifel eines grossen Teils ihrer Schönheit beraubt sein. Denn in den Farben liegt ein Reiz, der oft nicht viel geringer ist als der, der von der Schönheit der Formen herrührt." Johann Georg Sulzer, *Allgemeine Theorie der schönen Künste in einzeln nach alphabetischer Ordnung der Kunstwörter auf einander folgenden Artikeln*, 2 Bde., Leipzig: Weidmann 1771 u. 1774, S. 209.

[11] Kant, *Kritik der reinen Vernunft*, S. 70.

[12] Ebd., S. 71.

Denn der Begriff des Denkens als Vorstellung räumlicher Form unterstellt, dass die räumliche Simultanität als gegebene Anwesenheit substanziell und nicht als Zustand innerhalb dynamischer Gefüge (als Moment der Veränderung) aufgefasst wird. Diese ist der Ansatzpunkt von Heideggers Kritik: „Der Grundzug des bisherigen Denkens ist das Vorstellen. Nach der alten Lehre vom Denken vollzieht sich dieses Vorstellen im λόγος, welches Wort hier Aussage, Urteil bedeutet. [...]. Kant nimmt auf eine einfache Weise die überlieferte Kennzeichnung des Denkens als Vorstellen auf, wenn er den Grundakt des Denkens, das Urteil, als die Vorstellung einer Vorstellung des Gegenstandes bestimmt [...]. Der Grundzug des Denkens ist das Vorstellen. Im Vorstellen entfaltet sich das Vernehmen. Das Vorstellen selbst ist Re-Präsentation. Doch weshalb beruht das Denken im Vernehmen? Weshalb entfaltet sich das Vernehmen im Vorstellen? Weshalb ist das Vorstellen Re-Präsentation? [...] Das Sein des Seienden erscheint am Anfang der Geschichte des Abendlandes, erscheint für ihren ganzen Verlauf als Präsenz, als Anwesenheit [...]. Anwesendes ist Währendes, das in die Unverborgenheit herein und innerhalb ihrer west [...]. Darum gehört zum Anwesen nicht nur Unverborgenheit, sondern Gegenwart [...]. Im Sein, das als Anwesen erschienen ist, bleibt jedoch die darin waltende Unverborgenheit auf die gleiche Weise ungedacht wie das darin waltende Wesen von Gegenwart und Zeit. Vermutlich gehören Unverborgenheit und Gegenwart als Zeitwesen zusammen."[13]

Gegenstände in ihrer Gegenständlichkeit vorzustellen, sie zu repräsentieren, ist der Grundzug des eingeübten Denkens, es präsentiert einen Gegenstand in seiner Anwesenheit, es lässt uns dasjenige bemerken, was währt, was andauert. Heidegger will diese Fixierung auf die Präsenz ablösen durch ein

---

[13] Martin Heidegger, „Was heißt Denken?", in: ders., *Vorträge und Aufsätze*, Pfullingen: Neske 1954, S. 123–138, hier S. 135ff.

„Ereignis-Denken", dem das Ereignis als „die Zuwendung im Entzug" das zu denkende ist.[14] Dies begänne – so könnte man Heideggers Einwand ergänzen – mit einer Aufmerksamkeit für die Farbe, insofern sie nicht bloß Material ist, das die Nerven als ein Bündel von Lichtwellen reizt, sondern als das Nichtwahrnehmbare, woraus etwas Sichtbares entsteht, ein Ansinnen, eine Anmutung, als Riss.[15]

Die Farbe der Formen

Kant zufolge bezieht sich das Denken auf Gegenstände, deren Anwesenheit durch die Dauer ihrer räumlichen Formen erfasst wird. Diese Bedeutung des Form-Begriffs kehrt auch in Kants Kunstverständnis wieder. Es zwingt ihn, eine kuriose Ausweitung dessen vorzunehmen, was unter Malerei zu verstehen wäre. Kunst ist Kant zufolge der Ausdruck einer ästhetischen Idee, die „durch einen Begriff vom Objekt veranlasst werden muss."[16] Weil für Kant Kunst eine Weise des Ausdrucks ist, betrachtet er die Bildende Kunst als Analogon der Gebärde; sie drückt ästhetische Ideen, die (als Archetyp bzw. Urbild) der Einbildungskraft zugrunde liegen, durch Gestalten im Raum aus. Diese Gestalt wird als Schein körperlicher Ausdehnung, „wie diese sich im Auge malt (nach ihrer Apparenz in einer Fläche) gegeben."[17]

---

[14] Martin Heidegger, „Zeit und Sein" u. „Protokoll zu einem Seminar über den Vortrag ‚Zeit und Sein'", in: ders., *Zur Sache des Denkens*, Tübingen: Niemeyer 1988, S. 1–26 u. S. 27–58, hier S. 45.
[15] Vgl. Martin Heidegger, „Der Ursprung des Kunstwerkes", in: ders., *Holzwege*, Frankfurt/M.: Klostermann 1950, S. 1–74, hier S. 49. Und Martin Heidegger, *Kant und das Problem der Metaphysik*, Frankfurt/M.: Klostermann 1991, S. 27. Vgl. auch: Eliane Escoubas, „Zur Archäologie des Bildes. Ästhetisches Urteil und Einbildungskraft bei Kant", in: Volker Bohn (Hg.), *Bildlichkeit*, Frankfurt/M.: Suhrkamp 1990, S. 502–542.
[16] Immanuel Kant, *Kritik der Urteilskraft*, in: *Werkausgabe*, Bd. 10, Frankfurt/M. 1957, S. 257.
[17] Ebd., S. 260.

VIII. Denken in Farbe

Die Malerkunst insgesamt teilt Kant nun ein in die eigentliche Malerei, die nur den Schein der körperlichen Ausdehnung wiedergibt, und die Landschaftsgärtnerei, die wahre körperliche Ausdehnung zum Schein der Benutzung, in Wahrheit aber „bloß für das Spiel der Einbildung in Beschauung ihrer Formen" gibt. „Daß die Lustgärtnerei als eine Art von Malerkunst betrachtet werden könne, ob sie zwar ihre Formen körperlich darstellt, scheint befremdlich; da sie aber ihre Formen wirklich aus der Natur nimmt [...] und [...] keinen Begriff von dem Gegenstande uns einem Zwecke (wie etwa die Baukunst) zur Bedingung ihrer Zusammenstellung hat, sondern bloß das freie Spiel der Einbildungskraft in der Beschauung, so kommt sie mit der bloß ästhetischen Malerei, die kein bestimmtes Thema hat (Luft, Land und Wasser durch Licht und Schatten unterhaltend zusammen stellt), sofern überein."[18]

Kant sieht offenkundig das, was Malerei in beiden Spielarten ausmacht, durch die unterhaltsame Zusammenstellung von Licht und Schatten zu körperlichen Formen für das Auge gekennzeichnet. Farbe taucht hier nicht auf. „Zu der Malerei im weiten Sinne würde ich noch die Verzierung der Zimmer durch Tapeten, Aufsätze und alles schöne Ameublement [...] zählen; imgleichen die Kunst der Kleidung nach Geschmack (Ringe, Dosen, usw.)."[19] Die ästhetische Urteilskraft wird dazu angeregt, die Wirkung einer Zusammenstellung von Formen auf die Einbildungskraft zu beurteilen.[20] Diese Formen denkt Kant räumlich, körperähnlich, messbar. Sie drücken, gestisch, Anschauungen aus, bzw. darin (apriorische) Wahrnehmungsmuster. Allerdings erhalten die Farben bei Kant zusätzlich eine zeitliche Signatur: „Nimmt man, mit Eulern, an, daß die Farben gleichzeitig auf einander folgende Schläge (pulsus) des Äthers

---

[18] Ebd., S. 261, Anmerkung.
[19] Ebd., S. 262. Kant analogisiert hier Blumen und den „Putz der Damen" als Zimmerschmuck.
[20] Siehe ebd., S. 262.

[...] sind, und [...] das Gemüt [...] das regelmäßige Spiel der Eindrücke (mithin die Form in der Verbindung verschiedener Vorstellungen) wahrnehme [...], so würde Farbe [...] formale Bestimmung der Einheit eines Mannigfaltigen derselben sein [...]."[21] Die Farbe wäre also nicht bloß, wie „das Grüne eines Rasenplatzes"[22], Materie der Vorstellung, Reiz, Empfindung, sondern Form. Insbesondere reine Farben scheinen dieses Potenzial zu enthalten.[23] Doch diese Möglichkeit einer zeitlichen Form der Farbe gesteht Kant der Farbe nur insofern zu, als sie der geometrischen Form untersteht, nämlich der Zeichnung: „In der Malerei, Bildhauerkunst, ja allen bildenden Künsten, in der Baukunst, Gartenkunst, sofern sie schöne Künste sind, ist die Zeichnung das Wesentliche, in welcher nicht, was in der Empfindung vergnügt, sondern bloß, was durch seine Form gefällt, den Grund aller Anlage für den Geschmack ausmacht. Die Farben, welche den Abriß illuminieren, gehören zum Reiz. [...]."[24]

Wäre Malerei nur eine Zusammenstellung von Formen, entfiele der Unterschied zur Zeichnung, sie wäre auch in einer monochromen Kupferstich-Welt denkbar. Die Farbe als Determinante der Anschauung, als Kategorie der Gegenstandserkenntnis, als Weltverhältnis wird hier merkwürdig übergangen. Und damit auch die Spontaneität, die nicht nur an der Tatsache, sondern auch am Wie des Denkens erheblichen Anteil hat. Farbe ist nicht nur dasjenige, was das Denken affiziert, sondern auch dasjenige, was gedankliche Grundlagen der Strukturierung und Formung bereit stellt. Farbe ist also keine Form der Anschauung a priori, sondern der Modus der Affizie-

---

[21] Ebd., S. 140.
[22] Ebd., S. 139.
[23] Siehe hierzu Jens Schröter, „Die Form der Farbe. Zu einem Parergon in Kants ‚Kritik der Urteilskraft'", in: Ursula Franke (Hg.), *Kants Schlüssel zur Kritik des Geschmacks. Ästhetische Erfahrung heute – Studien zur Aktualität von Kants ‚Kritik der Urteilskraft'*, Hamburg: Meiner 2000, S. 135–154.
[24] Kant, *Kritik der Urteilskraft*, S. 141.

rung derselben durch einen Gegenstand, die Art, wie ein Gegenstand als Gegenstand gegeben ist (und nicht als bloße „Abstechung"), die Art, wie „die Aufmerksamkeit auf den Gegenstand selbst" erweckt und seine einheitliche Erscheinung in der Veränderung erhalten wird. Farben machen die Form „genauer, bestimmter und vollständiger anschaulich."[25] Nur weil sie *farbig* sind, sind Gegenstände – ebenso wie das Subjekt, wenngleich an der Grenze, in der Welt, und nicht irgendwo. Das Repräsentationsdenken bestimmt die Gegenstände durch den (geistigen) Ort, an den sie vermeintlich gehören, nicht durch die Art, wie sie wirklich sind.

Mit **Theodor W. Adorno** muss man in Kants Identitätsdenken die Urform der Ideologie am Werk sehen. Eine selbstkritische Philosophie müsste sich vielmehr am Seienden, am Etwas und am seienden Ich, schulen: „Kein Sein ohne Seiendes. Das Etwas als denknotwendiges Substrat des Begriffs, auch dessen vom Sein, ist die äußerste, doch durch keinen weiteren Denkprozeß abzuschaffende Abstraktion des mit Denken nicht identischen Sachhaltigen; ohne das Etwas kann formale Logik nicht gedacht werden [...]. Korrelativ läßt auch am subjektiven Gegenpol der reine Begriff, Funktion des Denkens, nicht radikal sich sondern von dem seienden Ich [...]."[26] Das Denken muss es mit konkreten Sachen, mit etwas, mit der Mannigfaltigkeit des Erscheinenden und der Widerständigkeit des Affizierenden aufnehmen, nicht mit dem Begriff oder dem Schema von etwas. „Philosophisches Denken hat weder Reste nach Abstrich von Raum und Zeit zum Gehalt, noch generelle Befunde über Raumzeitliches. Es kristallisiert sich im Besonderen, in Raum und Zeit Bestimmten. Der Begriff von Seiendem schlechthin ist nur der Schatten des falschen von Sein."[27] Der strikten Trennung von Form und Inhalt kann nun keine

---

[25] Siehe ebd., S. 142.
[26] Theodor W. Adorno, *Negative Dialektik*, Frankfurt/M.: Suhrkamp 1966, S. 139.
[27] Ebd., S. 142.

Hegelianische Dialektik antworten: „Kritiker der Kantischen Trennung von Form und Inhalt, wollte Hegel Philosophie ohne ablösbare Form, ohne unabhängig von der Sache zu handhabende Methode, und verfuhr doch methodisch. Tatsächlich ist Dialektik weder Methode allein noch ein Reales im naiven Verstande. Keine Methode: denn die unversöhnte Sache, der genau jene Identität mangelt, die der Gedanke surrogiert, ist widerspruchsvoll und sperrt sich gegen jeglichen Versuch ihrer einstimmigen Deutung. Sie, nicht der Organisationsdrang des Gedankens, veranlaßt zur Dialektik."[28] Adornos Dialektik soll ein Verfahren sein, den an der Sache erfahrenen Widerspruch aufzugreifen und gegen die Konfrontation von Begriff und Sache in der Realität zu wenden, und zwar so, dass sich die subjektive Präformation des Phänomens nicht mehr vor das flüchtig Individuelle, Unvordenkliche, Nichtidentische schiebt. Die apriorische Grundstruktur der Identifikation sei demgegenüber Geist gewordener Zwang.[29] Denken muss dieses Nicht-Identische, aus dem und das es selbst ist, in seiner Denkbewegung einholen. „Der Gegensatz des Denkens zu seinem Heterogenen reproduziert sich im Denken selbst als dessen immanenter Widerspruch. Reziproke Kritik von Allgemeinem und Besonderem, identifizierende Akte, die darüber urteilen, ob der Begriff dem Befaßten Gerechtigkeit widerfahren läßt, und ob das Besondere seinen Begriff auch erfüllt, sind das Medium des Denkens der Nichtidentität von Besonderem und Begriff."[30] Die Selbstkritik der Philosophie muss deshalb dem Einzelnen in seiner Verschiedenheit gegenüber der Form des Begriffs Geltung verschaffen. „Der Begriff des Begriffs selbst wurde problematisch [...]. Der immanente Anspruch des Begriffs ist seine Ordnung schaffende Invarianz gegenüber dem Wechsel des unter ihm Befaßten. Diesen verleugnet die Form

[28] Ebd., S. 148.
[29] Siehe ebd.
[30] Ebd., S. 149.

des Begriffs."[31] Um nicht länger die Form des Begriffs gegenüber den Inhalten zu hypostasieren und dem Nichtidentischen, dem Ephemeren und qualitativ Neuen Gerechtigkeit widerfahren zu lassen, gilt es, so Adorno, das Nicht-Identische in der Identität selbst herauszuarbeiten. „Das Innerste des Gegenstandes erweist sich als zugleich diesem auswendig, seine Verschlossenheit als Schein, Reflex des identifizierenden, fixierenden Verfahrens. Dahin geleitete denkende Insistenz vorm Einzelnen [...]. Während das Individuelle nicht aus Denken sich deduzieren läßt, wäre der Kern des Individuellen vergleichbar jenen bis zum äußersten individuierten, allen Schemata entsagenden Kunstwerken, deren Analyse im Extrem ihrer Individuationen Momente von Allgemeinem [...] wiederfindet [...]. Konstellationen allein repräsentieren, von außen, was der Begriff im Innern weggeschnitten hat, das Mehr [...]."[32] Diese Konstellationen ermöglichen eine Erfahrung des vollen Objektes, anstatt seines Abbildes. Adorno zufolge kann das Denken nicht von somatischen Impulsen getrennt werden, und findet sein Maß am objektiven Leiden, das dem Subjekt, als gesellschaftlichem Funktionszusammenhang, widerfährt.[33] „Der Impuls, intramental und somatisch in eins, strebt über die Bewußtseinssphäre hinaus, der er doch auch angehört. Mit ihm reicht Freiheit in die Erfahrung hinein."[34] Diese Körperimpulse leben in der Imagination nach; ihre Einheit bildet der Wille. Ebenso wie die Imagination basiert der Wille auf motorischer Spontaneität, und ist deshalb nicht der vernünftigen Einsicht gleichzusetzen. Bilderlos, das volle Objekt zu denken hieße also Konstellationen zu komponieren, in deren Leerstelle sich dieses negativ zeigt. Ein merkwürdig farbloses Objekt. Dass die

---

[31] Ebd., S. 158.
[32] Ebd., S. 164.
[33] Siehe ebd., S. 206f., S. 172.
[34] Ebd., S. 228, vgl. S. 240.

Form dem Ding äußerlich sei, ist vielfach betont worden.[35] Wie verhält es sich nun, hinsichtlich derartiger Konstellationen, mit der Farbe?

Denken als Invention

Eine Theorie des Denkens als Repräsentation unterstreicht die Konstitution der Erfahrung durch die Formen des Denkens, übersieht aber, wie dieses Denken und seine Formen selbst konstituiert werden und aus welchen Quellen sich die Präsenz dessen, was repräsentiert werden soll, speist. Bei Adorno bleibt die Frage offen, wie sich die somatischen Freiheitsimpulse zu den motorischen Impulsen der Farbe verhalten.

Cornelius Castoriadis verdanken wir die Erkenntnis, dass Imaginationen die Quelle gesellschaftlicher Relationsbildungen sind. Materialitäten, Realitäten und Symbolismen beruhen auf Bedeutungen und Sinnzusammenhängen, welche die gesellschaftliche Imagination selbst erschafft und aufgrund derer epistemische, gesellschaftliche und kulturelle Formationen, auch bei fast gleichen ökonomischen Grundbedingungen, fundamental divergieren. Die imaginären Bedeutungen bringen Institutionen hervor und treiben sie an, sie schaffen eine soziale Welt. Kollektive Imaginationen beruhen aber ihrerseits auch auf der Mannigfaltigkeit und Buntheit der Anschauung, auf einer radikalen Sinnlichkeit, auf kollektiven, sinnlichen Erfahrungen, die geeignet sind, das Symbolische, die Diskurse und ihre heteronomen Effekte, zu durchbrechen.

Dies übersieht Kant, Castoriadis zufolge, wenn er zwar einerseits den Beitrag der radikalen Einbildungskraft an der Synthese der Apprehension in der Anschauung anerkennt und

---

[35] Siehe etwa Tristan Garcia, *Forme et Objet. Un Traité des Choses*, Paris: Presses Universitaires de France 2011, S. 151ff.

herausarbeitet, wie sie die Eindrücke formt und nach Regeln in Beziehung setzt, andererseits aber diese Spontaneität wie auch das Bewusstsein von der Identität der Auffassungen und Gedanken lediglich dem Begriff zuspricht.[36] Denn die spontane und kreative Fähigkeit, etwas als etwas anderes zu sehen, beruht auf der Möglichkeit, etwas (über das in der Gegenstandswahrnehmung Gegebene hinaus) zu gegenwärtigen. Auch die Selbstvergegenwärtigung im „Ich denke" beruht auf dem Vermögen, ein Bild zu entwerfen.[37] Und dies beruht, so wäre Castoriadis zu ergänzen, letztlich auf Affordanzen, Anlehnungen und materiellen Interaktionen wie beispielsweise Farbimpulsen, denen jedes „Ich denke" entspricht.

Von Aristoteles über Kant und Fichte bis zu Heidegger und Merleau-Ponty habe die Philosophie, so Castoriadis weiter, jenen doch aus dem Alltäglichen so bekannten Fluss der Vorstellungen übergangen und damit die Fähigkeit der Einbildungskraft, die Diskontinuitäten sowohl hervorzubringen wie zu überbrücken.[38] Reflexion setze nicht nur, wie bei Kant, eine transzendentale Apperzeption voraus, sondern die Arbeit der radikalen Imagination des Subjektes, nämlich die Fähigkeit, sich als vorstellende Aktivität im Denken zu begreifen, das Denken auf die denkende Aktivität zu wenden und damit im Denken einen Bruch mit seiner Funktionalität herbeizuführen. Dadurch müssten Denkgewissheiten und -regeln suspendiert werden und neue Denkmöglichkeiten unterstellt werden.[39] Diese psychische Fähigkeit zur spontanen Bildproduktion

---

[36] Castoriadis, *Gesellschaft als imaginäre Institution*, S. 288f.
[37] Ebd., S. 218.
[38] „La familiarité immédiate avec ce flux suspend l'étonnement quant à son existence même et à son étrange capacité de créer des discontinuités en même temps que de les ignorer en les enjambant. De même, il est comprehensible que ce soit précisément ce dernier aspect, le saut, l'inattendu, le discontinu, par où se monnaye la puissance créatrice de l'imagination, qui demeure insaisissable pour Aristote aussi bien que pour Kant (comme pour Fichte, pour Heidegger ou pour Merleau Ponty) [...]." Cornelius Castoriadis, *Fait et à faire*, Paris: Seuil 1997, S. 315.
[39] Ebd., S. 331.

wirkt mit der Sinnlichkeit in der Weise zusammen, dass diese weder als Auftrittsfläche externer Kräfte kausal determiniert gefasst werden muss, noch als „bloß subjektiver" Projektionsapparat.

Sinnlichkeit generiert Vorstellungen, zwar in Abhängigkeit von Affekten und Intentionen, jedoch nicht vollständig davon determiniert. Radikal ist diese Sensibilität dann, wenn sie über ihre Bestimmungsgründe tendenziell hinausgeht, denen gemäß sie ein Jeweiliges angemessen erfassen kann (was weder im Falle der Abbildung noch im Falle der Projektion prinzipiell ausgeschlossen ist); denn gäbe es nur diese adäquate Sinnlichkeit, so wäre es lediglich *eine* Wahrnehmung, die womöglich mehr oder weniger zufällig passend ist, bestimmt durch die Regeln der Erkenntnis, aber es wäre nicht *meine* Wahrnehmung *des Intendierten als reales*. Castoriadis unterstreicht, dass körperliche Affekte ebenso wie sprachliche Artikulation den Strom der Vergegenwärtigungen und Gestaltungen voraussetzen, den er „Magma" zu nennen vorschlägt: „Die Gesamtheit der Vorstellungen, die ein Individuum in jedem Augenblick und sein ganzes Leben lang hat – oder besser: der Strom von Vorstellungen, Affekten, Strebungen, der ein Individuum recht eigentlich ist –, ist zunächst und vor allem ein Magma [...]. Das *legein* trennt aus dem Vorstellungsstrom ein Bruchstück, einen Aspekt, ein Moment provisorisch aus dem übrigen heraus und läßt es als isoliertes ‚im Hinblick auf ... zwecks ...' sein."[40] Das Magma ist durch interne Figur/Grund-Verschiebungen ebenso gekennzeichnet wie durch ein Sich-Verändern der Differenzen und Andersheiten.[41] Die Abfolge von aufeinander verweisenden und auseinander hervorgehenden Vorstellungen läuft nicht nur in der Zeit ab, sondern „schöpft" Zeit.[42] Eine Vorstellung zu haben, meint also zugleich die Präsentation von etwas

[40] Ebd., S. 530.
[41] Ebd., S. 533f.
[42] Ebd., S. 535.

als Differenziertem, die interne Relationsbildung wie auch die Transformation dieses logischen Gefüges: „Die Vorstellung ist radikale Imagination. Der Vorstellungsstrom ist Selbstveränderung, vollzieht sich als unaufhörliches Auftauchen von Anderem in der und durch die Setzung/Vor-Stellung [*position*] von Bildern und Figuren. Diese Verbildlichung entwickelt, schafft und aktualisiert erst, was der reflexiven Analyse nachträglich als Bedingung ihrer eigenen Möglichkeit erscheint: Verzeitlichung, Verräumlichung, Differenzierung, Anderswerden [...]. Denken heißt notwendig immer auch: Vorstellungen (Figuren, Schemata, Wortbilder) in Bewegung setzen, in bestimmten Richtungen und nach bestimmten Regeln [...]."[43]

Castoriadis schickt sich nun an, eine genaue Analyse dieses Quellgrundes des Denkens und Wahrnehmens vorzunehmen, aus der ersichtlich wird, wie sowohl Wahrnehmungen von Dingen als auch Träume, Gedankenketten und Erinnerungen von dieser Fähigkeit zur Bildung von Vorstellungen und ihrem zeitlichen Korrelat, dem Gegenwärtigen, abhängen. Diese *Bildungskraft* ist nicht einfach ein Projektionsschirm oder eine Falte.[44] „Warum hat man die Vorstellung immer nur als Projektionsschirm betrachtet, auf dem ‚Subjekt' und ‚Ding' fatalerweise voneinander getrennt sind [...]? Der Grund liegt darin, daß die Vorstellung diejenige Auffassung des Seins, wie sie der griechisch-abendländischen Metaphysik von Anfang bis Ende zugrundeliegt, nämlich des Seins als Bestimmtheit – sowie die wesentlichen Konsequenzen aus dieser These – wonach das Sein eines, dasselbe und für alle dasselbe, als ein gemeinsames (*koinon*) Sein ist – in Frage stellt und strenggenommen ebenso zerstört wie den dieser These entsprechenden und wesensgleichen Organisationstyp. Betrachtet man die Vorstellung jedoch für sich, so widerstrebt das in ihr und mit ihr gegebene noch

---

[43] Ebd., S. 542.
[44] Auch die Theorie der Falte bei Deleuze fällt unter diese Kritik. Vgl. Gilles Deleuze, *Die Falte. Leibniz und der Barock*, Frankfurt/M.: Suhrkamp 2000.

den elementarsten logischen Schemata [...]. So mußte man die Vorstellung verwerfen oder herabsetzen, um das Sein zu retten, denn ‚sein‘ heißt: ‚bestimmt sein‘, ‚eines sein‘, ‚das selbe sein‘, ‚für alle dasselbe sein‘, ‚gemeinsam sein‘ – während die Vorstellung diese Normen nicht kennt oder verletzt [...]. Immer wurde [die Vorstellung] nur als Widerspiegelung oder [...] Abbild, als ein nicht ganz klares und distinktes Bild von ..., als Schirm zwischen Bewußtsein und Ding oder Welt [...] angesehen. So wurde sie zum festen und beständigen ‚Schauspiel‘, einem Gemälde, das im ‚Inneren‘ des Subjekts aufgehängt ist, zum schlechten Abklatsch des ‚Dings‘, einer verblaßten, zurückbehaltenen Wahrnehmung."[45]

Während einerseits die Vorstellung die Möglichkeit der Wahrnehmung von etwas bedingt und sich spontan, ohne von diesem Etwas verursacht worden zu sein, bildet, lässt sie sich andererseits nicht im luftleeren Raum machen, produzieren, intentional steuern, sondern geht diesem Produzieren und Steuern schon voraus. Sie ist das, was die Gegenwart des Subjekts erzeugt: „Die Vorstellung ist fortwährendes Anwesendseinlassen, unaufhörliches Fließen, in und mit dem alles gegeben ist, was es auch sei. Sie gehört nicht zum Subjekt, sie *ist* das Subjekt [...]. Sie macht, daß es stets, auch wenn wir ‚an nichts denken‘, jenes dichte und kontinuierliche Strömen gibt, das wir sind. Sie ist das, wodurch wir selbst uns gegenwärtig sind, auch wenn uns etwas gegenwärtig ist, was nicht bloß wir sind [...]; weshalb unsere Selbstgegenwart immer nur die Gegenwart von etwas sein kann, das nicht einfach wir sind."[46]

Nun produziert diese Gegenwart nicht das, was gesehen wird, sondern gegenwärtigt es nur. Sie produziert sich auch nicht selbst, sondern findet sich in einem Fließen, das sie ist. Das Gegenwärtigen stellt die Möglichkeit dafür her, dass etwas,

---

[45] Castoriadis, *Gesellschaft als imaginäre Institution*, S. 544f.
[46] Ebd., S. 546.

das unabhängig vom Subjekt existiert, von diesem als Form, Gestalt oder Qualität wahrgenommen werden kann. Etwas Reales kann von der Vorstellung präsentiert werden. „Die Schnitte, durch die im Vorstellungsstrom jene vermeintlich wohlunterschiedenen ‚Bilder' entstehen, an die der Philosoph gewöhnlich denkt, wenn er von der ‚Vorstellung von...' spricht, können sich gewiß an ‚Formen', ‚Gestalten', ‚Besonderheiten'; ‚Unterschiede', ‚Ebenen' und ‚hervorstechende Merkmale' anlehnen, die im Vorstellungsstrom aufsteigen und die er durch sein Sein sein läßt; dennoch handelt es sich bei diesen Schnitten um einen späteren, sekundären Eingriff. Der Vorstellungsstrom enthält – oder besser: schöpft – die Träger und Keime jener Unterteilungen [...]."[47]

Zweifellos trifft Castoriadis hier einen wichtigen Punkt: Dinge und Wahrnehmungen sind nicht einfach da, sie sind kein Erstes, Gegebenes, sondern setzen den Vorstellungsstrom voraus, in den sie Diskontinuitäten einfügen.[48] An sie lehnt sich dieser Strom seinerseits an und nimmt Impulse auf. Welcher Vorstellungstrom, welches Magma jeweils entsteht, ist aus Castoriadis' Sicht lediglich abhängig von gesellschaftlichen Institutionen. Doch bleibt in Castoriadis' Philosophie eine Lücke zwischen der subjekttheoretischen Erklärung der Vorstellung und der These, dass gesellschaftliche Institutionen den Gebrauch des Magmas ebenso prägen, wie sie aus ihm hervorgehen. Wie kann man, für ein kollektives Subjekt, den Gebrauch der Imaginationen denken? Was ist radikale Imagination und Sensibilität auf der Ebene des kollektiven Subjektes? An welchen Anstößen richtet sie sich aus, in welchen Umwelten ist eine Rückwendung auf den Vorstellungsstrom möglich? Und wie beeinflusst die Sinnlichkeit individuelle und kollektive Subjektivierungsprozesse?

[47] Ebd., S. 547.
[48] Ebd., S. 549.

Das, was sich in den Formen, Gestalten, Schemata und in Abhängigkeit von diesen als das Reale zur Geltung bringt, spielt in seiner Differenz und Inkommensurabilität eine erhebliche Rolle im Fluss des Denkens. Erst mit malenden, gestaltenden Praktiken wird die Einbildungskraft intersubjektiv operabel. Sie bildet eine intersubjektive Vorstellungskraft; und nicht zuletzt bildet sich durch das Malen erst ein Gespür für die *intrasubjektiven* Voraussetzungen und Relata, auf denen die Schöpfung neuer Qualitäten, Formen, Gestalten, Schemata, Merkmale und visueller Regeln basieren und aus denen die Intersubjektivitäten erst hervorgehen.

Zu diesen Relationsbildungen und Voraussetzungen zählen Intensitäten und Vibrationen, die ein Ineinander, ein Zusammen (von Wahrnehmung und Wahrgenommenem) ausbilden, zählen Umfänge und Profile von Präsenzen, zählt ein Sinn für Gegenwart und entsprechend auch für Abwesenheit, eine Stabilisierung kollektiver Vergegenwärtigungen, die Ausarbeitung einer gemeinsamen Handlungsfläche. Nicht erst mit der Darstellung von Abwesendem (Vergangenem z.B.) bereitet die Malerei räumlichen Operationen den Boden. Mit dem (malerischen) Gebrauch von Farbflächen stellt sich ein Grund für den Austausch von Imaginationen ein, eine Konfiguration dessen, was (intersubjektiv) gegenwärtig und was abwesend ist, eine Differenzierung von Simultanität und Sukzession. Malen prägt einen räumlichen und einen zeitlichen Sinn der Farben.

Damit ist nicht die Geschichtlichkeit der Farben gemeint. Selbstverständlich tragen Farben (paint) einen temporalen und kulturellen Index ebenso wie die aus ihnen bestehenden, reproduzierbaren Bilder und ihre Farben (colour). Mehr noch als die ästhetischen Gefüge und der Stil bietet die (chemische oder physikalische) Analyse der Farbmaterialien, aus denen Bilder (nicht nur Kunstwerke) bestehen, heute die Möglichkeit, die aus ihrer Provenienz abgeleitete Geltung zu falsifizieren. Nicht erst im Labor beweisen Farben ihren Eigensinn, sondern zunächst dort, wo sie sich als diejenige Kraft erweisen, durch die ein Gegenstand überhaupt in die Sichtbarkeit gelangt; als etwas, das Gegenwart distribuiert und differenziert, das ihr Volumen, Konturen, Profile und Grenzen verleiht.

In den frühen Theoretisierungen der Malerei, etwa bei Alberti, Dürer oder da Vinci, wird diese stilisiert als eine Steigerung physikalischen und geometrischen Denkens: Die flächige Bildordnung basiert auf vertieften geometrischen Kenntnissen, rekonstruiert nicht nur natürliche Körper auf abstrakter Ebene, sondern variiert sie in symbolischer Verdichtung, entlockt ihrer Komposition und ihrer Erscheinung die Sprache der Natur. Allerdings zielen diese nobilitierenden Theoretisierungen auch auf die Kennzeichnung der notwendigen intellektuellen Fähigkeiten des Malers[49], auf Voraussetzungen also, die in das Gemälde mit einfließen, dieses aber nicht generell bestimmen und die doch allzu oft lediglich klassenspezifische, rassistische oder sexistische Stilisierungen sind. Doch ähnlich, wie ein wissenschaftlicher Text anderes sagen kann, als seine Autorin intendiert hat, ist das Denken der Malerei nicht identisch mit dem Denken, und erst Recht nicht mit den Intentionen derjenigen, die Malerei praktizieren.[50] Gemälde sind nicht nur Spuren der Bewegungen, Aufzeichnungen der Vorstellungen und Repositorien der Emotionen einer Malerin, da schon im Material dieser Spuren, Aufzeichnungen und Aufbewahrungen etwas Gestisches liegt, etwas, das Bezug nimmt auf eine Szene des Ausarbeitens, Ausmalens und Zeigens. Und dieses Gestische wird nicht symbolisiert in Farbe; vielmehr rührt es aus der Farbe selbst, so wie sie in der Malerei zur Geltung kommt. In der Malerei werden farbliche Gesten als kollektive Aktionen zum Ereignis.[51]

---

[49] Malerinnen werden in dieser Stilisierung meist übergangen.
[50] Merleau-Ponty, *Sinn und Nicht-Sinn*, S. 33.
[51] Wie man in Abwandlung der performanztheoretischen Thesen Judith Butlers sagen könnte, die das Gestische unterhalb des Sprachlichen und der symbolischen

Denken als Intervention

Farbe ist folglich nicht nur ein Ausdrucksmittel; sie ist auch eine Waffe zur Befreiung des Denkens. Farbe zieht das Denken aus seiner formalen Beschränkung, führt im Denken einen Bruch mit seiner Funktionalisierung herbei und richtet es auf das Potential der Formen, auf die Möglichkeit der Vorstellung, auf die Morphogenese. Farbmaterie ist weder eine einheitliche, inerte, hinter Erscheinungen verborgene Substanz noch eine gesellschaftliche, diskursiv konstruierte Tatsache, sondern Energie, die sich durch Eingriffe objektiviert, selbst in Bewegung und Bewegung auslösend, prozesshaft, differenzierend und formativ, und nicht erst im Konzert mit anderen Farben voller selbstorganisierender Fähigkeiten. Farbmaterie wird also nicht nur entdeckt, geformt und aufgetragen und erst recht nicht erst diskursiv konstituiert, sondern bedingt selbsttätig die Okkurrenz, die Vermittlung und die Erfahrung kultureller Welten. Diese Selbsttätigkeit zeigt sich in der Herstellung einer Präsenz, die allein die Farbe leistet; sie zeigt sich in ihrem Strahlen, im Scheinen, im Schockieren, aber auch im Verdunkeln, Verbergen, Entziehen, im Überblenden und im Schlagschatten.[52] Hinter der Buntheit und Mannigfaltigkeit der Farben steht keine einheitliche denkende Substanz; und doch sind die Kräfte, Energien und Dispersionen als solche Bestandteil des imaginativen Magmas, Quellpunkte kollektivierender Vorstellungen und damit Akteure innerhalb eines intraaktiven Denkprozesses (aus dem das Denken und das, was Gedacht wird, verändert hervorgehen). Farbmaterie bringt dieses Potential

---

Codes auf die Versammlung verletzlicher Körper zurückführt. Vgl. Judith Butler, *Wenn die Geste zum Ereignis wird*, Wien: Turia und Kant 2018.

[52] „In meinen künstlerischen Arbeiten spielt das Licht eine besondere Rolle. Es ist kein Licht im Sinne des Impressionismus, sondern es handelt eher von Objekten, Dingen wie Beleuchtetem, Hinterleuchtetem, Selbstleuchtendem und den damit abstrakt farbig übersetzten Halb- und Volltönen mit ihren Schlagschattenformen." Thomas Scheibitz, *Texte Notizen Szenarien*, Berlin: Diamondpaper Publishing 2016, S. 31.

besonders in der Malszene ins Spiel und eröffnet dort den imaginären, sensitiven und somatischen Raum der Färbung, der dann öffentlich bedeutsam und intersubjektiv weiter ausgehandelt wird. Ohne einen solchen Raum der Färbung wären objektivierte Strukturen des Nacheinander und des Nebeneinander nicht mit solchen des Zugleich und des Ineinander verschränkt wahrnehmbar und vorstellbar.

Immer dann, wenn über eine Auseinandersetzung mit der Vielfalt der Farben und der Farbe konkreter Gegenstände hinaus die Möglichkeit der Farbe reflektiert und bearbeitet wird, wie im Prozess des Färbens, manifestiert sich ein Denken in Farbe. Dieses Denken ist (als Auge, Geist und Hand) eine Intervention. Es beobachtet und beschreibt nicht nur, sondern verändert die Welt. Es färbt die Welt und macht sie dadurch intensiver und genauer wahrnehmbar, begreifbar, gestaltbar.

Färben ist ein Akt produktiver Einbildungskraft, der das Gegebene, das Gewesene und die aus diesen Zeitzonen deduzierten Denkbarkeiten negiert; er externalisiert gestisch und objektiviert dann die Einbildungskraft, wobei er die Spontaneität materieller Interaktionen, hier des Farbstoffes, aufsucht: Etwas Unvordenkliches soll denkbar und sichtbar werden, soll sich real ereignen; etwas Imaginäres soll manifest werden. Dadurch wird eine Interaktionsfläche kollektiven Imaginierens geschaffen, auch ein Raum zur Aushandlung kollektiver Aufmerksamkeit und zur Regulierung und Deregulierung affektiver Zeit.[53] Malerei ist ein Akt des Denkens in Farbe. Nicht der einzig mögliche.

Denn dieses Denken ist vor allem auf eine sinnliche Wahrnehmung bezogen, die eingreift, die eine Reflexion auf die Bedingungen der Sichtbarkeit und der Denkbarkeit durch die

---

[53] „Painting has been, and remains to be, the privileged format for negotiating attention, for exploring the regulation and deregulation of affective time in an era of massive image production and circulation." Joselit, „Marking, Scoring, Storing, And Speculating (On Time)", S. 14.

Manipulation der Farbigkeit herstellt, ergänzt durch die Veränderung der Position, der Aktivität, der Aufmerksamkeit, und die Beobachtung der dadurch ausgelösten Gegenwärtigung, der Variation, Deformation und Suspension der Erscheinung. Diese sinnliche Wahrnehmung ist also ein Akt, bei dem Farbigkeit interaktiv hervorgebracht wird. Was ist das für ein Denken, das sich in der Farbe abspielt, aufspaltet, vervielfältigt? Farben reagieren nicht nur aufeinander, sie reflektieren einander und die luminöse Umwelt – allein dies gäbe Anlass, von Denken zu sprechen.[54] Der Anstoß und Riss, der von den Farben ausgeht, holt das Denken aus der bloßen Möglichkeit zu denken: „Denken heißt erschaffen [...], erschaffen heißt zunächst, ‚denken' im Denken zu erzeugen."[55] Das Denken in Farben ist eine solche Erschaffung bzw. Ergründung des Denkens in der Möglichkeit des Denkens durch Differenzierung; und zwar einer Differenzierung auf der Basis einer interaktiven Fläche des Vorstellens. In Analogie zum Denken „des Kinos", das Deleuze untersucht hat, können wir sagen, dass ebenso, wie ein Film ein Denken ist bzw. sein kann und nicht nur ein Denken, z.B. des Regisseurs, repräsentiert, keine Lichtprojektion, sondern eine Folge von Geisteszuständen, die entweder geistige Automaten produziert, oder ein neues Bild des Denkens, das in Bezug steht zum Unentscheidbaren und Inkommensurablen,[56] dass ebenso wie jeder Film ein Denken entfaltet, auch aufgebrachte Farbe kein bloßes Analogon der Gegenstandsformen ist, keine Reproduktion von Isomorphien, kein Vorzeigen visueller Ähnlichkeiten, sondern eine Zeitsynthese und ein Denkimpuls. Exemplarisch für das Denken des Zeit-Bildes beschreibt Deleuze die Filme Michelangelo Antonionis: „Er kritisiert die in dieser Welt bestehende Koexistenz

---

[54] Vgl. hierzu Philippe Descola, *Jenseits von Natur und Kultur*, Berlin: Suhrkamp 2011, S. 423ff.
[55] Gilles Deleuze, *Differenz und Wiederholung*, München: Fink 1992, S. 192.
[56] Gilles Deleuze, *Das Zeit-Bild. Kino 2*, Frankfurt/M.: Suhrkamp 1991, S. 215, S. 276.

zwischen modernem Gehirn und erschöpftem, verbrauchtem und neurotischem Körper. Sein Werk führt dementsprechend durch einen Dualismus, der den beiden Aspekten des Zeit-Bildes korrespondiert: ein Kino des Körpers [...], aber auch ein Kino des Gehirns, das die Kreativität der Welt aufdeckt, ebenso wie die einem neuen Zeit-Raum entstiegenen Farben und die von den künstlichen Gehirnen vermehrten Mächte. Wenn man Antonioni als einen großartigen Koloristen betrachten darf, dann wegen seines unerschütterlichen Glaubens an die Farben der Welt und an die Möglichkeit, sie zu erschaffen und unser gesamtes zerebrales Wissen zu erneuern. [...]. Die Welt ist einfach in herrlichen Farben gemalt, während die sich in ihnen ausbreitenden Körper noch geist- und farblos sind [...]. Die Einheit von Antonionis Werk besteht in der Konfrontation der Figur (ihres Körpers, ihrer Müdigkeit und ihrer Vergangenheit) mit der Farbe (dem Gehirn, mit all seinen zukünftigen Möglichkeiten), doch beide als Bestandteile ein und derselben Welt [...]."[57] Analog könnten wir beschreiben, wie die Vibrationen der Materie, wie die Kräfte und Individuierungen der Körper durch Farben bzw. als Farbe synthetisiert werden, wie *Farbe* in chromatischen Synthesen *denkt*. Aber es gibt nicht nur ein Denken *der* Farbe. Noch bevor Farbe mit einer Farblosigkeit oder mit einer Figur konfrontiert werden kann, muss sie ergründet werden. Dies ist *Denken in Farbe*.

Farbe steht hier für die Kreativität der Welt, für ein Denken der Welt, einer kollektiven Welt, einer Lebenswelt, das einer zukünftigen Möglichkeit des Gehirns entspricht, der Organe, der Sensibilität, dort, wo Farbe sich autonomisiert. Malen verändert die Welt und den Gebrauch des Körpers. Im Prozess des Malens ermöglicht Farbe die Grundlegung einer optischen und haptischen Tiefe, die Erfindung von Gleichzeitigkeits- und

---

[57] Ebd., S. 264. Analog spürt Alliez dem Denken nach, das sich in Matisses Gemälden entfaltet. Eric Alliez, *La Pensée-Matisse. Portrait de l'artiste en hyperfauve*, Paris: Le Passage 2005.

Abfolgebeziehungen, die Evokation und Kontur von Präsenz. Farbe bedingt die Möglichkeiten der Sichtbarkeit. Sicher noch Anderes, von dem wir noch nicht wissen. Alles, was gleichzeitig ist und wahrgenommen werden kann, hält sich zunächst in diesem Farbraum. Aber davor und daneben tut sich eine Latenz der Farbe auf, eine Möglichkeit Farbe zu werden, ein noch nicht Farbiges, eine Dämmerung oder Vorläufigkeit, in der das wahrnehmbar wird, was einmal bestimmbare farbliche Präsenz sein wird. Nicht nur in der Juxtaposition, etwa als Kontrast, sondern auch in der räumlichen und zeitlichen Sukzession ergibt sich, wie eine Farbe jeweils gesehen wird. Die Intensität eines Farbeindrucks verblasst, eine neu auftauchende Farbe, gleich wie fade sie sein mag, affiziert, Farben verwandeln sich in der Abfolge. Aus Mikroimpulsen wird das Ereignis einer Farbpräsenz. Diese Farbpräsenz negiert das, worauf bzw. worin sie erscheint. Diese Verwandlung der Farben (vom Attribut zum Akteur) bewirkt das Erlebnis der Dauer (die durch keine Form zusammengehalten wird), bewirkt das, was als Metamorphose der Zeit benannt worden ist. Wenn die Farblichkeit ein wichtiges Kennzeichen dessen ist, woran wir Identität und Variabilität wiederkehrender Dinge erkennen, so ist das Färben und besonders das Einfärben (von Stoffen, Körpern etc.) eine Weise, über die Manipulation von Erscheinungsweisen Aussagen über wesentliche Verlaufsformen und dahinter liegende Latenzen zu generieren. Das Färben ist Teil dieser Erforschung dynamischer und manipulierbarer Beziehungen, die vor dem Sehen einzelner farblicher Ausdehnungen in Raum und Zeit liegen. Das Färben folgt den Impulsen, Affektationen, Wahrnehmungen, Gesten und Gedanken, die die Farbmaterie suggeriert, anbietet oder auslöst, antwortet auf farbliche Affordanzen, negiert jedoch auch Offensichtliches und zerstört farbliche Stereotypen und Denkklischees.

Das Färben geht darin der Phantasie voraus, die, wie Walter Benjamin konstatiert hat, „unkonstruktiv [ist], rein entstaltend – oder (vom Subjekt aus gesehen) rein negativ."[58] Das Geistige entwickeln Kinder im phantasievollen Umgang mit Farbe, der sich vom Umgang der Erwachsenen damit gänzlich unterscheidet, für die Farbe nur „der schichthafte Überzug" ist, von dem es zu abstrahieren gilt, um die Position der Dinge in Zeit und Raum zu erfassen. Für Kinder ist Farbe Kontur: „In der konturierenden Farbe sind die Dinge nicht versachlicht, sondern erfüllt von einer Ordnung in unendlichen Nüancen; die Farbe ist das Einzelne, aber nicht als Sache und eigensinnige Individualität, sondern als Beflügeltes, welches von einer Gestalt zur andern überfliegt."[59] Kinder entwickeln dadurch, dass sie die Gegenstände nicht isoliert, sondern nach ihrem farbigen Gehalt anschauen, einen Sinn für Zusammenhänge, für Bewegungen; die Fähigkeit, sich auf die Welt einzulassen: „Die Farbe im Leben des Kindes ist der reine Ausdruck (seiner) reinen Empfänglichkeit, sofern sie sich auf die Welt richtet [...]. Die Farbigkeit der Kinderzeichnung geht von der Buntheit aus. Die besondere und höchste Durchsichtigkeit der Farbigkeit überhaupt wird angestrebt und es gibt keine Beziehung auf Form, Fläche, Konzentration zum Raum. Das reine Sehen ist nämlich nicht auf den Raum und auf den Gegenstand gerichtet, sondern auf die Farbe, die gewiß im höchsten Grade gegenständlich aber nicht raumgegenständlich erscheint. Die Malerei als Kunst geht von der Natur aus durch Sammlung auf die Form. Die Gegenständlichkeit der Farbe beruht nicht auf der Form, sie [...] schafft die reine Stimmung ohne darum die Welt aufzugeben."[60] Die Gegenständlichkeit der Buntheit affiziert

---

[58] Walter Benjamin, „Phantasie", in: „Zur Ästhetik, Fragmente vermischten Inhalts", in: *Gesammelte Schriften*, Bd. 6, Frankfurt/M.: Suhrkamp 1985, S. 114–117, hier S. 115. Kunstwerken liegt Phantasie, deren „Genie des Vergessens" auf „stetig wechselnden Übergang" gerichtet ist, und „Sehertum" („Blick für werdende Gestaltung", „Genie der Ahnung") zu Grunde. Ebd., S. 116f. Dies ist es, was ich „Intuition" nenne.
[59] Walter Benjamin, „Die Farbe vom Kinde aus betrachtet", in: „Zur Ästhetik, Fragmente vermischten Inhalts", Ebd., S. 110–112, hier S. 110.
[60] Ebd., S. 111.

deshalb die ungebrochene Phantasie-Tätigkeit der Kinder, weshalb diese es vermögen, anders als erwachsene Künstler, die von der Farbe auf die Form hin abstrahieren, „ein Leben in der Kunst" zu führen.[61] Während aber die Farbe im Sinne der Kinder ganz für sich steht und im Grunde nur, durch Buntheit angeregt, in der Phantasie existiert, als Erscheinung, ist die seherisch gestaltete, die gemalte Farbe beziehungsreich, „substantiell als Oberfläche oder Grund, irgendwie im Schattiert(en) und auf Licht und Dunkel bezogen."[62]

Die Interaktion der Farben im Malprozess restrukturiert das Sichtfeld ebenso wie das Gedächtnis und die Erwartung. Deshalb entsteht jeder farbliche Punkt, der gesetzt oder subtrahiert wird, schon in einem Impuls der Farbe und stellt sowohl Simultanität wie auch Sukzession dar, denn er steht in seiner kompositen Materialität haptisch auf dem Grund, ebenso wie er sich optisch in dessen Tiefen zu versenken, sich zu halten oder zu schweben scheint. Diese Farberfahrung könnte den bloßen Anschein einer räumlich-zeitlichen Staffelung oder ein erstes der zahlreichen Gestaltphänomene darstellen, zu denen die Farbe im Gemälde das Sehen forciert; aber ebenso wie der Tiefenraum für den kinästhetischen und propriozeptiven Leib eine Erfahrungsrealität ist und wie die Tiefenzeit das generiert, woraus Zeitliches entsteht und worin Veränderung stattfindet (wenn auch noch ohne Richtung bzw. in alle Richtungen), so ist die Farbtiefe ein strukturelles Apriori visueller Wahrnehmung. Die farbliche Modulation dieser Farbtiefe (die allein schon durch die Differenzierung chromatischer Valeurs grundsätzlich andere Intensitäten, Konturen und Assoziationen zulässt) eröffnet einen Denkraum, in dem die Bedingungen des Sich-Verdichtens, Sich-Darstellens und Herausragens (*Salienz*)

---

[61] Ebd.
[62] Walter Benjamin, „Die Reflexion in der Kunst und in der Farbe", in: „Zur Ästhetik, Fragmente vermischten Inhalts", S. 117f, hier S. 118. Schon Benjamin plante hier, weit vor Flusser, eine Arbeit, die „Farbe und Form als verschieden" zu zeigen hätte.

ebenso systematisch erprobt werden können wie die Möglichkeiten des Scheinens, des Verbergens, des Täuschens. Bevor mit Mitteln der Farbe deutlich werden kann, wie etwas überhaupt, und dann, wie etwas als etwas sichtbar wird und zu existieren beginnt, und schließlich, warum Farbe Bedeutung annimmt, muss Farbe gedacht werden – *in Farbe muss auf die Möglichkeiten und die Kraft der Farbe reflektiert werden*. Und dies kann nur im Experiment mit der Farbe geschehen. Dem Zusammenhang von Tiefe, Bewegung und Propriozeption im Akt farblicher Bildproduktion geht eine Verknüpfung des farbgebenden Potentials optisch-haptischer Stoffe, eine Koordination und Synthese ihrer Vibrationen voraus. Ein Akt farblicher Willkür bleibt die Voraussetzung farblicher Autonomie.[63] Der Prozess des Malens folgt hier experimentellen Intuitionen, die erstens als Einräumen und Zulassen dessen wirken, was sich aufdrängt und (noch) nicht wahrgenommen werden kann. Doch die Intuitionen treten hier nicht einfach als subjektive Erkenntnisformen auf, sondern zum Zweiten als materialgeleitete Produktionen, als Hervorbringen von Gestalten, als Morphogenesen. Insofern diese Intuitionen auf farblichen Impulsen aufbauen, entfalten sie drittens Möglichkeiten der Intersubjektivität in einem Feld, in dem Individuen, innerhalb erwartbarer und gewohnter Abläufe, lernen, das Auftreten von etwas als spontan und andersartig wahrzunehmen.

Wären die Gegenstände in der Welt nur in räumlicher oder zeitlicher Ausdehnung gegeben, so könnten wir sie nicht wahrnehmen. Wenn ich versuche, mir die visuelle Wahrnehmung eines völlig farblosen, durchsichtigen Gegenstandes zu denken, der sich dynamisch verändert, so ist dies eine faszinierende, aber unmöglich zu lösende Aufgabe. Natürlich gibt es derartige Gegenstände; die Luft in dem Raum, in dem ich sitze, wäre ein

---

[63] Zu diesem Gedanken vgl. Dirk Setton, „Akt der Willkür. Kant und das Problem der Wirklichkeit der Freiheit", in: Juliane Rebentisch u. ders. (Hg.), *Willkür*, Berlin: August Verlag 2011, S. 51–88, insb. S. 79 u. S. 88.

Beispiel, oder eine Kohlenmonoxid-Blase, die vielleicht über den Boden kriecht, auch die Partikel, aus denen die wahrnehmbaren Alltagsgegenstände aufgebaut sind (Quarks, Atome); das Gleiche gälte für das Klima und ähnliche Hyperobjekte oder für abstrakte Gegenstände (wie Begriffe). Töne sind farblos, ich kann sie hören. Gegenstände, die ich visuell wahrnehmen kann, vermag ich mir nicht als gänzlich farblose vorzustellen. Damit ich einen Gegenstand anschaulich wahrnehmen kann, muss er eine räumliche, zeitliche und farbliche Bestimmung aufweisen und damit zugleich in eine farbliche Relation zu seiner Umwelt treten.

Wenn das richtig ist, so muss im nächsten Schritt festgehalten werden, dass die farbliche Bestimmung zumindest minimale Differenzen, Ausdehnungen, Nuancen im Übergang aufweisen muss und sich auch darin von den räumlichen und zeitlichen Bestimmungen unterscheidet, dass sie nicht einfach Abschnitte in einem abstrakten bzw. apriorischen Kontinuum markiert, Grenzen, *sondern aus sich eine Differenzierung generiert und suspendiert.* Diese Übergangshaftigkeit und Latenz der Farbe liegt Formbildungsprozessen zugrunde. Auch in einer Kupferstich-Welt gibt es keine reinen Farbgrenzen, sondern jeder Stich, jede Linie, ist ein Übergang. Die farbliche Differenzierung kann in der Anschauung auf den Gegenstand selbst zurückgeführt werden, auf der Basis von Nuancen, und zeigt zugleich Eigenschaften der Wirklichkeit, in der sie und der Gegenstand stehen. Wäre die Differenzierung erkennbar auf den Umgebungsraum (das Licht beispielsweise) oder auf die wahrnehmende Sinnlichkeit (Farbfilter, Farbschema) zurückzuführen, könnte ich lediglich davon ausgehen, einen Effekt gesehen zu haben, aber keinen Gegenstand. Grundlage der jeweiligen Farbe ist die Färbung. Sie ist nicht nur der Ort des Zusammentreffens der Verflechtung oder der Ausfaltung von Subjektivität und Objektivität, sondern ein Prozess, eine Tätigkeit, durch die sich etwas (eine Gruppierung) aus einer Tiefe heraus sondert. Die Färbung leistet die jeweilige Verknüpfung von subjektiver Anschauung und objektiver Existenzweise als sinnliche Realität farblicher Differenzierung in einer Umwelt. Färbung produziert ein differenziales Geschehen, Farbigkeit, Buntheit, Realität. Im Unterschied zur intellektuellen Anschauung, und mindestens graduell auch im Unterschied zum Imaginierten oder Erinnerten, begegnet die sinnliche (visuelle) Realität als Farbigkeit.

Das Denken in Farbe ist die Reflexion dieser Möglichkeit; es erschließt das Reservoir, die Latenz jeweiliger Farbigkeit bzw. jedweder Färbigkeit, die Möglichkeiten der Interaktion, die Wirklichkeiten einer lebendigen Umwelt. Dieses Denken geht über das Denken in Punkten, Linien, Konturen und Grenzen hinaus. Es ist ein Denken der Unbestimmtheit, des Zusammenhangs, des anarchischen Potentials der Farben. Farben sind keine Produkte des Verstandes, keine Schemata, sondern Verankerungen im Vor-Realen. Farben generieren und unterlaufen die subjektiven Formen der Gegenstände (auch Raum und Zeit) und affizieren die Einbildungskräfte, die Schematisierung, die Synthesen, die Fähigkeit zur Negation. Sinnliche Mannigfaltigkeit als solche „ohne Begriff" einsehend, geht das Denken in Farbe auf die Vielfalt der Vibrationen, die Energie der Nuancen und Schattierungen, die Möglichkeiten perzeptiver Negationen, auf Impulse, Verhaltensweisen und Handlungsformen so ein, dass Tiefe und Fläche, Grund und Figur, Sukzessionen und Simultanitäten als Relationen im Rahmen von Intraktionen bzw. ontologischen Operationen – Operationen, die auch von den Farben ausgehen – erkennbar werden. Eine Ausbildung dieses Denkens kann auf ein besseres Verständnis davon hoffen, wie sich etwas als Farbliches materialisiert und wie Relationsbildungen, ohne formende Gewalt, denkbar werden. Im Prozess der Verwirklichung, im Wirklichwerden der Welt sind Farben Anfänge, Aufquellen, reine materielle Ereignisse, objektives Scheinen, Latenzen, Energien.

Farben werden zu Bedingungen der Realisierung und zugleich der Entgrenzung des Körperlichen. Die Interaktion der bewegten Wahrnehmung und des sich verkörpernden Denkens mit der Umwelt verdankt sich dieser Spontaneität der Farben.

LITERATURVERZEICHNIS

ADORNO, Theodor W.: *Negative Dialektik*, Frankfurt/M.: Suhrkamp 1966.
ALBERS, Hans: *Interaction of Color*, New Haven: Yale University Press 1963.
ALLIEZ, Éric: *La Pensée-Matisse. Portrait de l'artiste en hyperfauve*, Paris: Le Passage 2005.
ALLIEZ, Éric u. VON SAMSONOW, Elisabeth (Hg.): *Chroma Drama: Widerstand der Farbe*, Wien: Turia und Kant 2001.
ANDERL, Sibylle u. MÜLLER-JUNG, Joachim: „Philosophie und Biologie: Zeit für neue Farben," in: *FAZ.net*, 1.1.2018.
ARISTOTELES: *Poetik*, Stuttgart: Reclam 1982.
ARNHEIM, Rudolf: *Kunst und Sehen. Eine Psychologie des schöpferischen Auges*, Berlin/ New York: De Gruyter 2000.
AVERILL, Edward W.: „Color and the anthropocentric problem", *Journal of Philosophy* 82/6 (1982), S. 281–303.
BADIOU, Alain: *Le Noir. Éclats d'une non-couleur*, Paris: Éditions Autrement 2015.
BARAD, Karen: *Agentieller Realismus*, Berlin: Suhrkamp 2012.
—*Verschränkungen*, Berlin: Merve 2015.
BARTH, Friedrich Günther: *Biologie einer Begegnung. Die Partnerschaft der Insekten und Blumen*, Stuttgart: Deutsche Verlags-Anstalt 1982.
—*Sinne und Verhalten. Aus dem Leben einer Spinne*, Berlin: Springer 2001.
BARTHES, Roland Barthes: *Der entgegenkommende und der stumpfe Sinn. Kritische Essays III*, Frankfurt/M.: Suhrkamp 1990.
BELTING, Hans u. KRUSE, Christiane: *Die Erfindung des Gemäldes, Das erste Jahrhundert der niederländischen Malerei*, München: Hirmer 1994.
BENJAMIN, Walter: „Das Kunstwerk im Zeitalter seiner technischen Reproduzierbarkeit", in: *Gesammelte Schriften*, Bd. I.2., Frankfurt/M.: Suhrkamp 1970.
—„Über das Programm der kommenden Philosophie", in: *Gesammelte Schriften*, Bd. II.3, Frankfurt/M.: Suhrkamp 1970.
—„Über die Malerei oder Zeichen und Mal" (1917/18), in: *Gesammelte Schriften*, Bd. II.2, Frankfurt/M.: Suhrkamp 1970.
BENOIST, Jocelyn: *Le bruit du sensible*, Paris: Les Éditions du Cerf 2013.
BERGSON, Henri: *Schöpferische Evolution*, Hamburg: Meiner 2014.
BERNSTEIN, J. M.: *Against Voluptuous Bodies. Late Modernism and the Meaning of Painting*, Stanford: Stanford University Press 2006.
BLOCH, Ernst: *Das Prinzip Hoffnung. In fünf Teilen*, Frankfurt/M.: Suhrkamp 1959.
—*Ästhetik des Vor-Scheins*, Bd. 2, Frankfurt/M.: Suhrkamp 1974.
—*Tübinger Einleitung in die Philosophie*, Frankfurt/M.: Suhrkamp 1970.
—*Experimentum Mundi. Frage, Kategorien des Herausbringens, Praxis*, Frankfurt/M.: Suhrkamp 1975.
BOEHM, Gottfried: „Die Bilderfrage", in: ders. (Hg.), *Was ist ein Bild?*, München: Fink 1994, S. 325–343.
—„Der Grund: Über das ikonische Kontinuum", in: ders. u. Matteo Burioni (Hg.): *Der Grund: Das Feld des Sichtbaren*, München: Fink 2012, S. 28–92.
BÖHME, Gernot: *Atmosphäre. Essays zur neuen Ästhetik*, Frankfurt/M.: Suhrkamp 1995.
BONNEFOY, Yves: *Dessin, couleur et lumière*, Paris: Mercure de France 1995.
BRANDOM, Robert B.: *Making It Explicit. Reasoning, Representing, and Discursive Commitment*, Cambridge/Mass.: Harvard University Press 1994.
BREDEKAMP, Horst: *Theorie des Bildakts*, Berlin: Suhrkamp 2010.
BREHIER, Émile: *La Théorie de l'Incorporel dans l'ancien stoïcisme*, Paris: Vrin 1928.

Literaturverzeichnis

BRÜCKE, Ernst: „Über asymmetrische Strahlenbrechung im menschlichen Auge." Sitzungsbericht der kaiserlichen Akademie der Wissenschaften, Mathematisch Naturwissenschaftliche Klasse II, Bd. 58, Wien 1868.

BRUNO, Nicola: „Breathing illusions and boundary formation in space-time", in: Thomas F. Shipley u. Philip J. Kellman (Hg.), *From Fragments to Objects. Segmentation and Grouping in Vision*, Advances in Psychology, Nr. 130, Amsterdam: Elsevier 2001, S. 531–556.

BUSCH, Kathrin: „Derrida", in: dies u. Iris Därmann (Hg.), *Bildtheorien aus Frankreich*, München: Fink 2011.

BUTLER, Judith: *Wenn die Geste zum Ereignis wird*, Wien: Turia und Kant 2018.

BYRNE, Alex u. HILBERT, David R.: „Introduction", in: dies. (Hg.), *Readings on Color, Vol. I: The Philosophy of Color*, Cambridge/Mass.: MIT Press 1997, S. XI–XXVIII.

BYRNE, Alex u. HILBERT, David R.: „Color Realism and Color Science", *Behavioral and Brain Sciences* 26 (2003), S. 1–44.

CAMPBELL, Keith: „David Armstrong and Realism about Colour", in: John Bacon, ders. u. Lloyd Reinhardt (Hg.), *Ontology, Causality and Mind*, Cambridge: Cambridge University Press 1993, S. 249–268.

CARO, Tim: „The adaptive significance of coloration in mammals", *BioScience* 55/2 (2005), S. 125–136.

CASTORIADIS, Cornelius: *Gesellschaft als imaginäre Institution. Versuch einer politischen Philosophie*, Frankfurt/M.: Suhrkamp 1984.

—*Fait et à faire*, Paris: Seuil 1997.

CHEVREUL, Michel Eugène: *De la loi du contraste simultané des couleurs et de l'assortiment des objets colorés considérés d'après cette loi dans ses rapports avec la peinture, les tapisseries*, Paris: Pitois-Levrault 1839.

CHIRIMUUTA, Mazviita: *Outside Color. Perceptual Science and the Puzzle of Color in Philosophy*, Cambridge/Mass.: MIT Press 2015.

CHURCHLAND, Paul: „On the Reality (and Diversity) of Objective Colors: How Color-Qualia Space Is a Map of Reflectance-Profile Space", *Philosophy of Science* 74/2 (2007), S. 119–149.

COHEN, Jonathan: *The Red and The Real*, Oxford: Oxford University Press 2009.

CRIMP, Douglas: „Das Ende der Malerei", in: ders., *Über die Ruinen des Museums*, Dresden: Verlag der Kunst 1996, S. 100–122.

CUTHILL, Innes C. (u.a.): „The biology of color", *Science* 357/6350 (2017), S. eaan0221.

DAMISCH, Hubert: *Im Zugzwang. Delacroix, Malerei, Photographie*, Berlin: Diaphanes 2005.

—*Theorie der Wolke*, Zürich: Diaphanes 2013.

DA VINCI, Leonardo: *Trattato della Pittura*, in: Leonardo da Vinci, *Sämtliche Gemälde und die Schriften zur Malerei*, München: Schirmer-Mosel, 1990, S. 115–388.

DÄRMANN, Iris: „Maurice Merlau-Ponty", in: Monika Betzler u. Julian Nida-Rümelin (Hg.), *Ästhetik und Kunstphilosophie. Von der Antike bis zur Gegenwart in Einzeldarstellungen*, Stuttgart: Kröner 1998, S. 557–664.

DELEUZE, Gilles: *Sur la peinture* 31.3.1981, http://www2.univ-paris8.fr/deleuze/article.php3?id_article=45.

—*Das Zeit-Bild. Kino 2*, Frankfurt/M.: Suhrkamp 1991.

—*Differenz und Wiederholung*, München: Fink 1992.

—*Francis Bacon. Logik der Sensation*, München: Fink 1995.

—*Die Falte. Leibniz und der Barock*, Frankfurt/M.: Suhrkamp 2000.

—„Das Kalte und das Warme", in: ders., *Die einsame Insel. Texte und Gespräche von 1953 bis 1974*, Frankfurt/M.: Suhrkamp 2003, S. 359–365.

—„Die Malerei entflammt das Schreiben", in: ders., *Schizophrenie und Gesellschaft. Texte und Gespräche 1975–1995*, Frankfurt/M.: Suhrkamp 2005, S. 173–178.

DE PILES, Roger: *Dialogue sur le coloris*, Paris: Nicolas Langlois 1699.

DERRIDA, Jacques: *Grammatologie*, Frankfurt/M.: Suhrkamp 1974.
—*Mémoires d'aveugle. L'autoportrait et autres ruines*, Paris: Réunion des Musées Nationaux 1990.
—*Die Wahrheit in der Malerei*, Wien: Passagen 1992.
—*Artaud Moma. Ausrufe, Zwischenrufe und Berufungen*, Wien: Passagen 2003.
—*Berühren. Jean-Luc Nancy*, Berlin: Brinkmann & Bose 2007.
DESCARTES, René: *Méditations, Œuvres*, Bd. IX, Paris: Gallimard 1996.
—*Die Prinzipien der Philosophie*, Lateinisch-Deutsch, Hamburg: Felix Meiner 2005.
—*Discours de la Méthode*, Hamburg: Meiner 2011.
DESCOLA, Philippe: *Jenseits von Natur und Kultur*, Berlin: Suhrkamp 2011.
DEUBER-MANKOWSKY, Astrid: „‚Eine Aussicht auf die Zukunft, so wie in einem optischen Kasten.' Transzendente Perspektive, optische Illusion und beständiger Schein bei Immanuel Kant und Johann Heinrich Lambert", in: Gertrud Koch u. Christiane Voss (Hg.), *... kraft der Illusion*, München: Fink 2006, S. 103–120.
DIDEROT, Denis: „Essai sur la peinture", *Œuvres*, Paris: Pléiade 1951, S. 1111–1170.
—*Ästhetische Schriften*, Bd. I, Berlin: Verlag Das Europäische Buch 1984.
—*Schriften zur Kunst*, Berlin: Philo & Philo Fine Arts 2005.
DIDI-HUBERMAN, Georges: *La peinture incarnée*, Paris: Éditions de Minuit 1985.
—*Was wir sehen, blickt uns an*, München: Fink 1999.
—*Die leibhaftige Malerei*, München: Fink 2002.
—„Die Frage des Details, die Frage des pan", in: Edith Futscher u.a. (Hg.), *Was aus dem Bild fällt. Figuren des Details in Kunst und Literatur*, München: Fink 2007, S. 43–86.
—„Sortir du Plan 2, L'écorcement, 3ème et 4ème Lettres à Gerhard Richter", *Les Cahiers du Musée National d'Art Moderne* 137 (2016), S. 17–59.
—*Wo Es war. Vier Briefe an Gerhard Richter*, Köln: Verlag der Buchhandlung Walther König 2018.
DONDERS, Frans Cornelis: „Invloed der accommodatie op de voorstelling van afstand", Utrecht: Nederlands Gasthuis voor Ooglijders 1868.
DORSCH, Fabian: *Die Natur der Farben*, Frankfurt/M.: Ontos 2009.
DRAXLER, Helmut: „Malerei als Dispositiv. Zwölf Thesen", *Texte zur Kunst* 77 (2010), S. 39–45.
DUPRÉ, John: *Processes of Life*, Oxford: Oxford University Press 2012.
EHRENSTEIN, Walter: „Versuche über die Beziehungen zwischen Bewegungs- und Gestaltwahrnehmung", *Zeitschrift für Psychologie* 96 (1925), S. 305–352.
ELKINS, James: *What Painting Is. How to think about Oil Painting, Using the Language of Alchemy*, New York/London: Routledge 2000.
ESCOUBAS, Eliane: „Zur Archäologie des Bildes. Ästhetisches Urteil und Einbildungskraft bei Kant", in: Volker Bohn (Hg.), *Bildlichkeit*, Frankfurt/M.: Suhrkamp 1990, S. 502–542.
FABRE, Daniel: „Le Poète dans la Caverne. Georges Bataille à Lascaux", in: Claudie Voisenat (Hg.), *Imaginaires Archéologiques*, Paris: Éditions de la Maison des sciences de l'homme, Ministère de la Culture 2008, S. 127–182.
FLUSSER, Vilém: *Lob der Oberflächlichkeit. Für eine Phänomenologie der Medien*, in: *Schriften*, Bd. 1, Mannheim: Bollmann 1993.
FOUCAULT, Michel: *Ceci n'est pas une pipe*, Montpellier: fata morgana 1973.
—*Dies ist keine Pfeife*, München: Hanser 1974.
—*Die Malerei von Manet*, Berlin: Merve 1999.
—*Überwachen und Strafen. Die Geburt des Gefängnisses*, Frankfurt/M.: Suhrkamp 1977.
—„Von den Martern zu den Zellen", in: *Dits et Ecrits. Schriften*, Bd. 2, Frankfurt/M.: Suhrkamp 2002, S. 882–888.
—„Von anderen Räumen", in: *Dits et Ecrits. Schriften*, Bd. 4, Frankfurt/M.: Suhrkamp 2005, S. 931–942.

—„Die photogene Malerei (Präsentation)", in: *Dits et Ecrits. Schriften*, Bd. 3, Frankfurt/M.: Suhrkamp 2002, S. 871–882.
GAGE, John: *Colour and Culture, Practice and Meaning from Antiquity to Abstract Art*, London: Thames & Hudson 1993.
GAIGER, Jason: *Aesthetics and Painting*, London: Continuum 2008.
GARCIA, Tristan: *Forme et Objet. Un Traité des Choses*, Paris: Presses Universitaires de France 2011.
GAUGUIN, Paul: *Briefe*, Berlin: Rembrandt Verlag 1960.
GEHLEN, Arnold: *Zeit-Bilder. Zur Soziologie und Ästhetik der modernen Malerei*, Frankfurt/M.: Klostermann 1986.
GEIMER, Peter u. GRAW, Isabelle: *Über Malerei. Eine Diskussion*, Berlin: August Verlag 2012.
GIBSON, James J.: *Die Sinne und der Prozeß der Wahrnehmung*, Bern: Huber 1973.
—*The Ecological Approach to Visual Perception*, Hillsdale/NJ u. New York: Lawrence Erlbaum Associates/Psychology Press 1986.
GILSON, Étienne: *Malerei und Wirklichkeit*, Salzburg: Müller 1965.
GOETHE, Johann Wolfgang: *Werke. Hamburger Ausgabe*, Bd. 13, München: C.H. Beck 1981.
GOMBRICH, Ernst H.: „Zeichen, Bild und Wirklichkeit. Ein Beitrag zum modernen Bilderstreit", in: ders., *Das forschende Auge, Kunstbetrachtung und Naturwahrnehmung*, Frankfurt/M., New York: Campus-Verlag 1994, S. 93–120.
GOODMAN, Nelson: *Weisen der Welterzeugung*, Frankfurt/M.: Suhrkamp 1993.
GOWING, Lawrence: *Cézanne. La logique des sensations organisées*, in: *Macula* 3⁄4 (1978), S. 80–101.
GRAW, Isabelle: *Die Liebe zur Malerei. Genealogie einer Sonderstellung*, Zürich: Diaphanes 2017.
GREENBERG, Clement: *The Collected Essays and Criticism*, Vol. 4, *Modernism with a Vengeance, 1957–1969*, Chicago: University of Chicago Press 1993.
GROENEN, Marc: *L'art des grottes ornées du Paléolithique supérieur. Voyages dans les espaces-limites*, Brüssel: Académie royale des Sciences, des Lettres et des Beaux-Arts de Belgique 2016.
GROSSE, Katharina: *The Poise of the Head und die anderen folgen*, Nürnberg: Verlag für moderne Kunst 2005.
HABERMAS, Jürgen: *Erkenntnis und Interesse*, Frankfurt/M.: Suhrkamp 1968.
HALL, Marcia B.: *Colour and Meaning. Practice and Theory in Renaissance Art*, Cambridge: Cambridge University Press 1993.
HARDIN, Clyde Laurence: *Color for Philosophers: Unweaving the Rainbow*, Indianapolis: Hackett 1988.
HARMAN, Graham: *Guerrilla Metaphysics*, Chicago: Open Court 2005.
—„On Vicarious Causation", in: Robin Mackay (Hg.), *Collapse II: Speculative Realism*, Falmouth: Urbanomic 2007.
—*The Third Table*, Serie DOCUMENTA (13): 100 Notes – 100 Thoughts / 100 Notizen – 100 Gedanken, Ostfildern: Hatje Cantz Verlag 2012.
—„The Well-Wrought Broken Hammer, Object Oriented Literary Criticism", *New Literary History* 43/2 (2012), S. 183–203.
—*Vierfaches Objekt*, Berlin: Merve 2015.
HEGEL, Georg Wilhelm Friedrich: *Vorlesungen über die Ästhetik*, Bd. III, in: *Werke*, Bd. 15, Frankfurt/M.: Suhrkamp 1970.
HEIDEGGER, Martin, „Der Ursprung des Kunstwerkes", in: ders., *Holzwege*, Frankfurt/M.: Klostermann 1950.
—„Was heißt Denken?", in: ders., *Vorträge und Aufsätze*, Pfullingen: Neske 1954, S. 123–138.
—„Zeit und Sein", in: ders., *Zur Sache des Denkens*, Tübingen: Niemeyer 1988.

— *Kant und das Problem der Metaphysik*, Frankfurt/M.: Klostermann 1991.
— *Einführung in die phänomenologische Forschung*, Gesamtausgabe II. Abteilung: Vorlesungen 1919–1944, Bd. 17, Frankfurt/M.: Klostermann 1994.
HEINICH, Nathalie: *Du peintre à l'artiste. Artisans et académiciens à l'âge classique*, Paris: Les Éditions de Minuit 1993.
HENSHILWOOD, Christopher S. (u.a.): „An abstract drawing from the 73,000-year-old levels at Blombos Cave, South Africa", *Nature* 562 (2018), S. 115–118.
HESSLER, Martina u. MERSCH, Dieter: *Logik des Bildlichen. Zur Kritik der ikonischen Vernunft*, Bielefeld: Transcript 2009.
HOFFMANN, Dirk L. (u.a.): „U-Th dating of carbonate crusts reveals Neandertal origin of Iberian cave art", *Science* 359/6378 (2018), S. 912–915.
HOFMANN, Christoph: „Festhalten, Bereitstellen. Verfahren der Aufzeichnung", in: ders. (Hg.), *Daten Sichern. Schreiben und Zeichnen als Verfahren der Aufzeichnung*, Zürich/Berlin: Diaphanes 2008, S. 7–20.
HORKHEIMER, Max: „Zur Kritik der instrumentellen Vernunft", in: *Gesammelte Schriften*, Bd. 6, Frankfurt/M.: S. Fischer, 1991, S. 21–188.
HUME, David: *Ein Traktat über die menschliche Natur*, Hamburg: Meiner 2013.
HUSSERL, Edmund: *Phantasie, Bildbewusstsein, Erinnerung. Zur Phänomenologie der anschaulichenVergegenwärtigung*, Husserliana Bd. 23, Den Haag: Nijhoff 1980.
— *Erfahrung und Urteil*, Hamburg: Meiner 1999.
IMDAHL, Max: *Farbe. Kunsttheoretische Reflexionen in Frankreich*, München: Fink 1987.
ITTEN, Johannes: *Kunst der Farbe. Subjektives Erleben und objektives Erkennen als Wege zur Kunst*, Ravensburg: Otto Maier 1961.
JORDAN, Gabriele (u.a.): „The dimensionality of color vision in carriers of anomalous trichromacy", *Journal of Vision* 10(8)/12 (2010), S. 1–19.
JOSELIT, David: „Marking, Scoring, Storing, And Speculating (On Time)", in: Isabelle Graw u. Ewa Lajer-Burcharth (Hg.), *Painting beyond itself. The Medium in the Post-Medium Condition*, Berlin: Sternberg Press 2016, S. 11–22.
JUDD, Donald u. POETTER, Jochen: „Zurück zur Klarheit. Gespräch mit Donald Judd", in: *Donald Judd*, Katalog, Staatliche Kunsthalle, Baden-Baden: Cantz 1989, S. 65–86.
JULLIEN, François: *Von Landschaft leben oder das Ungedachte der Vernunft*, Berlin: Matthes & Seitz 2016.
KANT, Immanuel: *Kritik der reinen Vernunft*, in: *Werkausgabe*, Bd. 3, Frankfurt/M.: Suhrkamp 1957.
— *Kritik der Urteilskraft*, in: *Werkausgabe*, Bd. 10, Frankfurt/M.: Suhrkamp 1957.
— *Anthropologie*, in: *Werkausgabe*, Bd. 12, Frankfurt/M.: Suhrkamp 1958.
KITAOKA, Akiyoshi: „A brief classification of colour illusions", *Colour: Design & Creativity* (5) (2010): 3, http://www.colour-journal.org/2010/5/3/.
KLEIN, Yves: „L'aventure monochrome", in: ders., *Le dépassement de la problématique de l'art et autres écrits*, Paris:Beaux Arts Éditions 2003.
KOCH, Gertrud: *Wiederkehr der Illusion*, Berlin: Suhrkamp 2016.
KORZILIUS, Jean-Loup (Hg.): *Couleur de la morale – morale de la couleur*, Besançon: Presses Universitaires 2010.
KRÄMER, Sybille: *Figuration, Anschauung, Erkenntnis*, Berlin: Suhrkamp 2016.
KRÄMER, Sybille u. BREDEKAMP, Horst: „Kultur, Technik, Kulturtechnik", in: dies. (Hg.), *Bild, Schrift, Zahl*, München: Fink 2003, S. 11–22.
KRÄMER, Sybille, CANCIK-KIRSCHBAUM, Eva u. TOTZKE, Rainer (Hg.): *Schriftbildlichkeit. Wahrnehmbarkeit, Materialität und Operativität von Notationen*, Berlin: Akademie Verlag 2012.
KUPCZYK, Meret, SCHWARTE, Ludger u. WARSEN, Charlotte (Hg.): *Kulturtechnik Malen. Die Welt aus Farbe erschaffen*, Paderborn: Fink 2019.

LATOUR, Bruno: *Science in Action*, Cambridge/Mass.: Harvard Univ. Press 1987.
—*Der Berliner Schlüssel*, Berlin: Akademie Verlag 1996.
LE RIDER, Jacques: *Farben und Wörter. Geschichte der Farbe von Lessing bis Wittgenstein*, Wien: Böhlau 2000.
LEIBNIZ, Gottfried Wilhelm: „Über die Methode, reale Phänomene von imaginären zu unterscheiden. De modo distinguendi phaenomene realia ab imaginaris", in: ders., *Hauptschriften zur Grundlegung der Philosophie*, Philosophische Werke in Vier Bänden, Bd. 2, Hamburg: Meiner 1996, S. 331–336.
LEVINS, Richard u. LEWONTIN, Richard: *The Dialectical Biologist*, Cambridge/Mass.: Harvard University Press 1985.
LEWIS, David: „Veridical Hallucination and Prosthetic Vision", *Australasian Journal of Philosophy* 58/3 (1980), S. 239–249.
LICHTENSTEIN, Jacqueline: *La Couleur éloquente. Rhétorique et Peinture à l'âge classique*, Paris: Flammarion 1989.
—(Hg.): *La peinture*, Paris: Larousse 1995.
LOTZ, Christian, „Representation or Sensation. A Critique of Deleuze's Philosophy of Painting", *Canadian Journal for Continental Philosophy* 1342 3/1, (2009), S. 59–74.
LUKREZ: *De Rerum Natura*, München: Tusculum 1993.
LYOTARD, Jean-François: *Discours, figure*, Paris: Klinksieck 1971.
—*Philosophie und Malerei im Zeitalter ihres Experimentierens*, Berlin: Merve 1986.
—*Postmoderne für Kinder. Briefe aus den Jahren 1982–1985*, Wien: Passagen 1987.
—*Sam Francis – Lesson of darkness... like the paintings of a blind man*, Venice/California: Lapis 1993.
—*Karel Appel: Ein Farbgestus*, Bern: Gachnang & Springer 1998.
—*Que peindre? Adami, Arakawa, Buren*, Paris: La Différence 2008.
—„Materie und Zeit", in: ders., *Das Inhumane. Plaudereien über die Zeit*, Wien: Passagen 2014, S. 51–62.
MACHAMER, Peter (u.a.): „Thinking about mechanisms", *Philosophy of Science* 67/1 (2000), S. 1–25.
MALDINEY, Henri: „L'art et le pouvoir du fond", in: ders., *Regard, parole, espace*, Lausanne: L'Âge d'Homme 1973, S. 173–207.
MARIN, Louis: *Die Malerei zerstören*, Berlin: Diaphanes 2003.
—*Texturen des Bildlichen*, Zürich/Berlin: Diaphanes 2006.
MARX, Karl: *Grundrisse der Kritik der politischen Ökonomie*, in: *Marx Engels Werke*, Bd. 42, Berlin: Karl Dietz Verlag 2014.
MAYE, Harun: „Was ist eine Kulturtechnik?", *Zeitschrift für Medien- und Kulturforschung* 1/10 (2010), Sonderheft „Kulturtechnik", S. 121–135.
MAYE, Harun u. SCHOLZ, Leander (Hg.): *Einführung in die Kulturwissenschaft*, München: Fink 2011.
MEILLASSOUX, Quentin: *Nach der Endlichkeit*, Zürich: Diaphanes 2014.
MENKE, Christoph: *Die Kraft der Kunst*, Berlin: Suhrkamp 2013.
MERLEAU-PONTY, Maurice: *Phänomenologie der Wahrnehmung*, Berlin: De Gruyter 1965.
—*Phänomenologie der Wahrnehmung*, Berlin: De Gruyter 1966.
—„Cartesianische und zeitgenössische Ontologie", in: ders., *Vorlesungen I*, Berlin: De Gruyter 1973.
—*Die Struktur des Verhaltens*, Berlin: De Gruyter 1976.
—*Das Sichtbare und das Unsichtbare*, gefolgt von Arbeitsnotizen, München: Fink 1986.
—„Der Zweifel Cézannes", in: ders., *Sinn und Nicht-Sinn*, München: Fink 2000, S. 11–33.
—*Die Natur*. Aufzeichnungen von Vorlesungen am Collège de France 1956–1960, München: Fink 2000.

—*Das Auge und der Geist. Philosophische Essays*, Hamburg: Meiner 2003.
MERSCH, Dieter: „Das Medium der Zeichnung. Über Denken in Bildern", in: Lorenz Engell, Jiri Bystricky u. Katerina Krtilova (Hg.), *Medien denken. Von der Bewegung des Begriffs zu bewegten Bildern*, Bielefeld: Transcript 2010, S. 83–110.
—„Aspekte visueller Epistemologie. Zur Logik des Ikonischen", in: Richard Heinrich, Elisabeth Nemeth, Wolfram Pichler u. David Wagner (Hg.): *Image and Imaging in Philosophy, Science and the Arts*, Bd. 1, Frankfurt/M.: Ontos 2011, S. 269–300.
—*Epistemologien des Ästhetischen*, Zürich: Diaphanes 2012.
—„Malen als Alchemie", in: Meret Kupczyk [u.a.], *Kulturtechnik Malen. Die Welt aus Farbe erschaffen*, Paderborn: Fink 2019, S. 103–116.
MÉTRAUX, Alexandre u. WALDENFELS, Bernhard (Hg.): *Leibhaftige Vernunft. Spuren von Merleau-Pontys Denken*, München: Fink 1986.
MOHOLY-NAGY, Laszlo: *Von Material zu Architektur*, Berlin: Mann 2001.
NANCY, Jean-Luc: *singulär plural sein*, Zürich: Diaphanes 2004.
O'DOHERTY, Brian: *In der weißen Zelle – Inside the White cube*, Berlin: Merve 1996.
PANOFSKY, Erwin: *IDEA. Ein Beitrag zur Begriffsgeschichte der älteren Kunsttheorie*, Berlin: Spiess 1993.
PINNA, Baingio, WERNER, John S. u. SPILMANN, Lothar: „The watercolor effect. A new principle of grouping and figure-ground organization", *Vision Research* 43 (2003), S. 32–37.
PINOTTI, Andrea: *Estetica della pittura*, Bologna: Il Mulino 2007.
PLESSNER, Helmuth: „Gesellschaftliche Bedingungen der modernen Malerei", in: ders., *Schriften zur Soziologie und Sozialphilosophie*, in: *Gesammelte Schriften*, Bd. X, Frankfurt/M.: Suhrkamp 1985, S. 265–284.
PODRO, Michael: *Vom Erkennen in der Malerei*, München: Fink 2002.
PRUM, Richard: *The Evolution of Beauty. How Darwin's Forgotten Theory of Mate Choice Shapes the Animal World – and Us*, New York: Anchor Books 2017.
RANCIÈRE, Jacques: *Das Unvernehmen*, Frankfurt/M.: Suhrkamp 2002.
—*Politik der Bilder*, Zürich: Diaphanes 2005.
—„Die Arbeit des Bildes", in: Esther Shalev-Gerz, *MenschenDinge, The human aspect of objects*, Weimar: Gedenkstätte 2006, S. 8–25.
—*Die Aufteilung des Sinnlichen. Die Politik der Kunst und ihre Paradoxien*, Berlin: b_books 2008.
—*Ist Kunst widerständig?*, Berlin: Merve 2008.
—*Et tant pis pour les gens fatigués*, Paris: Éditions Amsterdam 2009.
REID, Thomas: *An Inquiry into the Human Mind*, Chicago: Chicago University Press 1970.
RIEDL, Peter Anselm: „Arnold Gehlen: Zeit-Bilder", *Zeitschrift für Kunstgeschichte* 25 (1962), S. 92–96.
ROLLER, Claudio: *Farbe und Repräsentation. Eine philosophische Studie zur Farbwahrnehmung*, Würzburg: Königshausen & Neumann 2016.
ROMANO, Claude: *De La Couleur*, Chatou: Les Éditions de la Transparence 2010.
ROQUE, Georges: *Art et science de la couleur: Chevreul et les peintres, de Delacroix à l'abstraction*, Paris: Gallimard 2009.
SCHELLING, Friedrich Wilhelm Joseph: *Philosophie der Kunst*, Darmstadt: Wissenschaftliche Buchgesellschaft 1990.
SCHMIDT, Adolf B.: „Eine bisher unbekannte lateinische Rede Kants über Sinnestäuschung und poetische Fiktion", *Kant-Studien* XVI (1911), S. 5–21.
SCHOPENHAUER, Arthur: *Über das Sehn und die Farben* (1816), in: *Sämtliche Werke*, Bd. 6, München: Piper 1923.
—„Zur Farbenlehre", in: ders., *Parerga und Paralipomena*, II/1, Zürich: Diogenes 1977.

SCHRÖTER, Jens: „Die Form der Farbe. Zu einem Parergon in Kants ‚Kritik der Urteilskraft'", in: Ursula Franke (Hg.), *Kants Schlüssel zur Kritik des Geschmacks. Ästhetische Erfahrung heute – Studien zur Aktualität von Kants ‚Kritik der Urteilskraft'*, Hamburg: Meiner 2000, S. 135-154.

SEEL, Martin: *Ästhetik des Erscheinens*, München/Wien: Hanser 2000.

SETTON, Dirk: „Akt der Willkür. Kant und das Problem der Wirklichkeit der Freiheit", in: Juliane Rebentisch u. ders. (Hg.), *Willkür*, Berlin: August Verlag 2011, S. 51-88.

SHIFFRAR, Maggie u. PAVEL, Michael: „Percepts of Rigid Motion Within and Across Apertures", *Journal of Experimental Psychology: Human Perception and Performance* 17 (1991), S. 749-761.

SIEGERT, Bernhard: „Öffnen, Schließen, Zerstreuen, Verdichten: Die *operativen Ontologien* der Kulturtechnik", *Zeitschrift für Medien- und Kulturforschung* 8/2 (2017), Sonderheft „Operative Ontologien", S. 95-114.

SIGNAC, Paul: *Von Eugen Delacroix zum Neo-Impressionismus*, Krefeld: Hohns 1903.

STOICHITA, Victor: *L'instauration du tableau. Métapeinture à l'aube des temps modernes*, Paris: Méridiens Klincksieck 1993.

STRITZKER, Uschi, PEEZ, Georg u. KIRCHNER, Constanze: *Frühes Schmieren und erste Kritzel – Anfänge der Kinderzeichnung*, Norderstedt: Books on Demand 2009.

SULZER, Johann Georg: *Allgemeine Theorie der schönen Künste in einzeln nach alphabetischer Ordnung der Kunstwörter auf einander folgenden Artikeln*, 2 Bde., Leipzig: Weidmann 1771 u. 1774.

SUTHOR, Nicola: *Bravura. Virtuosität und Mutwilligkeit in der Malerei der Frühen Neuzeit*, München: Fink 2010.

THÉVENIN, Paule u. DERRIDA, Jacques: *Antonin Artaud. Zeichnungen und Portraits*, München: Schirmer/Mosel 1986.

THOEN, Hanne H. (u.a.): „A Different Form of Color Vision in Mantis Shrimp", *Science* 343/6169 (2014), S. 411-413.

THOMPSON, Evan: *Color Vision*, London: Routledge 1995.

TOLLIVER, Joseph T.: „Interior Colors", *Philosophical Topics* 22 (1994), S. 411-441.

WARNKE, Martin: *Hofkünstler. Zur Vorgeschichte des modernen Künstlers*, Köln: DuMont 1985.

WERNER, John S., PINNA, Baingio u. SPILLMANN, Lothar: „*Farbtäuschungen und Gehirn*", *Spektrum der Wissenschaft* 8 (2007), S. 32-37.

WESTPHAL, Jonathan: *Color: A Philosophical Introduction*, Oxford: Blackwell 1991.

WETZEL, Michael u. WOLF, Herta (Hg.): *Der Entzug der Bilder. Visuelle Realitäten*, München: Fink 1994.

WIESING, Lambert: „Von der defekten Illusion zum perfekten Phantom. Über phänomenologische Bildtheorien", in: Gertrud Koch u. Christiane Voss (Hg.), *... kraft der Illusion*, München: Fink 2006, S. 89-102.

WITTGENSTEIN, Ludwig: *Bemerkungen über die Farben*, in: *Werkausgabe*, Bd. 8, Frankfurt/M.: Suhrkamp 1984.

—*Tractatus Logico-Philosophicus*, in: *Werkausgabe*, Bd. 1, Frankfurt/M.: Suhrkamp 1984.

WRIGHT, Crispin: *Truth and Objectivity*, Cambridge/Mass.: Harvard University Press 1992.

ZEKI, Semir: *A Vision of the Brain*, Oxford: Blackwell Scientific Publications 1993.

ZWEITE, Armin: *Gerhard Richter, Leben und Werk. Das Denken ist beim Malen das Malen*, München: Schirmer/Mosel 2019.

IMPRESSUM

Denken in Farbe erscheint im August Verlag. Der August Verlag ist ein Forum für Theorie im Schnittpunkt von Philosophie, Politik und Kunst. Der August Verlag ein Imprint von Matthes & Seitz Berlin.

August Verlag Berlin
august@augustverlag.de
www.augustverlag.de

Zweite Auflage Berlin 2021
Copyright der deutschen Ausgabe
© 2020 MSB Matthes & Seitz Berlin Verlagsgesellschaft mbH,
Göhrener Straße 7, 10437 Berlin
Alle Rechte vorbehalten.

Gestaltung: Selitsch Weig nach einem Entwurf von Christoph Stolberg
Satz: Selitsch Weig
Druck: GGP Media GmbH, Pößneck

Die Deutsche Nationalbibliothek verzeichnet diese Publikation in der Deutschen Nationalbibliografie; detaillierte bibliografische Daten sind über http://dnb.d-nb.de abrufbar

Printed in Germany

ISBN 978-3-941360-71-6